suhrkamp taschenbuch 4419

Die Erwartungen an die Liebe sind in der modernen Zeit enorm gewachsen. Unendliche Glücksgefühle, unbändige Leidenschaft und ewige Lust soll sie bringen – allerdings ohne uns in unserer Freiheit einzuschränken. Aber die Liebe leidet, wenn sie zu viel leisten soll. Sie erstickt, wenn sie immer nur Liebe sein muss. Sie sollte atmen können zwischen romantischen Träumen und alltäglichen Erfordernissen, zwischen der Freude zu zweit und gelegentlichem Ärger, zwischen der Nähe, die guttut, und der Distanz, in der die Liebenden sich wieder um sich selbst kümmern und neuen Atem füreinander schöpfen können.

Wilhelm Schmid, geboren 1953, lebt als freier Philosoph in Berlin und lehrt Philosophie als außerplanmäßiger Professor an der Universität Erfurt. 2012 erhielt er den Meckatzer-Philosophiepreis für besondere Verdienste bei der Vermittlung von Philosophie.

Zuletzt sind von ihm erschienen: *Dem Leben Sinn geben* (2013), *Unglücklich sein – Eine Ermutigung* (2012), und *Glück* (2007).

Wilhelm Schmid
Die Liebe atmen lassen

*Von der Lebenskunst
im Umgang mit Anderen*

Suhrkamp

Das Buch erschien zuerst 2010 unter dem Titel
Die Liebe neu erfinden
im Suhrkamp Verlag Berlin

Umschlagabbildung: Pablo Picasso, Visage de la Paix, 1951,
© Succession Picasso / VG Bild-Kunst, Bonn 2013

Erste Auflage 2013
suhrkamp taschenbuch 4419
© Suhrkamp Verlag Berlin 2010
Suhrkamp Taschenbuch Verlag
Alle Rechte vorbehalten, insbesondere das der Übersetzung,
des öffentlichen Vortrags sowie der Übertragung
durch Rundfunk und Fernsehen, auch einzelner Teile.
Kein Teil des Werkes darf in irgendeiner Form
(durch Fotografie, Mikrofilm oder andere Verfahren)
ohne schriftliche Genehmigung des Verlages reproduziert
oder unter Verwendung elektronischer Systeme
verarbeitet, vervielfältigt oder verbreitet werden.
Druck: CPI – Ebner & Spiegel, Ulm
Umschlag: Büro Überland, Schober & Höntzsch
Printed in Germany
ISBN 978-3-518-46419-9

Inhaltsverzeichnis

Vorwort 7

Von der Liebe und anderen Beziehungen 17

    Nur wer die Sehnsucht kennt: Vom Sinn des Sehnens 17

    Wenn Liebe geschieht:
    Eine Erfahrung und ihre Beschreibung 30

    Was Liebe ist: Eine Emotion und ihre Definition 47

    Liebe und andere Beziehungen:
    Die Spannung zwischen Freiheit und Bindung 57

    Aus sich herausgehen, dem Leben Sinn geben:
    Ekstatisches Menschsein in Beziehungen 71

    Leben in Konstellationen:
    Vernetzung und Verstrickung in Beziehungen 86

    Leben in Polaritäten:
    Zur Logik des Lebens in Beziehungen 99

    Beharrung und Veränderung:
    Zur Statik und Dynamik von Beziehungen 116

    Vertrauen und Misstrauen:
    Zur Bedeutung der Vorsicht in Beziehungen 129

    Und wenn es Ärger gibt?
    Die alltägliche Polarität von Gefühlen 141

    Männlich-weibliche Polarität:
    Sind Frauen die besseren Lebenskünstler? 152

    Die Kunst, ein Mann zu sein:
    Müssen Männer sich neu erfinden? 168

Von der Liebe der Liebenden 186

   Allein oder zu zweit?
Die Frage nach dem erfüllten Leben 186

   Ist die Liebe ein Spiel? Von der Umwerbung und
Verführung zur Kunst des Liebens 200

   Die Schönheit der Liebe und der Liebenden:
Bejahen und Bejahtwerden 216

   Die Kunst des Schenkens:
Hingabe und Hinnahme in der Liebe 228

   Widersprüche der Liebe:
Gewissheit und Angst, Treue und Verrat 242

   Was es heißt, Glück in der Liebe zu haben 258

   Sex und Erotik:
Die körperliche Kunst des Liebens 271

   Gefühl und Berührung:
Die seelische Kunst des Liebens 287

   Gespräch und Deutung:
Die geistige Kunst des Liebens 304

   Göttliche Erfahrung:
Die transzendente Kunst des Liebens 322

   Pragmatische Romantik:
Die Kunst des Liebens im Alltag. 331

   Warum die Liebe so schwierig ist: Fragen der Macht 350

   Gibt es ein Recht, geliebt zu werden?
Recht und Gerechtigkeit zwischen zweien 368

   Und wenn die Liebe endet? 383

Zum Autor 399

Vorwort

Aller Umgang mit Anderen hat mit Liebe zu tun. Und mit ihrer Entbehrung. Am schmerzlichsten ist die Entbehrung bei der Art von Liebe, die in den Augen vieler »die Beziehung« schlechthin darstellt. Unproblematisch war diese Beziehung wohl nie, problematisch aber aus immer anderen Gründen. Zum Problem wird in moderner Zeit ausgerechnet die hart erkämpfte *Freiheit der Liebe*, nach ihrer Befreiung von religiösen Normen, traditionellen Rollenverteilungen, konventionellen Vorstellungen, auch vom Naturzweck, der Menschen lange um der Fortpflanzung willen lieben ließ: Die freie Liebe erweist sich als schwierig und zieht immer vernehmlicher die Frage nach dem Warum und Wozu nach sich. Für eine historische Weile beantwortet die *romantische Liebe* die Sinnfrage noch mit dem Versprechen unendlicher Glücksgefühle, bevor sie selbst zerrieben wird zwischen dem Wohlgefühl, das von ihr erwartet, und den Problemen, die nicht in ihr vermutet werden; immer häufiger gerät sie in Konflikt mit der Endlichkeit, mit der sie sich nicht befassen will. Die erhoffte *Verschmelzung ihrer Ichs*, die die Liebenden in ihr suchen, kollidiert heillos mit dem Anspruch auf *Freiheit ihrer Ichs*, bei der sie keine Einschränkung dulden, und bei jedem Scheitern steht rasch sehr viel mehr in Frage als die Liebe selbst: Auch die Beziehung zum Leben, zur Welt überhaupt. So mutiert die romantische Liebe im Laufe der Moderne zu einer *Monsterqualle*, die mit unsichtbaren Fäden zarte Wesen umgarnt, sie zersetzt und verschlingt. Manche glauben weiterhin mit religiöser Inbrunst an sie, Andere sind restlos enttäuscht von ihr, viele arrangieren sich mit der alltäglichen Tristesse dessen, was doch einmal Liebe war, und begnügen sich mit der Erkenntnis, dass Liebesgefühle aus einem Cocktail von Molekülen bestehen, von dem nichts bleibt, wenn der Rausch verflogen ist.

Vielleicht kann, neben anderen Disziplinen, die *Philosophie* bei der Klärung und Lösung der Schwierigkeiten der Liebe behilflich sein. Es trifft sich gut, dass sie selbst eine Art von Liebe ist, wörtlich eine *Liebe zur Weisheit*, eine *philia*, auf *sophia* gerichtet, von ihr inspiriert, wenngleich ohne Aussicht darauf, die Geliebte jemals vollständig in Besitz nehmen zu können. Begehrenswert an der Weisheit erscheinen das gründlichere Verstehen, die größere Umsicht, das überlegtere Handeln, das bewusstere Lassen. Das Philosophieren ist ein Innehalten und Nachdenken, um gemachten Erfahrungen nachzugehen, Schlüsse aus ihnen zu ziehen und sich damit auf künftige Erfahrungen vorzubereiten. Diese immer neue *Orientierung des Lebens im Denken* ist eine Grundidee der Philosophie seit Sokrates, ein ausdrückliches Anliegen der Aufklärung seit Kant. Wer philosophiert, bemüht sich darum, Zusammenhänge besser zu verstehen, um im Leben besser damit umgehen zu können. Die Orientierung im Denken ermöglicht schließlich eine bewusste Lebensführung, eine *Lebenskunst*, auch wenn kein Leben in ständiger Bewusstheit damit gemeint sein kann, nur eines, das die »lichten Momente« nutzt, die sich im Leben immer wieder von selbst ergeben.

Die Orientierung im Denken, die hier nun der Liebe gelten soll, zielt darauf, brauchbare Antworten auf drängende Fragen zu finden, auf deren endgültige Beantwortung kaum zu hoffen ist: *Warum die Liebe so schwierig ist und wie sie dennoch gelebt werden kann*. Abschließendes zur Liebe sagen zu wollen, wäre von Anfang an verfehlt, aber die Orientierung im Denken kann dem Einzelnen helfen, mit mehr Klarheit von ihr zu lassen oder wieder zu ihr zu finden, sie auch neu zu erfinden, wenn es erforderlich erscheint. Dazu will dieses Buch beitragen, um möglichst das zu erreichen, was Sokrates in Platons *Symposion*, diesem ältesten philosophischen Buch »Über die Liebe« (*Peri erotos*), einst für sich in Anspruch nahm: »Stark zu sein in Liebesdingen«. Die gleichgeschlechtliche Liebe, in sokratischer Zeit noch akzeptiert, dann bis weit in die Moderne hinein geächtet, ist dabei von vornherein mit gemeint. Und wo immer im vorliegenden Buch vom »Anderen« die Rede ist, steht dies auch für »die Andere«. Die Einzahl wiederum soll keineswegs eine Mehrzahl oder Vielzahl von Anderen, die geliebt werden können, ausschließen, aber auch beim Plural hat der Liebende meist mit je einem singulären, bestimmten Anderen zu tun.

Der Weg der Philosophie ist ein Weg der *Besinnung*, des »Sinnierens« im Wortsinne: Es geht dabei um das Suchen, Finden und Herstellen von *Sinn*. Die Notwendigkeit dazu gerät dann in den Blick, wenn Zusammenhänge entschwinden und in der entstehenden Leere spürbar wird, welche Ressourcen damit dem Leben fehlen. Immer sind es Zusammenhänge, die »Sinn machen«, aber sie stehen nicht einfach objektiv und definitiv fest, sondern sind stets von Neuem *zu durchdenken und zu deuten*. Bei dieser *hermeneutischen* Vorgehensweise der Philosophie sind nicht beliebige Deutungen von Interesse, sondern solche, die *plausibel* sind, da sie nachvollziehbar und überzeugend erscheinen, und ein besonderer Sinn namens *Bedeutung* zeigt sich, wenn Wert und Wichtigkeit eines Phänomens überzeugend erfasst werden. Darauf zielen die philosophischen Fragen, hier in Bezug auf die Liebe: Was ist sie eigentlich, woher kommt sie, wozu dient sie, wie funktioniert sie, welche

Bedeutung hat sie fürs Leben? Welche Bedeutung hat bereits die Sehnsucht nach ihr? Die Liebe steht wiederum nicht für sich allein, sondern hat Bedeutung im Rahmen einer ganzen Kultur und Gesellschaft: Was haben Beziehungen allgemein mit Liebe zu tun? In was für Zusammenhänge ist sie selbst eingebettet? An welchem Ort im Ideenhimmel einer Kultur und Gesellschaft ist sie angesiedelt, welche Rolle kommt ihr jeweils zu, und wie konnte sie solche Bedeutung gewinnen, dass Menschen den Sinn des Lebens in ihr sehen, bei ihrem Schwinden aber an der Sinnlosigkeit des Lebens verzweifeln? Und wenn das Denken und Deuten sich von geläufigen Sichtweisen lösen kann, lässt sich auch danach fragen, welche anderen Vorstellungen von Liebe noch möglich sind und welche Veränderungen zu ihrer Realisierung nötig wären.

Voraussetzung für alles Denken und Deuten aber ist die Bereitschaft, so genau wie möglich hinzusehen: Auf dem Weg zur Weisheit wird die Philosophie zur Schule der Aufmerksamkeit, um das fragliche Phänomen möglichst achtsam *wahrzunehmen und zu beschreiben*, ohne Scheu vor einer anfänglichen Naivität. Diese *phänomenologische* Vorgehensweise dient hier dazu, die verschiedensten Aspekte des Phänomens Liebe zu erfassen und zu rekonstruieren, um schließlich ein verändertes Verständnis zu ermöglichen: Was wird als Wirklichkeit der Liebe vorgefunden, und was geschieht, wenn Menschen glauben, dass sie geschieht? Wie und warum ist sie so geworden, wie sie ist, mit allen Regelmäßigkeiten und Unregelmäßigkeiten? Die Phänomenologie geht von *Erfahrungen* aus, wie der Einzelne und viele Menschen sie machen, und bringt möglichst alle Aspekte des Phänomens zum Vorschein. Sie bezieht auch die künstlerische *Verarbeitung* von Erfahrungen mit ein, die sich in filmischen, literarischen, theatralischen, musikalischen, malerischen, plastischen, tänzerischen Werken niederschlägt. Und sie achtet auf die wissenschaftliche *Erforschung* von Erfahrungen, um auch genetische, epigenetische, biologische, biochemische, neurobiologische, psychologische, soziologische, ethnologische, kulturhistorische, theologische Aspekte des Phänomens zu berücksichtigen. Wichtig sind die beiläufigen (*akzidentellen*) Aspekte ebenso wie die wesentlichen (*substanziellen*) – ohne dass zweifelsfrei zu klären wäre, was im Einzelfall wesentlich oder nur beiläufig ist. Wichtig ist zudem, das Phänomen nicht nur als Anwesendes, sondern auch als Abwesendes zu sehen, um Schlüsse daraus zu ziehen: Was geschieht, wenn die Liebe schwindet? Ist ein Leben ohne Liebe möglich? Ist eine Liebe ohne ihre notorischen Schwierigkeiten möglich? Ist ein Leben ohne Liebesschwierigkeiten ein besseres Leben? Warum noch an die Liebe glauben? Brauchen Menschen Liebe? Und wenn ja, wozu?

Liebe ist zunächst nur ein Wort. Entscheidend ist, was darunter verstanden wird. Dieses Verständnis, anfänglich nur eine vage Idee, ein unklarer Gedanke, gewinnt deutlichere Konturen in einem *Begriff*, der mehr ist als ein Wort, ein Wort *plus x*, plus all das, was an Erfahrungen, Sehnsüchten, Befürchtungen, Vorstellungen mitschwingt und mitgedacht wird. Die Philosophie macht dieses Implizite explizit und versucht, *den Begriff zu klären und vielleicht neu zu prägen*. Der Begriff (lateinisch *terminus*) ist ihr Handwerkszeug, mit der »Arbeit am Begriff« geht sie *terminologisch* vor: Das Begreifen dient dem besseren Erfassen von Zusammenhängen, von Sinn, und erleichtert den Zugriff darauf, um sich gegebenenfalls an Veränderungen zu versuchen. Die Bedeutung dieser Arbeit wird leicht übersehen, aber Begriffe gehören zum innersten Kern eines Menschen, der sich in seinem Leben ständig von Begriffen leiten lässt, etwa von seinem Begriff der *Freiheit* (»an meine Freiheit lasse ich nicht rühren«). Unverzichtbar sind Begriffe auch als Instrumente der Kommunikation, wenngleich sie häufig Missverständnisse hervorrufen, denn Andere haben andere Begriffe, die sich tückischerweise in denselben Worten verbergen. Was die *Liebe* angeht, verfügen keine zwei Menschen über denselben Begriff, setzen allerdings genau das oft voraus und richten Erwartungen aneinander, die dem je Anderen aufgrund seines Begriffs fremd sein müssen. Nichts an einem Begriff versteht sich von selbst, daher wäre immer neu danach zu fragen, auf welche Erfahrungen, Sehnsüchte, Befürchtungen, Vorstellungen er zurückgeht, ob er überhaupt noch einen realen Gehalt hat oder schon zum Selbstzweck geworden ist. Äußerstenfalls wäre er zu verändern, um den Erfahrungen besser zu entsprechen, anderen Vorstellungen Ausdruck zu verleihen und Möglichkeiten zu neuen Erfahrungen zu eröffnen: Wie kann die Liebe noch anders begriffen werden, um besser mit ihr zurechtzukommen?

Im Umgang mit dem Wirklichen, auf der Suche nach dem Möglichen gelangt die Philosophie auf dem Weg zur Weisheit schließlich an den Punkt, von dem aus es möglich ist, *das gesamte Phänomen im Zusammenhang zu sehen*, also *synoptisch* vorzugehen: Die Philosophie öffnet den *Blick fürs Ganze* und kann für einen Moment die Verengung der Wahrnehmung wieder auflösen, die sich in der alltäglichen Bewusstlosigkeit des Lebens unweigerlich einstellt. Für die Liebe erfordert dies eine Erweiterung des Blicks auf sämtliche Arten von Liebe, denn das Phänomen reicht über die Liebe der Liebenden weit hinaus und umfasst auch die familiäre Liebe zwischen Eltern und Kindern, zwischen Kindern ihrerseits, zwischen Großeltern und Enkeln; darüber hinaus die Liebe zu Freunden im engeren und weiteren Sinne, zu Kollegen und zu »Nächsten« allgemein, auch zu Feinden; schließlich die Liebe zu Tieren und zu aller Natur, zu Dingen, materiellen wie ideellen, zum Leben und zur Welt überhaupt; und von Bedeutung kann für Menschen, wenngleich nicht für jeden, auch die Liebe zu einer Dimension der Transzendenz, zum Kosmos, zu Gott sein. Derjenige, der auch nur ansatzweise das gesamte Spektrum für sich erschließt, muss nie an Liebe Mangel leiden und sich nicht vom Gelingen oder Misslingen einer einzigen Beziehung abhängig fühlen.

Bei aller Lust am Erfassen, Betrachten und Begreifen eines Phänomens wie der Liebe im Detail und im Ganzen kommt es auf dem Weg zur Weisheit aber zuletzt darauf an, für ein überlegtes Verhalten im Umgang damit *nach Gründen zu suchen und sie abzuwägen*. Bei diesem *argumentativen* Vorgehen kann die Philosophie behilflich sein, indem sie zur *Poristik* wird, zur Suche nach dem richtigen Weg (*poros* im Griechischen): Sie hilft, all das zu bedenken, was für und gegen eine Wahl spricht, unter Wahrung der *Optionalität*, ohne *Normativität*, die den Einzelnen zu sehr festlegen würde. Der jeweilige Mensch trifft selbst seine Wahl, sinnvollerweise jedoch mit Gründen, die er im Denken und Fühlen ausreichend abgewogen hat und für überzeugend hält: Er selbst muss mit seinem gesamten Leben auch für die Konsequenzen einstehen. Die Gründe kann er *allein* abwägen, klugerweise aber *mit Anderen*, um mehr als nur die eigenen Gründe zu berücksichtigen und eine größere Gewissheit zu gewinnen. Sehr viel hängt davon ab, eine Wahl möglichst gut zu begründen, denn nur das, was gut begründet ist, kann auch durch vielerlei Schwierigkeiten des Lebens und Liebens hindurch Bestand haben. Als gute Gründe kommen dabei nicht nur *Überlegungen*, sondern auch *Gefühle* in Betracht, und nicht nur allgemeine Gründe sind von Belang, die etwa für und gegen Beziehungen und insbesondere die Beziehung der Liebe sprechen, sondern auch besondere Gründe für und gegen *diese* Beziehung.

Und wozu das alles? Wenn Menschen lieben, kann offenkundig eine *Fülle von Sinn*, von Zusammenhängen entstehen, auf verschiedenen Ebenen des Menschseins; sogar die Negation der Liebe verweist noch auf dieses Sinnpotenzial: Die *Entbehrung*, aus der heraus sie ersehnt wird, der *Hass*, in dem sie verflucht wird, die *Enttäuschung*, die dazu führt, nichts mehr von ihr wissen zu wollen. »Gebt die Liebe auf«, forderte Kasimir Malewitsch in vorrevolutionärer Zeit und sah darin die Voraussetzung zu einer neuen Kultur. Sollte aber eine kulturelle und, als Voraussetzung dafür, *individuelle Erneuerung* erstrebenswert erscheinen, wird die Liebe als Quelle von Sinn dafür gebraucht, und so kommt es darauf an, sie wieder zu finden und auch neu zu erfinden: *Die Neuerfindung der Liebe in Zeiten der Verzweiflung an ihr.* Gerade das Scheitern einer überkommenen Idee kann zum Anfang einer neuen werden, ganz so, wie der Maler Malewitsch zu dem Zeitpunkt, als er mit der alten Kunst am Ende war, mit dem *Schwarzen Quadrat* eine neue zu begründen vermochte. Auch in der Liebe sollte man zur *Idee* zurückgehen, um sich an ihrer Veränderung zu versuchen. Überall dort, wo eine Wirklichkeit zum Problem wird, kann ein Grund dafür die Idee sein, die an der Wirklichkeit mitgestrickt hat. Und wenn die Liebe von Grund auf eine unmögliche Idee ist? Dann ist das wohl erst recht kein Grund, von ihr zu lassen: Der Weg der Menschheit ist gepflastert mit Unmöglichkeiten, die dennoch wirklich werden. Ein Problem besteht lediglich darin, dass aus jeder Idee, die mit gnadenloser Logik verfolgt wird, eine *Ideologie* werden kann: Das scheint mit der Idee der romantischen Liebe geschehen zu sein, der Idee eines Glücks, das den Liebenden gute Gefühle bis in alle Ewigkeit verspricht, während sich im Alltag die Ichs mit weniger guten Launen wechselseitig im Weg stehen.

Die Liebe erstickt, wenn sie immer nur Liebe sein muss. Eine *andere Idee*, die die Liebe lebbarer machen könnte, ist die einer *atmenden Liebe* – vorausgesetzt, eine lebbare Liebe erscheint noch wünschenswert. Die Liebe neu zu erfinden, ist gleichbedeutend damit, sie atmen zu lassen. Atmen kann sie, wenn die Liebenden sich nicht nur miteinander, sondern auch mit ihrem je eigenen Selbst befassen,[*] und wenn sie zwischen mehreren Ebenen der Liebe hin- und hergehen können, um sich auf immer andere Weise einander zuzuwenden. Atmen können muss die Liebe zwischen Gegensätzen, die den romantisch Liebenden so große Probleme bereiten: Zwischen Nähe und Distanz, Freude und Ärger, Lust und Schmerz, Ekstase und Alltag, Ungewöhnlichem und Gewöhnlichem, Gefühl und Gewohnheit, Möglichkeit und Wirklichkeit, Sehnsucht nach einer Welt, die erträumt wird, und Anpassung an die missliche Welt, die vorgefunden wird, in der jedoch die Arbeit an einer anderen Welt im Kleinsten und Alltäglichsten möglich ist. Atmen kann die Liebe, die einerseits der nüchternen Pragmatik Raum gibt, andererseits aber die gefühlvolle Romantik nicht preisgibt, denn die bloße Nüchternheit wird niemanden wärmen: Die Liebe erstickt auch, wenn sie nie Liebe sein darf. Eine *pragmatisch-romantische Liebe* antwortet auf den neuerlichen Ansturm der Pragmatik in fortgeschrittener moderner Zeit und versucht sich an einer Rettung der Romantik, nicht jedoch durch die *Abwehr*, sondern durch

---

[*] Wilhelm Schmid, *Mit sich selbst befreundet sein. Von der Lebenskunst im Umgang mit sich selbst*, Frankfurt am Main 2004, Taschenbuch 2007.

die *Aufnahme* pragmatischer Elemente, um mit Ärger, Alltag, Verrat, Streit, Liebesentzug und anderen Herausforderungen besser zurechtzukommen.

Die andere, atmende Liebe wird das Signum einer *anderen Moderne* sein, und unter veränderten Vorzeichen kann eine erneuerte *Kunst des Liebens* zum Element der Lebenskunst vieler werden. Sie sollte alle Spielarten von Liebe und alle Arten von Beziehungen umfassen, beginnend, nicht endend, mit der Liebe zwischen zweien. Die Bindung zwischen ihnen, die einst von scheinbar objektiven Kräften der Religion, Tradition, Konvention und Natur gewährleistet wurde, ist nun auf die subjektiven Kräfte eines *großen Wohlwollens* füreinander angewiesen; anders wird jedenfalls unter Bedingungen der Freiheit eine länger währende Liebe kaum noch möglich sein. Erst wenn die Herausforderungen der Moderne durchgestanden sind, wird sich eine neue *Leichtigkeit des Liebens* einstellen, die der anstrengenden Bewusstheit nicht mehr bedarf. Die Neuerfindung der Liebe und die Neubegründung einer Kunst des Liebens ist letztlich jedoch eine Sache der Liebenden selbst, die von ihren je eigenen Bedingungen ausgehen, um die Möglichkeiten dieser sonderbaren Existenzweise neu zu erkunden, zu erproben und auszuschöpfen. Für die Versuche, die sie wagen, müssen sie keine allgemeine Verbindlichkeit im Blick haben. Eine Philosophie der Liebe und der Lebenskunst kann ihnen theoretische Impulse vermitteln, entscheidend aber ist ihre eigene praktische Kreativität, um der Liebe stets von Neuem ein Gesicht zu geben. Und ihre Geschichte *ad infinitum* fortzuschreiben.

Von der Liebe und anderen Beziehungen

Nur wer die Sehnsucht kennt: Vom Sinn des Sehnens

Am Anfang der Liebe ist die Sehnsucht nach ihr, von Sehnsucht wird sie begleitet, und von ihrem Ende kündet erneut eine Sehnsucht, nach einer anderen Liebe, einem anderen Leben. Liebe wird oft nicht als das, was ist, erfahren, sondern als das, was fehlt; Menschen sind enttäuscht von ihr, entbehren sie und sehnen sich nach ihr. Der Mangel macht Hunger, die Sehnsucht nach Sättigung setzt Menschen in Bewegung (*motus* im Lateinischen), motiviert sie also, zueinander hin, voneinander weg, bewegt von einer Energie, die ihre Intensität aus der Spannung und Spannweite zwischen dem Sehnenden und dem Ersehnten bezieht. Und nicht nur auf andere Menschen hin und von ihnen weg richtet sich Sehnsucht, sondern auch auf andere Wesen, auf Natur, auf Orte etwa in Gestalt von *Fernweh*, von dort wieder zurück in Form von *Heimweh*. Sie gilt künftigen Zeiten in Form von *Utopie*, dann wieder vergangenen Zeiten in Gestalt von *Nostalgie*, und nicht etwa nur Liebe, sondern zahllose materielle und immaterielle, bestimmte und unbestimmte Dinge können die Sehnsucht beflügeln: Ein Kleidungsstück, Schönheit, ein gesichertes Einkommen, Freiheit, eine Wohnung, Frieden, ein Auto, Sicherheit, ein Haus, Geborgenheit. Menschen sehnen viele Möglichkeiten herbei, dann wieder eine überschaubare Wirklichkeit. Sie sehnen sich nach Leben, nach Welt überhaupt, nach Gott – und wieder davon weg.

Sehnen ist die innere Bewegung, die sich in der *Sehnsucht* zur

Haltung verfestigt, ohne dass dies im Sprachgebrauch voneinander unterschieden würde. Dem konkreten Wünschen, Begehren, Wollen geht meist das vage Sehnen voraus; es leitet die *Suche* an, die in der Sehnsucht mitschwingt. Ganz von selbst entsteht ein *Ziehen*, das im Inneren spürbar wird, unwillkürlich und unreflektiert, dem bewussten Zugriff entzogen. Es treibt das Selbst aus sich heraus und über sich hinaus, sucht nach der Begegnung mit dem Anderen in jeder Hinsicht und hält Anderes als das Bestehende für möglich; den Sinn dafür hält es wach. Im *begrenzten Raum der Gegenwart* können Enge und Mangel empfunden werden, das Sehnen aber spürt zielsicher den *freien Raum des Künftigen* auf, in dem ein anderes und besseres Leben möglich erscheint, mit mehr Glück, größerer Fülle, tieferem Sinn, vollkommener Schönheit. Mit Blick darauf gelingt es, die körperliche Gebundenheit an die gegebene Wirklichkeit zu lockern, die Gefühle schon mal vorauszuschicken und die Gedanken dorthin zu bewegen und beispielsweise die schönere Wohnung zu suchen, die das bessere Leben ermöglicht, das möglichst nie enden soll. Das gefühlte und gedachte Sehnen richtet sich, auch wenn es um bestimmte Dinge geht, immer von Neuem auf etwas Unbestimmtes, Ungegenwärtiges, Unbegrenztes, vielleicht, weil Menschen sich dort beheimatet wissen, auf jeden Fall aber, weil sie es im Bestimmten, Bestehenden, Begrenzten nicht aushalten können.

Was wäre, wenn es keine Sehnsucht gäbe? Menschen würden sich mit dem gegebenen Stand der Dinge bescheiden, ihrem Leben würden entscheidende Impulse fehlen, die gesamte menschliche Geschichte wäre anders verlaufen. Eine *Geschichte der Sehnsucht* könnte vor Augen führen, wie schon das Entstehen der Menschheit an das Aufkommen dieses Gefühls gebunden war: Mit dem ersten Bewusstwerden und dem folgenden Erschrecken über die Endlichkeit brach wohl schon die Sehnsucht auf, die über jede Endlichkeit hinaus will, denn Endlichkeit ist Enge, und Enge, die nicht gewollt ist, macht Angst. Ursprünglich vielleicht nur durch eine zufällige Mutation entstanden, wurde die Sehnsucht im Laufe der Zeit zum Erfolgsmodell des Tieres Mensch, das ohne sie nicht geworden wäre, was es ist: Ein »Erfahrungstier« (Michel Foucault, Gespräch, 1978), immer bereit zum Aufbruch in andere Räume, zur Erkundung neuer Möglichkeiten. Auch wenn Menschen nicht zu allen Zeiten und in allen Kulturen in gleichem Maße davon erfasst sind, ist die Sehnsucht das immer wieder aufbrechende Bedürfnis, im Fühlen und Denken und gelegentlich im Handeln zu einem Anderssein zu gelangen, mit Blick auf ein *fernes Schönes*, das wie ein Leitstern über dem Leben steht. Worauf das sehnsüchtige Verlangen, *Eros* im Griechischen, sich richte, das sei das Schönste, sang im 6. Jahrhundert v. Chr. schon die Dichterin Sappho. Durch die gesamte Geschichte der Menschheit irrlichtert die Sehnsucht, und solange es Menschheit gibt, wird es Sehnsucht geben.

Dass sie über das hier und jetzt Bestehende, letztlich über alles Wirkliche und Endliche hinaus zielt, macht die Sehnsucht zu einem *transzendenten Vermögen* im Wortsinne des lateinischen *transcendere*, mit dem das Überschreiten einer Schwelle bezeichnet wird. Die Schwelle, die die Sehnsucht überschreitet, ist die vom *Wirklichen* zum *Möglichen*, sei es, um eine bedrückende Wirklichkeit, eine Unmöglichkeit von Andersheit hinter sich zu lassen, oder um einfach der Leidenschaft für all das Mögliche, das nicht schon wirklich ist, zu frönen. Worauf auch immer sie sich richtet: Immer ist die Sehnsucht ein *ontologisches Streben* von einer Ebene des Seins (*on* im Griechischen) zur anderen, von der Ebene der Wirklichkeit, die faktisch *end-*

lich ist, zur Ebene der Möglichkeit, die potenziell *unendlich* ist. Dieses Streben teilt die Sehnsucht mit der Melancholie und der Liebe, die ebenfalls danach suchen, *über die Enge der Wirklichkeit und Endlichkeit hinaus zu gelangen*. Sehnsucht, Melancholie und Liebe: Das ist immer nur ein anderes Wort für das Verlangen nach – *Gott*, diesem traditionellen Inbegriff der Dimension des Möglichen und Unendlichen. Augustinus bemerkte im 4./5. Jahrhundert n. Chr. gegen Ende des 10. Buchs seiner *Bekenntnisse*, wie das Sehnen Besitz von ihm ergreift und ihn von der gegebenen Wirklichkeit zur möglichen Unendlichkeit hin zieht, aber auch, wie elend er sich fühlt, da er immer wieder ins Gegebene zurückstürzt: »Hier, wo ich sein kann, will ich nicht sein; dort, wo ich sein will, kann ich nicht sein.« In der Sehnsucht kommt das Leben nicht zur Ruhe, die christliche Theologie hat daher nicht sie, sondern die ruhigere *Hoffnung*, die sich mit dem bloßen Blick auf das Mögliche begnügt, den wichtigsten transzendenten Vermögen (»Kardinaltugenden«) namens Glaube und Liebe beigesellt.

Willkommener erschien die Sehnsucht einer anderen Zeit, in der sie in einem Maße an Bedeutung gewann wie nie zuvor; die *Bewegung der Romantik* sorgte dafür: Sehnsucht ist das romantische Gefühl *par excellence*, eine Romantik ohne sie gibt es nicht. Mit den Anfängen der westlichen Moderne im ausgehenden 18. und beginnenden 19. Jahrhundert haben die Romantiker vieler Länder die Sehnsucht zu ihrem Programm gemacht, sie vorsätzlich gepflegt und gestärkt, überzeugt davon, dass der Geist »nichts Höheres finden kann« (Friedrich Schlegel, *Lucinde*, 1799, »Sehnsucht und Ruhe«). Die unbändige Sehnsucht der Bettine von Arnim, geborene Brentano, beinahe egal wonach, steht dafür: »Die Sehnsucht hat allemal Recht« (Auswahlband, 2007, 98). Jedem Versuch zum Rückzug aufs Weltliche und Endliche setzt die Romantik eine *Potenzierung ins Unendliche* entgegen, von der vor allem Novalis träumte. Just am Beginn der Epoche, die eigentlich auf den transzendenten Horizont eines Jenseits verzichten wollte, zünden die Romantiker im Diesseits den Sprengsatz, der den Zugang zur Transzendenz erneut aufreißt. Auf weltliche Weise wird ein Darüberhinaus wieder gewonnen, das sowohl im Traum des Individuums wie auch in der Vision der Gesellschaft von einem anderen Leben weit über den gegenwärtigen Moment, den momentanen Ort und die gegebenen Verhältnisse hinausgeht. Die Sehnsucht ist das romantische Medium zur »Fortsetzung der Religion mit ästhetischen Mitteln« (Rüdiger Safranski, *Romantik*, 2007, 393), und diese *säkulare Religiosität* sprengt das etablierte Triumvirat der Transzendenz: Neben Glaube, Liebe, Hoffnung vertrauen fortan viele auf die Sehnsucht, wenn es zu eng wird in der Endlichkeit, sowohl im Leben des Einzelnen wie auch in der Geschichte der Gesellschaft; und neben Melancholie, Traum und Vision bleibt ein transzendentes Urvermögen weiterhin der Rausch, vermutlich die Urform aller Religiosität.

Ihre Intensivierung der Sehnsucht verstanden die Romantiker als eine *Kritik* an der Moderne, aber sie trugen damit selbst wesentlich zum Prozess der Modernisierung bei. Die Romantik geht folglich nicht darin auf, nur »antimodern« zu sein, vielmehr motiviert sie Individuen und ganze Gesellschaften auf der Suche nach dem Neuen und befördert damit die moderne *Bewegung der Befreiung* von Bindungen der Religion, Tradition, Konvention und Natur. Die Sehnsucht wird zum Inbegriff der Freiheit des Menschen, nichts mehr so belassen zu müssen, wie es ist, vielmehr alles in Bewegung setzen zu können, und das treibt die moderne Wissenschaft, Technik, Politik und

Wirtschaft an: Die *Wissenschaft* wird angestachelt von der Sehnsucht, sämtliche Zusammenhänge erkennend zu durchdringen. Mithilfe des gewonnenen Wissens lassen sich *Techniken* bauen, die der Sehnsucht vieler Menschen nach Überwindung natürlicher Grenzen Genüge tun, etwa mit Autos und Flugzeugen, die eine grenzenlose Bewegung ermöglichen, auch mit Raketen, deren eigentlicher Brennstoff die Sehnsucht ist, sogar die Grenzen des Planeten noch hinter sich zu lassen. In der *Politik* sollen endlose Reformen und Revolutionen die ersehnte »beste aller Welten« herstellen. Und die *Wirtschaft* offeriert immer neue Produkte, an denen sich die Sehnsucht der Konsumenten entzünden kann (Eva Illouz, *Konsum der Romantik*, 1997; Wolfgang Ullrich, *Habenwollen*, 2006).

Das ewig unbefriedigte Sehnen befeuert den Fortschritt, die stetige *Vorwärtsbewegung* der modernen Zeit – und wird doch regelmäßig unterbrochen von der *Gegenbewegung*, die dem Vorwärtsdrang wieder Zügel anlegt: Jede Befreiung von Bindungen der Religion, Tradition, Konvention und Natur mündet in eine neuerliche Sehnsucht nach ihrer *Wiederherstellung*. Die Romantik selbst, die sich vom Wirklichen wegsehnt, wird postwendend zur Sehnsucht nach der verlorenen Wirklichkeit, um sie, kaum wiedergefunden, erneut zu überwinden. Ihr Sehnen unterläuft nicht nur jedes Arrangement mit dem Wirklichen mit Blick auf das Mögliche, sondern wendet sich auch wieder zurück auf das Wirkliche, in dem allein das Leben gelebt werden kann: Von der Enge weg und wieder zu ihr hin, vom momentanen zu einem anderen Leben und wieder zurück, aus dem Leben heraus und wieder ins Leben zurück. Auch politisch eröffnet die Romantik gegensätzliche Perspektiven zwischen der *utopischen* Sehnsucht nach neuen, idealen Verhältnissen und der *nostalgischen* Sehnsucht nach einer Wiederherstellung alter, realer Verhältnisse, und dann wieder von vorne. Diese ständige *Polarisierung ins Gegensätzliche* erzeugt eine Schaukelbewegung des Lebens, die nie aufhört. Im Hin und Her dazwischen geschieht die *Entwicklung* als kaum wahrnehmbarer Übergang einer schlechteren Gegenwart zu einer besseren Zukunft. Dem dualen Anliegen, wenn nicht gar dem Dilemma der Romantik zwischen Potenzierung und Polarisierung verlieh Friedrich Hölderlin in seinem Hymnenentwurf *Mnemosyne* um 1805 den gültigen Ausdruck: »Und immer / Ins Ungebundne gehet eine Sehnsucht. Vieles / aber ist / Zu behalten.«

Der *Überschwang der Sehnsucht*, die über die endliche Wirklichkeit hinaus den unendlichen Raum der Möglichkeiten auftut, erschwert allerdings auch jede Rückkehr zur Wirklichkeit, in der allein sie erfüllbar ist. Gerade dann, wenn die Unendlichkeit und Unbegrenztheit der Möglichkeiten erfahren worden sind, werden die Endlichkeit und Begrenztheit der Wirklichkeit besonders schmerzlich empfunden. Aus diesem Grund folgt nicht etwa nur der *unerfüllten*, sondern auch der *erfüllten* Sehnsucht eine Enttäuschung, denn das unendliche Streben, das sein Ziel erreicht, wechselt die ontologische Ebene und verschließt damit den Horizont des Unendlichen. Sich nach Liebe zu sehnen, ist Eines, ein Anderes aber, sie wirklich zu erfahren, denn das macht alsbald die Bedingungen der Endlichkeit wieder spürbar. Sehnsuchtsvoll erwartet, gewinnt der geliebte Andere eine *ideale Gestalt*, mit allen wünschenswerten Eigenschaften, reichhaltigen Möglichkeiten, göttlichen Konturen: Sein Blick, seine Stimme, sein Geruch, seine Gestik, seine Eigenart, sein Wohlwollen. Die wirkliche Begegnung aber macht klar, dass die *reale Gestalt* des Anderen eine bestimmte, begrenzte Wirklichkeit verkörpert, mit den üblichen

Einbußen und Misslichkeiten. Zwar birgt der Andere, wie ich selbst, einigen Reichtum an Möglichkeiten in sich, die *nacheinander*, im Laufe der Zeit entfaltet werden können. Aber der Gedanke daran liegt im Moment ganz fern und ändert nichts an der Enttäuschung der Erfüllung *jetzt*. Ich laste sie dem Objekt der Sehnsucht an, das »nichts bringt«, oder mir selbst, da ich mich vom untauglichen Objekt »täuschen ließ«, seltener mir eingestehe, in der eigenen Wirklichkeit sehr begrenzt zu sein. Niemand trägt Schuld daran, es geschieht nicht böswillig, nicht zufällig, sondern zwangsläufig, da die Ontologie, die Logik des Seins, es so will und auf der Differenz von Möglichkeit und Wirklichkeit beharrt. Alle Wirklichkeit kann immer nur eine endliche, begrenzte sein, nie kann sie den unendlichen, unbegrenzten Möglichkeiten entsprechen.

Mit der Erfüllung verliert die Sehnsucht zu allem Überfluss noch ihren Sinn, der *teleologisch* geprägt ist: Ihre Ausrichtung auf ein Ziel (*telos* im Griechischen), das Erfüllung verspricht, vermittelt einen starken Sinnzusammenhang, und je intensiver der Sehnende das Ziel verfolgt, desto schmerzlicher entbehrt er den Sinn, wenn es erreicht ist: Plötzlich erscheint das Ersehnte leblos und leer. Solange es ersehnt wurde, war es groß, mit dem Erreichen aber fällt es der Verachtung anheim: Da es erreicht wurde, kann es nicht wirklich groß gewesen sein. Die größte Gefahr, die der romantischen Sehnsucht droht, ist aus diesem Grund die Erfüllung, denn sie stellt ihre Existenz in Frage. Mit Erfüllung rechnen Romantiker daher lieber nicht, auf sie stellen sie sich nicht ein. Erfüllung kann es für Momente geben, nicht jedoch auf Dauer. Das ist der eigentliche Grund für die Unstillbarkeit der romantischen Sehnsucht, darauf antwortet die Erfindung der ziellosen Sehnsucht, *saudade* im Portugiesischen, die im Fado hörbar wird und der Erfüllung gar nicht bedarf, vielmehr den Weltschmerz der Unerfüllbarkeit nährt und aus tiefstem Herzen »das ablehnt, was man die Wirklichkeit nennt« (Eduardo Lourenço, *Mythologie der Saudade*, 2001, 23). Immer von Neuem soll die Sehnsucht aufbrechen und das Selbst sich nach Anderen und Anderem sehnen; dafür steht in der deutschen Romantik das Symbol der »blauen Blume«. Aus der *Haltung* zur Unerfüllbarkeit ergeben sich fortan Glück und Verzweiflung der Sehnsucht: *Glück* ist möglich, wenn das Sehnen selbst, erst recht das Erreichen des Ersehnten trotz aller Einbußen als erfüllend empfunden werden kann. *Verzweiflung* überkommt das Selbst, wenn das Nichterreichen des Ersehnten *und* sein Erreichen als existenzieller Mangel erscheinen.

Bei all dem ziehenden Schmerz des Sehnens kann der, der sich sehnt, dennoch in der verführerischen Lust schwelgen, sich Möglichkeiten auszumalen, die jede Wirklichkeit verblassen lassen. Mit ausgreifender innerer Bewegung kann er die Sehnsucht als *großes Gefühl* erfahren, das das alltägliche Maß an Gefühlen hinter sich lässt, ganz so wie die euphorische Freude, die kalte Wut, das basse Erstaunen, die feierliche Erhabenheit, die bittere Enttäuschung, die abgrundtiefe Traurigkeit. Was im engen Alltag fehlt, kann in den weiten Raum der Möglichkeiten projiziert werden, und bedingungslos kann das Selbst sein Leben darauf ausrichten, das Entbehrte zu erlangen. Ohne Sehnsucht droht ein gleichförmiges, spannungsloses Leben, mit wachsender Sehnsucht aber wird die Form des Selbst rasch zu klein für die große Bewegung, die es in sich fühlt, im Innersten bis zum Zerreißen gespannt. Menschen, die sich sehnen, beginnen an ihrer Sehnsucht zu leiden, die jedes Maß sprengt; nicht von ungefähr wurden Goethes Verse (*Wilhelm Meister*, Lied der Mignon) zum geflügelten romantischen Wort, von Franz Schubert vertont: »Nur wer die Sehnsucht kennt, / Weiß, was ich leide!« Umgekehrt beginnen Menschen, die zu wenig Sehnsucht fühlen, an diesem Mangel zu leiden. Und ganz so, wie jede Nichterfüllung der Sehnsucht leidvoll ist, zieht auch jede Erfüllung ein Leiden nach sich, nämlich am Verlust des Horizonts, der ins Unbegrenzte und Unendliche geht, sodass nur noch der Überdruss am Begrenzten und Endlichen übrig bleibt. Ein geschlossener Kreis des Leidens steht somit zur Verfügung: Leiden am Übermaß der Sehnsucht, Leiden an ihrem Mangel, Leiden an ihrer Nichterfüllung, Leiden auch an ihrer Erfüllung. Mochte die Moderne die Zeit sein, die allem Leiden zu entkommen hoffte, um sich der Lust allein widmen zu können – die romantische Sehnsucht trägt Sorge dafür, dass es kein Entrinnen gibt.

Wenn aber die Melancholie der Erfüllung wie der Nichterfüllung nicht endet und auch nicht enden soll, kann aus Sehnsucht *Sucht* werden, der Übergang ist fließend. Vor lauter Sehnen wird das Selbst krank, *siech*, zu heilen nur durch die Erfüllung, mit der das Sehnen jedoch von Neuem beginnt. Die Spannweite zwischen Wirklichkeit und Möglichkeit, die eine Quelle schöpferischer Kraft ist, wird überspannt und kippt ins Zerstörerische. Dazu trägt ein *ontologisches Missverständnis* bei, nämlich der Glaube, der Unterschied von Wirklichkeit und Möglichkeit sei aufhebbar, die Begrenztheit des Daseins könne durch »Entgrenzung«, durch ein Leben in der unbegrenzten Weite des Seins überwunden werden. Eine Sucht kann viele Gründe haben: Genetische Ausstattung, Prägung der Kindheit, individuelle Anfälligkeit, soziales Umfeld, Verfügbarkeit von Suchtmitteln, deren gesellschaftliche Akzeptanz oder Ablehnung, die Gewöhnung und die darauf folgenden neuronalen Veränderungen, die vor allem bei stoffgebundenen Formen der Sucht kaum je rückgängig zu machen sind. Aber *ontologische Gründe* kommen hinzu, die in Begriffen festgehalten werden und entsprechende Gefühle wachrufen: Das Selbst will sich auflösen im »ganz Anderen«, in dem das »wahre Leben« vermutet wird, das nur als dauerhaftes Angeregtsein, Erregtsein, ekstatisches Außer-sich-Sein vorstellbar ist. Dieses Leben, das lange Zeit *kulturell* einem Jenseits zugeschrieben wurde, wird in moderner Zeit *individuell* ins Diesseits zurückverlegt. Hier aber ist es definitiv unerfüllbar, und das wird der Wirklichkeit zum Vorwurf gemacht, die im Lichte der »anderen Bewusstseinsebene« von Grund auf fragwürdig erscheint, denn nie entspricht sie dem ersehnten möglichen Leben. Statt sich von der Sehnsucht zu Möglichkeiten inspirieren zu lassen, auf veränderte Weise in der Wirklichkeit zu leben, wird das wirkliche Leben für das betroffene Selbst ebenso unmöglich wie ein Leben nur in Möglichkeiten.

Vielleicht geht alle Sucht aus einer Sehnsucht hervor (Werner Gross, *Hinter jeder Sucht ist eine Sehnsucht*, 2002). Die Sucht ist jedenfalls die andere Seite des Sehnens und gehört der »schwarzen Seite« der Romantik zu. Problematisch können sämtliche Komponenten der Sehnsucht werden: Motiv, Ziel und Mittel zur Erlangung des Ziels. Zum *Motiv* wird es, die störende Präsenz des Wirklichen hinter sich zu lassen, auch wenn das unmöglich ist. Zum *Ziel* avanciert das Glück des ewig lustvollen Wohlgefühls, ohne Beimischung von Unlust und Unwohlsein, auch wenn das kein sinnvolles Verständnis von Glück sein kann. Und was die *Mittel* zur Erfüllung angeht, so kommen, je geheiligter das Ziel, desto bedenkenloser alle Mittel in Betracht, auch deren gewaltsame Beschaffung; selbst Menschen werden zu bloßen Mitteln, etwa um die ersehnte Liebe zu erlangen. Der gewöhnlichen Sehnsucht nach Liebe folgt immer mal wieder ein Moment der Erfüllung, der Sucht aber rasch die anhaltende Lieblosigkeit. Der herkömmlichen Sehnsucht erscheinen alle Hürden auf dem Weg zur Erfüllung überwindbar, die Sucht aber gräbt den Eindruck gänzlicher Aussichtslosigkeit in einen Menschen ein. Eine Gnadenlosigkeit der Existenz wird erfahrbar, auf die ein romantisches Selbst am allerwenigsten vorbereitet ist. Zum letzten Ziel wird der erlösende Tod, um der ewigen Unerfülltheit ein Ende zu setzen und ohne Umwege direkt in die Unendlichkeit zu gelangen, die als wahres Leben erscheint.

Dennoch, trotz aller Gefahr der Sucht, ist die Sehnsucht unverzichtbar: Das Menschsein braucht die Energie, die sie freisetzt, und die Möglichkeiten, die sie erschließt. Um der Sucht zu entgehen, bedarf es einer Anstrengung der bewussten Lebensführung, die zuallererst darin besteht, sich die unaufhebbare Differenz von Wirklichkeit und Möglichkeit vor Augen zu führen. Die Akzeptanz der Differenz ermöglicht die *Mäßigung der Sehnsucht*, ihre Entlastung von maßlosen Erwartungen, die nicht nur im besonderen Fall, sondern von Grund auf, *ontologisch*, unerfüllbar sind. Die begrenzte Erwartung ermöglicht, mit der Begrenztheit der Erfüllung besser leben zu können. Es liegt am Selbst, sich bei jeder Idealisierung des Ersehnten darüber im Klaren zu sein, dass jede Realisierung auch weniger ideale Seiten zum Vorschein bringt. Der Einzelne kann damit einverstanden sein, dass keine einzige Möglichkeit ohne Einbußen zu verwirklichen ist, dass zudem jede Verwirklichung den Bedingungen des Lebens in der Zeit unterworfen ist und dass schon aus diesem Grund nicht alle Möglichkeiten verwirklicht werden können. Alles Leben ist ein Abschiednehmen von Möglichkeiten, auch in Gestalt verpasster Gelegenheiten, und ein Neuanfang im Sehnen.

Das Sehnen selbst ist unverfügbar, verfügbar ist nur die *Haltung* dazu: Etwa dem spontan entstehenden Sehnen zu folgen – oder es ins Leere gehen zu lassen. Situationen können geschaffen werden, die seiner Entstehung förderlich sind, etwa Ziele ins Auge zu fassen, auf die es sich richten kann – oder eben darauf zu verzichten. Liebende können ihre Sehnsucht nach dem Anderen anstacheln, etwa durch die zeitweilige Trennung voneinander, und können sie kulminieren lassen, um sie durch ausgiebige Erfüllung zu befriedigen, und dann wieder von vorne. So kann es gelingen, die Sehnsucht *atmen* zu lassen und sie dadurch lebbarer zu machen: Das *atmende Maß* der Sehnsucht ist ein Aspekt der Atmung der Liebe. Von einer Mäßigung der Sehnsucht zu sprechen, soll keineswegs die Extreme des *Untermaßes* (eines pragmatischen Lebens ohne Sehnsucht) oder des *Übermaßes* (eines romantischen Lebens nur für die Sehnsucht) unmöglich machen, sofern die Extreme der eigenen Lebenshaltung besser entsprechen. Möglich werden sollen jedoch auch die vielen Abstufungen *dazwischen*, die die gesamte Skala des Sehnens erfahrbar machen und sich bestens dazu eignen, ein romantisches Übermaß abzubauen oder ein pragmatisches Untermaß aufzufüllen. Atmen können soll das Maß auch zwischen einer *episodischen* Sehnsucht, die sich gelegentlich einstellt und beiläufig zu befriedigen ist, und einer *epochalen* Sehnsucht, die zeitlich weit ausgreift, selbst über das eigene Leben hinaus, ohne je nach Erfüllung zu fragen. Die Wahl zwischen den Optionen trifft jeder Einzelne für sich, um die Sehnsucht in einem Maß zu halten, das den Horizont des Lebens öffnet und die Spannung des Lebens intensiviert, aber nicht ruinös auf das eigene Leben und das Leben Anderer zurückwirkt. Das Resultat ist nicht nur individuell von Bedeutung, sondern auch kulturell, denn es wirkt auf die Zeit zurück: Jede Mäßigung der Sehnsucht mäßigt auch die Moderne, die auf die Absolutheit der Sehnsucht gesetzt hat.

Lässt sich die Sehnsucht aber wirklich mäßigen, wenn es um Liebe geht? Ist die Größe der Aufgabe klar, ist ein Scheitern daran weniger problematisch. Romantisch inspiriert, zielt die Sehnsucht in moderner Zeit auf eine Liebe, die eine *große Liebe* sein soll, ohne irgendwelche Alltäglichkeit, die das Gefühl abflauen ließe, ohne Pragmatik, die die Romantik verstellen würde; zugleich eine *wahre Liebe*, ohne Enttäuschungen, in denen eine Täuschung über den Zustand der Liebe ans Licht käme, und eine *reine Liebe*, ohne Beimischung anderer Interessen oder Affekte, die der Liebe widersprächen, ohne Andere, die mit im Spiel sein könnten. Der großen, wahren, reinen Liebe wollen die Liebenden ihr Leben widmen, das vom jeweils Anderen vollständig besetzt werden darf. Wird die Liebe dann wirklich gelebt, machen sie jedoch Erfahrungen, die ihren Vorstellungen nicht restlos entsprechen. Die Vorstellungen wie die Erfahrungen scheinen sehr individuell geprägt zu sein, in Wahrheit aber sind sie eingebettet in eine kulturelle Geschichte, in der die romantische Liebe nur eine Phase ist, nicht der Anfang, erst recht nicht das Ende der Geschichte.

Wenn Liebe geschieht: Eine Erfahrung und ihre Beschreibung

Zu allen Zeiten und in allen Kulturen machen Menschen Erfahrungen, die sie mit dem Wort »Liebe« benennen, meinen damit aber nicht immer dasselbe. Einen Eindruck vom Reichtum der Bedeutungen geben die überlieferten Beschreibungen der Erfahrungen. Die *Geschichte der Liebe* ist eine eigene Art von Liebesgeschichte, die davon erzählt, was durch die Zeiten hindurch als Liebe angesehen worden ist: »Ständig das gleiche und doch immer etwas anderes« (István Ráth-Végh, *Die Geschichte der Liebe*, 1941). Kulturelle Besonderheiten treten dabei hervor, die sich im Laufe der Geschichte herausgebildet haben und vielleicht auch klimatisch bedingt sind, wie Montesquieu meinte (*Vom Geist der Gesetze*, 1748, 14, 2), sodass *l'amour* in der französischen Kultur eine Leidenschaft sein kann, die im Zweifelsfall auf Treue verzichtet, während die »wahre Liebe« in der deutschen Kultur traditionell an Treue gebunden ist. Jede einzelne europäische Kultur pflegt ihr Verständnis von Liebe, das sich von anderen europäischen sowie asiatischen, afrikanischen und amerikanischen Kulturen unterscheidet (Denis de Rougemont, *Die Liebe und das Abendland*, 1939). Noch deutlicher, subjektiv gesehen, fallen die Unterschiede zwischen den Regionen innerhalb einer Kultur aus, auch zwischen Land und Stadt, erst recht zwischen einzelnen Individuen innerhalb einer Kultur, die je nach Veranlagung, Erfahrung und Überlegung ihre eigene Vorstellung von Liebe entwickeln und verwirklichen.

Die Anfänge der Geschichte der Liebe liegen im Dunkel des Mythos verborgen. Platon lässt in seinem *Symposion* im 4. Jahrhundert v. Chr. den Komödiendichter Aristophanes davon erzählen, dass die Menschen einst Kugelwesen waren, vollkommen eins mit sich selbst, vorstellbar vielleicht wie Hochschwangere, die auf andere Weise die Einheit einer Zweiheit in sich erfahren. Die göttliche Vollkommenheit der Kugelwesen schlug jedoch in Übermut um, und so versuchten sie, den Himmel zu stürmen, um endlich den Göttern ebenbürtig zu sein. Zeus aber, der oberste Gott, bestrafte sie für die Anmaßung, indem er sie in der Mitte zerspaltete, um sie »kraftloser« zu machen. Fortan war jede Hälfte damit beschäftigt, nach ihrem Gegenstück zu suchen, um mit ihm wieder zur Einheit zu verschmelzen. Die Hälften aber, die sich fanden, glitten aneinander ab, das Wehklagen war groß. Aus Mitleid ordnete Zeus daraufhin ihre Geschlechtswerkzeuge so an, dass sie sich wenigstens zeitweilig wieder verkoppeln und die ursprüngliche Einheit erleben konnten; »zwischendurch« sollten sie ihrer Arbeit nachgehen. So nahm die *Geschichte der Separierung der Menschen* ihren Lauf, seither ist jeder auf der Suche nach seiner anderen Hälfte, mit der er die Feste der Einheit feiern kann: »Das Verlangen und Streben nach dem Einssein freilich nennt man Liebe.«

Auch andere Kulturen kennen Geschichten von einer ursprünglichen Einheit, nach der die Menschen sich zurücksehnen, meist verbunden mit der Vorstellung einer Einheit auch der verschiedenen *Ebenen von Liebe*, sodass die Begegnung zwischen zweien die sinnliche Vereinigung der *Körper* ebenso wie das gefühlte Einssein der *Seelen*, die geistige Übereinstimmung in *Gedanken* und die transzendente Erfahrung des *Unendlichen* umfassen kann. Alle Ebenen spricht die Bildersprache im »Lied der Lieder Salomos«, dem hebräischen *Hohelied* an, dieser erstaunlichen Sammlung von Versen im Alten Testament (herrlich illustriert 1911 von Lovis Corinth), die aus wechselnder Perspektive die Liebe besingen, mit starkem Hang zur Sinnlichkeit: »Ein Myrrhenbündel ist mein Liebster mir, das zwischen meinen Brüsten ruht.« »In seinem Schatten verlangt's mich zu sitzen, seine Frucht ist süß meinem Gaumen.« Aber die Sehnsucht nach der *erfüllten Liebe*, nach dem Genuss ihrer Früchte auf allen Ebenen, kommt auch in anderen Überlieferungen zum Ausdruck, in der griechischen Dichtung etwa bei Sappho: Körperlich, seelisch, geistig, göttlich soll die Liebe sein, die Eros und Aphrodite den Menschen schenken. Auf allen Ebenen spielt auch die Geschichte von Krishna und Radha in der Sanskrit-Dichtung *Gitagovinda* des bengalischen Hofdichters Jayadeva, der damit alte erotische und mythologische Motive wieder aufnimmt. Die abendländische Geschichte aber entfaltet sich als eine *Geschichte der Fragmentierung der Liebe*, bei der jeweils eine oder zwei Ebenen das Ganze vertreten sollen und es doch nicht können. Einige Phasen dieser Geschichte lassen sich anhand markanter Neuerungen skizzieren, die sich, einmal eingeführt, nicht mehr verlieren, sondern zu Facetten im Mosaik werden, aus dem das Bild der Liebe zu jeder Zeit besteht.

1. *In der Antike* hebt Platon die Liebe auf eine *geistige Ebene*, um den Enttäuschungen zu entgehen, die von vergänglichen äußeren Reizen und wankelmütigen Gefühlen verursacht werden können. Die Rede der Diotima, die Sokrates im *Symposion* vorträgt, präsentiert den Entwurf dessen, was als »platonische Liebe« Eingang in die Geschichte finden sollte: In Gedanken soll der Liebende sich seiner Liebe bemächtigen, um sie von ihrem Verlangen nach körperlicher Schönheit und seelischer Attraktivität abzubringen; allein die Schönheit des Geistigen soll sie motivieren, um schließlich in Gedanken die unbewegte, unvergängliche, »überhimmlische« *Idee des Schönen* anzuschauen. Der Aufstieg zur Anschauung der Idee ist mit einer nachdrücklichen Abwertung der körperlichen und seelischen Ebene verbunden, auch die ursprüngliche Besetzung der transzendenten Ebene wird geleugnet: »Eros ist kein Gott.« An die Stelle des Gottes tritt nun die Idee des Schönen und animiert den Menschen, der es erblickt, zur »Niederkunft im Schönen« (*tokos en kalo*), zum Hervorbringen von Schönem, zur geistigen Kreativität. Mit dieser Orientierung sind zwei in der Lage, gleich welchen Geschlechts, eine Beziehung

auf gleicher Ebene zueinander zu unterhalten, bei der beide sich durch Besonnenheit auszeichnen, und vielleicht ist ein ungewöhnliches Paar diesem Ideal wirklich nahe gekommen: Perikles, der athenische Politiker, und die schöne und gebildete Aspasia, der die dichterische Gestalt der Diotima nachempfunden sein könnte. Auf jeden Fall vollzieht sich mit Platon eine signifikante Veränderung in der Bedeutung von »Liebe«, wenngleich die gewöhnlichen ehelichen und außerehelichen Beziehungen von den philosophischen Überlegungen wohl eher unberührt blieben.

2. *Im frühen Christentum* weisen vom ersten Jahrhundert an verschiedenste Autoren, Platon und dem Neuplatonismus folgend, die körperliche Liebe weitgehend ab und richten die seelisch-geistige Liebe auf eine jenseitige Instanz aus. Die *transzendente Ebene* wird wieder mit Liebe besetzt, anstelle des sinnlich konnotierten *Eros* nun jedoch mit geistiger *Agape* im Griechischen, *Caritas* im Lateinischen, inkarniert vom Gott des Christentums: »Gott ist Liebe« (1. *Johannesbrief*, 4, 16), die Verschmelzung mit ihm ist das oberste Ziel. Als legitime Form der Liebe zwischen zweien erscheint in dieser Perspektive allein die eheliche Bindung zwischen Mann und Frau, die vor Gott eingegangen wird und die der Mensch nicht trennen soll. Der Eindruck einer gleichberechtigten Beziehung wird von Aussagen konterkariert, die Paulus im *Epheserbrief* macht: Der Mann soll seine Frau lieben wie sich selbst, »die Frau aber fürchte den Mann«, denn er ist ihr »Haupt«, so wie Christus das Haupt der Kirche sei. Die körperliche Liebe ist im Rahmen der Ehe zum Zweck der Fortpflanzung erlaubt und sogar geboten, die gleichgeschlechtliche Liebe hingegen gilt als verwerflich: All das prägt die Erfahrung der Liebe in der abendländischen Kultur für lange Zeit. Augustinus, der selbst

eine imposante Wegstrecke der Liebeserfahrung von der körperlichen über die seelisch-geistige hin zur göttlichen Ebene zurücklegt, gibt der christlichen Liebe im 4./5. Jahrhundert n. Chr. schließlich die historisch gültige Form, beschrieben im 10. Buch seiner *Bekenntnisse*, mit deutlichem Rückbezug auf Platon: Die Liebe zu Gott ist Liebe zur ewigen Schönheit, die Freude daran führt zum glücklichen Leben, die Gottesliebe ist der transzendente Sinn der Liebe, die Nächstenliebe ist ihre weltliche Erscheinungsform.

3. *Im Mittelalter* ist die Dominanz der transzendenten Ebene allerdings schon nicht mehr durchsetzbar, das Bedürfnis nach weltlicher Erfahrung der Liebe zumindest auf *seelisch-geistiger Ebene* erwacht erneut; von Gefühlen, denen unbedingt zu folgen ist, singt die Lyrik: *Liebe hat es so befohlen* (Bernd Prätorius, 2004), und viele Minnesänger unterhalten eine platonische Beziehung zu der Geliebten, die ihnen als Inkarnation der Schönheit erscheint. Die *hohe Minne* verlangt ihnen ab, in der Sehnsucht zu verharren, Erfüllung nur zu erträumen und auf dem Weg dazu mannhafte Selbstbeherrschung, absolute Diskretion und ewige Treue unter Beweis zu stellen. Andere, wie Walther von der Vogelweide, rühmen die *ebene Minne*, die ausgeglichene Liebe, zu der auch die körperliche Erfüllung zählt, die für sich allein nur *niedere Minne* wäre. Selbst die vormals rauen Ritter bemühen sich nun um Gefühle für ihre Dame und bezeugen sie mit den Farben ihrer Kleidung bei Turnieren: Grün-rot für die Liebe, die hell auflodert, schwarz-weiß für den Schmerz, der sie dennoch hoffen lässt.

Entschieden gefördert wird die neue Liebeskultur von Eleonore von Aquitanien, die im 12. Jahrhundert ein äußerst bewegtes Leben führt, Gattin des französischen Königs Ludwig VII., mit dem sie zwei, dann des englischen Königs

Heinrich II., mit dem sie acht Kinder hat. Von ihm verstoßen, hält sie, bevor sie ihr Leben als Nonne beschließt, viele Jahre lang Hof in Poitiers und ist an Minnegerichten beteiligt, die über Liebesstreitigkeiten befinden. Die dabei angewandten *Regulae amoris*, nebst einigen Schiedssprüchen überliefert von Andreas, Kaplan des französischen Königs, handeln davon, dass in der Ehe Pflichterfüllung vorherrschen solle, die wahre Liebe aber die außereheliche sei, in der die Liebenden sich aus freien Stücken alles gewähren, eine begehrte Freude in der mittelalterlichen Welt des Leids und der Verzweiflung. Die ritterliche Aufwertung der Frau wird im Christentum mit der Verehrung Marias nachvollzogen. Christliche Mystikerinnen, denen der Mund von der Erfahrung Gottes übergeht, lassen Unterschiede zum Liebesakt kaum erkennen: »Herr, minne mich gewaltig, und minne mich oft und lang!«, bittet Mechthild von Magdeburg: »Je gewaltiger Du mich minnest, umso schöner werde ich« (*Das fließende Licht der Gottheit*, I, 23).

4. *In der Renaissance* wird deutlich, dass die Liebe sich auch mit der seelisch-geistigen Ebene nicht begnügen kann: Sie drängt auf die *Entfaltung aller Ebenen*. Eine Ahnung davon vermitteln bereits im 12. Jahrhundert Héloïse und Abälard, deren Beziehung zum Inbegriff der Liebe auf körperlicher, seelischer, geistiger und transzendenter Ebene wird. Die Macht der Sinnlichkeit, die sich anfänglich in ihnen Bahn bricht, lässt sich der Gegenmacht christlicher Normen nur noch mit Gewalt unterwerfen, nämlich mit der Entmannung Abälards, die der innigen Beziehung gleichwohl nichts anhaben kann. Viele Briefe aus dem Kloster adressiert Héloïse weiterhin an ihren Geliebten, der seinerseits die gemeinsame Liebe zur Transzendenz beschwört. Inspiriert von der multiplen Liebe, unter neuerlicher, nun aber melancholischer Berufung auf die

»Herrschaft« des Eros, dessen sinnliche Seite ihn irritiert, besingt Petrarca im 14. Jahrhundert im Gedichtzyklus *Canzoniere* seine Beziehung zur geliebten Laura, schillernd auf allen Ebenen, und die nie geklärte Frage, ob es sich dabei um eine reale Gestalt handelt, hält die Wirkungsgeschichte wach und führt zu einer regelrechten »Wiedergeburt der Liebe« (Ingeborg Walter und Roberto Zapperi, *Das Bildnis der Geliebten*, 2007).
Die Maler der Zeit stellen Frauen mit üppiger Sinnlichkeit, inniger Beseeltheit, geistvollem Ausdruck dar, entrückt in die Transzendenz des antiken Götterhimmels, wie etwa die 1538 gemalte *Venus von Urbino* (Florenz, Uffizien) des Venezianers Tizian. Die realen Frauen der Renaissance beanspruchen Gleichberechtigung zumindest im Liebesleben, nach der bereits bekannten Grundformel von ehelicher Pflichterfüllung und außerehelichem Lustgewinn. Zugleich ist dies die Zeit einer offen gelebten Bisexualität, sowie einer jedes Maß sprengenden Prostitution. Die große Freiheit in Liebesdingen spricht aus den Werken von Pietro Aretino, François Villon, François Rabelais. Dass selbst das Personal der christlichen Kirche den Versuchungen der Zeit nicht widerstehen kann, bereitet den Boden für Luthers Rückbesinnung auf das wahre christliche Leben, zu dem in seinen Augen die Ehe gehört: Sie ist der einzig richtige Ort der Sexualität, ja, Mann und Frau haben geradezu einen »ehlichen Dienst« aneinander zu verrichten, nicht unwillig, sondern freudig, »sintemal Gott Mann und Weib, sich zu besamen und zu mehren, geschaffen hat« (*Vom ehelichen Leben*, 1522).

5. *In der frühen Neuzeit* nötigt das erfolgreiche Zurückschneiden der bunten Triebe die Liebe zur neuerlichen Vergeistigung, die nun aber ganz anders ausfällt als einst bei Platon. Im 17./18. Jahrhundert und bis weit in die Moderne hinein hat

die Wertschätzung der *geistigen Ebene* keine überhimmlische Schönheit, sondern die weltliche Nützlichkeit der Beziehung zwischen zweien im Blick: *Die Liebe als Geschäft*. Zum nüchternen Kalkül gehören materielle Versorgung und soziale Absicherung, ökonomischer Erfolg und gesellschaftlicher Aufstieg, zu deren Zweck eine *formale Liebe* arrangiert und in die Form eines Ehebündnisses gegossen wird. Ihr körperlicher Vollzug befriedigt die Bedürfnisse des Mannes und sichert idealerweise die männliche Erbfolge, Gefühlsregungen oder ein anspruchsvoller geistiger Austausch sind dafür nicht von Belang; der Rest ist Melancholie, wie Robert Burton sie im dritten Buch seiner *Anatomie der Melancholie* (1621) beschreibt. Diese Liebe, die keiner Person gilt, sondern günstigen Bedingungen für die Mehrung materieller Güter, ist maßgeblich an der »innerweltlichen Askese« und »rastlosen Berufsarbeit« beteiligt, die Max Weber als Triebkräfte der Kapitalakkumulation identifizierte (*Die protestantische Ethik und der »Geist« des Kapitalismus*, 1904/05). Mit der Festlegung dieser Liebe auf eine den Konventionen entsprechende bürgerliche Ehe, die den religiösen Segen erhält und außereheliche Verhältnisse moralisch ächtet, brechen zugleich die Blütezeiten der Doppelmoral an. Vorweg in der Aristokratie, sodann im Bürgertum macht sich außerhalb der ehelichen Verbindung eine erotische Freizügigkeit breit, von der zahllose zeichnerische und literarische Darstellungen künden. Die blühende Phantasie und zügellose Libertinage gipfeln in den unkonventionellen Praktiken eines Marquis de Sade und überdauern in verborgener Gestalt mühelos auch Biedermeierzeit und Viktorianisches Zeitalter im 19. Jahrhundert.

6. *In der Frühromantik* beziehen junge Menschen aus dem Erschrecken über die gefühllos gewordene Liebe den Antrieb,

mit ausdrücklichem Rückbezug auf das Mittelalter, aber mit dem modernen Anspruch auf Liebe *in* der Ehe, vor allem die *seelisch-geistige Ebene* zu erneuern. In frontaler Entgegensetzung zum prosaischen Kalkül entwerfen die Romantiker poetische Konzepte der Liebe als Gefühl und als Traum, Friedrich Schlegel in *Lucinde* (1799), Dorothea Schlegel in *Florentin* (1801). Dem Gefühl kommt gottähnliche Funktion zu, es sorgt für die Erfahrung von Unendlichkeit und begründet die romantische Religion der Liebe, mit der Konsequenz freilich, dass sein Ausbleiben auch die Trennung nahelegt. Wie tödlich der Konflikt zwischen der Liebe als Geschäft und der Liebe als Gefühl ausfallen kann, führt der Realist Theodor Fontane in *Effi Briest* (1895) vor. Die gefühlsbestimmte Liebe, die im Laufe des 19. und 20. Jahrhunderts enorm an Popularität gewinnt, ist der gewagte Versuch zu einem *zärtlichen Leben*, das den Härten der Existenz ganz entgehen will. Es wird zum Zufluchtsort vor den gefühlten Bedrohungen durch die Moderne, die vielen als Zeit der Lieblosigkeit erscheint, beherrscht von gefühlloser Rationalität, Technik und Ökonomie.

Im romantischen Laboratorium der Liebe machen jedoch schon die Frühromantiker selbst gemischte Erfahrungen mit Gefühlen, die auflodern und wieder verglimmen, und Träumen, die zu Albträumen werden. Sie sehen sich stürmischen Verwicklungen ausgesetzt, die für Liebeserfahrungen zu allen Zeiten typisch sein mögen, nun aber an neuer Dynamik gewinnen: Eindrucksvoll das lange Sehnen, das Clemens Brentano zu Sophie Mereau hin treibt und von ihr nach ebenso langem Zögern, dann aber mit aller Unbedingtheit erwidert wird, bevor sich das leidenschaftliche Gefühl mit der Zeit in der Endlichkeit und Begrenztheit eines blassen Alltags verliert und schließlich nur noch bittere Enttäuschung hinterlässt. Die romantisch Liebenden sprengen religiöse, traditionelle und konventionelle Fesseln, scheitern aber am Versuch, der freien Liebe selbst den Charakter einer verlässlichen Bindung zu geben. Das raubt ihnen schließlich den Glauben an die Gefühle. Übrig bleiben die Körper.

7. *In der fortgeschrittenen Moderne* des 20. Jahrhunderts wird die *körperliche Ebene* tonangebend, eine historische Neuerung in später Revolte gegen die philosophische und christliche Abwertung der körperlichen Seite der Liebe. Die Psychoanalyse deckt unbewusste und unterdrückte sexuelle Wünsche auf (Martin S. Bergmann, *Eine Geschichte der Liebe*, 1987), und mit wissenschaftlichem Anspruch wird nun die gesamte Sexualität offen gelegt, breitenwirksam in den *Kinsey-Reports* von 1948 und 1953; Handbücher schildern detailliert, wie Gebrauch von ihr zu machen sei (Günter Amendt, *Das Sex Buch*, 1979). Was einen enormen Gewinn an Möglichkeiten des Lebens und Liebens mit sich bringt, verleitet viele auch dazu, die verkürzte Sexualität, *Sex*, allein mit Liebe zu identifizieren. Wo noch ein Gefühl damit einhergeht, gilt es in Anlehnung an die ökonomische Sphäre letztlich als riskantes »Investment«. Ein Leben ohne Sex erscheint kaum noch vorstellbar, und auch außerhalb des Bettes muss immer alles »geil« sein: Geiles Auto, geile Frisur, geiler Job.

Die moderne Gesellschaft kenne eine Sexualwissenschaft, aber keine Kunst des Liebens mehr, postulierte Michel Foucault 1976 in seinem Buch *Der Wille zum Wissen*. Die Befreiung von einer »repressiven Sexualmoral« führt eben nicht von selbst schon zur erhofften Erfüllung in einer freien Liebe, eher zur Entleerung von Menschen in verschiedener Hinsicht, zur Vereinsamung der Seelen in nie gekanntem Ausmaß. Welches Verhängnis ein bloß sexuelles Verhältnis mit sich bringen kann, offenbaren unfreiwillig Cicciolina, die Pornodarstellerin, und Jeff Koons, der Künstler, der dem körperlichen Vollzug ihrer Liebe ein bleibendes Denkmal in Bildern und Skulpturen setzt (*Made in Heaven*, 1990/91): Nach der baldigen Trennung bleibt nur der erbitterte Kampf um das Sorgerecht für den gemeinsamen Sohn übrig. Aber wirksamer als je zuvor können Frauen in dieser Zeit ihre Gleichberechtigung geltend machen; ihre Befreiung von der Fron der Fortpflanzung mithilfe einer unscheinbaren Pille spielt dabei eine entscheidende Rolle. Und auch die gesellschaftlich lange verworfene gleichgeschlechtliche Liebe kann in die moderne Normalität integriert werden, denn je weniger der Sex der Fortpflanzung zu dienen hat, desto mehr kann er seinen Sinn darin finden, sinnliches Genussmittel zu sein, unabhängig von der geschlechtlichen Orientierung.

8. *In andersmoderner Zeit* erscheint eine Renaissance der Liebe wünschenswert, die allen Ebenen gerecht werden kann, bevor das Spiel der Fragmentierung von Körper, Seele, Geist und Transzendenz irgendwann von Neuem beginnt. Allerdings wird eine erneuerte *Kunst des Liebens* mit alten Konstanten des Phänomens konfrontiert sein, die sich durch die gesamte Geschichte der Liebe ziehen: Vorweg mit der schieren *Uferlosigkeit des Phänomens*, die auch nach dem *Ende der Liebe* (Sven Hillenkamp, 2009) auf eine Liebe ohne Ende verweist. Von der Geburt bis zum Tod umhüllt sie, fehlt sie, fesselt sie jede und jeden in jeder Hinsicht. Die »schönste Nebensache der Welt« ist in Wahrheit die Hauptsache. Wo es vordergründig um Anderes geht, blitzt hintergründig stets »das Eine« auf, selbst in scheinbar liebesfernen Disziplinen wie Politik und Ökonomie, auch unter Bedingungen des Krieges und inmitten des Elends. Alle Menschen sind mit Liebe befasst, nicht

immer im Modus des Erlebens, oft in dem des Traums oder der Erinnerung. Häufiger als die Erfüllung ist die Entbehrung erfahrbar, und dennoch bleibt die Liebe das beherrschende Thema menschlicher Verhältnisse: Nichts ist faszinierender, gerade weil kaum etwas enttäuschender ausfallen kann. Ereignet sie sich, scheint das Leben sinnerfüllt zu sein, bleibt sie aus, erscheint es sinnlos und leer. Ob sie sich ereignet oder ausbleibt, lässt sich beeinflussen, aber nicht beliebig steuern. Warum spielen Menschen dieses Spiel? Offenkundig, weil ihnen noch kein spannenderes eingefallen ist.

Angemessen, mit Blick auf die Uferlosigkeit der Liebe, erscheint eine Haltung, die eher vom Verlust jeglicher Haltung kündet: *Fassungslosigkeit angesichts des Phänomens*. Es ist unvorhersehbar, wann, wo, wie und bei wem die Liebe auftaucht und wieder verschwindet. Es ist absonderlich, wie umfassend ihre Präsenz ist, was ihr Einfluss bewirkt, welche Macht ihr innewohnt, die sie gegen alle anderen Formen von Macht ins Spiel zu bringen vermag, und wie sehr sie auch selbst von Machtbeziehungen durchdrungen ist. Enorm ist ihre spezifische Macht der Wiederholung, die *repetitive Potenz* der Liebe, nicht nur was ihre Freuden, sondern auch ihre Leiden angeht – *da capo* scheint ihr Prinzip zu sein: Immer noch einmal und immer wieder, Liebe ohne Ende auch aus diesem Grund. Zauberhaft sind die Wandlungen, die mit Menschen geschehen, die verliebt sind, schauderhaft die Wandlungen, wenn sie sich entlieben: Jeder Perspektivwechsel, jede Meinungsänderung, jede Untreue, jeder Verrat, jede Tat und Untat kommen dabei in Betracht. Menschen werden über sich hinaus getrieben, bis sie sich selbst nicht mehr kennen. Alles verändert die Liebe, ihre Entbehrung ebenso. Unmögliches geschieht am ehesten, und man könnte versucht sein, mit Shakespeare (*Ein*

Sommernachtstraum, Akt 3, Szene 2) auszurufen: »Lord, what fools these mortals be!« – würde man nicht selbst zu diesen Verrückten gehören. Welcher Platz soll angesichts dessen den »Dingen der Liebe« eingeräumt werden? Lohnt sich die immer neue Auseinandersetzung um der Liebe willen? Kann man sich gegen Liebe auch wehren?

Der Fassungslosigkeit des Subjekts entspricht die des Objekts, der Liebe selbst: Eigenartig ist die gänzliche *Unfassbarkeit des Phänomens*, wie bei der Seele, wie bei Gott. Sich damit zu befassen, vermittelt das Gefühl, im Nebel zu stochern. Man tut gut daran, sich tastend vorwärts zu bewegen und geht vielleicht doch nur im Kreis; schon aus diesem Grund scheint das Thema auch so endlos zu sein. Die Existenz der Liebe anzuzweifeln, ist unmöglich, sie zweifelsfrei festzustellen ebenfalls: Liebe ohne Ende auch in dieser Hinsicht. So ist sie vor allem ein umfassender Begriff für ein unfassbares Phänomen. Durch die Zeiten hindurch wurde, um sie fassbarer zu machen, stets aufs Neue zu definieren versucht: »Liebe ist ...« Jede und jeder hat eine eigene Auffassung davon, was sie »ist«, ohne es wirklich wissen zu können. Jeder Versuch zur Definition wird umgehend wieder dementiert: Liebe ist Selbstlosigkeit? Aber ohne Selbstbehauptung des Liebenden wie des Geliebten verliert sie an Vitalität. Liebe ist Altruismus, ein Dasein für den Anderen? Aber die Wohltaten, die das Ich in ihr für sich sucht, lassen sie ebenso als Egoismus erscheinen. Liebe ist, so akzeptiert zu werden, wie ich bin? Aber wozu lieben, wenn nicht, um verändert zu werden! Liebe ist Leichtigkeit? Aber noch mehr ist sie mühsame Arbeit. Von Gewohnheiten wird sie eingeschläfert? Aber von ihnen wird sie auch gefestigt. Liebe ist eine Strategie, nicht an den Tod zu denken? Aber nichts erinnert schmerzlicher an den Tod als die Liebe. Nie wollen die Liebenden voneinander scheiden: »Du und ich – für immer!« Aber zu gegebener Zeit dann doch nicht für immer.

Auffällig ist die *Widersprüchlichkeit des Phänomens*. Die inneren Gegensätze der Liebe legen den Schluss nahe, dass sie nur *polar* zu verstehen ist. Liebe ist Sanftmut? Aber oft zeigt sie ein kämpferisches Gesicht. Liebe ist ein Kampf? Aber ihre größte Stärke ist der Verzicht auf das Gebaren der Stärke. Liebe ist Harmonie? Aber der Gleichklang der Seelen wird immer wieder zerrissen vom Missklang. Liebe ist ein unendliches Gefühl? Aber eine nicht sehr gefühlvolle Endlichkeit setzt ihr wieder Grenzen. Selbst die tautologische Definition, ebenso tiefgründig wie nichtssagend, »die Liebe ist eben die Liebe«, hilft hier nicht weiter, denn die Liebe birgt in sich zuweilen auch Hass, nicht etwa nur auf den, der ihr im Weg steht, sondern auch auf den, der eigentlich geliebt wird. Auf seine Vergötterung folgt die Verteufelung, auf blindes Vertrauen die große Verbitterung. Die stärkste Erfahrung im Leben kann die Liebe sein, ebenso verzückend wie verheerend. Immer ist sie noch etwas Anderes, Gegensätzliches: Liebe ohne Ende. Nicht selten mit einem so lieblosen Ende, wie die Liebenden zuvor liebestoll in ihr schwelgten, dann aber wieder von vorne, herrlich, gnadenlos, endlos.

Immer aufs Neue wird die Liebe von der Bereitschaft der Liebenden befeuert, alle denkbaren und undenkbaren Möglichkeiten zu erkunden und zu erproben; daraus resultiert die exotische *Vielfältigkeit des Phänomens*. Keine Phantasie reicht aus, sich die Möglichkeiten, erst recht die Unmöglichkeiten der Liebe, die dennoch wirklich werden, auch nur auszudenken. Liebe kann alles, sie ist *totipotent*, »zu allem fähig«, wenn auch nicht in jedem Fall, und sie birgt in sich das Potenzial, jede Kluft zwischen Menschen zu überbrücken: Kluft der Herkunft und des Alters, des Wissens und der Bildung, der sozialen Unterschiede und Hierarchien, der Gefühle und des Einkommens. Die Liebe besiegt alles, *Amor omnia vincit*, wie Vergil im 1. Jahrhundert v. Chr. sagte (*Bucolica*, X, 69) und Caravaggio 1601/02 ein Gemälde betitelte. Mühelos überspringt sie Abgründe, auch zum Gefühl des Hasses, den sie herausfordert und wieder aufhebt. Rankendem Efeu gleich wächst sie über Mauern hinweg, heilt Wunden und versöhnt Unversöhnliches. Wie die Natur besetzt sie jeden möglichen Ort mit Leben und lässt keine Gelegenheit aus: Zwei, die absolut nicht zusammenpassen? Sie werden sich finden. Es ist unmöglich, so zusammen zu leben? Es wird geschehen. Niemand kann so treu oder treulos sein? Es wird Wirklichkeit werden, und gerade der, der am heftigsten darüber den Kopf schüttelt, ist für die nächste Überraschung gut: Liebe ohne Ende auch in diesem Sinne.

In all ihren Formen scheinen ihr Maß und Maßeinheiten fremd zu sein. Das zeugt von der *Unermesslichkeit des Phänomens*, die hinreißend ist und doch äußerst gefährlich werden kann: Was mit Liebe und in ihrem Namen geschieht, kennt keine Grenzen. Unermesslich können Liebende sich wohltun – und wehtun. Die immer neue Versuchung, sich der Liebe übermäßig hinzugeben, trifft auf den Widerstand des alltäglich gelebten Lebens, das jedes Übermaß wieder zerstreut. Der Versuch, sie maßvoll zu leben, trifft auf den Widerstand der Liebe selbst, die kläglich zu versiegen droht, wenn sie ihre überschüssigen Energien verliert. Unermesslichkeit beansprucht sie auch noch in anderer Hinsicht: Alle Versuche, ihr mit Messungen etwa der neuronalen Vorgänge beizukommen, erbringen eine Anhäufung des Wissens über einzelne Aspekte, nie eine Wissenschaft der Liebe im Ganzen. Messbar ist das einschlägige Fühlen und Denken, das Reagieren auf Reize, die momentane Erregung, aber keine noch so große Fülle der Daten wird das Ganze des Phänomens je erklären. Die Arbeit an der Enthüllung der Geheimnisse erzeugt äußerstenfalls Ernüchterung, die immer eine mögliche Folge des Wissens ist. Und auch dies, dass keine objektive Messung die subjektive Wahrnehmung einholen kann, zeugt von einer Liebe ohne Ende.

Dabei vermögen Liebende über jede Entfernung im Raum hinweg ihre Nähe zu bewahren, und inexistent wird für sie die Zeit, jedenfalls zeitweilig, eine mystisch anmutende Erfahrung, die für die *Unendlichkeit des Phänomens* spricht. Unendlich sind auch die möglichen Metamorphosen zwischen körperlicher, seelischer, geistiger und transzendenter Liebe, zwischen verschiedenen Arten von Beziehung, in denen sie auf irgendeine Weise eine Rolle spielt: Geradezu beliebig kann die Liebe *morphen*, sodass aus dem kollegialen oder freundschaftlichen Mögen Liebe, nach gescheiterter Liebe vielleicht wieder Kollegialität oder Freundschaft werden kann; aus der Liebe zu sich die zu Anderen, aus entbehrter und enttäuschter Liebe die zur Arbeit an einem Werk, aus der Liebe zu Menschen eine zu Tieren oder Dingen, aus der Menschenliebe Gottesliebe, und immer auch umgekehrt. Über alle Endlichkeit hinaus scheint die Liebe zu Toten zu reichen, zu scheinbar längst vergangenen Geistern, die zumindest in Gedanken weiterleben, zum unendlichen Kosmos, zu Gott, sodass die Liebe zu einer wahrhaft transzendenten Erfahrung werden kann. Der Reichtum möglicher Ebenen und Arten und all der Übergänge dazwischen bürgt erneut für eine Liebe ohne Ende. – Was aber ist die Liebe eigentlich? Was kann aus ihr in einer anderen Moderne werden? Werden Menschen darauf verzichten können, einzelne Ebenen und Arten zu isolieren? Sind die verschiedenen Erscheinungsformen mit einem einzigen Begriff zu erfassen, der ein neues Spiel auf allen Ebenen, mit allen Arten ermöglicht?

Was Liebe ist: Eine Emotion und ihre Definition

Zunächst ist Liebe das, was ohne weitere Überlegung als solche erfahren wird: *Sie ist, wie sie ist und genügt vollkommen sich selbst.* »Es ist unmöglich / sagt die Erfahrung / Es ist was es ist / sagt die Liebe« (Erich Fried, »Was es ist«, *Es ist was es ist*, Gedichtband, 1983). Aber erfahrungsgemäß bleibt das nicht so, und spätestens dann beginnen die Bemühungen, besser zu verstehen, was Liebe ist, um sie zuverlässiger wieder zu finden. Beschreibungen der Erfahrung bedienen sich auffällig häufig *energetischer Metaphern* und sprechen von einer vibrierenden Intensität, von Kräften, die zuströmen und schwinden, von einem Feuer, das entzündet wird und verglimmt, von einer Flamme, die lichterloh brennt, bevor sie plötzlich erlischt. Die Bewegung (*motus*) dieser Energie kommt zunächst in einer unbewussten *Emotion*, dann in einem bewussten *Gefühl* zum Vorschein und verlangt nach einer *Deutung*, sobald sich die Anregung, Aufregung, Erregung oder ihr Nachlassen nicht mehr von selbst verstehen: Was ist das, das in mir und mit mir geschieht? Was kommt in dieser Geste, jenem Wort des Anderen zum Ausdruck, und was bedeutet das für meine Beziehung zu ihm?

Das unendlich intensive Fühlen regt zu einem unendlich reichen Deuten an, und so unerschöpflich, wie die Energie ist, so unabschließbar ist auch ihre Deutung, sodass sich sagen lässt: Liebe ist die endlose Deutung dessen, was als Liebe erfahren wird, oder kürzer, *Liebe ist, was als Liebe gedeutet wird.* Eine eigene *Hermeneutik der Liebe*, eine Kunst der Deutung der mit ihr einhergehenden energetischen Bewegungen entfaltet sich auf diese Weise, und nicht nur Einzelne, sondern auch Gruppen und ganze Kulturen pflegen sie. Die Energie der Liebe ist dabei Subjekt und Objekt zugleich: Energiegeladene Gefühle treiben Deutungen hervor und werden auch selbst zum gedeuteten Zustand. Im Grunde ist es also die Liebe selbst, anwesend oder abwesend, die die Liebe deutet, und so sehe ich beim Bedürfnis nach ihr das höchste Gut in ihr, beim Enttäuschtsein von ihr aber das größte Übel. Die jeweiligen Folgen reichen über die Liebe weit hinaus: Je nach Auf und Ab der Liebesenergien erscheinen Leben und Welt überhaupt freudig-bunt oder trist und grau, hoffnungsschwanger oder bedeutungsleer; binnen eines Augenblicks steht alles in einem anderen Licht. Jede Deutung nimmt dabei Wahrheit für sich in Anspruch, und doch sind Liebe, Leben und Welt angesichts dieser Deutungsabhängigkeit zu keinem Zeitpunkt in letzter Wahrheit zu erfassen.

Dem energetischen Überschuss, wenn Liebe erfahren wird, entspricht ein *hermeneutischer Überschwang*. Schwindet die Liebe, kommt zum energetischen Engpass eine *hermeneutische Engführung* hinzu, in der die Deutung der Liebe, des Lebens und der Welt keinen Bewegungsspielraum mehr zu haben scheint: Die Weite des Fühlens und Denkens verengt sich bis zur Punktförmigkeit, und ein Gefühl von Sinnlosigkeit macht sich breit. Hält der Zustand an, stellt sich Verbitterung über das nicht gelebte Leben ein, für das der jeweils Andere verantwortlich erscheint, und diejenigen, die sich eben noch liebten, werfen sich Engherzigkeit und die Vernichtung von Sinn vor. Möglicherweise ließen sich, um die Liebe wieder zu finden, die Gefühle mit Gedanken bewegen: Statt mit den verebbenden Energien der Liebe auch den Sinn des Lebens entschwinden zu sehen, könnten die ehemals Liebenden versuchen, mit neuen Deutungen neuen Sinn zu finden und neue Energien freizusetzen.

Gängige Deutungen der Liebe sind die starken Gefühle füreinander, das dauerhafte Einssein, das wechselseitige Verständnis, die Treue, das gemeinsame Wachsen, die beiderseitige Bereitschaft, Schwierigkeiten durchzustehen, ohne die Beziehung in Frage zu stellen, auch die Gewissheit, sich in allen Lebenslagen aufeinander verlassen zu können. Aber auch *andere Deutungen* sind möglich und können veränderte Erfahrungen mit anderen Intensitäten anstoßen: Dass zur Liebe Gewohnheit gehören kann, sogar der zumindest zeitweilige Verzicht auf Sentimentalität, vielleicht auch auf Sexualität, ein geringeres Augenmerk auf Treue, eine größere Selbstständigkeit des Einzelnen, weniger Scheu vor Konflikten, mehr Bereitschaft zu Kompromissen. Erst dann, wenn die Liebe, ihre Energie und ihr Sinn endgültig entbehrt werden müssen, beginnt das Spiel wieder von vorn, nämlich mit der Sehnsucht nach Liebe. Jede Deutung der Liebe aber macht deutlich, dass sie sich noch hundertfach anders deuten ließe. Selbst wissenschaftliche Erklärungen der Liebe erscheinen nur als Momente in diesem unablässigen Strom der Deutungen. Auch ihr Verständnis als gefühlsbestimmter, energiegeladener Zustand und gedanklich bestimmte, deutende Bewegung ist nur eine mögliche Deutung. Jede Deutung hat dabei selten vereinzelte Erfahrungen, meist das Phänomen im Ganzen im Blick. Und doch durchmessen erst die vielen möglichen Deutungen die

Gesamtheit der Liebe, bestätigen ihre Unermesslichkeit und lassen ihre Energien erahnen.

Der Kern jeder Deutung ist eine implizite *Idee von Liebe*, ein zunächst nur vages Verständnis, und die Art, in der jeweils vom Wort »Liebe« Gebrauch gemacht wird, lässt auf die Idee schließen. Soll die Idee klarer hervortreten, muss sie in einem *Begriff von Liebe* explizit gemacht werden, und das ist nicht etwa nur eine Angelegenheit von Begriffsexperten, sondern der beteiligten Individuen selbst: Im Bemühen um den Begriff verhandeln sie ihre Deutungen und bestimmen sie genauer. Viele Erfahrungen, die sie gemacht haben und auf die sie sich besinnen, all das, was ihnen wichtig erscheint, sämtliche Sehnsüchte und Befürchtungen, die sie in sich verspüren, Phantasien und Vorstellungen, die sie hegen, auch Ideale und Idole, denen sie anhängen, finden Eingang in den Begriff (*Prozess der Induktion*). Auf eine lange Aufzählung, die die Kommunikation lähmen würde, verzichten sie fortan, das Kürzel »Liebe« sagt nun alles aus, was in die Begriffsbildung Eingang gefunden hat. Dann allerdings kehrt der Prozess sich um und die Individuen suchen aufgrund ihres Begriffs nach Erfahrungen, die dem entsprechen, was sie unter »Liebe« verstehen (*Prozess der Deduktion*). Einerseits münden also Erfahrungen, Empfindungen und Vorstellungen in den Begriff, andererseits führt der Begriff zu Erfahrungen, Empfindungen und Vorstellungen.

Mag sein, dass über die Liebe schon alles gesagt ist, dass sie aber jemals definitiv begriffen worden wäre, lässt sich nicht behaupten. Von einem allgemein verbindlichen Begriff kann keine Rede sein. Zur Kunst des Liebens gehört vielmehr, die je eigene Idee von Liebe immer wieder neu zu überdenken und eine *Begriffsklärung* vorzunehmen: Welche Rolle kommt in meinen Augen der Körperlichkeit zu? Sollen Gefühle bestimmend sein, und welche? Oder eher Gedanken, gar ein Kalkül? Soll Liebe heißen, sich einander vollkommen hinzugeben oder nur so lange zusammenzubleiben, wie es im Hinblick auf einen selbst gesetzten Zweck »etwas bringt«? Wenn der Begriff der Liebe in Frage steht, weil er den Erfahrungen, Bedürfnissen und Vorstellungen nicht mehr entspricht, wäre eine neuerliche *Begriffsprägung* vorzunehmen, die andere Erfahrungen, Bedürfnisse und Vorstellungen ermöglicht. Klärung und Prägung sind Gegenstand der Besinnung, des Gesprächs des Einzelnen mit sich, erst recht mit Anderen, auch wenn es nicht darum gehen kann, unterschiedliche Begriffe zur Deckung zu bringen. Die *individuellen* Ideen und Begriffe sind zudem mit *kulturellen* vermengt, deren Wandlungen parallel zur Geschichte der Erfahrungen eine *Ideen- und Begriffsgeschichte der Liebe* hervorbringen (Helmut Kuhn, *»Liebe«*, 1975), in die alle Deutungen und Festlegungen Eingang finden, die in der jeweiligen Kultur im Laufe der Zeit ausgearbeitet worden sind. In der Gegenwart wird als Liebe vorgefunden, was in der Geschichte als solche gedeutet und begriffen worden ist. Ebenfalls in der Gegenwart werden jedoch künftige Deutungen und Begriffe vorbereitet: Jede Rede von »der Liebe« sollte sich daher ihrer Fragwürdigkeit bewusst sein und sich für andere Ideen und Begriffsbildungen offen halten.

Dies vorausgesetzt, kann eine Idee formuliert und eine Begriffsbildung versucht werden, die in ihrer Allgemeinheit viel Platz für Festlegungen im Einzelnen lässt und den Boden für reichhaltige Erfahrungen bereitet. Als Liebe erscheint demnach eine *Beziehung von und zu*, von etwas oder jemandem zu etwas oder jemandem, von einem Ausgangs- zu einem Zielpunkt, und auch im Raum zwischen den Punkten muss *etwas* sein, das in irgendeiner Weise mehr ist als nichts, und dies nicht nur für einen Moment. Momentan handelt es sich vielleicht nur um einen Kontakt, zufällig oder zielgerichtet, etwa einen Blickkontakt, der nicht notwendigerweise schon eine Beziehung zur Folge haben muss; aber wiederholte und anhaltende Kontakte begründen und befestigen eine Beziehung.

Das entscheidende Etwas liegt im *ausgeprägten Zu*, wie es für eine Zuwendung und Zuneigung charakteristisch ist, sodass sich genauer definieren lässt: *Liebe ist eine Beziehung der Zuwendung und Zuneigung von etwas oder jemandem zu etwas oder jemandem*. Diese Wendung und Neigung hin zu einem Anderen, in augenfälligem Kontrast zur Abwendung und Abneigung, umfasst alle Grade der Intensität vom einfachen Mögen bis zur hemmungslosen Leidenschaft, und sie zeigt sich auf verschiedenen Ebenen: In der *körperlichen* Ausrichtung von Blicken und Gesten, in der *seelischen* Ausrichtung von Emotionen und Gefühlen, in der *geistigen* Ausrichtung von Gedanken und Deutungen. Die Zuwendung und Zuneigung muss also nicht auf der Ebene des Gefühls allein angesiedelt sein: Jede Ebene kann für sich oder in Kombination mit anderen Ebenen bespielt werden. Der Einzelne geht dabei über sich hinaus und hat nicht mehr nur den *eigenen* Körper im Blick, interessiert sich nicht mehr nur für die *eigenen* Gefühle, ist nicht mehr nur mit den *eigenen* Gedanken befasst, und dies gerne, willig, bereitwillig, mit Freuden: Aus dem entsprechenden lateinischen *libenter* entstand das Wort *liebe* im Mittelhochdeutschen, sodass sich Liebe auch als Freude an etwas oder jemandem verstehen lässt. Ergreift sie einen Menschen so sehr, dass er ganz und gar in Zuwendung und Zuneigung aufgeht, wenn auch nur für begrenzte Zeit, ist vom »Verliebtsein« die Rede. Finden

Zuwendung und Zuneigung keinerlei Erwiderung, handelt es sich um eine »unerwiderte Liebe«, mag das auch sehr frustrierend sein. Zwischen Verliebtheit und unerwiderter Liebe steht viel Platz für mehr oder weniger befriedigende Varianten zur Verfügung.

Der Begriff der Liebe als Beziehung der Zuwendung und Zuneigung ist so gefasst, dass er noch etwas sagt, aber nicht zu viel, jedenfalls nicht so viel, wie mit dem Begriff der romantischen Liebe gemeint war, und nicht so wenig, wie mit einer rein pragmatischen Beziehung gemeint sein könnte. Als Beziehung der Zuwendung und Zuneigung ist Liebe ein *Zueinanderhin des voneinander Getrennten*, aus dem sich allerdings zweierlei Risiken ergeben: 1. Das *Zueinanderhin* kann dazu führen, dass Ausgangs- und Zielpunkt sich annähern bis zur Verschmelzung miteinander, aber ohne gegensätzliche Pole ist keine Beziehung mehr möglich. Dem steht das Bemühen entgegen, die Pole aufrechtzuerhalten, daher die Bedeutung der *Polarisierung*, die auch Romantikern nicht fremd ist, um eine zu große Nähe durch eine spannungsvolle Distanz wieder auszubalancieren: Ärger, Missverständnis, Kränkung und Enttäuschung eignen sich dazu; sie können Elemente der Liebe sein, solange ein Mindestmaß an Zuwendung und Zuneigung durch sie hindurch erahnbar bleibt. 2. Das *Voneinanderweg* kann dazu führen, dass Ausgangs- und Zielpunkt auseinander treiben bis zur völligen Differenz, aber auch der Verlust jeder Fühlungnahme zueinander wird keine Beziehung mehr sein. Dem steht das Bemühen um Nähe entgegen, daher die Bedeutung der *Potenzierung*, wie Romantiker sie pflegen: Durch die verstärkte Zuwendung zum Anderen, die Aufmerksamkeit auf ihn, das liebevolle Verständnis für ihn, die Freude, die ihm bereitet wird, lassen sich neue Energien und Möglichkeiten für die Beziehung erschließen. Die Liebe, die zwischen Zueinanderhin und Voneinanderweg, zwischen Polarisierung und Potenzierung atmet, fügt sich in die Pendelbewegung des stetigen Hin und Her; sie verzichtet auf den Traum vom Stillstand am Punkt der Verschmelzung und entkommt der Hassliebe, die zwischen Zueinanderhin und Voneinanderweg festhängt.

Seit jeher strittig sind freilich die beiden Bezugspunkte der Beziehung: Wer oder was ist wirklich der Ausgangspunkt, das *Subjekt* der Beziehung? In der vorgeschlagenen Definition ist allgemein von »etwas oder jemandem« die Rede, denn es ist unklar, um wen oder was es sich eigentlich handelt. Sokrates und Diotima stellten in Platons *Symposion* erstmals die Überzeugung in Frage, die Liebe überkomme den Menschen von einer äußeren Macht, von Gott Eros her: Der Einzelne sollte nicht mehr bloßes Vollzugsorgan einer göttlichen Eingebung sein, ohne eigene Verantwortung für das Geschehen zu tragen. In moderner Zeit haben unbewusste Emotionen die Rolle einer inneren Macht übernommen, die den bewussten Menschen ebenfalls ohne jede eigene Beteiligung besetzt, ein ungewöhnlicher Ausnahmefall in der Autonomie des modernen Subjekts, die sonst so gern beansprucht wird. Im wirklichen Leben hat der Einzelne dennoch zu entscheiden, ob er seinen Gefühlen Folge leistet, und er wird gut daran tun, sich ein Mindestmaß an Einflussmöglichkeit auf sie zu erarbeiten: Nur so kann er sie gegebenenfalls auch zurückhalten, oder umgekehrt ihre Impulse nutzen, um aus sich herauszugehen, Interesse an etwas oder jemandem zu zeigen und einer Faszination zu folgen. Liebe ist dann nicht mehr nur ein Gefühl, sondern eine bewusste *Entscheidung* für die Zuwendung und Zuneigung zu etwas oder jemanden; auch auf dieser Grundlage wird die Entfaltung der *Sorge* möglich, durch die die Liebe kenntlich wird: Sich um etwas oder jemanden zu ängstigen (*ängstliche Sorge*), für etwas oder jemanden da zu sein, immerzu aufmerksam zu sein auf dessen Belange (*fürsorgliche Sorge*), und schließlich vorauszudenken und sich vorausschauend zu verhalten, und dies nicht mehr nur für sich selbst (*vorsorgende Sorge*). Das sorgende Fühlen und Denken öffnet das Selbst für das Andere und den Anderen, übernimmt Subjektfunktion und macht jede Gleichgültigkeit vergessen, die der eigentliche Gegensatz zur Liebe ist (Harry G. Frankfurt, *Gründe der Liebe*, 2004) – sofern sie so gedeutet wird.

Und wer oder was ist wirklich der Zielpunkt, das *Objekt* der Beziehung? Erneut ist allgemein von »etwas oder jemandem« die Rede, denn es ist nicht klar, wer oder was darunter genauer zu verstehen ist: Wen oder was liebt ein Mensch wirklich? Liebt er das Andere oder den Anderen in seiner Unverwechselbarkeit, oder im anderen Menschen nur »den Menschen« allgemein, der auch noch ein Anderer sein könnte? Schon das Urbild romantisch Liebender, Shakespeares *Romeo*, hatte anstelle von Rosaline plötzlich *Julia* im Sinn. Ein Romantiker der wahren Liebe wie Novalis konnte binnen kurzer Zeit Sophie, die starb, durch Julie ersetzen, wenngleich unter Strömen von Tränen. Die Romantikerin Caroline Michaelis wechselte per Heirat von Böhmer zu Schlegel zu Schelling. Die Bezugspunkte der Liebe vervielfachen sich im Laufe der Moderne, auch wenn für den Liebenden die Liebe mit dem Gesicht und den Eigenheiten des jeweils geliebten Menschen verschmilzt: »Liebe ist so wie du bist«, weiß der Popsong (Nena, 2005), die moderne Form des Minnesangs. Aber in jeder Liebe scheint es ein universelles Element zu geben, sonst wäre die Übertragung der einzigartigen »wahren Liebe« auf einen anderen

Menschen undenkbar. Geliebt wird zwar *jemand*, aber immer auch *etwas*, nämlich die *Liebe selbst*, und wohl immer auch das *eigene Selbst*, dem die Zuwendung und Zuneigung des Anderen zugute kommt. Die Liebe und ihr Adressat sind zweierlei, aber sie werden auf glückliche Weise eins in den Wonnen des Verliebtseins und erneut im Glück der Fülle der reifen Liebe, auf unglückliche Weise beim Versiegen der Liebe, wenn in den Augen des Verlassenen die Liebe ein letztes Mal mit dem verlorenen Menschen verschmilzt.

Das Bedürfnis, die Liebe an ein konkretes Gegenüber *zu koppeln*, hat Gründe, denn in dessen Wirklichkeit wird sie am ehesten erfahrbar, trotz aller Einbußen, die die Wirklichkeit mit sich bringt. In ihm kann der Einzelne die Liebe lieben, genauer gesagt das, was er als Liebe deutet und wovon er energetisch überwältigt wird, da er darin eine Intensität erfährt, die ihn tief im Innersten berührt. Aber auch die Möglichkeit, die Liebe von ihrer Bindung an ein konkretes Gegenüber *abzukoppeln*, erscheint sinnvoll, denn so muss mit dem Ende einer Liebe nicht die Liebe selbst enden. Liebe ist nicht immer persönlich gemeint. Durch alle *persönlichen Diskontinuitäten* hindurch ist vielmehr ein *transpersonales Kontinuum* der Liebe zu erspüren, dem der Einzelne sich anvertrauen kann. Solchermaßen eingebettet in ein größeres Ganzes, kann er auch eher darauf verzichten, immer von Neuem seine einzigartige Persönlichkeit hervorzukehren und Anderen abzuverlangen, diese eilfertig anzuerkennen und zu bedienen. Die Einzigartigkeit der Person zu betonen, war eine Eigentümlichkeit der modernen Kultur, die zu einer wachsenden Abkoppelung der Menschen voneinander geführt hat, abgekoppelt auch vom Ozean der Energie, der das Kontinuum der Liebe speist. Aber Georg Simmel war 1910 schon überzeugt, dass Ideen wie die der »schlechthin einzigartigen Persönlichkeit noch nicht die letzten Worte des Individualismus sind« (*Individualismus der modernen Zeit*, Sammelband, 2008, 354). Es liegt am Einzelnen selbst, gegenzusteuern und Beziehungen zu gründen und zu pflegen im Spannungsfeld zwischen der beanspruchten Freiheit, die eigene Einzigartigkeit »auszuagieren«, und der ersehnten Bindung über sich selbst hinaus.

Liebe und andere Beziehungen:
Die Spannung zwischen Freiheit und Bindung

In nichtmodernen Kulturen geben Religion, Tradition und Konvention vor, in welchen Beziehungen Menschen zu leben haben; moderne Menschen aber müssen selbst wählen. Die Wahl bedarf eines *Gespürs*, das nicht von selbst schon zur Verfügung steht, sondern mit *Erfahrung*, auch unguter Erfahrung, und immer neuer Bereitschaft zur *Besinnung* nach jeder Erfahrung zu erwerben ist, um den Umgang mit Anderen daran zu orientieren. Nahezu alle Beziehungen können als Nah- wie auch als Fernbeziehungen gelebt werden, und es scheint eine moderne Drift aus der Nähe in die Ferne zu geben, begünstigt von technischen Möglichkeiten der Kommunikation, erzwungen von wirtschaftlichen Notwendigkeiten, befördert von einer Lebensauffassung, die der geforderten Flexibilität und Mobilität gerne entspricht: »Spagatbeziehungen« entstehen auf diese Weise. Zugleich vervielfältigen sich unter diesen Bedingungen die Optionen für Beziehungen, die aufeinander folgend (*diachron*), auch in rascher Abfolge, oder gleichzeitig (*synchron*) gelebt werden können.

Was davon verwirklicht und worauf verzichtet werden soll,

ist Sache der Beteiligten selbst. Die Bedeutung jeder Wahl scheint dabei vordergründig nur eine *private* zu sein und ist doch von Grund auf eine *politische*, denn mit der individuellen Gestaltung des Beziehungslebens geschieht im Grunde die Gestaltung von Gesellschaft: Gerät die Gesellschaft zu einer Ansammlung von Menschen in *gleichgültigen* oder *verneinenden* Beziehungen, in denen sich viele wechselseitig für ihre Zwecke benutzen und in der Diskontinuität rascher Beziehungswechsel ihre Befriedigung finden? Oder kann sie im Kern von *bejahenden* Beziehungen der Liebe, der Freundschaft und der Kooperation getragen sein, in denen die Beteiligten auf Kontinuität zielen und nicht nur ihren unmittelbaren Nutzen im Blick haben? Aber bereits diese Beziehungen unterscheiden sich signifikant.

1. *Die Liebesbeziehung* zeichnet sich durch ein reiches Maß an Zuwendung und Zuneigung aus und umfasst im Grunde nicht nur die Liebe der Liebenden, sondern auch familiäre Beziehungen aller Art, auf deren Besonderheiten jedoch eigens einzugehen sein wird. Die Liebe ermöglicht Berührung auf allen Ebenen und eine starke Erfahrung von Sinn, aber für das *Optimum an Bindung*, die sie herstellt, müssen die Liebenden *Einschränkungen ihrer Freiheit* in Kauf nehmen, die sie lange nicht wahrnehmen oder aber gerne hinnehmen, bis plötzlich einer erschrickt: »Wo bleibt meine Freiheit?« Jeder Einzelne selbst legt fest, welche Einschränkungen er hinzunehmen bereit ist und was im Zweifelsfall den Vorrang haben soll: Freiheit oder Bindung? *Eingeschränkt* wird die Freiheit vom Verlangen der Liebenden nacheinander, dem sie sich kaum entziehen können: Je intensiver das Gefühl, desto schmerzlicher jede noch so kleine Entfernung voneinander, nicht nur am Beginn der Liebe. *Eingeschränkt* wird die Freiheit ferner vom

intimen Zusammenleben im Alltag, das die Liebenden sehr bald suchen, um sich nahe zu sein; dann aber prallen ihre Einzigartigkeiten, Eigenheiten und Gewohnheiten unvermittelt aufeinander, und zugleich fällt es ihnen schwer, sich mit einer räumlichen und zeitlichen Entzerrung ihrer Sphären größere Spielräume zu gewähren. *Eingeschränkt* wird die Freiheit auch vom Anspruch auf Ausschließlichkeit der Beziehung, der kaum je aufgegeben wird; selbst Zusatzbeziehungen zur besten Freundin, zum besten Freund stehen nicht selten unter dem Verdacht der Konkurrenz.

Eingeschränkt ist die Freiheit erst recht bei der Frage, ob und wie die Liebe auch körperlich gelebt werden kann, ob Sex dieser Beziehung vorbehalten sein soll, und was geschehen soll, wenn die Exklusivität einseitig aufgehoben wird. *Eingeschränkt* wird die Freiheit von Spielen der Macht, mit denen die Liebenden in dieser und vielen anderen Fragen Einfluss aufeinander auszuüben suchen und zuweilen wie unter Zwang handeln, der jede Verweigerung, jede Verletzung zu entschuldigen scheint; allenfalls mit den Jahren, durch endlose Auseinandersetzungen und enorme Anstrengungen hindurch, wird die Liebe zur Schule des Lassens und der Gelassenheit. *Eingeschränkt* wird die Freiheit der Liebenden letztlich von der Angst vor Trennung: Sie ängstigen sich, mit dem Verlust des Anderen einer Endlichkeit und Sinnlosigkeit ausgeliefert zu sein, die das Gefühl der Unendlichkeit und Sinnfülle in der Liebe wieder auslöscht. Viele kommen damit schon bei gelegentlichen Problemen in der Beziehung selbst nicht zurecht, erst recht nicht, wenn sie wirklich endet. Andere Arten von Beziehung scheinen mit modernen Ansprüchen auf Freiheit besser vereinbar zu sein; durch die Übernahme einiger ihrer Elemente wäre die Idee der Liebe etwas aufzufrischen.

2. *Die Beziehung der Freundschaft* stellt einen ähnlich starken Zusammenhang her wie die Liebesbeziehung, mit einer vergleichbaren Sinnerfahrung und sehr viel Berührung im Seelischen und Geistigen. Das Besondere an ihr ist, dass sie ein *Optimum an Bindung* mit einem *Optimum an Freiheit* zu vereinbaren vermag; der modernen Dynamik kann sie damit besser entsprechen, ohne an Bindungskraft einzubüßen. Nicht die Notwendigkeit des Begehrens begründet die Freundschaft, sondern ausschließlich die Freiheit der Wahl, und auch das Verlangen danach, den Anderen zu sehen, mit ihm zu sprechen und gemeinsam mit ihm etwas zu erleben, überkommt die Freunde nicht mit derselben Dringlichkeit wie die Liebenden. Anders als sie, die unbedingt zusammenleben wollen, bewahren die Freunde in aller Regel ihr je eigenes Leben mit ihren Gewohnheiten: So können die Seelenräume atmen zwischen Nähe und Distanz. Anstelle des Anspruchs auf Ausschließlichkeit gegenüber anderen Beziehungen erlaubt die Freundschaft Kreuz- und Querverbindungen aller Art und ein Leben in weitläufigen Freundeskreisen. Mit den unterschiedlichen Freunden lassen sich unterschiedliche Bedürfnisse ausleben, sodass jeder sich voll entfalten kann, während die Liebesbeziehung dafür begrenzte Möglichkeiten bietet, sodass »einer immer leidet«.

Die Frage der Sexualität, die aufgrund unterschiedlicher Bedürfnisse in Liebesbeziehungen häufig Asymmetrie verursacht und immer neue Absprachen erforderlich macht, entfällt ersatzlos; und je freier die Freundschaft von irgendwelchem Kalkül der Lust und des Nutzens bleibt, als desto erfüllender wird sie empfunden. Werte wie Beständigkeit und Treue sind unter Bedingungen der Moderne wohl am ehesten in der Freundschaft zu realisieren, und dass sie von Machtspielen weitgehend unbehelligt bleibt, lässt im besten Fall einen machtfreien Raum entstehen, von dem Menschen ansonsten nur träumen können. Ausgeschlossen ist insbesondere die Inbesitznahme des Anderen, bei der es sich um Herrschaft und eben nicht um Freundschaft handelt. Und den Freunden liegt sehr daran, den Umgang miteinander rücksichtsvoll zu gestalten und Verantwortung für das eigene Tun und Lassen gegenüber dem je Anderen zu übernehmen, statt sich als Getriebene bloßer Gefühle zu gebärden. Anders als die Liebe, die einseitig sein kann, beruht die Freundschaft immer auf Wechselseitigkeit, und wechselseitig ermutigen die Freunde sich auch dazu, ihre Selbstbestimmung zu verwirklichen. Die Angst vor dem Verlassenwerden hält sich in Grenzen, denn ein Leben außerhalb der Freundschaft ist jederzeit möglich, sodass eine Trennung nicht das ganze Leben in Frage stellt.

3. *Die kooperative Beziehung* bietet neben den Beziehungen der Liebe und der Freundschaft einige seelisch-geistige Berührung und somit menschliche Wärme. Ein Zusammenhang zwischen Menschen entsteht, der sinnvoll erscheint und Kontinuität verspricht. Die Seelenräume tangieren sich noch spürbar und ermöglichen ein *Mindestmaß an Bindung*, das *große Freiheitsräume* bewahrt, wenngleich sie im Vergleich zur Freundschaft stärker sozial reglementiert sind. Mit vielen Bekannten und »guten Freunden«, die nicht die engsten Freunde sind, ist in dieser Art von Beziehung die einfachste Form von Liebe mit einem milden Maß an Zuwendung und Zuneigung erfahrbar: Jemanden *zu mögen* und von ihm *gemocht zu werden*. Die kooperative Beziehung kann den alltäglichen Umgang zwischen Menschen in Form von Bekanntschaft und Nachbarschaft prägen, auch die gewöhnliche Begegnung der Bürger in der Gesellschaft und vor allem die Zusammenarbeit am

Arbeitsplatz, verbunden mit kollegialem Fühlen und Denken und großem Vertrauen. Viele Beziehungen könnten wechselseitig *kooperativer* gestaltet werden, etwa zwischen Verkehrsteilnehmern, zwischen Geschäftsleuten und Kunden, Gastgebern und Gästen, Ärzten und Patienten, Therapeuten und Klienten, Pflegern und Pflegebedürftigen, Lehrern und Schülern. Erforderlich ist dafür lediglich, nicht gleichgültig zu bleiben gegen die Bedürfnisse und Interessen des jeweils Anderen, ihm vielmehr freundlich gesinnt, nachsichtig und kulant entgegenzukommen, wo immer es möglich ist, ihm Arbeit abzunehmen, auch wenn die Arbeitsplatzbeschreibung keine Verpflichtung dazu enthält, und ihm beizuspringen, wenn er in Bedrängnis gerät. Der gemeinsame Nutzen besteht im wechselseitigen Mindestmaß an Aufmerksamkeit und Hilfe. Kooperative Beziehungen kommen dem nahe, was christlich als *Nächstenliebe*, humanistisch als *Menschenliebe* bezeichnet wird. – Aber abseits dieser bejahenden Beziehungen stehen auch nichtbejahende, gleichgültige oder ausdrücklich *verneinende* zur Wahl, deren Nutzen für alle Beteiligten überschaubar bleibt.

4. *Die funktionale Beziehung* ist in der modernen Gesellschaft zur Regel geworden und hat vielerorts die Kooperation ersetzt. Sie ist geprägt von der bloßen Koexistenz der Individuen, die zwar in Gesellschaft leben und vielleicht unter demselben Dach arbeiten, sich jedoch nicht als Individuen, nur als »Figuren« zur Kenntnis nehmen: *Null Bindung*, keinerlei Loyalität und Kontinuität, keine Zuwendung und Zuneigung, keine Seelenräume mehr, die sich noch berühren würden, stattdessen *absolute Freiheit* bis zur Beliebigkeit des Umgangs miteinander. Die reine Rationalität einer solchen Beziehung trägt ihre Lieblosigkeit stolz vor sich her; ihren Sinn bezieht sie allein

aus der Funktionserfüllung, die nicht persönlich gemeint ist. Dass die unpersönliche Beziehungsform zum Normalfall der modernen Gesellschaft geworden ist, gewährleistet zwar die zuverlässige Regelung komplexer menschlicher Verhältnisse, schlägt aber verhängnisvoll auf die Grundstruktur der Gesellschaft durch und untergräbt deren Zusammenhalt: Menschliche Organisationsformen wie etwa Hausgemeinschaften, Schulen, Firmen, Verwaltungen, Krankenhäuser, Altersheime funktionieren nicht gut, wenn sie nur »funktionieren«. Fühlen die Beteiligten sich nur noch für die Erfüllung ihrer jeweiligen Funktion zuständig, geht zu vieles in Unzuständigkeit verloren und bleibt ungetan aufgrund der Überlastung Einzelner, deren Fehler nicht mehr durch die wohlwollende Aufmerksamkeit Anderer aufgefangen werden. Das äußerlich perfekte Funktionieren einer Gesellschaft von Funktionsträgern kann über die innere Leere nicht hinwegtäuschen, die sie ineinander hinterlassen und die sich in Erfahrungen von Sinnlosigkeit und Ausgebranntsein (*Burnout*) auswirkt. Die Suche nach sehr persönlichen Beziehungen der Liebe und der Freundschaft ist die Antwort darauf (Christian Schuldt, *Der Code des Herzens*, 2004).

5. *Die agonale Beziehung* des Streits und der Auseinandersetzung (*agon* im Griechischen) ist immerhin fern von Gleichgültigkeit, eine Art von umgepolter Liebe, durchzogen von Ärger und womöglich von Hass, bis hin zu Feindseligkeit und Feindschaft, sei es in intimer Nähe oder anonymer Ferne, aber wieder mit sehr viel Verlässlichkeit und Treue. Jede der bisher genannten Beziehungsarten kann zeitweilig davon begleitet sein, aber die agonale Beziehung kann sich auch verselbständigen und zeichnet sich dann durch eine *starke Bindung* zwischen den Kombattanten aus, bei *stark eingeschränkter Freiheit*,

denn sie stehen unter dem Bann ihrer Gefühle der Abneigung gegeneinander. Menschen mit *agonaler Disposition* streiten und kämpfen mit anhaltender Verve für oder gegen etwas oder jemanden, und der Streit gibt ihrem Leben immerhin wieder Sinn: Er stellt einen Zusammenhang zu einem Gegenüber her, wenngleich mit negativen Vorzeichen; er sorgt für Berührung, wenngleich im Sinne einer Reibung von Seelenräumen aneinander, die unter Verletzungsgefahr aufeinander stoßen und sich voneinander abstoßen, zuweilen mit offener körperlicher Gewaltanwendung. Dass auch die Auseinandersetzung zwischen Menschen Sinn vermitteln kann, liegt daran, dass die gegensätzlichen Pole als zusammengehörig erfahren werden, und dies selbst dann, wenn die Zusammengehörigkeit als »negativ« bewertet wird. Zu dieser verneinenden Form von Beziehung und zur negativen Sinngebung, die der positiven an Intensität und Kontinuität in nichts nachsteht, tendieren auch Liebende, die sich spinnefeind geworden sind: Eine solche Feindschaft stellt August Strindberg in seinem Stück *Totentanz* (1901) eindrucksvoll auf die Bühne, ironisiert von Friedrich Dürrenmatt in *Play Strindberg* (1969). »Strindbergisch« wird zum Inbegriff einer völlig zerrissenen Beziehung, wie zwei Dichter sie mit aller Konsequenz realisieren: Ingeborg Bachmann und Paul Celan (*Herzzeit*, Briefwechsel, 2008).

6. *Die ausschließende Beziehung* erst vollzieht die gänzliche Negation, die oft einseitige Ablehnung und Aufkündigung jeder Art von Beziehung. Die *Abweisung jeglicher Bindung* eröffnet einen Raum *absoluter Freiheit* des Umgangs mit dem Anderen. Da er zum Nichts herabsinkt, lässt sich ihm alles Mögliche antun. Kategorisch wird er aus dem eigenen Leben ausgeschlossen, ignoriert und vielleicht »nicht einmal mehr ignoriert«, selbst einer Auseinandersetzung nicht mehr für wert

erachtet. Nicht selten geht dem Ausschluss eine Beziehung voraus, die ihn erst spürbar macht; schmerzlicher als bei der funktionalen Beziehung wird der Mangel an irgendwelcher Berührung empfunden. Im Unterschied zur Gleichgültigkeit der Funktionalität geschieht die Abweisung meist gezielt, vielleicht auch vom Ausgeschlossenen selbst provoziert. Wilde Attacken gegen den Ausschließenden, auch des Ausgeschlossenen gegen sich selbst, können noch eine negative Aufmerksamkeit erzwingen. Die Verweigerung jeglichen menschlichen Zusammenhangs aber stürzt ihn in die gähnende Leere völliger Sinnlosigkeit. Steht ihm keine andere Beziehung mehr zur Verfügung, versinkt der Ausgeschlossene in sozialer Isolation, die tödlich sein kann.

In der Liebe selbst wird für den zeitweiligen Ausschluss des Anderen das Machtmittel des *Liebesentzugs* eingesetzt, und nicht wenige ehemals Liebende schließen sich gegenseitig aus ihrem weiteren Leben aus, »füreinander gestorben« schon zu Lebzeiten. Auf Ausschluss zielt in Gruppen das *Mobbing*, wenn der *Mob*, also »alle«, den Einen wegekeln, der als störend empfunden und vom Kommunikationsfluss abgeschnitten wird (Robert I. Sutton, *Der Arschloch-Faktor*, 2006). Schon Kinder schließen andere Kinder häufig vom Spiel aus. Ausgeschlossen werden »Ausländer« in einer Gesellschaft, die ihnen jede Zugehörigkeit verweigert. Ein verheerender Ausschluss im historischen Maßstab war derjenige der Juden in Deutschland und andernorts, der in den Holocaust mündete. Nach vollzogener Tat zur Rechenschaft gezogen, war die einzig denkbare Strafe für die Ausschließenden wiederum ihr eigener Ausschluss. Eine Gesellschaft sanktioniert ihre Straftäter mit Ausschluss als dem Mittel allerletzter Wahl. – Aber zusätzlich zu den geläufigen, verneinenden und bejahenden

Arten von Beziehung entsteht seit dem ausgehenden 20. Jahrhundert noch eine weitere.

7. *Die virtuelle Beziehung* wird mithilfe elektronischer Medien und insbesondere im virtuellen Raum des Internet begründet und gepflegt: Menschen finden zahlreiche Zusammenhänge mit Anderen, spinnen sich ein in einen »Telekokon« (Ichiyo Habuchi, »Accelerating Reflexivity«, 2005) und erschließen sich ein Potenzial an Sinn, das riesig, aber flüchtig ist, eine ständige Gratwanderung am Abgrund der Sinnlosigkeit. In einer Zeit der Funktionalität ist bereits die *geringe Bindung*, die Beziehungen dieser Art bieten, von Interesse; die *größtmögliche Freiheit* der Beteiligten erschwert allerdings das Entstehen irgendwelcher Verbindlichkeit. Im Schutz der Anonymität ist die Kontaktaufnahme weitaus unproblematischer als in der realen Welt, auch schüchterne Menschen haben ihre Chance, und auch Menschen, die aufgrund von Krankheit und Behinderung wenig mobil sind, können am virtuellen Leben teilhaben; selbst für ausgefallene Interessen lassen sich mühelos Gleichgesinnte finden. Wie groß das Bedürfnis danach ist, zeigen zahlreiche *Chats*, Portale und Partnerbörsen. Niemand muss sich mehr einsam und verlassen fühlen, jeder kann jederzeit mit jedem in Kontakt treten, rund um die Uhr, rund um den Planeten, ein »keep in touch all over the world«.

Die virtuelle Beziehung ist grundsätzlich eine *globale Beziehung*, wie es sie nie zuvor gegeben hat. Überkommene Koordinaten von Raum und Zeit lösen sich bei einem solchen Kommunikationsradius auf, kulturelle Bezugspunkte und hermeneutische Gegebenheiten geraten durcheinander, und ein Gefühl von Verwirrung stellt sich ein. Zu allen Zeiten haben Menschen Kulturschocks erlebt, im 21. Jahrhundert aber wird die Erfahrung epidemisch: Begleitphänomen der Entstehung des *globalen Menschen*, der stets in der Lage sein wird, sich auf andere Menschen und Situationen in den unterschiedlichsten Regionen des Planeten einzustellen, universell flexibel, nirgendwo verwurzelt, an keinem Ort wirklich zu Hause – falls das wirklich lebbar ist. Auf andere als herkömmliche Weise kommen nun wieder Gemeinschaften (*communities*) zustande, bis hin zur Gemeinschaft aller Nutzer, die bei der Arbeit an Projekten wie Linux oder Wikipedia zu einem »Großhirn« zusammenwachsen. *Online* kann jeder das Zwitschern (*twitter*) aller Beteiligten mitverfolgen und sich selbst als Teil eines Supersubjekts namens Menschheit erfahren, bestehend aus Menschen aller Kulturen, die sich nie zuvor begegnet sind und nur auf diesem Weg zueinander finden.

Die bekannte Skala der Beziehungen tut sich dabei neu auf: *Virtuell* kann nun geliebt, Freundschaft geschlossen, privat und geschäftlich kooperiert werden; virtuell können Menschen auch funktionieren und streiten. Der agonalen Beziehung bietet sich zudem eine ideale Bühne, um Andere nach Belieben öffentlich anzuschwärzen und anzufeinden, ohne dafür einstehen zu müssen. Die ausschließende Beziehung kann zwar unterlaufen werden, da der Ausgeschlossene umgehend anderswo im Netz Anschluss findet; wenn jedoch der virtuelle Ausschluss auf reale Lebensverhältnisse übertragen wird, wirkt er sich stärker aus als jeder andere: Gegen ein *Cyber-Mobbing* ist kaum anzukommen. Vor allem die Beziehungen der Liebe und der Freundschaft stehen in Zeiten virtueller Unverbindlichkeit vor neuen Herausforderungen: Unproblematischer als bei realen Liebschaften und Freundschaften ist ein Partnerwechsel möglich, jederzeit auch ein endgültiger Rückzug vom Anderen, ohne begründet werden zu müssen. In ungleich schnellerem Wechsel als bei realen

Beziehungen geschehen nicht nur die Kontaktaufnahme, sondern auch die Distanznahme.

Die Explosion von Möglichkeiten erschwert das Wirklichwerden von Beziehungen. Es fehlt an verlässlichen Anhaltspunkten des Verhaltens, auch Konventionen bedeuten nichts. Die Beteiligten kennen sich oft nicht mit Namen, geschweige denn mit realer Adresse; beliebig können sie ihre Identität wechseln, und sollten sie einander verletzen, ist das nicht wirklich zu sanktionieren. Irgendwann aber sind sie versucht, sich doch wirklich kennen lernen zu wollen, *face to face* statt *interface*. Ein Mensch, der irgendwo auf der Welt vor dem Bildschirm sitzt und jemanden findet, der sein Interesse weckt, will irgendwann nicht mehr nur *chatten*, sondern *daten*, Zeit und Ort für ein Treffen vereinbaren: Virtualität als Vorbereitung auf die Realität, um in der körperlich-seelisch-geistigen Präsenz endlich wieder die gesamte Fülle des Menschseins zu erfahren. Bei der realen Begegnung steht dann wieder die bekannte Skala der Beziehungen zwischen Liebe und Ausschluss zur Verfügung, mit allem, was dazugehört.

Virtuelle Beziehungen schaffen sich ihre eigene Welt in *Second Life*, dieser Realisierung surrealer Träume, die erstmals 2003 *online* ging und wenig später schon Millionen von Bewohnern gefunden hatte (Sven Stillich, *Second Life*, 2007). Möglichkeiten, die im realen Leben ungelebt bleiben, lassen sich hier erproben, ein ersehntes anderes Leben ist in Echtzeit zu simulieren; echt ist freilich auch die erforderliche Bezahlung, ein erfolgreicher Neustart der »New Economy« nach ihrem Absturz im Jahr 2000. Dem virtuellen Selbst stehen alle Möglichkeiten der Selbstgestaltung offen, jeder Spieler modelliert seinen eigenen *Avatar*, wie im Sanskrit die irdische Verkörperung eines Gottes und hier die freie Selbstschöpfung bezeichnet wird. Der Phantasie sind keine Grenzen gesetzt, sodass skurrile und laszive Geschöpfe entstehen, und die Tatsache, dass jederzeit jede Modifikation möglich ist, sorgt für ein *fluides Selbst* mit stets veränderlicher Identität. Auch für virtuelle Beziehungen zu Anderen, inklusive virtueller Seitensprünge, stehen immer und überall sämtliche Möglichkeiten offen. Kommt es jedoch zu unversöhnlichen Auseinandersetzungen, gar zu Vergewaltigung und Mord, liegt es nahe, sich nach einer Gerichtsbarkeit wie im realen Raum zu sehnen: Ein neuer Realitätssinn für die Bedingungen des Zusammenlebens in Gesellschaft entsteht auf diese Weise.

Die Differenz zwischen dem übergroßen Horizont an Möglichkeiten in jenem »zweiten Leben« und der unzureichenden Wirklichkeit im diesseitigen »ersten« wird oft als so schmerzlich erfahren, dass derjenige, der *online* einen schönen Traum geträumt hat, *offline* nicht mehr leben will: Für immer will er in der Unendlichkeit des virtuellen Raums verschwinden, nie wieder sich mit der banalen Endlichkeit des realen Raums auseinandersetzen. Und doch lässt das *Beamen*, das ihn im virtuellen Raum augenblicklich an jeden gewünschten Ort trägt, als Teleportation im realen Raum noch auf sich warten. So bleibt einstweilen nur die Erfahrung, immer wieder aus der Schwerelosigkeit des virtuellen Kosmos ins Schwerefeld des irdischen Alltags zurückzufallen, mit ähnlichen Problemen, wie Astro-, Kosmo- und Taikonauten sie kennen, die aus dem Weltraum zurückkehren. Nur eine willentliche Begrenzung der Virtualität könnte dem beikommen, die aber erfordert auch im virtuellen Zeitalter eine wirkliche Arbeit des Selbst an sich, um Selbstmächtigkeit zu erlangen.

8. *Die Beziehung zu sich selbst* ist grundlegend für alle Beziehungen zu Anderen, real oder virtuell, aber auch diese Be-

ziehung versteht sich nicht mehr von selbst. Hatte das Selbst seine *innere Bindung*, seinen inneren Zusammenhalt lange aus Vorgaben der Religion, Tradition und Konvention bezogen, denen es zu entsprechen hatte, etwa indem es diejenigen Seiten in sich unterdrückte, die aus dem vorgegebenen Rahmen fielen, so bricht mit der *relativen Freiheit* davon eine neue innere Zerrissenheit auf: Das Selbst wird zum Schlachtfeld zwischen Gefühlen, die dies, und Überlegungen, die jenes für richtig halten. Um die destruktive Konfusion der Widersprüche in sich selbst aufzufangen, kann der Einzelne sich mit konstruktiven Kompromissen um Vermittlung zwischen ihnen bemühen. Voraussetzung dafür aber ist die *Selbstkenntnis*, die Aufmerksamkeit und Besinnung auf sich, um körperlich, seelisch und geistig die eigenen Möglichkeiten, Fähigkeiten und Vorlieben, auf die zu bauen ist, aber auch die Unmöglichkeiten, Unfähigkeiten und Abneigungen, auf die Rücksicht zu nehmen ist, so gut wie möglich zu kennen. Auf dieser Basis erst wird die *Selbstdefinition* möglich, die dem Selbst gewollte Konturen gibt, mit einer Festlegung seiner wichtigsten Beziehungen, Erfahrungen, Ideen, Werte, Gewohnheiten und selbst Verletzungen, schließlich des Schönen und Bejahenswerten, an dem das Leben immer wieder neu orientiert werden kann, um daraus Kraft zu schöpfen. Eine eigene Erfahrung von Sinn erwächst aus der Festigung innerer Zusammenhänge, aus ihrer Auflösung hingegen Sinnlosigkeit.

Auch für die Selbstbeziehung stehen sämtliche Beziehungsarten als Optionen zur Verfügung, bejahende, gleichgültige und verneinende, beginnend mit der *Selbstliebe*. Größeren Spielraum gewährt, parallel zur Liebe und Freundschaft zwischen zweien, die *Selbstfreundschaft*, und die innere *Kooperation* erlaubt, sich selbst wenigstens zu mögen und ein wenig zu umsorgen. Ohne jede Sorge um sich droht hingegen die Gleichgültigkeit gegen sich, mit der ein Mensch sich selbst auf ein reibungsloses *Funktionieren* reduziert. Ein unversöhnlicher innerer *Streit* wiederum kann zur dauerhaften Zerrissenheit führen, bevor die Selbstablehnung womöglich im *Ausschluss* seiner selbst aus dem Leben endet. Eine bejahende Beziehung zu sich zu finden, ist der Selbstgewissheit förderlich und erleichtert auch das Herausgehen aus sich, um Bindungen zu Anderen einzugehen. Problematisch gewordene Beziehungen lassen sich mit einer Kultivierung der Selbstbeziehung wieder stärken, und es ist der gekonnte Umgang mit sich, der Andere vom Zwang entlastet, mit einem Selbst umgehen zu müssen, das mit sich selbst nicht umzugehen weiß. Zuletzt macht ein guter Umgang mit sich den fehlenden Umgang mit Anderen erträglich, wie er nicht etwa erst beim Scheitern, sondern auch inmitten einer Beziehung immer wieder vorkommen kann. Warum aber überhaupt Beziehungen zu Anderen eingehen, warum nicht gleich ganz bei sich bleiben?

Aus sich herausgehen, dem Leben Sinn geben:
Ekstatisches Menschsein in Beziehungen

Bei allen biologischen, kulturellen und individuellen Unterschieden scheint es gleichbleibende Eigenheiten des menschlichen Lebens, so genannte *anthropologische Konstanten* zu geben, die immer und überall vorzufinden sind: Menschen ängstigen sich und richten sich ein in Gewohnheiten, sie genießen Lüste und müssen zurechtkommen mit Schmerzen, sie hoffen auf Liebe und erleben Enttäuschungen, sie flüchten zu Freunden und haben Feinde, sie fragen nach Glück und suchen nach

Sinn, sie wissen um den Tod und geraten in Unruhe über ein Darüberhinaus. Ihr ganzes Leben hindurch folgen sie ihren Interessen und ignorieren, was sie nicht interessiert. Ihr besonderes Interesse aber gilt *Beziehungen* und ihrem jeweils aktuellen Stand. Wer zu wem in welchem Verhältnis steht, welche Veränderungen sich andeuten oder schon im Gange sind: Das ist der Gesprächsstoff, der sich nie erschöpft.

Eine zusätzliche Konstante des *modernen Menschseins* ist offenkundig das Hin- und Hergerissensein zwischen dem Wunsch nach Beziehung, mehr noch nach ihrer Verfestigung zur *Bindung*, und dem Bedürfnis nach *Freiheit*, in der sich die Einzigartigkeit der Person austoben kann, ungehemmt von Bindungen. Sich von allen Bindungen befreien zu können, ihnen nicht ausgeliefert bleiben zu müssen, ist der Gewinn der Moderne für jeden Einzelnen. Problematisch ist jedoch, geradezu eine *Pflicht zur Befreiung* in sich zu spüren, der sich selbst ein klarsichtiger Denker wie Nietzsche nicht entziehen konnte: Als »radikaler Philosoph« bedürfe er einer »Freiheit von Beruf, Weib, Kind, Freunden, Gesellschaft, Vaterland, Heimat, Glauben« (Nachlass vom Sommer 1886 bis Herbst 1887, *Kritische Studienausgabe*, 12, 197). In der Summe entspreche dies einer »Freiheit fast von Liebe und Hass«. Leider, gesteht er, empfinde er auch »ebenso viel Entbehrungen«, denn er sei nun mal »ein lebendiges Wesen und kein bloßer Abstraktions-Apparat«. Im Grunde seien die Entbehrungen nur »in Momenten der Gesundheit« zu ertragen – die ihm selten genug vergönnt waren. Auf irgendeine Freiheit freiwillig zu verzichten, um sich zu schonen, fiel ihm nicht ein, an diesem Punkt ganz Kind seiner Zeit, deren Exzesse erst noch bevorstanden.

In der Struktur der modernen Zeit selbst ist die »Bindungsunfähigkeit« angelegt, die vielfach beklagt wird; der moderne Anspruch auf Freiheit macht auch vor *Notwendigkeiten* nicht Halt: Es ist notwendig, in Beziehung zu leben? Ein Mensch kann dennoch darauf verzichten. Der Mensch ist ein soziales Wesen (*zoon politikon*), wie Aristoteles meinte? Nur noch dann, wenn er sich auch so verhält. Aus dem »sozialen Wesen«, das lange Zeit als Standardelement der *Beschreibung* des Menschseins galt, ist in moderner Zeit eine Formel der *Beschwörung* geworden, denn Menschen können sich in großem Stil davon befreien, zunächst in ihrer Wahrnehmung, sodann im wirklichen Verhalten. Daran kann auch der neurobiologische Nachweis nichts ändern, dass der Mensch von Natur aus auf Beziehung angelegt sei, gestützt auf die Erforschung der Rolle von Hormonen und Opioiden, die schon in kooperativen Beziehungen aus Zuwendung und Zuneigung »eine hochwirksame Medizin« machen (Joachim Bauer, *Prinzip Menschlichkeit*, 2006, 59), sowie der Rolle von »Spiegelneuronen«, die im Gehirn eines Menschen die Eigenarten und Gefühle Anderer, ihre Zärtlichkeit, ihren Zorn, ihr Gähnen, ihr Lächeln, ihren Schmerz widerspiegeln: Soziale Resonanz, Mitgefühl und Mitleid werden dadurch ermöglicht, auch Eigenschaften und Verhaltensweisen von Vorbildern können auf diese Weise »eingespiegelt« werden.

Aber der Mensch ist ein widersprechendes Tier, und so kann er auch seiner Natur widersprechen. Selbst das Wissen, dass das ungute Folgen für ihn selbst nach sich zieht, bewirkt noch lange kein entsprechendes Handeln. Und da die moderne Zeit nicht nur die *Idee* des befreiten, individuellen Lebens proklamiert, sondern einer wachsenden Zahl von Menschen auch die materiellen Ressourcen zur *Realisierung* verschafft, kommt es dazu, nicht mehr in Beziehung leben zu *müssen*, sondern davon Abstand nehmen zu *können*, um frei zu wählen zwischen einem Leben mit sich allein oder gemeinsam mit Anderen. Unverzichtbar ist ein Leben mit Anderen nur noch im *mittelbaren* Sinne, als Leben in Gesellschaft, bei dem ein Mensch sich jedoch körperlich, seelisch und geistig von Anderen fern halten kann. Vollständig der freien Wahl obliegt das *unmittelbare* Leben mit Anderen, das nur noch dann zur Notwendigkeit wird, wenn die Beteiligten selbst das wollen.

Damit verliert die Beziehung eines Ichs zu einem vertrauten, über längere Zeit hinweg verlässlichen Du an Selbstverständlichkeit. Es ist selbstverständlich, dass zu jedem Ich ein Du gehört? Nur noch dann, wenn ein Ich sich auch darum bemüht. Im Zuge moderner Freiheit ist die *Befreiung des Ichs vom Du* und des Du vom Ich möglich, für viele auch wirklich geworden. Angesichts dessen hat die hymnische Feier des *Ich und Du* (Martin Buber, 1923) nur noch nostalgischen Wert: Sie erinnert daran, was das Menschsein einmal war, bevor das Du entschwand und *Ich und Ich* übrig blieben. Dass da kein verlässliches Du mehr ist, erfahren junge Menschen, für die sich alle Vertrautheit mit Anderen in rasch wechselnden virtuellen Beziehungen erschöpft. Im Berufsleben unterminieren wechselnde Einsatzorte rund um den Globus vertrauensvolle Bindungen, bis nur noch funktionale Beziehungen vorherrschen. Und älter werdende Menschen sind auf sich allein verwiesen, weil oft kein Du sich mehr für sie interessiert. In der Konsequenz laufen die modernen Möglichkeiten der Befreiung von Beziehung und Bindung auf das völlige Freisein aller von allen hinaus. Bindungen werden zerschnitten durch Befreiungen, die zwar andere Bindungen ermöglichen, die aber ihrerseits wieder durch Befreiungen zerschnitten werden. Nicht nur für den modernen Film, auch für die moderne Beziehungskultur ist die »Schnitttechnik« charakteristisch geworden: Die gesamte Moderne erscheint als eine *Kultur des Schnitts*, das moderne Leben als bloße Abfolge schnell geschnittener Sequenzen mit je unterschiedlicher Besetzung.

In dem Maße, in dem die Freiheit wächst, greift eine neue *Einsamkeit* um sich: Frei, aber einsam, Einsamkeit *aufgrund* von Freiheit. Was zunächst ein freies, gewolltes Alleinsein war, wird unvermutet zu einem unfreien, ungewollten. Und immer mehr Menschen gleiten im Laufe der Moderne vom gewollten ins ungewollte Alleinsein ab. Unverhofft wird, was sie sich ursprünglich ersehnten, zu einer misslichen Erfahrung, denn anders als das gewollte Alleinsein bringt das ungewollte nicht die erhoffte Rückkehr zu sich in der Einsamkeit mit sich, um wieder auf Andere zugehen zu können. Vielmehr macht ein Eindruck von Sinnlosigkeit sich breit, denn da ist kein Zusammenhang mehr von Mensch zu Mensch; der Einzelne sieht sich dem Leben allein ausgesetzt und vermag seine Punktförmigkeit nicht mehr zu sprengen. Der Beziehungspfeil, der gerade eben noch zum Anderen hin unterwegs war, wird zurückgebogen auf das eigene Selbst und kreist selbstbezogen nur noch in ihm selbst. Zwar wird durch die Einsamkeit die Sehnsucht nach dem Anderen verstärkt, aber auch die Enttäuschung, wenn er gefunden ist und den ins Gottgleiche gesteigerten Erwartungen an ihn nicht genügt. In der bedrückenden Enge brechen Fragen auf: Was ist das überhaupt, eine »Beziehung«, und wie kommt sie zustande, wenn sie schon so unentbehrlich erscheint?

Eine Grundvoraussetzung für Beziehung sind *Kenntnisse vom Anderen*. Etwas von ihm zu kennen, etwa sein Gesicht, seine Stimme, seinen Stil, auch etwas von seinem Können und Nichtkönnen, ermöglicht erst, sich in Gedanken, in Gefühlen, in der körperlichen Bewegung darauf zu beziehen. Der Andere tritt aus der Anonymität des Fremden hervor und wird kenntlich; nichts von ihm zu kennen hingegen macht Beziehung unmöglich. Kenntnisse gehen von einem Menschen aus, wie er erfahrbar ist und sich wirklich verhält, verbunden mit Deutungen seines Seins, auch wenn sie nicht ausfindig machen können, wie er »in Wahrheit« ist. *Kenntnisse* zu erstreben, erscheint sinnvoll, nicht hingegen das Streben nach *Erkenntnis* des jeweils Anderen. Nie kann ein Selbst beanspruchen, den Anderen zu Ende erkannt, gar »durchschaut« zu haben und abschließend zu wissen, was für ein Mensch er ist, auch wenn das zuweilen geglaubt wird. Selbst dann, wenn die Kenntnisse von vielen in eine allgemeine *Menschenkenntnis* münden, bleibt diese subjektiv, vorläufig und unvollständig. Sie entsteht auf der Basis eigener Erfahrungen sowie Berichten Anderer über ihre Erfahrungen, die plausibel erscheinen mögen, aber keine letztgültige Wahrheit für sich beanspruchen können, denn immer wieder können andere Aspekte zum Vorschein kommen: Extremer Reichtum der menschlichen Existenz, die niemals durch Erkenntnis zu erschöpfen ist, sondern stets neu erfahrbar und deutbar bleibt. Daraus resultiert die Bedeutung einer immer neuen Aufmerksamkeit auf den Anderen, der Besinnung auf ihn im offenen oder stillen Gespräch.

Eine weitere Grundvoraussetzung für Beziehung sind *Kenntnisse vom Selbst*, die der Einzelne selbst dem Anderen vermitteln kann, um für ihn kenntlich zu werden. Jede Eigenheit des Selbst, die der Andere kennen lernt, offeriert einen Punkt, zu dem er in Beziehung treten kann: Können und Nichtkönnen, Tun und Lassen, Vorlieben und Abneigungen, Bedürfnisse und Befürchtungen, Gewohnheiten und Charakterzüge, die ein Mensch zu erkennen gibt, werden zum Anlass, immer wieder von Anderen darauf angesprochen zu werden, mag dem Angesprochenen selbst das auch lästig erscheinen. Die Kenntnisnahme durch Andere lässt sich bereits durch den Einsatz des eigenen Körpers beeinflussen, der entweder Anderen zugewandt wird, am deutlichsten bei einer ansprechenden Aufmachung, oder vor ihnen verborgen wird, am wirksamsten bei einer Verschleierung. Mimik, Gestik, Kleidung, modischer Stil oder der Verzicht darauf, Schmuck und so genannte Accessoires, angebliche Nebensächlichkeiten, auch Veränderungen des Körpers mithilfe von Tattoos oder operativen Eingriffen: Alle »Ego-Deko« dient dem Zweck, die Wahrnehmung Anderer zu steuern, Blicke anzuziehen oder abzuweisen und den Zugang zum Selbst zu erleichtern oder zu erschweren. Das geschieht schon bei flüchtigen Begegnungen, erst recht, wenn es um Beziehung und Bindung geht, die dann in weit stärkerem Maße auch auf den Einsatz von Gefühlen und Gedanken angewiesen ist, um dem Anderen Kenntnis von der eigenen seelischen und geistigen Bewegtheit zu geben und seine Zustimmung oder Ablehnung herauszufordern.

Punktuelle Kenntnisse vom Anderen und des Anderen vom Selbst sind dabei nur die Ausgangspunkte der Beziehung: Vom Moment der Begegnung an erweitern sich die Kenntnisse *wechselseitig*, ein Prozess, der nie zum Abschluss kommt. Wechselseitig verhelfen beide sich dazu, sich selbst besser kennen zu lernen, vor allem mit dem *Blick von außen*, der dem jeweils Anderen eigen ist, und mit dem *Gespräch*, das implizit im Stillen, explizit in Äußerungen ständig stattfindet und zuweilen ein Streitgespräch ist. Die Kenntnisse vertiefen sich durch ein gemeinsames *Tun*, sodass beide sich fortan auf diese Erfahrungen beziehen können, sowohl positiv (»die Schwierigkeiten, die wir gemeinsam durchgestanden haben«)

wie auch negativ (»die Verletzung, die du mir zugefügt hast«). Beide werden in ihrer Person zumindest zum Teil zur Reaktion auf den jeweils Anderen, den sie in sich aufnehmen, mit dem sie sich auseinander setzen und von dem sie sich absetzen. Die Beziehung verfestigt sich zur Bindung, wenn zwei sich auf diese Weise ineinander verhaken. Wechselseitigkeit heißt allerdings nicht, dass sie dabei dieselbe Art von Beziehung im Blick haben müssen: Der Eine zielt auf Liebe, der Andere auf Freundschaft; der Eine auf körperlichen, der Andere auf seelischen Austausch; der Eine auf Kooperation, der Andere auf bloße Funktion; der Eine noch auf Auseinandersetzung, der Andere schon auf Ausschluss. Eine Wechselseitigkeit auf gleicher Ebene kann erhofft, nicht aber erzwungen werden. Wichtig wäre, das Verhältnis zueinander zu finden, das beiden gefällt, auf welche Art auch immer.

Und wer macht den Anfang? Im Zweifelsfall der, der danach fragt, und zwar zuallererst mit der Gestaltung seiner selbst: Denn die eigentliche Voraussetzung, jedenfalls für bejahende Beziehungen von der bloßen Bekanntschaft und Kollegialität bis hin zur Freundschaft und Liebe, ist die *Öffnung des Ichs zum Du*. Nur der jeweilige Mensch kann sich selbst die offene Form geben, die einem Anderen erst ermöglicht, bei ihm »einzuhaken« und nicht an ihm abzugleiten. Über die spiegelgleiche *Öffnung des Du zum Ich* verfügt im Gegenzug der jeweils Andere, nicht das Selbst. Aber selbst die wechselseitige Öffnung kann beim besten Willen nicht verhindern, dass das Leben unwiderruflich das eigene des Einzelnen bleibt: Nur ich weiß in jedem Augenblick, wie mein Leben sich anfühlt, und nur ich verbringe das *gesamte* Leben mit mir, in jedem Moment und an jedem Ort, ohne jede Pause. Ich und Du können einander durchs Leben begleiten, aber immer nur zeitweilig, und dies nicht etwa nur deswegen, weil moderne Beziehungen oft nicht von Dauer sind, sondern in jedem Fall. Nur ich bringe mein Leben letztlich auch zu Ende, kein Du kann mir dies abnehmen. Welche Gründe sprechen dennoch dafür, sich auf das Abenteuer der Öffnung zum Du einzulassen?

Zunächst *Gründe der Notwendigkeit*, wenngleich jeder Notwendigkeit in moderner Zeit widersprochen werden kann. Erscheint das Leben mit mir allein nicht erfüllend, wird es zur Notwendigkeit, den ersten Schritt hin zu Anderen zu tun – bei aller Freiheit, ihn auch lassen zu können. Für diesen Schritt spricht bereits das *Eigeninteresse* an der Zuwendung zu Anderen, und es ist wohl auch wirksamer als die moralische Norm, sich Anderen zuwenden zu sollen: Um leben zu können, brauche ich Andere, denn das eigene Leben spielt sich in einem größeren Rahmen ab, der von Anderen geprägt wird, also erscheint es ratsam, nicht nur mich allein im Blick zu haben. Im Laufe der Zeit wird mir zudem klarer, dass ich ohne eigene Zuwendung zu Anderen auch nicht auf eine Zuwendung Anderer zu mir hoffen kann. Ohne Zuwendung aber bleibe ich eingeschlossen in mich und fühle mich auch so, meiner selbst nicht mehr gewiss. Alle Selbstverwirklichung scheitert, wenn das Selbst allein verwirklicht wird. Andere bieten den Gegenhalt, zu dem ich mich ins Verhältnis setzen kann, und je spürbarer der Gegenhalt, desto stärker spüre ich mich selbst. Der große Nutznießer der Beziehung zu Anderen bin ich also letztlich selbst, und zugleich kann ich kein Interesse daran haben, Andere als Erfüllungsgehilfen meiner selbst erscheinen zu lassen, denn ich selbst will auch nicht der bloße Erfüllungsgehilfe Anderer sein. Das unmittelbare Eigeninteresse kann bei Gelegenheitsbegegnungen aller Art leitend sein, darüber hinaus bedarf es jedoch einer Erweiterung, ansonsten sind Andere vom Charme einer Beziehung schwerlich zu überzeugen. Die Gründe der Notwendigkeit sind egoistische Gründe, es muss noch andere geben.

Anspruchsvoller, altruistischer, dem Anderen zugewandter sind *Gründe der Freiheit*. Aber nicht die Freiheit der Befreiung ist damit gemeint, sondern die *Freiheit der Formgebung*, die Gründung und Pflege von Beziehungen und Bindungen *aus Freiheit*. Frei ist das Selbst, das mit sich selbst im Reinen ist, sodass es auf Andere zugehen kann, ohne auf sein unmittelbares Eigeninteresse schielen zu müssen. Das *freie Interesse* an Anderen ist besser dazu geeignet, Zugang zu ihnen zu finden: Sie spüren die Freude, die das Selbst daran hat, Beziehungen einzugehen und in Beziehung zu sein, denn »der Mensch ist doch nichts als Begehren, sich zu fühlen im andern« (Bettine von Arnim, *Die Günderode*, 1840, Edition 1983, 104). Mit sozialem Gespür und Beziehungsintelligenz versteht der *Beziehungsmensch* sich darauf, ganze Netze mit Anderen zu knüpfen und lange an ihnen festzuhalten, unbeeindruckt von Missverständnissen und Ärgernissen, wie Beziehungen sie nun mal mit sich bringen. Ihre Lebbarkeit hängt davon ab, in welchem Maße ein Selbst auch dann noch an ihnen festhält, wenn sie sich als schwierig erweisen, und ob sein Bemühen deutlich wird, Anderen wohlzutun und keinesfalls zu schaden, unabhängig davon, dass es selbst Schaden nähme, würde es sich die Möglichkeiten, die Andere in sich bergen, mutwillig verschließen. Der Lohn der freien Zuwendung zu Anderen besteht in der *Weite der Seele*, die das Selbst durch sie erfährt, während das bloße Eigeninteresse eher deren Schrumpfung befördert, und wer will schon mit einer Schrumpfseele leben! Gleichsam unbeabsichtigt nützt die Freiheit des Umgangs mit Anderen also erneut dem Selbst, aber unter aufrichtiger Zuwendung und Zuneigung zu ihnen aus einem Wollen, nicht aus einem Sollen heraus.

Gründe des Glücks werden dabei erkennbar, die für ein Leben in Beziehung sprechen, und nicht nur das Glück des Selbst, sondern auch das des Anderen mit umfassen. Zunächst das *Zufallsglück*, das in der Begegnung mit diesem Menschen verborgen sein kann: Womöglich liegt ein Sinn darin, der nicht leichtfertig verschenkt werden sollte. Mit dem Anderen lässt sich auch das *Wohlfühlglück* genießen, das die Intensität des Lebens steigert, wenngleich nicht immer nur »gute Stunden« vorherrschen können. Von Dauer ist hingegen das *Glück der Fülle*, das darauf beruht, in das gemeinsame Leben auch gegensätzliche Erfahrungen integrieren zu können, das Wohlgefühl ebenso wie das Unwohlsein, die Harmonie ebenso wie die Auseinandersetzung, die Lüste ebenso wie die schmerzlichen Erfahrungen. Viele Lüste verdoppeln sich, wenn sie gemeinsam genossen werden; viele Schmerzen halbieren sich, wenn sie gemeinsam getragen werden; Stress vermindert sich, wenn bejahende Beziehungen der Liebe, der Freundschaft oder der Kooperation ihn auffangen können: Daher ist der Andere der Reichtum des Selbst. Dass die Beziehung zu ihm selbst zuweilen »stresst«, ist vielleicht Ansprüchen auf Perfektion geschuldet, während das Glück der Fülle eher von der Akzeptanz des Imperfekten abhängt: Auf dieser Basis kann das Selbst sich ungestört zum Anderen hingezogen fühlen und sich um eine schöne und bejahenswerte Beziehung zu ihm sorgen, die auch Unschönes übersteht. Sollte aber als äußerste Möglichkeit nur die Trennung bleiben, hat auch das Unglücklichsein, das damit einhergeht, noch Platz in der Fülle dieses Lebens.

Darüber hinaus sind es *Gründe des Sinns*, die für die Begründung und Bewahrung von Beziehungen sprechen: Eine Beziehung stellt Zusammenhänge her, und je fester sie gefügt werden können, desto intensiver fällt die Erfahrung von Sinn aus, schon beim Mögen und Gemochtwerden, erst recht beim Lieben und Geliebtwerden. Nur der, der niemanden mag und von niemandem gemocht wird, in keiner Weise liebt und geliebt wird, sieht sich mit der Erfahrung von Sinnlosigkeit konfrontiert und hält in Ermangelung einer positiven Sinngebung nicht selten noch verbissen an der negativen fest, wie Streit und Hass sie ermöglichen. Menschen können gesunden am Sinn, den eine Beziehung vermittelt, aber auch erkranken am schwindenden Sinn, wenn eine Beziehung zerbricht, denn wo Sinn ist, ist Kraft, wo nicht, Kraftlosigkeit. Selbst der Sinn des Lebens, nach dem viele suchen, zeigt sich in diesen Zusammenhängen, die das Leben erfüllen: Im *sinnlichen Sinn* der körperlichen Begegnung, im *gefühlten Sinn* des seelischen Austauschs, im *gedachten Sinn* der geistigen Auseinandersetzung. Schon die bloße Kontinuität der Beziehung, ihr roter Faden in der Zeit, stellt *temporären Sinn* her, der in häufig wechselnden Beziehungen entbehrt werden muss: Sinn beziehen sie eher aus der Sinnlichkeit, deren momentaner Sinn jedoch nicht von Dauer sein kann. Und die gemeinsame Geschichte, die sich mit der Dauer der Beziehung fortsetzt, bietet Stoff für den *narrativen Sinn* einer Erzählung, in hohem Maße in Beziehungen der Liebe und der Freundschaft, in geringerem Maße in Beziehungen der Kollegialität und der Bekanntschaft. Und *teleologischer Sinn* steht im Vollmaß zur Verfügung, wenn das Dasein für den Anderen zum Ziel und Zweck des eigenen Lebens werden kann.

Der eigentliche Grund für die Beziehung zum Anderen ist jedoch die Sehnsucht, über die eigene Wirklichkeit und Endlichkeit hinauszugelangen und *transzendenten Sinn* zu erfahren. Das geschieht in einem diesseitigen Sinne bereits bei der alltäglichen Begegnung mit Anderen: Die Transzendenz beginnt beim Gespräch über das Wetter, das eine Gelegenheit zur Überschreitung seiner selbst bietet, um wenigstens mit ein paar Worten aus sich herauszukommen. Die Intensität des Austauschs ist noch steigerungsfähig, wenn sich die Enge des Lebens durch einen bestimmten Anderen hindurch zur Dimension der *Möglichkeiten* weitet: Gemeinsam mit ihm verfüge ich über weit mehr Möglichkeiten als für mich allein, beispielsweise das Leben, die Welt und mich selbst aus anderen Perspektiven zu sehen. Mit ihm wird das Leben spannender, schöner, auch sicherer, wenn er mental, womöglich auch materiell für mich einsteht. Die Beziehung verliert genau dann an Interesse, wenn der Andere weniger Möglichkeiten in sich birgt, als ich sie für mich allein auch schon habe – sofern nicht eine Bindung entstanden ist, die jenseits aller Interessen Bestand hat.

Vor allem aber ist durch den Anderen hindurch die Dimension des *Unendlichen* zu erahnen, und zweifellos am meisten in der Liebe. Zwar ist der Andere selbst der Endlichkeit unterworfen, aber nicht genau derselben wie das Selbst; die Beziehung zu ihm erschließt die Erfahrung eines Lebens über die eigene Endlichkeit hinaus und wird zur *Ekstase* im Wortsinne, zum Herausgehen und »Hinausstehen« aus sich, jedenfalls in bejahenden Beziehungen und auch noch im Streit. Monadisch in sich verschlossen zu bleiben, ist hingegen die Bürde der funktionalen Beziehung und des Lebens ohne jede Beziehung, nicht nur ohne Liebe im engeren Sinne, sondern auch ohne Freundschaft und Kooperation. Bitterkeit entsteht jedoch dann, wenn die ekstatische Erfahrung selbst eine tiefe Enttäuschung hinterlässt, da die Beziehung *danach* in die alltägliche

Wirklichkeit zurückfällt oder trotz aller Anstrengungen endgültig scheitert. Je tiefer sich die *Unendlichkeitserfahrung* ins Gedächtnis eingräbt, desto schmerzlicher erscheint der Rückfall in die Endlichkeit. Und dennoch ändert selbst ein Verzicht auf die Unendlichkeitserfahrung nichts am *Endlichkeitsleiden*, denn auch in diesem Fall wird die erstickende Enge des endlichen Lebens erlitten. Der Einzelne selbst muss wählen, welcher Art des Leidens er den Vorzug geben will.

Gründe der Notwendigkeit, der Freiheit, des Glücks, des Sinns sprechen dafür, sich um Beziehungen zu sorgen, aber es sollte eine *kritische Sorge* sein, um nicht vormoderne Formen von Beziehung und Bindung unbedacht wieder herzustellen, deren Zwänge doch der Anlass für die kulturelle und individuelle Befreiung davon waren. Wer noch autoritäre Verhältnisse in Familien erlebt hat, wer sich an die »gottgegebene« männliche Vorherrschaft erinnert, wird zu solchen Formen kaum zurückkehren wollen. Um die Beziehungskultur einer *anderen Moderne* werden sich dennoch nicht fühllose Strukturen bemühen, sondern einfühlsame Individuen, die den Verlust von Beziehungen, somit von Sinn, als *andere Konsequenz* der Befreiung wahrnehmen. Ihnen wird es wichtig sein, mit der Gründung und Pflege von Beziehungen eine *existenzielle Option* wahrzunehmen, um wieder Sinn zu gewinnen, nicht um einer Norm Genüge zu tun. Auf die moderne Kultur des Schnitts kann dann vermehrt eine *Kultur der Therapie* antworten, die sich um die Heilung der Schnittverletzungen bemüht, in erster Linie durch die Pflege (*therapeia* im Griechischen), die der Einzelne sich selbst angedeihen lässt, um an sich zu arbeiten und wieder auf Andere zugehen zu können; sodann durch die Arbeit vieler an sich selbst im Rahmen professioneller Angebote der Therapie, bei denen bereits das *Setting* darauf angelegt ist, Beziehung herzustellen, denn Beziehung tröstet, Beziehung heilt. Beinahe nachrangig erscheinen demgegenüber die Inhalte therapeutischer Gespräche, die gleichwohl wesentlich zur Besinnung auf die Erfahrungen in Beziehungen und zu ihrer Neugestaltung im Einzelnen selbst und zwischen Individuen beitragen.

Dass Beziehungen in moderner Zeit mehr als je zuvor durch *Fluktuation*, ein Fließen und Zerfließen, eine Unverbindlichkeit und Wechselhaftigkeit charakterisiert sind, kann nicht durch den Ausschluss dieser Entwicklung, nur durch ihre *Integration* aufgefangen werden. Mit Veränderungen ist in Beziehungen von Grund auf zu rechnen, immer schon aufgrund des Älterwerdens der Beteiligten, in moderner Zeit jedoch zusätzlich aufgrund von Veränderungen der umgebenden Welt in hohem Tempo, von denen die Individuen mit verändert werden. Die größere Festigkeit, Verbindlichkeit und Dauerhaftigkeit einiger Kernbeziehungen, die für eine andere Moderne wünschenswert erscheint, ist nur zu erreichen, wenn die Beziehungen selbst ein Mindestmaß an *Dynamik* gewinnen und die Veränderungen der Beteiligten mitvollziehen. Beziehungen zerbrechen am ehesten dann, wenn sie sich jeder Veränderung verweigern und die angestaute Dynamik zu *Dynamit* wird: Einer will die Veränderungen des Anderen nicht wahrhaben und sperrt sich gegen den vermeintlichen Verrat an der ursprünglichen Gemeinsamkeit, bis es zur Explosion kommt. Vor allem in der Liebe herrscht die Auffassung vor, es müsse sich um die ewig gleiche Beziehung zwischen zwei gegebenen Punkten handeln; die aber gibt es nur in der Geometrie. Mit dem Vorsatz, an der Gedanken- und Erfahrungswelt des jeweils Anderen »dranzubleiben«, um von dessen Veränderungen mit verändert zu werden, arbeiten die Beteiligten selbst an beweglicheren Beziehungen und halten beharrlicher an ihnen fest. Die Aufgabe wird allerdings schwieriger dadurch, dass es in aller Regel um weit mehr als nur eine Beziehung geht und das gesamte Geflecht von Beziehungen eigene Gesetzmäßigkeiten entwickelt, die aus der Vernetzung von Menschen Verstrickung machen können.

Leben in Konstellationen:
Vernetzung und Verstrickung in Beziehungen

Wie Sterne, deren Zusammenstehen namengebend war, leben Menschen in *Konstellationen* (von lateinisch *con-*, zusammen, und *stella*, Stern), sternenweit voneinander entfernt und doch in Beziehung zueinander. Bereits zwei Menschen, die eine Beziehung eingehen, markieren die Eckpunkte einer Konstellation, und jeder, der hinzukommt, erweitert das Gefüge und vervielfältigt die Möglichkeiten der wechselseitigen Bezüge. Die einfache Vorstellung von einer Beziehung als Verbindung zwischen zwei Ichs kompliziert sich etwas dadurch, dass diese Ichs mit weiteren Ichs interagieren. Eine Konstellation besteht aus *Kernbeziehungen*, die als solche angesehen werden und sich oft von selbst aus dem Lebensvollzug ergeben, etwa wenn Charaktere gut zueinander passen. Kernbeziehungen entwickeln sich zwischen Liebenden, Eltern und Kindern, Großeltern und Enkeln, Geschwistern, engsten Freunden, Kollegen, Nachbarn und gegebenenfalls auch »Intimfeinden«. Zum Kern können Beziehungen zu Tieren gehören, die einem Menschen Rückhalt geben und zur Entspannung oder umgekehrt zur Verschärfung von Konflikten in einer Konstellation beitragen. Zum Kern zählen ferner Beziehungen zu Dingen, sowohl ideeller Art (Ideen, Werte, Sehnsüchte) als auch materieller Art (Auto, Fernseher, Computer), desgleichen Beziehungen zu einem Ort, einem Land, zur Natur, zu einer transzendenten, kosmischen oder göttlichen Dimension.

Charakteristisch für den Kern einer Konstellation ist das Festhalten an Beziehungen durch alle Schwierigkeiten hindurch, und umgeben ist der Kern von *peripheren Beziehungen* unterschiedlichster Art, die den Einzelnen dauerhaft oder im häufigen Wechsel tangieren, nicht unbedingt im Innersten berühren: Mehr oder weniger kooperative Beziehungen der gewöhnlichen Freundschaft und Bekanntschaft, Verwandtschaft und Nachbarschaft, Beziehungen der gleichgültigen Funktionalität und der unbedeutenden Feindschaft. Einen unklaren Stellenwert haben in vielen Konstellationen die Ausschlussbeziehungen, über die oft nicht gesprochen wird, die aber sehr wohl präsent sind, sowie die virtuellen Beziehungen, deren Präsenz real, aber häufig flüchtig ist.

Eine Konstellation wird dabei keineswegs nur vom äußeren Verhältnis der Beteiligten zueinander, sondern immer auch vom inneren jedes Einzelnen zu sich selbst geprägt, von seiner *inneren Konstellation* mit bewusst oder unbewusst definierten Eckpunkten des eigenen Kerns, die dafür sorgen, dass jedes *Einzel-Ich* in sich selbst wiederum aus zahlreichen *Detail-Ichs* besteht, markiert von den wichtigsten Beziehungen, Sehnsüchten, Erfahrungen, Gewohnheiten, Charakterzügen, Werten, Wunden, Schönheiten, und von zahlreichen peripheren Punkten. All diese Punkte unterhalten nicht etwa nur *Binnenbeziehungen* zueinander, sondern auch *Außenbeziehungen* zu den diversen Punkten Anderer, und zwar jeder einzelne in Eigenregie, sodass die Frage ist, welcher Punkt in welchem Selbst mit welchem Punkt in welchem anderen Selbst zu gegebener

Zeit in welcher Beziehung steht. Eine Liebenswürdigkeit des Selbst trifft beim Anderen auf Gegenliebe; ein einzelner Charakterzug etwa des Übermuts begegnet seiner Besonnenheit, verbündet sich mit ihr, scheitert an ihr oder setzt sie außer Kraft; ein Bedürfnis nach Anerkennung hakt bei der Bereitschaft zur Bewunderung ein, ein Streben nach Dominanz bei dem nach Unterordnung; eine Sehnsucht nach Bindung harmoniert mit ihresgleichen, bevor bei einem der Beteiligten die Sehnsucht nach Freiheit die Oberhand gewinnt und er »wie ausgewechselt« erscheint. Die engen Wechselwirkungen sorgen dafür, dass jede Veränderung einer inneren Konstellation auch die Außenbeziehungen in kurzer Zeit »kippen« lassen kann. Mit jeder Arbeit an seiner inneren Konstellation nimmt das Selbst daher Einfluss auf die äußere, auf die Beziehungen zu Anderen und zwischen ihnen, die im Gegenzug wiederum Einfluss auf das Selbst ausüben.

In keinem Fall sind Konstellationen in sich geschlossene Gebilde, vielmehr überlappen sie sich wechselseitig, und das geschieht nicht konfliktfrei: Eine regelrechte *Konkurrenz der Konstellationen* entsteht, wenn die Kernbeziehungen des Selbst, die ihm sehr wichtig sind, für den Anderen, mit dem er lebt, allenfalls periphere Bedeutung haben, und umgekehrt. Nicht selten kommt es zwischen zweien zum Streit über den Stellenwert der Beziehungen, aber der Versuch, konkurrierende Konstellationen zur *Übereinstimmung* zu bringen, ist in aller Regel zum Scheitern verurteilt. Ein reiches Beziehungsnetz entsteht hingegen, wenn es gelingt, die Überlappung als wechselseitige *Ergänzung* zu verstehen: Mit verschiedensten Beziehungen der Liebe, Freundschaft, Kooperation, Funktion, auch des Streits wachsen die Chancen für etliche verlässliche und viele zusätzliche Bezugspunkte, die den Einzelnen stabilisieren, da sein Wohl und Wehe nicht mehr von einer einzigen Beziehung abhängig ist. Verarmte Konstellationen geben den Beteiligten das Gefühl, ihnen entgehe das Leben, während ein reiches Netz die Erfahrung von Fülle verbürgt und mit vielfältigen Zusammenhängen ganze *Sinnfelder* erzeugt. Der verlässliche Rahmen einer Konstellation gibt Halt, und in der Vertrautheit und Geborgenheit, die jeder Einzelne in ihr empfindet, wird der freie Austausch von Energien möglich, während es energetisch ungleich aufwändiger, somit kräftezehrender ist, Beziehungen immer wieder neu zu knüpfen und sie womöglich doch bald wieder zu verlieren. Lösen die haltenden Beziehungen einer Konstellation sich auf oder werden sie mutwillig aufgelöst, wird den Beteiligten oft erst hinterher klar, wie viel Sinn und Orientierung sie damit im Leben verloren haben.

Sympathien begünstigen den Zusammenhalt einer Konstellation, *Antipathien* stellen ihn in Frage, und doch kann es nie nur Sympathien geben. Sympathien wie Antipathien verfestigen sich in Gewohnheiten des Umgangs miteinander und führen zu Kaskaden von Reaktionen aufeinander: Jeder Einzelne verhält sich in diesem Rahmen so, wie es ihm selbstverständlich zu sein scheint, und so richtet er beispielsweise, ohne weiter darüber nachzudenken, das Wort an den Anderen, um ein Gespräch mit ihm zu beginnen, aber dann diese Reaktion: »Das ist doch Unsinn, was du da sagst!« So unüberlegt wie das erste Wort ist diese Abweisung, die vielleicht nicht so gemeint ist, aber was darauf folgt, folgt mit Zwangsläufigkeit: »Wenn du mir so kommst ...«, und ein Wort ergibt das andere: »Fang' nicht wieder damit an!« Jeder unvorhergesehene Vorfall und Zufall fügt sich rasch in vorhersehbare Verhaltensmuster ein, die dem Raster der Beziehungen entsprechen, regelmäßig ist das so. Es ist die Eigentümlichkeit einer Konstellation, dass Menschen sich geradezu dem *Zwang* ausgesetzt sehen, auf immer gleiche Weise, an der Schwelle zum immer Selben, aufeinander reagieren zu müssen. So groß ist die Beharrungskraft von Konstellationen, so sehr ist der Einzelne in sie eingespannt, dass er dem Grundmuster des Verhaltens wieder und wieder folgen muss. Auch sehr alte Grundmuster kommen stets von Neuem zum Vorschein, sodass etwa die früh erfahrene Konstellation des Kindergartens, mit dem typischen Heischen nach Aufmerksamkeit der kleinen Ichs, der hingebungsvollen Pflege von Empfindlichkeiten, dem kleinlichen Streit, viel später in Gruppen von Erwachsenen wieder erkennbar wird, in allen Bereichen und auf allen Hierarchieebenen.

Unsichtbare Strukturen weisen dem Einzelnen eine Rolle zu, die ihn dies sagen lässt und jenes nicht, dies für bedeutsam, richtig und wahr halten lässt, jenes nicht. Ein regelrechter *Korridor der Ermöglichung* setzt bestimmte Möglichkeiten des Fühlens, Denkens, Sagens und Tuns frei und begrenzt Abweichungen. Die Konstellation funktioniert wie ein »Diskurs« im Sinne Michel Foucaults (*Die Ordnung des Diskurses*, 1970), der dabei allerdings übergreifende Konstellationen ganzer Kulturen und Gesellschaften zu bestimmten Zeiten im Blick hatte, in die einzelne Konstellationen mit einer weit kleineren Zahl von Beteiligten eingebettet sind. Ist das Grundmuster einer Konstellation bekannt, lässt sich jedoch auf Möglichkeiten und Wahrscheinlichkeiten schließen, mit denen in ihr zu rechnen ist. Nicht alles, was möglich ist, ist auch wahrscheinlich, und nicht alles, was wahrscheinlich ist, muss wirklich werden, aber die Dinge folgen gerne der angelegten Ordnung, sodass sich in Konstellationen vieles wie von selbst ergibt. Ohne

Wissen der Beteiligten vollzieht sich die Ordnung durch sie hindurch und wirkt auf sie zurück, ermutigt oder verunsichert sie, bestärkt oder behindert ihre Entfaltung, bringt Empfindungen von Geborgenheit oder Heimatlosigkeit in ihnen hervor, lässt sie erkranken oder gesunden, untergehen oder in der Auflehnung dagegen neue Kraft finden.

Im Guten wie im Schlechten gräbt sich die bestehende Konstellation tief in den Einzelnen ein, graviert Sorgenfalten auf seine Stirn oder Spuren des Lächelns in seine Augenwinkel. Sich davon befreien zu wollen, ist nicht gut möglich in *nichtmodernen* Kulturen, in denen Religion, Tradition und Konvention die Konstellationen vorgeben, in denen Menschen zu leben haben und auch, wie die Beziehungen zwischen ihnen zu gestalten sind, wie insbesondere Liebende und Eheleute miteinander umzugehen haben, welche Gefühle sie zeigen dürfen, welche Gedanken denkbar sind und welche nicht, auch zu welchen Zwecken ihre Beziehung dient (einen Eindruck davon vermitteln Jane Austens Romane aus dem späten 18. und frühen 19. Jahrhundert). In *modernen* Kulturen ist die Befreiung davon möglich geworden, sodass Individuen ihre Konstellation selbst wählen und die Art ihrer Beziehung und des Verhaltens zueinander zu einer Frage der Definition und des Experiments machen können, auch machen müssen: Nichts steht mehr fest, alles muss individuell erprobt und festgelegt werden. Auf diese Weise befreit zu sein, kann darauf hinauslaufen, sich selbst neu erfinden zu müssen.

Anders als Sterne, die durch kosmische Vorgänge zu Konstellationen gezwungen werden, aus denen sie sich nie mehr zu lösen vermögen, können sich Menschen in moderner Zeit an der *Veränderung von Konstellationen* versuchen, um nicht an problematischen Beziehungen in ungut en Verhältnissen für immer festhalten zu müssen: Sie entscheiden selbst, mit wem sie welche Beziehung eingehen und pflegen, welche Beziehung sie brachliegen lassen oder gar verweigern. Diese Arbeit am Netz der Beziehungen ist ein *Networking*, das weit mehr im Blick hat als die »richtigen Kontakte«, die auf einen vordergründigen Nutzen zielen und rasch zerbrechen, wenn sie »nichts bringen«. Mit ihrer Haltung und ihrem Verhalten, ihren Deutungen und Interpretationen arbeiten Menschen vielmehr selbst an den Sinnfeldern ihres Lebens, erarbeiten sich einen Fundus an Möglichkeiten und gestalten die Bedingungen ihres Umfelds so, wie es ihnen passfähig erscheint, sodass auf längere Sicht auch eher geschehen kann, was ihnen zupass kommt. Jede Beziehung, jede Art der Pflege und Nichtpflege wirkt sich auf die gesamte Konstellation aus, die in ihren Wechselwirkungen kaum überschaubar ist und doch das Leben jedes Einzelnen entscheidend prägt.

Zu verändern ist eine Konstellation vor allem dadurch, bestehende Beziehungen aufzulösen, sie »einschlafen zu lassen« und neue einzugehen, wenngleich mit der gebotenen Vorsicht, um nicht das moderne Geschäftsgebaren des *hire and fire* zu übernehmen, das nur noch funktionale Beziehungen kennt: Personen so lange auszutauschen, bis zufälligerweise eine passfähige Konstellation entsteht. Gelingt die Veränderung der Konstellation, erfährt ein Individuum sich selbst als ein Anderes: Andere Möglichkeiten seiner selbst kommen zum Zug, wenngleich dafür wiederum andere nicht. Und wenn eine Konstellation misslingt? Zuweilen wissen die Beteiligten selbst, dass sie »nicht gutgehen kann.« Und warum lassen sie sich dennoch darauf ein? Weil jeder Versuch zur Abänderung sehr viel Kraft kostet. Und weil sich nicht wirklich zuverlässig vorhersagen lässt, wie eine Konstellation sich entwickeln wird.

Möglichkeiten können sich ergeben, die für unmöglich gehalten wurden, und gegen alle Wahrscheinlichkeit steht auch das Unwahrscheinliche, Undenkbare und Unmögliche offen, das dennoch wirklich werden kann; das Leben scheint sogar eine Vorliebe dafür zu hegen.

Die *Bedeutung von Konstellationen* aber gerät erst dann in den Blick, wenn ihre Selbstverständlichkeit schwindet, nicht nur individuell, sondern auch kulturell. Ganze Wissensdisziplinen gingen in der Geschichte der Moderne aus der Entdeckung des Geflechts hervor, in das Menschen eingebettet und zuweilen auch eingesperrt sind: Die *Psychologie* und insbesondere die Psychoanalyse, von Sigmund Freud 1886 begründet, deckt un- und unterbewusste Beziehungsmuster von Konstellationen in ihren Auswirkungen auf den Einzelnen auf und will ihm damit zu einem selbstbewussten Leben verhelfen. Die *Soziologie*, deren Begriff Auguste Comte 1838 prägte, erforscht die Konstellationen einzelner Gruppen und ganzer Gesellschaften, in deren Rahmen die Individuen den Beziehungsmustern mehr oder weniger ausgeliefert bleiben. Das weite Feld dazwischen besetzen zahlreiche Therapien und soziale Techniken: Die *Soziometrie* (Jakob Levy Moreno, 1953) ist überzeugt, mit der Messung der Nähe und Ferne zwischen Menschen die Dynamik ihrer Beziehungen systematisch erfassen zu können, um Störungen, Ängste und Missverständnisse zu beheben. Die *Gestalttherapie* (Fritz Perls, 1951) nimmt den einzelnen Menschen als »Gestalt« im Rahmen einer Konstellation wahr: Das Gewahrwerden, wie er sich in diesem Rahmen fühlt und verhält, soll ihm ermöglichen, Hemmnisse zu erkennen, die einen befriedigenden Austausch mit Anderen verhindern, und ihn befähigen, das eigene Verhalten zu verändern. Die *Systemische Therapie*, in der zweiten Hälfte des 20. Jahrhunderts von Gregory Bateson, Paul Watzlawick, Virginia Satir, Helm Stierlin und Anderen begründet, versucht ihrerseits, den Einzelnen im Beziehungsgefüge (»System«) seines Umfeldes wahrzunehmen und die jeweilige Konstellation so zu modifizieren, dass sie für alle Beteiligten lebbarer wird.

Große Popularität gewann im ausgehenden 20. Jahrhundert das »Familienstellen«, das in der theatralischen Darstellung einer Konstellation durch reale Personen die Zwangsläufigkeit des Verhaltens aller sichtbar macht. Der zeitweilig daraus hervorgegangene Kult fand kritische Würdigung (Werner Haas, *Familienstellen: Therapie oder Okkultismus?* 2005), denn die Beteiligten neigen dazu, sämtliche Probleme des Lebens mit der jeweiligen Konstellation zu identifizieren. Diese zu kennen, versetzt den Einzelnen noch lange nicht in die Lage, sich freier in ihr zu bewegen, sondern liefert ihn womöglich erst recht einer ausweglosen Situation aus; wichtig ist daher, auch die Veränderung von Rollen einzuüben, die eine Veränderung der Konstellation möglich macht. Hilfreich ist die Arbeit von Theatergruppen, die professionell oder mit Laiendarstellern Konstellationen dramatisieren, um ihr Funktionieren besser zu verstehen und andere Möglichkeiten ins Spiel zu bringen. Die gespielten Szenen geben Aufschluss über die Zwänge im Rahmen einer Konstellation, aus denen die immer gleichen Konflikte resultieren. Stets wiederkehrende Szenen werden dargestellt (»Alltag unter der Lupe«), durch gezielte Modifikationen variiert und so von Version zu Version weiterentwickelt. Es ist ein »Theater der Erfahrung«, bei dem der Einzelne seiner eigenen Rolle, auch seiner Ratlosigkeit zusieht und lernt, wie er sich anders verhalten kann, nicht abstrakt, sondern konkret, in der Familie, am Arbeitsplatz und in der Öffentlichkeit.

Auf der Bühne ist die Methode im Grunde nicht neu: In Theaterstücken werden seit altersher alle denkbaren Konstellationen und ihre Konsequenzen durchgespielt; auf moderne Liebesverhältnisse hat sich dabei Arthur Schnitzler spezialisiert. Auch Drehbuchautoren und Filmregisseure gehen von regelrechten Versuchsanordnungen aus, etwa Claude Chabrol, dessen gesamtes Werk als ein Studium von Konstellationen verstanden werden kann: In seinem Film *Die zweigeteilte Frau* (Frankreich 2007) lässt sich die junge Gabrielle auf den älteren Charles ein, der sich aber von seiner Ehefrau nicht trennen will, sodass Gabrielle enttäuscht auf Paul umschwenkt, der aber noch sehr an seiner Mutter hängt, für die Gabrielle kein Ersatz sein kann, da sie ihrerseits, vaterlos aufgewachsen, nach Halt sucht. Diesen Kern umspielen einige periphere Beziehungen, und abgesehen von der äußeren Konstellation haben alle Beteiligten zudem mit ihrer inneren zu tun; fatale Verwicklungen und Kettenreaktionen nehmen so ihren Lauf, die moderne Version einer antiken Tragödie. Im 21. Jahrhundert kann aber auch jeder selbst Regie führen, um mit elektronischer Hilfe Versuche mit Konstellationen anzustellen: Computerspiele ermöglichen Simulationen, in denen der Spieler das Leben so arrangieren kann, wie er es sich vorstellt; die virtuellen Mitspieler, die er mit Äußerlichkeiten, Charakterzügen und Lebenszielen ausstattet, verfügen wie im wirklichen Leben über ein Erinnerungsvermögen, das ihr Verhalten beeinflusst. In dieser Objektivierung ist das Spiel, das Menschen mit- und gegeneinander spielen, besser zu durchschauen, Konstellationen lassen sich auf ihre Stärken und Schwächen hin erproben, mögliche Komplikationen sind vorweg in Erfahrung zu bringen, Grenzen des Verhaltens spielerisch zu überschreiten, bevor die Folgen in der Realität spürbar werden.

Das Spiel von *Zufall und Notwendigkeit* im Rahmen einer Konstellation wirft allerdings Fragen auf: Wie können ohne jedes ersichtliche Zutun Zufälle des Sagens und Sich-Verhaltens, die auch anders hätten ausfallen können, zu Notwendigkeiten werden, die nicht mehr anders sein können? Konstellationen scheinen eine eigene Schwerkraft zu entwickeln, die frei flottierende Zufälle anzieht, die in ihr Gefüge passen, andere abweist: Phänomen des *Zufallsmagnetismus*. Einblick in dieses Spiel zu gewinnen, ist die Voraussetzung dafür, bewusst anders sprechen, agieren und reagieren zu können, als die Notwendigkeit es vorsieht. Einblick und Einübung können das Spiel von Zufall und Notwendigkeit aussetzen – für einen Moment, bevor es auf veränderte Weise wieder einsetzt. Oder bringt die Notwendigkeit im Rahmen einer Konstellation womöglich selbst Zufälle hervor, die somit nicht mehr akausal zu verstehen wären, also keine »Zufälle« mehr sind? Liegt bereits dem Entstehen der Konstellation, dem »zufälligen« Zusammentreffen von Menschen eine Notwendigkeit, eine Fügung, eine Vorbestimmtheit zugrunde?

Die alte Frage nach der *Zufallsentstehung*, nach dem Warum und Woher des Zufalls, wird wohl keine letzte Antwort finden, denn dafür bedürften Menschen einer Gottesposition, von der aus die Gesamtheit des Geschehens und seiner Gründe zu überblicken wäre. Denkbar ist, dass das Spiel der Zufälle selbst Notwendigkeit erzeugt, wenn ein Zufall zufälligerweise auf einen anderen trifft, beide eine gemeinsame Dynamik entwickeln und weitere Zufälle anziehen. Dass Zufälle sich aufschaukeln, sowohl auf günstiger wie auf ungünstiger Seite, ist ein Phänomen, das als *Gesetz der Serie* (Paul Kammerer, 1919) geläufig ist: Wo etwas gut geht, geht noch mehr gut; wo etwas schief geht, geht noch mehr schief. In der Konstellation zwischen zweien ist einer zufälligerweise schlecht gelaunt, zufälligerweise der Andere auch, und so kommt das große Rad in Schwung, bis die Serie sich irgendwann wieder auflöst und vielleicht ins Gegenteil verkehrt. Eine gleichmäßige Verteilung von Zufällen wäre denkbar, fiele aber wohl allzu leblos aus; das Leben liebt eher die *Koinzidenz der Kontingenz*, die Häufung der Zufälle, den oft kuriosen *Lauf der Dinge* (Peter Fischli und David Weiß, Kunstinstallation, Documenta Kassel, 1987). Der Eindruck der Serialität kann jedoch auch auf einer simplen optischen Täuschung beruhen: Ist die Aufmerksamkeit erst einmal auf ein Phänomen gerichtet, wird es aufgrund einer neuronalen Bahnung der Wahrnehmung vermehrt wahrgenommen, ohne dass dies mit einem vermehrten Vorkommen zu tun haben müsste.

Kein Zufall und wohl auch keine Täuschung kann hingegen die Regelmäßigkeit sein, mit der in einer Konstellation *Gegensätze* zum Vorschein kommen, schon in der Konstellation zwischen zweien: Wenn einer eine Meinung hat, muss der Andere die Gegenmeinung vertreten. Wer heute für eine Sache eintritt, tritt morgen gegen sie auf den Plan – und könnte so zur Einsicht gelangen, dass auch die Gegenseite über gute Gründe verfügt. Die gegensätzlichen Pole sind austauschbar, aber nicht aufhebbar. In jeder Hinsicht sehen Menschen sich genötigt, Gegensätze zu repräsentieren, zwischen denen eine Spannung entsteht und sich gelegentlich auch entlädt, wie beim Phänomen der Elektrizität. Es scheint sich geradezu um ein *Gesetz der Polarität* zu handeln, das dabei wirksam ist, und die Polarität geht mit *Perspektivität* einher: Von jedem Pol aus eröffnet sich eine Perspektive auf Andere, auf Dinge, auf Leben und Welt, die gegensätzlich zur Perspektive des anderen Pols ausfällt und gegensätzliche Ansichten, Meinungen und

Gefühle hervorbringt. Immer wieder zwingt das Leben die Polarität regelrecht herbei, wohl weil die Linearität des Einsseins seiner Spannung nicht förderlich ist. Die gegensätzlichen Pole ermöglichen *Anziehung*, und gerade dort am stärksten, wo die Unterschiede am größten sind. Der Anziehung nachzugeben, führt allerdings zum Verschwinden der Gegensätze, zu gleichnamigen Polen, die wiederum zur *Abstoßung* tendieren: Daher tun gerade diejenigen sich am meisten weh, die sich am nächsten sind. Mit dem Wiederaufleben der Gegensätze wird die Polarität wieder hergestellt, die eine neuerliche Anziehung ermöglicht, und so wieder von vorne.

Das regelmäßige Hin und Her zwischen Anziehung und Abstoßung, Nähe und Distanz wissen die Beteiligten selbst selten zu schätzen. Um interne Polarisierungen zu vermeiden, wird lieber ein *externer Gegenpol* definiert, repräsentiert etwa von einem Gegner oder Feind, der damit unwissentlich und unwillentlich zum Bestandteil der Konstellation wird. Sollte der Kampf, der von Stund an gegen ihn geführt wird, erfolgreich sein, ist das Erstaunen groß, wie rasch die interne Polarisierung von Neuem aufbricht. Immer dann kippen die Gegensätze in einer Konstellation sogar ins *Pathologische*, wenn ihr ein zu hohes Maß an Gemeinsamkeit abverlangt wird, die jeweilige Beziehung also gänzlich frei von Spannung bleiben soll, zugunsten einer Harmonie, die den »positiven« Pol der Übereinstimmung in allen sich stellenden Fragen bewahrt, den »negativen« Pol der Kritik und mangelnden Übereinstimmung aber eliminiert. *Weniger pathologisch* gerät eine Konstellation, die in kalkulierter, kultivierter Form auch dem negativen Pol Rechnung trägt, etwa durch die Kritik, die geübt werden kann, aber nicht gleich alles in Frage stellen muss, oder durch die gelegentliche Bosheit, die auch wieder gutzumachen ist.

Konstellationen leben davon, auf einer Basis von Gemeinsamkeiten den Gegensätzen Spielraum zu lassen, die das Leben erst spannend machen.

Leben in Polaritäten: Zur Logik des Lebens in Beziehungen

Beziehungen sind ein Element des Lebens, also folgen sie auch der *Logik des Lebens*, Logik als Regelmäßigkeit eines Geschehens verstanden, Regelmäßigkeit als Beharrlichkeit in der Verlaufsform einer Bewegung. Einblicke in die Logik des Lebens gehen aus Beobachtungen hervor, die nicht für sich schon einen Anspruch auf Wahrheit erheben können, sondern der Deutung bedürfen. Damit rückt die *Hermeneutik* in den Mittelpunkt, die Kunst des Deutens und Interpretierens (*hermeneuein* im Griechischen), gerade dann, wenn es um Wissen, Kenntnis und Erkenntnis geht: Was ist eigentlich Leben, das so gegensätzlich sein kann? Was ist der Zustand der Beziehung, in der so gegensätzliche Erfahrungen gemacht werden? Mit welchen Regelmäßigkeiten habe ich im Leben, in einer Beziehung und insbesondere in der Beziehung der Liebe zu tun? Ist es wirklich Liebe, auch wenn es manchmal keine ist? Was geschieht gegenwärtig? Was davon ist unproblematisch, was beunruhigend? Wie kann ich darauf antworten? Immer dann, wenn es keine Eindeutigkeit gibt, wie etwas wirklich »ist«, also eigentlich immer und überall, muss gedeutet und interpretiert werden, im Lebensvollzug wie in der Wissenschaft: Eine *erste Deutung* legt fest, was zu wissen wichtig wäre und mit welchen Mitteln Erkenntnis zu gewinnen ist. Eine *zweite Deutung* gilt den gewonnenen Erkenntnissen, die nicht schon für sich sprechen, sondern einer Deutung bedürfen, regelmäßig beeinflusst von der ersten Deutung: Was ich erkennen will, glaube ich auch zu erkennen. Eine *dritte Deutung* gilt den Folgerungen für die Praxis, die ich aus Erkenntnissen ziehe: Zwar ist jedes Wissen vom Leben, von Beziehungen und insbesondere von der Beziehung der Liebe hilfreich, um mich im praktischen Leben daran zu orientieren, aber keine Folgerung ist zwingend geboten, aus keinem Wissen folgt automatisch ein bestimmtes Handeln.

Und zu jeder Deutung gibt es noch eine *andere*, oft *gegensätzliche*, denn die Wirklichkeit umfasst weit mehr Aspekte, als irgendeine Erkenntnis fassen kann, und die Wahrheit birgt in sich weit mehr Facetten, als irgendeine Aussage zum Ausdruck bringen kann. Zweifellos gibt es »die Wahrheit«, aber sie ist immer eine andere. Im Besitz der gesamten Wahrheit kann wohl nur einer sein, der kein Mensch ist: Menschen sehen immer nur einzelne Facetten und setzen sie bestenfalls zu einem Mosaik zusammen, das nie vollendet ist. Jedes Wissen kann jederzeit von neuem Wissen überholt werden, und zu keinem Zeitpunkt wissen Menschen, was sie alles nicht wissen; bei allem Wissen bleibt ein rätselhafter Rest, ein unauflösliches Geheimnis als Gegenpol des Wissens. Wer Gewissheit sucht, findet sie am ehesten in der Gewissheit der Ungewissheit, und die Ungewissheit als gewiss zu akzeptieren, ist der Gelassenheit zuträglicher als die Gewissheit, die ständig von Ungewissheit bedroht ist.

Das verweist bereits auf der Ebene der *Epistemologie*, der Lehre von der Erkenntnis (*episteme* im Griechischen), auf das Phänomen der Polarität. Der Prozess der Erkenntnis selbst, erst recht jeder Erkenntnis in Bezug auf die Logik des Lebens, muss zwischen Gegensätzen den Weg finden: Zwischen dem Bemühen um *Objektivität*, auch wenn eine reine Objektivität nicht erreichbar erscheint, und der Akzeptanz von *Subjektivität*, zumal das subjektive Gespür mit reicher Erfahrung und Besinnung die Dinge und Verhältnisse noch anders erfassen kann als eine vermeintliche Objektivität. Die Gegensätze begegnen sich in der *Plausibilität*. Plausibel ist, was einleuchtend, nachvollziehbar und überzeugend erscheint, bis auf Weiteres, auf der Basis des Hin- und Herwendens und Abwägens von Argumenten, Überlegungen und auch Gefühlen. Was plausibel erscheint, entscheidet letztlich der Einzelne selbst, aus Gründen, die er selbst zu verantworten hat: Leuchtet es mir ein, dass das Leben so spielt, und was bedeutet das für mich? Ist es nachvollziehbar, dass die Beziehung in Gefahr ist, wie der Andere zu erkennen meint, und was folgt daraus? Bin ich überzeugt davon, den Anderen zu lieben und von ihm geliebt zu werden, auch wenn es keine letzte Gewissheit darüber geben kann?

Dass das Leben ein Wechselspiel zwischen Gegensätzen ist, dass es daraus seine Spannung bezieht, dass es Leben nur sein kann, wenn Energie im Fluss ist, dass die wiederum gegensätzliche Pole braucht, um fließen zu können: Das ist nicht die Behauptung einer objektiven Wahrheit, sondern eine Beobachtung und Erfahrung, deren subjektive Deutung an Plausibilität gewinnt, sobald sie Phänomene erklärbar macht. Phänomene aufmerksam zu betrachten, ist Sache der *Phänomenologie*, der Lehre all dessen, was als Erscheinung (*phainomenon* im Griechischen) sichtbar wird, aber auch der Strukturen, die dem Sichtbaren zugrunde liegen. Dass Phänomene polar organisiert sind, dass die Pole sich dabei nicht *statisch, dualistisch* in bloßer Differenz gegenüberstehen, vielmehr *dynamisch, dialektisch* aufeinander bezogen sind und sich wechselseitig beeinflussen, regelmäßig dem Prinzip nach, unregelmäßig nur in der Art und Weise: Dieser alten Einsicht Heraklits scheinen neuere naturwissenschaftliche Erkenntnisse zu entsprechen. Subatomar blitzt zu jedem positiv geladenen Elementarteilchen ein negativ geladenes Antiteilchen auf. Atomar umwirbelt eine Hülle von negativ geladenen Elektronen einen positiv geladenen Kern. Physikalisch fließt zwischen Plus- und Minuspolen ein Teilchenstrom. Chemisch entsteht aus der Anziehung zwischen Wassermolekülen mit polarer Ladungsverteilung Wasser. Das Magnetfeld der Erde spannt sich zwischen gegensätzlichen Polen, die die Plätze tauschen, ihre Polarität aber nicht verlieren können. Meteorologisch hält die Polarität von Hoch- und Tiefdruckgebieten das Wettergeschehen in Schwung. Biologisch stellen Zellen mit Membranen eine Polarität zwischen innen und außen her, um den Stoffaustausch dazwischen zu regulieren. Aus gegensätzlichen Keimzellen entstehen undifferenzierte Stammzellen, die sich in weitere Stammzellen und in ausdifferenzierte Körperzellen aufteilen: So pflanzt sich das Leben fort, und mit dem Streben nach immer größerer Ordnung stemmt es sich der Entropie, der Tendenz des Ganzen zu immer größerer Unordnung, polar entgegen.

Die grundlegende Bedeutung des Wechselspiels zwischen Gegensätzen ist auch im Leben von Menschen zu beobachten und erweist sich als Teil des menschlichen Daseins, dessen Regelmäßigkeiten die *Anthropologie*, die Lehre vom Menschen (*anthropos* im Griechischen), im Blick hat: Physiologisch bewegt sich die Atmung zwischen Weitung und Verengung der Lunge, pulsieren Herz und Kreislauf zwischen An- und Entspannung. Psychologisch entsteht in Abgrenzung zum äußeren Leben ein Innenleben, das wiederum zwischen der offensiven Wendung nach außen (physiologisch gestützt vom

Nerv *Sympathicus*) und der defensiven Wendung nach innen (unterstützt vom *Parasympathicus*) atmet. Jeder Mensch erfährt Spannung zwischen gegensätzlichen Seiten in sich, manchmal zugespitzt bis zum Widerspruch, bei dem die Gegensätze sich wechselseitig auszuschließen versuchen: Zwischen Körper und Geist, Denken und Fühlen, gegensätzlichen Gedanken und Gefühlen, zwischen einem ungewissen Maß an Freiheit und einem gefühlten Unmaß an Unfreiheit, zwischen Lässigem, das gefällt, und Lästigem, das schwerfällt, zwischen Gelingen und Misslingen, Mut und Angst, Lust und Schmerz, Freude und Leid, Gesundheit und Krankheit. Zuweilen fühlen Menschen sich in ihrem Leben beflügelt und »heben ab«, aber regelmäßig zieht ein Gesetz der Schwerkraft sie wieder nieder, unregelmäßig nur dem Zeitpunkt nach. Jeder Mensch macht Erfahrungen, die er für gut oder schlecht hält, aber nichts ist wiederum so schlecht, dass es nicht für etwas gut wäre, und nichts so gut, dass nicht noch etwas Schlechtes darin verborgen sein könnte. Auch »das Gute« ist nur jetzt gut, dann vielleicht schlecht, und zu wählen ist oft nicht zwischen gut und schlecht, sondern zwischen schlecht und weniger schlecht. Jeder Versuch, nur den Pol des Guten allein übrig zu behalten, ist zum Scheitern verurteilt.

Ein Problem für Menschen in moderner Zeit ist jedoch vor allem der Gegensatz von *Werden und Vergehen*. Erbittert stemmen sie sich gegen den unwiderstehlichen Sog, der nicht nur Menschen vom Werden zum Vergehen hin zieht, Menschen aber bei vollem Bewusstsein. Moderne Menschen vertrauen nicht mehr auf ein neuerliches Werden nach jedem Vergehen, vielmehr erscheint ihnen das *epochale* Werden und Vergehen des Lebens suspekt, mehr noch als das *episodische*, das im Leben unentwegt geschieht. Die moderne Utopie einer Aufhebung der Gegensätze wollte das *Werden*, das Jungsein, den Frohsinn, die Lust, die Gesundheit, das »Positive«, das Glück in diesem Sinne allein übrig behalten, und tatsächlich war die Moderne überaus erfolgreich in der Orientierung des Lebens zu diesem Pol hin. Das aber eliminierte keineswegs den Gegenpol, es sorgte nur für empfindlichere Reaktionen auf das *Vergehen*, das Älterwerden, die Wehmut, den Schmerz, die Krankheit, den Tod und all das »Negative«, dessen Existenzberechtigung angezweifelt wird. In einer *anderen Moderne* kann der Einzelne selbst über seine Haltung zur unaufhebbaren Polarität des Lebens entscheiden: Er kann sie *negieren*, gegen sie *revoltieren* oder angesichts ihrer Präsenz *resignieren*, er kann sie auch *akzeptieren* oder sogar *affirmieren*. Und manche Gegensätze lassen sich *modifizieren*, um sie abzumildern, oder *utilisieren*, um Nutzen aus ihrer Spannung zu ziehen, oder *ironisieren*, um besser mit ihnen leben zu können. Wo Gegensätze aber außer Blick geraten, wären sie zu *rekonstruieren* oder durch Polarisierung zu *provozieren*, um sie stärker hervortreten zu lassen.

Wie das Leben des Menschen allgemein, so ist auch sein *Beziehungsleben* von Grund auf von Polarität geprägt: Es bewegt sich zwischen gegensätzlichen, bejahenden und verneinenden Beziehungen, und auch innerhalb einer Beziehung selbst folgen die Beteiligten im Umgang miteinander oft *gegensätzlichen Logiken*, die nur zum Teil mit gegensätzlichen Interessen zu erklären sind: Die je eigenen Gefühle, Überlegungen und Erfahrungen verdichten sich zu einer *Logik des Selbst*, die ihre Schlüsse und Ausschlüsse kennt, um anhand dieser Ordnung alle Dinge und Verhältnisse als rational oder irrational, richtig oder falsch, erwünscht oder unerwünscht, günstig oder ungünstig zu beurteilen. Trifft die Logik des Selbst auf die *Logik des Anderen*, ist die Kollision programmiert: Beide wissen sich auf der richtigen, folgerichtigen Seite; beide konstruieren Zusammenhänge, die aus ihrer Sicht sinnvoll sind; beide fühlen sich »im Recht« und beharren darauf. Das Rechthabenwollen ist der Versuch, die eigene Logik zu bewahren, und sei es gegen jede erkennbare Logik der Dinge. Auf Biegen und Brechen halten Menschen an der Logik fest, an der sie lange gearbeitet haben, um in der Ungewissheit und Unberechenbarkeit des Lebens wenigstens diese Gewissheit und Berechenbarkeit sicherzustellen. Es läge nahe, die unterschiedlichen Logiken zu akzeptieren und die Kluft dazwischen mit dem immer neuen Versuch zum *Verständnis*, zum Nachgeben, zum Kompromiss zu überbrücken, und mit großem Wohlwollen gelingt das auch. Dass Menschen es aber oft vorziehen, ihre Unterschiede zu einer nie versiegenden Quelle des *Missverständnisses* auszubauen, bestätigt nur das Bedürfnis nach Polarität und ist überdies wohl dem praktischen Leben selbst geschuldet: Nicht wirklich kann ständig alles, was der Andere sagt und tut, aus dessen eigener Logik heraus verstanden werden.

Für ein Leben, in dem Fülle erfahrbar sein soll, sind die Gegensätze des menschlichen und zwischenmenschlichen Daseins unverzichtbar, und lebbar werden sie durch ihr Wechselspiel in der Zeit: Die *Abfolge der Lebensphasen* gibt den Gegensätzen Raum, das Leben atmet und pulsiert auf diese Weise. Das geschieht im Kleinen schon bei *episodischen* Phasen, den von Stunde zu Stunde, von Tag zu Tag wechselnden Launen und Stimmungen, *mood swings*, die dem Einzelnen sehr zu schaffen machen und in der Beziehung der Liebe am stärksten zu erfahren und am schwierigsten zu bewältigen sind. Erst recht treten die Gegensätze im Großen bei *epochalen* Phasen hervor: Im Wechselspiel durch die Zeit hindurch, *diachron*, nicht gleichzeitig, *synchron*, halten sich die Gegensätze von Anspannung und Entspannung die Waage, ebenso das Hinaus in die Welt und Zurück zu sich selbst. Das Leben wogt hin und her zwischen Zeiten, in denen es wunderbar, dann wieder furchtbar erscheint, in jeder Phase aber mit dem Anspruch auf alleinige Wahrheit, dass das Leben so »ist« und für immer so bleiben wird – bis die jeweilige Energie abgearbeitet ist und der Gegenpol wieder an Energie gewinnen kann: *Wellengangprinzip des Lebens*.

Vor allem das Phänomen der *Liebe* ist dem Wellengangprinzip unterworfen: Sie brandet an und zieht sich wieder zurück. Wie das sonstige Leben kann sie nicht immer konstant bleiben, vielmehr folgen auf stürmische Entwicklungen Phasen der Konsolidierung, auf Zeiten der Zuversicht solche der Ängstlichkeit, auf ein Vorankommen Rückschläge. Phasenweise ist das Wohlsein in der Beziehung zu genießen, um dann wieder mit einem Unwohlsein konfrontiert zu sein. Bei wachsender Liebe stört nichts am Anderen, bei schwindender alles, und dann wieder von vorne. Aufgrund der großen Intimität kann hier nichts überspielt werden, jede Stimmungsschwankung wird wechselseitig registriert und auf ihre Bedeutung hin befragt: »Was ist los mit dir?« Gerade in der anfänglichen Phase des Verliebtseins kommt es zu Irritationen: »Du bist so komisch, so anders als sonst!« Bei beiden Beteiligten geschieht das, aber nicht immer im gleichen Takt. Mangelnden Gleichklang zwischen den Liebenden gab es wohl zu allen Zeiten, aber in Zeiten, in denen die ständige Tuchfühlung zur Norm geworden ist, wird er stärker empfunden, und regelmäßig besteht die Schwierigkeit darin, zuverlässig zu erkennen, was im jeweiligen Moment geschieht, denn auch *epochale* Phasen entwickeln sich in *episodischen* Schritten: Eine Entfremdung voneinander kann lange dauern und gewährt zwischendurch hoffnungsvolle Phasen der Nähe. In welcher Phase befinde ich mich, in welcher der Andere? Wie verhalten sich die Phasen zueinander? Geht es um ein Zueinanderhin, ein Voneinanderweg, eine Belanglosigkeit?

Statt sich vergeblich gegen den Wechsel der Phasen aufzulehnen, kommt es darauf an, sich damit anzufreunden. Eine profunde *Dialektik des Lebens* wird darin erkennbar, zu der Menschen selbst beitragen, deren Interesse sich stets auf das Gegenteil dessen richtet, was ihre Gegenwart ausmacht: Was sie erreicht haben, wollen sie wieder verlassen, und wenn sie es verlassen haben, erkennen sie, was es ihnen bedeutet hat. Gesicherte Verhältnisse sind erreicht worden? Jetzt wird das Risiko interessant. Ein riskantes Leben ist gelebt worden? Jetzt wird Sicherheit wichtig. Möglichkeiten der freien Wahl sind ersehnt worden? Jetzt richtet sich alle Hoffnung auf die Befreiung von der Qual der Wahl. Es gibt keine Wahl? Dann gilt alle Leidenschaft der künftigen Freiheit der Wahl. Sinnlos, gegen diesen Reigen der Phasen anleben zu wollen, besser, mit ihm zu leben, ihn einfach *geschehen zu lassen* und die jeweilige Ausformung *auszuleben*, bis ihre Energie sich erschöpft, oder aber sie *abzumildern*, um sie verträglicher zu gestalten und länger zu bewahren. Möglich wäre auch, sie zu *verstärken*, damit sie sich rascher ins Gegenteil wendet, denn das Pendel muss nach der anderen Seite hin ausschwingen, bevor es zurückschwingen kann: »Eh nicht das Äußerste erreicht ist, kehrt sich nichts ins Gegenteil« (*Liä Dsï*, taoistisches Buch um 350 v. Chr., IV, 10, »Wendepunkte«; Hermann Hesse notiert den Satz so in einer Ausgabe der Übertragung von Richard Wilhelm, 1911: Christian Immo Schneider, *Hermann Hesse*, 1991, 79). Daher ist auch am ehesten das, was sich verschlimmert, zu verbessern: Mit der Annäherung an den negativen

Pol wächst der »Leidensdruck«, der die Arbeit am Positiven verstärkt. Wird aber das Positive allein gesucht, macht sich im Gegenzug das Negative wieder stärker bemerkbar, und auch ein Zuviel des Guten schlägt ins Gegenteil um, nur um die Polarität wieder herzustellen.

Oft markieren *Wendepunkte im Lebenslauf* (Jürg Willi, 2007) den Umschlag in die jeweils gegenläufige Bewegung, wenn eine Beziehung zerbricht, eine Krankheit in den Alltag hereinbricht, eine Entlassung eine hoffnungsvolle Karriere abbricht. Auch Serien *unscheinbarer* Erfahrungen summieren sich zum großen Umschlag und verbiegen scheinbar geradlinige Lebenswege zu unregelmäßigen Schlangenlinien. Und auch von *Zufällen* wird eine Wende angestoßen, wenn ein Glücksfall die Karten neu mischt oder ein Unglück alles in Frage stellt und eine Neubesinnung erzwingt. Die Wende kann *von außen* kommen, wenn die Entscheidung eines Anderen die bisher gelebte Wirklichkeit unmöglich macht oder eine überraschende Begegnung neue Möglichkeiten eröffnet. Und die Wende kann *von innen* kommen, wenn eine Antriebsenergie aufgebraucht ist und eine innere Unruhe im Selbst die Suche nach neuen Lebensquellen in Gang bringt, eine Sehnsucht neue Energien aufspürt, mit deren Hilfe die mehr oder weniger überlegte Veränderung des Lebens leichter fällt. Jede Wende ist ein kleiner Tod und eine neue Geburt: Neue Aspekte kommen im jeweiligen Menschen zum Vorschein und schöpfen seine Möglichkeiten besser aus. Die Auflösung der bestehenden Struktur ist die Bedingung dafür, dass etwas Anderes und Neues entstehen kann; die populäre Rede von der »Krise als Chance« bringt das zum Ausdruck.

Das geht jedoch meist mit Desorientierung, Infragestellung von allem und jedem und neuerlicher *Suche nach Orien-*

tierung im Fühlen und Denken einher, episodisch in kurzen Zeitabständen, epochal in einschneidenden Krisenzeiten, die mit einiger Verlässlichkeit das Leben strukturieren: Auf die große Verunsicherung der *Pubertät* folgt ein Jahrzehnt später die *quarter-life-crisis*, wieder ein Jahrzehnt darauf die »Torschlusspanik«, schließlich die *midlife crisis* mit den »Wechseljahren«, eine andere Art von Pubertät, die Physis und Psyche auf das Älterwerden einstimmt; für manche endet damit erst die Jugendzeit, bevor mit einer wieder gewonnenen kindlichen Unbefangenheit ruhigere Jahre und Jahrzehnte anbrechen. Fraglich ist nur, ob es sich dabei jeweils um eine *Veränderung* handelt, ein Anderswerden ohne bestimmte Richtung, oder ob sich mit der Veränderung auch *Entwicklung* vollzieht, Verbesserung, Vertiefung und Reifung, verbunden mit wachsender Einsicht in die Zusammenhänge des Lebens und größerer Umsicht der Antworten darauf. Aber auch Entwicklung geschieht nicht kontinuierlich, sondern diskontinuierlich im Hin und Her zwischen Gegensätzen, vorangetrieben vom Negativen im Positiven, vom Beängstigenden im Gewöhnlichen, vom Fehlerhaften im Richtigen, analog zu den Variationen und Mutationen der Evolution, die nichts anderes als Fehler sind, deren Sinnhaftigkeit sich erst im Nachhinein zeigt.

Grundlegender noch als alle Polarität des Lebens erscheint jedoch die des *Seins* (*on* im Griechischen), mit deren Deutung die *Ontologie*, die Lehre vom Sein, befasst ist. Die Polarität des Seins spannt sich zwischen einem undifferenzierten, zeitlosen Sein, das die Seinsebene der *Möglichkeit* repräsentiert, oft als »eigentliches Sein« interpretiert, sowie einem ausdifferenzierten, zeitgebundenen Seienden, das die Seinsebene der *Wirklichkeit* prägt und oft für »uneigentlich« gehalten wird. Möglichkeiten sind ihrer Natur nach wenig greifbar, wenig sterblich, die jeweilige Wirklichkeit aber wird dominiert von greifbaren, sterblichen Subjekten und Objekten. Eine Besonderheit des sterblichen Wesens Mensch ist sein *ontologisches Bewusstsein* davon, dass es außer dem gelebten Leben in der momentanen Wirklichkeit ein ungelebtes Leben im weiten Reich der Möglichkeiten gibt. Der Mensch ist ein Möglichkeitstier, aber eine zusätzliche Besonderheit des Menschseins in moderner Zeit ist das *ontologische Leiden* daran, dass viele neu eröffnete Möglichkeiten des Lebens, Liebens, Arbeitens, Reisens unmöglich in einem einzigen Leben verwirklicht werden können. Anders als nichtmoderne Menschen, die kaum über Möglichkeiten verfügen, sind moderne dazu verurteilt, immerzu Möglichkeiten auszulassen (*elidere* im Lateinischen), also eine *elisionäre Existenz* zu führen: Am nichtgelebten Leben beginnen sie zu leiden, und sollten sie doch noch etwas davon leben können, bleibt dafür wiederum ein anderes Leben ungelebt.

Der Einzelne erfährt dies an sich selbst, wenn er Möglichkeiten, die er in sich fühlt, als sein eigentliches Sein identifiziert: »Ich bin nämlich eigentlich ganz anders.« Der zu werden, der er eigentlich ist, würde erfordern, das wirklich werden zu lassen, was seine ganz anderen Möglichkeiten sind: »Nur komme ich so selten dazu«, heißt es in Ödön von Horváths Theaterstück *Zur schönen Aussicht* (1926). Das hat Gründe, denn in der Wirklichkeit stellen sich Hindernisse in den Weg: Alltägliche Erfordernisse, wirtschaftliche Notwendigkeiten, eigenes Unvermögen, der Unwille Anderer. Persönliche Entwicklung aber gibt es nur mit der allmählichen Verwirklichung des eigentlichen Seins, mit der »Auswicklung« der im Selbst angelegten und vielleicht durch Bildung und Übung hinzugewonnenen Möglichkeiten, sodass gegen alle Widerstände wirklich etwas daraus werden kann, zumindest teilweise.

Auch bei der Entwicklung in Beziehungen geht es um die Verwirklichung dessen, was »eigentlich« möglich ist – und die immer neue Konfrontation damit, dass das, was möglich ist, nicht immer genau das sein kann, was wirklich wird. *Möglich* ist alles, *wirklich* aber wird nur diese Ausformung des Lebens mit diesem Menschen unter den gegebenen Umständen. Wird diese Wirklichkeit als *beengend* empfunden, setzt die Suche nach *neuen* Möglichkeiten ein, innerhalb oder außerhalb der bestehenden Beziehung. Phasen voller Möglichkeiten sind Phasen voller Energie und müheloser Motivation; sie wechseln sich ab mit Phasen der gelebten Wirklichkeit, geprägt von schwindender Energie und nachlassender Motivation bis zur völligen Antriebslosigkeit, die irgendwann die Suche nach neuen Möglichkeiten erzwingt, um die bestehende Wirklichkeit zu verändern, bevor die veränderte Wirklichkeit ihrerseits wieder zu eng wird: Aspekte einer *Atmung* des Lebens und der Liebe auch hier.

In Momenten des *ontologischen Übergangs* vom Möglichsein zum Wirklichwerden und zurück, episodisch wie epochal, scheinen die Seinsebenen in Unruhe zu geraten, zu zittern und zu vibrieren, spürbar bei der Kollision der *Welt des Traums*, diesem faszinierenden Reich unendlicher Möglichkeiten im eigenen Inneren, mit der erschreckenden Bestimmtheit der *Wirklichkeit da draußen* schon beim morgendlichen Aufwachen: Aus gutem Grund verharren manche Menschen lieber in der Fülle der Traumwelt und gönnen der nüchternen Wirklichkeit nur einen Schimmer des Bewusstseins. Und auch bei anderen Gelegenheiten fällt es schwer, das Reich der Möglichkeiten zugunsten einer Wirklichkeit zu verlassen, die doch meist weit hinter den Möglichkeiten zurückbleibt; umgekehrt kann es auch schwer fallen, eine vertraute Wirklichkeit zugunsten unbestimmter Möglichkeiten hinter sich zu lassen, etwa beim abendlichen Einschlafen. Schwierigkeiten bereitet der ontologische Übergang beim Eintauchen in eine Narkose ebenso wie beim Aufwachen aus ihr, beim Aufbruch zu einer Reise und umgekehrt bei der Rückkehr von ihr, immer mit der Gefahr, aus der bestehenden Wirklichkeit nicht so recht heraus- oder in sie hineinzufinden und in einer Zwischenwelt »hängenzubleiben«. Als angenehm, zuweilen sogar überwältigend wird der Übergang erlebt, der aus einer allzu sehr verengten Wirklichkeit heraus- und ins Reich der Möglichkeiten hineinführt, beim Eintauchen in ein Buch, einen Film, in rauschhafte Erfahrungen aller Art. Umso unangenehmer, ernüchternder fällt demgegenüber das Ende der Lektüre, der Abspann des Films, der »Kater« nach dem Rausch aus.

Ein regelrechter *ontologischer Kampf* wird stets von Neuem ausgefochten, wenn sich aktuelles *Sosein* und potenzielles *Anderssein* in die Quere kommen. Das mögliche Anderssein setzt Instrumente der Verlockung, Verführung und Überwältigung ein, das wirkliche Sosein aber verlässt sich ganz auf das Gesetz der Trägheit. Der Streit um das, was möglich ist und dennoch wirklich bleiben soll, das Beharren der herrschenden Wirklichkeit auf ihrem älteren Recht, treibt krisenhafte Zuspitzungen individueller, aber auch gesellschaftlicher Verhältnisse hervor, und er endet nie: Nach jeder Verwirklichung, auch nach jedem Verzicht darauf lebt er von Neuem auf. Der Kampf wird befeuert vom *ontologischen Ressentiment*, dem unguten Gefühl, eine Wahl sei falsch getroffen worden, jede andere Möglichkeit wäre die bessere Alternative gewesen, die bewährte Wirklichkeit hätte festgehalten werden müssen usw. Auch gegen eine bewährte Wirklichkeit kann das Ressentiment sich richten und biographisch wie historisch dazu führen, auf ein Sosein böse zu sein und bestimmte Personen oder Gruppierungen für die Verweigerung des Andersseins verantwortlich zu machen.

Gerne üben Menschen Rache an einer Wirklichkeit, die keinerlei Möglichkeiten mehr bietet, sodass Langeweile sich breit macht, denn alles erscheint verzeihlich, nur dies Eine nicht: *Langeweile*. Sie ist ein Sterben vor der Zeit und fordert die Skandalisierung des Lebens geradezu heraus, wie Oscar Wilde sie vorgeführt hat. Ein Mensch spürt die Verpflichtung zum Skandal in sich, wenn das Leben zum Erliegen kommt: Er *echauffiert* sich, heizt sich also auf, Andere auch, um die Spannung neu zu fühlen, die das Leben »interessant« macht. Gefährlich ist die Langeweile insbesondere in der Liebe, aber auch historisch darf man Großes erwarten, wenn Menschen sich langweilen, wie einst in Frankreich, als *Le Monde* am 15. März 1968 postulierte: *La France s'ennuie*. Von der Straße schallte die Antwort zurück: *L'imagination au pouvoir.* »Die Phantasie an die Macht«, das ist das neuerliche Geltendmachen des romantisch inspirierten modernen Anliegens, der Vorstellungskraft Raum zu geben, um in einer verengten Wirklichkeit den Horizont der Möglichkeiten von Neuem aufzureißen.

So sehr Phantasien aber an Macht gewinnen, so wenig kann die Wirklichkeit deckungsgleich mit ihnen sein: Phantasien gehören dem *Reich der Möglichkeiten* an, ihre Umsetzung jedoch dem *Reich der Wirklichkeit*, mit weniger traumhaften, zuweilen traumatischen Ergebnissen. »Verantwortlich« dafür sind in erster Linie die notorische Begrenztheit der Wirklichkeit, die dem weiten Reich der Möglichkeiten nie entsprechen kann, und die Endlichkeit des Lebens, die jeder Verwirklichung zeitliche Grenzen setzt. Beim Übergang zum *wirklich Seienden* wird das *erträumte Sein* banalisiert und trivialisiert und verliert sich in der Beiläufigkeit des Alltäglichen. Menschen träumen, und mehr als jemals erwarten sie in moderner Zeit auch die Realisierung ihrer Träume, möglichst ohne Einbußen. Aber nicht alle Träume werden wahr, und selbst in der Realisierung, die gelingt, ist der ursprüngliche Traum nicht immer wiederzuerkennen. Im privaten Leben wie auch in der Geschichte der Gesellschaft führt das regelmäßig zu einer *ontologischen Enttäuschung*, und so folgen auf Zeiten der utopischen Hoffnung Zeiten der Enttäuschung über jede Utopie. Enttäuscht ist dabei nicht so sehr der *beharrende*, bewahrende Mensch, der ohnehin nicht von Möglichkeiten über die bestehende Wirklichkeit hinaus träumt, sondern der *bewegte*, aufbegehrende Mensch, der sich fortan ins Reich der Träume, Ideen und Ideale zurückzieht, hinter denen zurückzubleiben ihm als Versagen und Verrat gilt. Versagen gibt es zwar auch in der Welt des Traums, aber es schmerzt deutlich weniger: Es wird einfach der nächste Traum geträumt.

Die Enttäuschung kann in eine *ontologische Melancholie* münden, in ein Traurigsein, gefühlvoll und höchst reflektiert, über die Schwierigkeiten, Träume zu verwirklichen, über das ewige Zurückbleiben der Wirklichkeit hinter den Möglichkeiten und darüber, dass alles, was wirklich wird, endlich ist. Nie können Wirklichkeit und Möglichkeiten miteinander verschmelzen, jede Verwirklichung lässt Möglichkeiten offen, nie kann das Seiende mit dem Sein identisch sein, jedes reale Anderswerden verweist nur wieder auf ein mögliches Anderssein. Das kann sich zur *ontologischen Depression* verfestigen, bei der alles Denken und Fühlen nur noch um die verlorenen Möglichkeiten kreist. Melancholisch oder gar depressiv werden Menschen vor allem, wenn sie an der *ontologischen Entzweiung* leiden, die im alltäglichen Sosein zwischen Selbst und Anderen wie auch zwischen Selbst und Welt vorherrscht, während das eigentliche Sein doch ein *Einssein* ist. Aber nur im Reich der Möglichkeiten kann das Eine angesiedelt sein, dem Menschen vielleicht entstammen und nach dem sie sich im Leben und in der Liebe zurücksehnen, bis sie in dichten Momenten voller Möglichkeiten das Eine sogar wieder erleben. Nach jeder überwältigenden Erfahrung sind sie dann nicht mehr eins, sondern wieder entzweit, zurück im Reich der Wirklichkeit.

Lebenskunst ist das bewusste Bemühen eines Menschen, sich mit der ontologischen Differenz zwischen Wirklichkeit und Möglichkeit zu befreunden und im Hin und Her dazwischen *mitzufließen*, sich willentlich in der Wirklichkeit einzurichten und mithilfe von Vorstellungen, Ideen, Träumen und Phantasien immer wieder Möglichkeiten aufzutun. So wird anstelle der Konfrontation eine *Kooperation der Seinsebenen* möglich. Phasenweise beansprucht das Sosein, dann das Anderssein Raum, dem Lebensfluss entsprechend, der das Mäandern liebt, mal zu dieser, mal zu jener Seite hin, mal als Rinnsal und mal als reißender Strom. Jedes Auftun von Möglichkeiten erschließt einen *Raum der Freiheit*, befreit von Vorgaben, frei zu eigenen Festlegungen, um auf die jeweilige Wirklichkeit einzuwirken und sie zu verändern. Jede Verwirklichung von Möglichkeiten aber bringt eine neuerliche *Begrenzung der Freiheit* mit sich, sei es, weil der freie Mensch sich selbst begrenzt, oder weil die Bedingungen der jeweiligen Wirklichkeit seine Freiheit begrenzen, wie dies vielfach geschieht: Biologische, genetische, neurobiologische, psychologische, familiäre, soziale, kulturelle, historische, politische, ökonomische, ökologische, klimatische und meteorologische Faktoren wirken auf einen Menschen ein und machen einen Großteil seiner Lebenswirklichkeit aus, vielleicht 95 Prozent. Der Raum seiner freien Wahl und Selbstbestimmung reduziert sich, so gesehen, auf einen unbedeutend erscheinenden Rest, vielleicht fünf Prozent. Ist das nicht entmutigend? Aber entscheidend ist die Frage: *Wo sind meine fünf Prozent? Und was mache ich daraus?* Und sollte auch diese Freiheit noch eine Illusion sein, dann ist sie eben eine schöne Illusion: Ohne sie erschiene das Leben weniger bejahenswert. Eine konstante Unruhe gilt zwar der Frage, welche Möglichkeiten über die bestehenden Bedingungen hinaus eröffnet werden können. Aber die Kunst des Lebens und Liebens besteht auch darin, möglichst gekonnt mit den Bedingungen leben zu lernen, die nicht oder nicht so ohne Weiteres zu ändern sind. Immerhin gewährleisten sie die Beharrung, auf die ein bewegtes Leben angewiesen ist.

Beharrung und Veränderung:
Zur Statik und Dynamik von Beziehungen

Ein Grundelement des menschlichen Lebens und aller Wesen, Dinge und Verhältnisse ist das *Bewegtsein*, eine Form des Seins, die sich dadurch auszeichnet, dass nichts bleibt, wie es ist, alles sich ändert, ganz im Gegenteil zum *Unbewegtsein*, bei dem alles bleibt, wie es ist, auch wenn das kaum möglich ist. Das scheinbare Unbewegtsein steht dem Bewegtsein entgegen, bietet ihm aber auch den Gegenhalt, durch den die Bewegung überhaupt erst erfahrbar wird. Bewegung ist *Veränderung*, aber alle Veränderung braucht als Kontrast das scheinbare Unbewegtsein, die *Beharrung*, so wie Beharrung Veränderung braucht, gegen die sie sich abgrenzen und von der sie sich absetzen kann. Beharrung kann Veränderung nicht aufhalten, nur hinhalten, sodass den von ihr Betroffenen Zeit bleibt, sich an sie zu gewöhnen. Verstetigt sich aber die Veränderung, nimmt sie selbst den Charakter einer Beharrung an. Umgekehrt ist die Beharrung bei genauerem Hinsehen selbst nur eine verzögerte Veränderung, eine Bewegung in anderen Zeiträumen, unendlich viel langsamer als die deutlicher wahrnehmbare Bewegung. Im Grunde ist also alles in Bewegung, oder kürzer, in der Heraklit zugeschriebenen Formel: »Alles fließt« (*panta rhei*).

Die *Polarität von Beharrung und Veränderung* und ihre gesamte komplizierte Dialektik sind von Interesse, wenn es darum geht, Statik und Dynamik menschlicher Beziehungen besser zu verstehen. Eine Beziehung entsteht am ehesten dann, wenn es eine beharrliche Bezugnahme eines Menschen auf einen Anderen gibt; nur virtuelle Beziehungen kommen ohne jede Beharrung aus. Ist die entstandene Beziehung jederzeit offen für Veränderung, gewinnt sie keine Festigkeit; allzu feste Beziehungen ohne Bereitschaft zur Veränderung aber sind vom Zerbrechen bedroht. Eine Veränderung kann *heteronom*, von außen, von Anderen, auch von anderen Veränderungen und Geschehnissen angestoßen werden, oder wird *autonom*, eigengesetzlich und selbsttätig vom Einzelnen in Gang gebracht. Geschieht sie nur auf einer Seite der Beziehung, provoziert sie auch auf der Gegenseite Veränderung, die innerlich abgelehnt werden kann und dennoch nicht aufzuhalten ist; die Bereitschaft, sie geschehen zu lassen, ermöglicht die gelassene Hinnahme. Wer sich verändern will, kann sich vom Anderen verändern lassen; wer eine Veränderung des Anderen will, kann bei sich selbst beginnen: Die eigene Veränderung zieht die des Anderen nach sich. Derjenige aber, der dem Leben des Anderen Veränderung zumutet, liebt sie für sich selbst meist gar nicht; wird er aus seiner Beharrung aufgescheucht, kann er sehr ungehalten sein: Der Andere soll sich verändern, damit er selbst der Veränderung entgeht. Die eigene starre Beharrung verstärkt die Angst vor Veränderung, so wie die Gewöhnung an Veränderung eine Angst vor Beharrung erzeugt.

Nicht das objektive Faktum, sondern die subjektive *Deutung von Beharrung und Veränderung* steht dabei jeweils in Frage: Wenn alles bleiben soll, wie es ist, wird jede Veränderung als *Last* empfunden, während die Beharrung im Gegenzug als *Lust* erscheint. Die Beharrung wiederum, die eine erwünschte Bewegung verhindert, wird als *Last* empfunden, während die Veränderung *Lust* erzeugt, wenn endlich in Fluss kommt, was erstarrt war, und für neuen Schwung des Lebens sorgt. Demjenigen, der die Beharrung für wesentlich hält, da sie der natürlichen Trägheit der Dinge und des eigenen Selbst entspricht, fällt sie *leicht*, die Veränderung hingegen, die gegen die Trägheit erkämpft werden muss, *schwer*. Umgekehrt fällt die Veränderung *leicht*, wenn sie für wesentlich gehalten wird, da sie doch in allem wirksam ist, die Beharrung aber *schwer*, da sie der Eigendynamik der Bewegung widerspricht. Wird eine schnelle Bewegung erwartet, weil etwas eilt, erscheint *Langsamkeit* hinderlich und wird als nervig empfunden; willkommen hingegen ist die Langsamkeit, wenn *Schnelligkeit* misslich erscheint und nervt, da sie keine Atempause mehr erlaubt, etwa bei der raschen Abfolge von Eindrücken im Film oder auf einer Reise. Die *Energie*, die in der Beharrung nur schlummert, wird in der Veränderung erfahrbar; häufen die Veränderungen sich aber, zeigt sich, wie viel Energie sie doch *kosten*, die sich nur in der Beharrung wieder sammeln kann.

Die Polarität von Beharrung und Veränderung ist eine *Ausformung der ontologischen Differenz*. Jede Beharrung hält an einer Wirklichkeit fest und torpediert Möglichkeiten, jede Veränderung stellt eine Wirklichkeit in Frage und eröffnet Möglichkeiten. In der modernen Kultur ist es jedoch üblich geworden, auch von dieser Polarität nur einen Pol übrig behalten zu wollen; daher die beharrliche Forderung nach »mehr Bewegung«, größerer Bereitschaft zur Veränderung des Selbst und seiner Beziehungen zu Anderen, umfassender Mobilität und Flexibilität im Berufsleben. Dass die moderne Kultur in ebensolchem Maße eine *Verherrlichung der Veränderung* betreibt, wie nichtmoderne Kulturen deren Verweigerung, hat historische Gründe: Die Unbeweglichkeit der Verhältnisse, von der Bewegung der Aufklärung im 17. und 18. Jahrhundert als Ursache für Armut, Elend und Not identifiziert, war anders nicht aufzulösen. Für die Modernisierung reichten Veränderungen, die gewöhnlich längere Zeiträume für sich in Anspruch nehmen, nicht aus; daher die Verkürzung der Zeitintervalle, die vorsätzliche Beschleunigung in der Moderne, um mit einer *kulturellen Evolution*, einer unablässigen Flut von Variationen und Mutationen in Form von Neuerungen, Reformen und Revolutionen, die natürliche Evolution zu potenzieren und dem individuellen und gesellschaftlichen Leben die Auslese zu überlassen, was davon brauchbar ist. Die Befreiung von der Beharrung alter Verhältnisse war erfolgreich genug, um die ständige Veränderung und Erneuerung zum Selbstzweck zu machen; eine Entwicklung zum Besseren musste nicht mehr zwangsläufig damit verbunden sein. Mit dem Tempo äußerer Veränderungen innerlich Schritt zu halten, wurde den einzelnen Individuen aufgebürdet; immer mehr Menschen aber fühlen sich fremd in der rasch sich wandelnden Welt, und in ihren Beziehungen kommen sie nicht mehr an gegen die Auseinanderentwicklung zwischen ihnen, die von den unablässigen Veränderungen im Umfeld befördert wird.

Unabänderlich scheint Veränderung vorzuherrschen, auf allen Ebenen des Menschseins, schon rein *körperlich*, beruhend auf dem äußerlichen Bewegtsein in Raum und Zeit: Im *Raum*, insofern moderne Menschen nicht mehr an einen Ort gebunden sind, sondern sich beliebig davon entfernen können, zielgerichtet oder ziellos, bevor sie vielleicht bogenförmig zum Ausgangsort zurückkehren. Im Zuge ihrer Bewegung im Raum begegnen sie zahllosen Anderen und machen vielfältige Erfahrungen, durch die sie verändert werden, und je raumgreifender die körperliche Bewegung, auch die unkörperliche im uferlosen virtuellen Raum, desto vielfältiger fallen die möglichen Begegnungen und Veränderungen aus. Hinzu kommt die Bewegung in der *Zeit*, der Menschen naturgemäß unterworfen sind, sodass sie selbst bei mangelnder Bewegung im Raum dennoch von der Zeit bewegt werden, die jedem Versuch zur Beharrung widersteht: Von Moment zu Moment, von Phase zu Phase, auch durch natürliche Zyklen hindurch werden sie körperlich verändert, nicht kontinuierlich, eher in Sprüngen vom jeweiligen Sosein zum Anderswerden. Nichts am Körper ist beständig, alles ist ständig im Umbau begriffen, auch neuronal (denn es gibt Neuroplastizität) und genetisch (denn das System des Genoms ist nie vollendet). Körperliche Veränderungen machen dem modernen Menschen vor allem dann zu schaffen, wenn sie ihn sichtbar altern lassen, ein Prozess, der nicht selten auf die Beziehungen zu Anderen zurückwirkt; daher die wachsende Popularität von »Anti-Aging« und Schönheitsoperationen. Aber auf Jugendlichkeit beharren zu wollen, ist letztlich vergeblich: Irgendwann schließt sich der große Kreis des Lebens, und daran, dass das Ende zu einem neuen Anfang wird, wollen viele nicht glauben.

Veränderungen geschehen ebenso *seelisch*, mit einem innerlichen Bewegtsein, das in der *Mimik*, in der Bewegung des Gesichts, und der *Pantomimik*, der Bewegung der gesamten Gestalt, nach außen hin sichtbar wird. Menschen versichern sich wechselseitig, »sehr bewegt zu sein«, sprechen es sich auch ab oder steigern sich erst recht in die Bewegung hinein. In ihrem Inneren werden sie von gegensätzlichen Gefühlen bewegt, von Zuneigung und Abneigung, Zärtlichkeit und Zorn, Mut und Angst, bewegt auch von der Unbewegtheit des Anderen oder, aufgrund einer sturen Beharrung, unbewegt von seiner Bewegtheit. Die Sehnsucht, die ihre Seelen bewegt, setzt auch ihre Körper in Bewegung, bis ein Moment der Erfüllung Ruhe gewährt und ein neues Sehnen Seelen und Körper erfasst. Immer schwächt die Äußerung von Gefühlen die Energie ihrer Bewegung ab und stellt die Gefühle ruhig, bevor sie von Neuem aufwallen können; fällt die Gefühlsregung zu schwach aus, lässt sie sich auch vorsätzlich in Wallung bringen: Dabei helfen »bewegende Momente«, daher das Bedürfnis nach »großen Gefühlen«, deren Intensität sich von der wenig bewegten Oberfläche des Alltags abhebt. Der Überschwang der Gefühle fordert jedoch, ihre übergroße Bewegtheit zu dämpfen, um nicht zu sehr von ihnen mitgerissen, ja, sogar zerrissen zu werden. Aufwallung und Abschwächung sind die beiden Seiten einer Bewegung der Gefühle, um deren Gestaltung es in der Beziehung zu sich und Anderen wie auch allgemein in einer Kultur geht.

    Veränderungen geschehen erst recht *geistig* mit einem Bewegtsein im Denken. Gedanken sind ständig in Bewegung, ändern sich selbst und damit auch den Menschen, der sie denkt. Jedes Lernen, jedes Gespräch, jede Lektüre, jede Deutung und Interpretation ist eine gedankliche Bewegung, die Möglichkeiten erschließt und Veränderungen anstößt. Und das, was in den Köpfen von Menschen vorgeht, kann auch ihre Körper rhythmisch zucken lassen: Kunstvolle Stile körperlicher Bewegung wie *Rock 'n' Roll*, *Beat*, *Rock*, *Rap*, *Techno* werden zu Recht als Ausdruck eines seelisch-geistigen Bewegtseins verstanden. Wie sehr Gruppen von Menschen von gemeinsamen Gefühlen und Gedanken bewegt sein können, führte schon die Bewegung der Romantik vor, und wie sehr die gemeinsame Bewegung Wirklichkeit verändern kann, zeigt die Geschichte revolutionärer Bewegungen. Ganze Epochen werden bewegt und verändert von Ideen, etwa die Moderne von der Idee der Freiheit. In Gefühlen und Gedanken können Menschen zudem von der Annahme einer *Transzendenz* bewegt sein, sofern sie sich eine metaphysische Möglichkeit hinter aller physischen Wirklichkeit vorstellen können. Ein transzendentes Bewusstsein, das sich zwischen Endlichkeit und Unendlichkeit, Wirklichkeit und Möglichkeit bewegt, kann Menschen sogar in so heftige Bewegung versetzen, dass ihr Ungestüm sowohl ihr eigenes Leben als auch die gesellschaftliche Geschichte umstürzt, konstruktiv oder destruktiv, wie religiöse Bewegungen unter Beweis stellen.

Letztlich aber kann kein Selbst, keine Beziehung zu Anderen, keine Gesellschaft immer nur bewegt und in Veränderung begriffen sein. Bereits körperlich braucht ein Mensch eine Art *Basislager*, einen Ort der Beharrung, von dem ausgehend und auf den zurückbezogen er sein Unterwegssein im Raum definieren kann. Auch alle seelische Bewegtheit von Gefühlen bedarf der gelegentlichen *Unbewegtheit*, um sich nicht der Erschöpfung preiszugeben. Und geistig hilft die gelegentliche Beharrung auf *Überzeugungen*, möglichst gut begründet, um nicht im Fluss beliebiger Meinungen unterzugehen. In der Transzendenz stellt Gott als *unbewegter Beweger* die absolute Beharrung und Unveränderlichkeit dar, auf die Menschen sich im Fühlen und Denken beziehen können, wenn sie ihr Leben durchirren. Die Veränderungen, die der Weg durchs Leben ihnen abverlangt, hätten ohne körperliche, seelische, geistige und womöglich transzendente Beharrung keinen Bezugspunkt mehr; das Ich würde sich verheddern in der komplizierten Dynamik seiner selbst. Mir selbst kommt die Aufgabe zu, mich um das nötige Maß an Beharrung in der Beziehung zu mir und Anderen zu sorgen, um mich nicht nur von momentanen Impulsen hin- und herwerfen zu lassen. Auch bei der so nachhaltigen Suche junger Menschen nach dem »eigenen Stil« geht es primär nicht darum, *stylish* zu sein, sondern in veränderlicher Zeit eine Beharrung zu schaffen, der das Leben anvertraut werden kann, und sei es nur für eine Weile, bis ein anderer Stil angesagt ist.

Die Fähigkeit zur Beharrung ist im alltäglichen Leben zu stärken durch die Einrichtung und Pflege von *Gewohnheiten und Ritualen*. Was wichtig erscheint im Leben, kann Gewohnheiten anvertraut und *ritualisiert* werden, um eine Realisierung nicht dem Zufall zu überlassen und nicht ständig neu darüber entscheiden zu müssen. Beziehungen zu sich und zu Anderen, Beziehungen der Liebe und der Familie, der Freundschaft und der Kooperation, auf andere Weise Beziehungen der Funktion und des Streits, der Feindschaft und selbst des Ausschlusses sind mithilfe von Gewohnheiten und Ritualen zu festigen. Im *positiven* Sinne ermöglichen sie, zusammenzukommen und sich auseinanderzusetzen nach einer festen Ordnung, ohne sich erst mühsam darüber verständigen zu müssen. Im *negativen* Sinne zementieren sie allerdings eine Hierarchie, eine Unversöhnlichkeit, eine Ignoranz für lange Zeit.

Mit jeder Gewohnheit, jedem Ritual wird ein *ontologischer Al-*

gorithmus installiert, eine genau definierte Regel und Regelmäßigkeit, die selbsttätig und beharrlich an der Verwirklichung von Möglichkeiten arbeitet. Unermüdlich werden fortan Übungen absolviert, die auf Körper und Seele einwirken, regelmäßig die Gedanken meditiert, die dem eigenen Dasein einverleibt werden sollen, um in zahllosen Einzelschritten über lange Zeit hinweg Ziele zu erreichen, ohne noch viel darüber nachdenken zu müssen. In der individuellen Biographie wie in der allgemeinen Geschichte führt eine solche Beharrlichkeit die größten Veränderungen herbei. Da das auch *ungewollt* geschieht, ist es wichtig, einem bestehenden Algorithmus auf die Spur zu kommen, dessen unscheinbare Regel im Laufe der Zeit sehr reale Konsequenzen hervortreibt, schon bei einer regelmäßigen körperlichen Bewegung oder dem Mangel daran, erst recht bei Gewohnheiten des Fühlens und Denkens. Die Kunst besteht darin, *willentlich* selbst Algorithmen zu erfinden, sich Regeln zu geben, die den Schlüssel zur Umsetzung der Forderung Rilkes bilden können: »Du musst dein Leben ändern« (*Archaischer Torso Apollos*, Gedicht, 1908). Aus der unbedeutenden Veränderung Tag für Tag wird die bedeutsame im Laufe der Zeit, denn steter Tropfen höhlt den Stein, stetes Sandkorn häuft den Berg. Die kleine alltägliche Arbeit summiert sich zum großen Werk des Lebens, der Beziehung, der Gesellschaft; das ist Teil der »Anthropotechnik«, zu deren Geschichtsschreibung und Deutung einige Skizzen bereitstehen (Peter Sloterdijk, 2009).

Einmal begründet, sind Gewohnheiten und Rituale dazu da, *gleichförmig wiederholt zu werden* (»So wie immer!«), sodass sich die moderne Forderung, immer und überall neu entscheiden zu müssen, was zu tun und zu lassen sei, auf ein erträgliches Maß reduzieren lässt. Einen großen Teil des alltäglichen Lebens dem gedankenlosen Vollzug gewohnter Gesten, Denkweisen, Sichtweisen und Handlungen anzuvertrauen, ist die Voraussetzung dafür, dem »Rest« umso größere Aufmerksamkeit widmen zu können, all dem also, was sich nicht von selbst versteht und nicht ohne Mühe, nicht ohne weiteres Nachdenken abläuft. Neurobiologisch korrelieren damit *Bahnungen*, verfestigte Schaltkreise neuronaler Netze, die hilfreich sind, um nicht ständig in aufwändiger Arbeit neue Synapsen entstehen lassen zu müssen. Das anstrengende Subjektsein kann partiell pausieren, zum Subjekt wird stattdessen die Gewohnheit etwa einer regelmäßigen Begegnung, die rituelle Gestaltung des Ablaufs: So entsteht eine *Wohnung* im umfassenden Sinne, vermittelt Vertrautheit und Geborgenheit im Leben und Zusammenleben. Bei jedem Zerbrechen einer Beziehung macht der Verlust lieb gewordener Gewohnheiten und Rituale schmerzlich klar, wie viel ihnen zu verdanken war: Wohl dem, der sich einige für sich selbst bewahrt hat, die ihn gerade dann, wenn er nicht mehr weiterweiß, inmitten von Angst und Weltschmerz, bei tiefen Einschnitten ins Leben und an den Grenzen des äußerst Befremdlichen noch halten. Sie tragen ihn durch die Leere der Sinnlosigkeit, die schwer zu verstehen und noch schwerer auszuhalten ist.

Im Unterschied zur *Routine*, die oft sinnlos erscheint, leisten Gewohnheiten und Rituale einen Beitrag zur Sinngebung auf allen Ebenen, am stärksten erfahrbar in umfangreichen *festlichen* Ritualen: Sie ermöglichen sehr viel körperlichen, *sinnlichen Sinn* des Sehens, Hörens, Riechens, Schmeckens, Tastens, Bewegens und In-sich-Spürens; auch sehr viel *seelischen Sinn* der gefühlten Beziehungen zu Anderen, denn gemeinsame Rituale heben die sinnlos erscheinende Vereinzelung auf, wenigstens für die Zeit des Rituals, an das mehrere und sogar viele Menschen »andocken« können, ohne den Ablauf jedes Mal neu festlegen zu müssen. Und für *geistigen Sinn* sorgen Deutungen, die den rituellen Handlungen zugrunde gelegt werden: Sie verleihen zum Beispiel der Geschichte einer Beziehung die Bedeutung, die durch eine regelmäßige rituelle Feier bekräftigt wird; wehe aber, wenn der Jahrestag vergessen wird! Und schließlich kann auch ein gefühlter und gedachter *transzendenter Sinn* mithilfe von Ritualen gepflegt werden, deren Ursprung einst der *ritus* war, die Feier der Transzendenz, des Unendlichen im Endlichen, des Möglichen im Wirklichen, zu regelmäßig wiederkehrenden Zeiten. Schon die Existenz des Rituals selbst verkörpert Transzendenz, wenn es aus alter Zeit stammt und somit die Zeit des Einzelnen weit überschreitet. Das Kommen und Gehen des Rituals erinnert zudem an das zyklische Werden und Vergehen des Lebens selbst und nimmt seiner Endlichkeit die Absolutheit, die sie in moderner Zeit gewonnen hat.

Und dennoch ist grundsätzlich auch *Vorsicht* geboten gegenüber beharrlichen Formen des Lebens, wie Gewohnheiten und Rituale sie verkörpern. Nicht grundlos unterlagen sie in moderner Zeit dem Verdacht, Menschen zu normieren und in ihrer freien Entfaltung einzuschränken. Die scheinbare Zwanglosigkeit, mit der sie einem Verhalten Form geben, sollte über ihren zuweilen zwanghaften Charakter nicht hinwegtäuschen. In einer Gemeinschaft können Einzelne sich diesen Verhaltensmustern nur um den Preis entziehen, »nicht dazuzugehören«. Nach der *Befreiung* von ihnen, die lange Zeit als eine Verheißung von Glück erschien, wächst freilich die Einsicht, dass das Glück auch von einer eigenen Arbeit an der Formgebung des Lebens abhängt. Nach einer historischen Phase des Verzichts auf beharrliche Formen des Lebens wird das neuerliche Bedürfnis danach spürbar, denn die entstandene Formlosigkeit und Unverbindlichkeit haben eine Hilflosigkeit im Umgang mit sich und Anderen herbeigeführt, die sich im Leben vieler bemerkbar macht. Über die Befreiung von überkommenen Formen hinaus geht es in andersmoderner Zeit daher um eine *Arbeit an Formen*, an Regeln und Grenzen des eigenen Verhaltens, die nicht mehr die bedrückende, Individualität negierende Gestalt haben wie einst, sondern frei gewählt und veränderbar sind, um sich zwischen Beharrung und Veränderung hin- und herbewegen zu können.

Die Beziehungen des Einzelnen zu sich und zu Anderen zwischen Beharrung und Veränderung, Statik und Dynamik *atmen zu lassen*, gelingt am ehesten durch die Zeit hindurch, wenn auf eine Phase der Veränderung eine der Beharrung folgt, auf eine der Beharrung eine der Veränderung. Keine Stärkung der Statik kann die Dynamik der Veränderung des Lebens auf Dauer aushebeln, keine Stärkung der Dynamik kann das Bedürfnis nach Statik vergessen machen. Die Veränderung hat ebenso Recht wie die Erholung davon, das Atemholen zu neuer Bewegung, abhängig von der Situation. Der Forderung »Mehr Bewegung!« kommt dieselbe Berechtigung zu wie der gegenläufigen: »Mehr Beharrung!« Was in der jeweiligen Situation Vorrang haben soll, ist die immer neu zu klärende Frage; die Suche nach einer Antwort darauf lohnt jeden Streit. Bei einem Übermaß an Veränderung käme es darauf an, sich selbst zu fragen: *Wo ist meine Beharrung*, mein Ruhepunkt, meine Schwerkraft? Und ebenso in Beziehungen: Wo ist unsere *gemeinsame* Beharrung, und wie können wir unsere Beziehung mit beharrlichen Formen festigen? Bei einem Übermaß an Beharrung aber sich zu fragen: *Wo ist meine Veränderung*, meine Unruhe, meine Fliehkraft? Und ebenso in Beziehungen: Wo ist unsere *gemeinsame* Veränderung, und wie können wir unsere Beziehung durch Veränderung weiterentwickeln? Wenn aber jemand sich immer nur verändern will, kann das bedeuten, dass er seine Fähigkeit zur Beharrung verloren hat. Und wenn im Gegenteil von jemandem gesagt werden kann, er habe sich »nicht verändert«, kann das wohl nur heißen, dass er mit mehr oder weniger großem Erfolg dem Leben Widerstand leistet, das eigentlich in Veränderung besteht.

In aller Regel spüren Menschen selbst, zu welchem Zeitpunkt sie das *Maß an Beharrung* überdehnen; sie setzen dann von selbst auf Veränderung und bringen das eigene, gemeinsame oder gesellschaftliche Leben in Bewegung. Strapazieren sie im Gegenteil das *Maß an Bewegung* über, setzen sie von selbst wieder auf Beharrung und unterlaufen weitere Veränderungen. Aber nicht nur das Verhältnis zu sich und Anderen steht dabei auf dem Spiel, sondern auch das ganzer *Kulturen* zu sich und anderen Kulturen. Die moderne Kultur trägt den Konflikt zwischen Veränderung und Beharrung in sich aus und nötigt nichtmoderne Kulturen zur Veränderung, die sich wiederum mit sturer Beharrung dagegen zur Wehr setzen. Ein Grund für die aufbrechenden Konflikte zwischen den Kulturen liegt darin, dass sie sich auf den Tod voneinander bedroht sehen, statt ihre Gegensätze als belebende Spannung in einem Spiel mit verteilten Rollen zu verstehen, um bei einem Übermaß an Beharrung selbst der Veränderung Raum zu geben, bei einem Übermaß an Veränderung aber der Beharrung. Für das Leben Einzelner und ganzer Kulturen kommt es darauf an, einerseits der Gefahr der *Erstarrung* in der Beharrung ohne jede Veränderung, andererseits der Gefahr der *Auflösung* jeder Festigkeit in ständiger Veränderung zu entgehen. Die einseitige Hochschätzung der Veränderung wird vor allem dann problematisch, wenn es um die Begründung und Bewahrung von *Vertrauen* geht, das an die Fähigkeit zur Beharrung gebunden ist. Schwindet das Vertrauen, setzt die hektische Suche danach ein, bei der allzu leicht wiederum das atmende Maß zwischen Vertrauen und Misstrauen aus den Augen verloren wird.

Vertrauen und Misstrauen:
Zur Bedeutung der Vorsicht in Beziehungen

Vertrauen und Misstrauen scheinen zwischen den verschiedenen Arten von Beziehung klar verteilt zu sein: Die bejahenden Beziehungen der Liebe, der Freundschaft und der Kooperation leben vom Vertrauen, die gleichgültigen oder verneinenden der Funktionalität, der Auseinandersetzung und des Ausschlusses hingegen vom Misstrauen. Wo ein Mindestmaß an Vertrauen möglich ist, kann es mehr Kooperation geben, die Kommunikation fällt leichter und Kontrollen können entfallen, sodass den Beteiligten vielfältigere Möglichkeiten des Lebens und Beziehungslebens, größere Bewegungsspielräume im Körperlichen, Seelischen und Geistigen zur Verfügung stehen. Wo hingegen nicht der kleinste Lichtblick an Vertrauen sich zeigt, wird das Leben schwer, der Bewegungsspielraum klein; jede bejahenswerte Form von Gemeinschaft, Gesellschaft, auch von Wirtschaft löst sich auf. Eingeschlossen in ein Verlies, in dem jeder ständig vor jedem auf der Hut sein muss, sind alle damit beschäftigt, sich wechselseitig zu verdächtigen, zu kontrollieren und zu verfolgen. Wie eine Welt ohne jedes Vertrauen aussähe, ist bei dessen Irritation schon zu ahnen und zu fürchten. Und doch kommt gerade dort, wo in hohem Maße auf Vertrauen gesetzt wird, auch das Misstrauen ins Spiel, ausgelöst von der kleinsten Unstimmigkeit. Umgekehrt fällt gerade dort, wo eigentlich das Misstrauen vorherrscht, schon der kleinste Vertrauensbeweis ins Gewicht, und ausgerechnet in gleichgültigen, funktionalen Beziehungen kann auf das zuverlässige Funktionieren von Menschen, Dingen und Systemen vertraut werden. Das Vertrauen scheint eine komplizierte Angelegenheit zu sein.

Was ist Vertrauen? Sich auf Andere, auf Dinge und Verhältnisse verlassen zu können; darauf hoffen zu dürfen, dass vor allem die Macht, die Andere ausüben können, nicht missbraucht wird, und dass dem eigenen Selbst und vertrauten Anderen nichts Schlimmes widerfährt, wenn aber doch, dass es gut zu bewältigen ist. Auf dieser Basis können Menschen sich in Beziehungen heikle und intime Dinge anvertrauen, ohne einen Missbrauch des Wissens darüber befürchten zu müssen. *Aber wem kann ich vertrauen und wem nicht?* Diese Frage durchzieht das gesamte Leben, berührt sämtliche Bereiche und Ebenen des menschlichen Umgangs miteinander und bezieht sich auf Personen wie Institutionen gleichermaßen, auf Liebende, Freunde, Eltern und Kinder, Arbeitgeber und Arbeitnehmer, Manager und Mitarbeiter, Kollegen untereinander, Produzenten und Konsumenten, Bankberater und ihre Kunden, Ärzte und ihre Patienten, Kirchen und ihre Mitglieder, Parteien und ihre Wähler, Medien und ihre Nutzer, Staaten und ihre Bürger; und aufs Neue stellt sich die Frage bei Begegnungen und Informationen im virtuellen Raum. Selbst dann, wenn grundsätzlich vertraut werden kann, verlangt die Frage nach weiterer Spezifizierung: *In welcher Hinsicht kann ich vertrauen, in welcher nicht?* Denn auch der eigentlich verlässliche Mensch kann sich mit der Einhaltung von Terminen schwer tun. Und wer im Fachlichen vertrauenswürdig ist,

ist es nicht zwangsläufig auch im Privaten. Wer sich in einer Phase als vertrauenswürdig erweist, ist es nicht unbedingt in einer anderen. Und so, wie in manchen Situationen die Offenheit vertrauenswürdig ist, ist es bei anderen Gelegenheiten die Verschwiegenheit.

Auffällig ist: Vertrauenswürdig sein wollen alle, in jeder Hinsicht. Offenkundig handelt es sich um einen besonderen Aspekt der allgemeinen Würde des Menschen, denn alle fühlen sich *gewürdigt*, wenn ihnen und der Sache, die sie vertreten, Vertrauen geschenkt wird, sowie *entwürdigt*, wenn nicht. Mangelndes Vertrauen bringt fehlende Wertschätzung zum Ausdruck, zumindest wird es so verstanden. Das Vertrauen hingegen lässt einem Menschen fühlbare Wertschätzung zukommen und kann sogar Ausdruck einer außerordentlichen Hochschätzung sein, denn ein Verzicht auf eigene Macht ist erforderlich, um ihm zu vertrauen und damit seiner Selbstmächtigkeit, Freiheit und Eigenverantwortung Raum zu geben. Das Vertrauen in den Anderen stärkt wiederum dessen Vertrauen in sich und sein eigenes Leben ungemein; er traut sich etwas zu und macht die Erfahrung, selbst etwas bewirken zu können. Das *passiv* erhaltene Vertrauen wird in ein *aktives*, eigenständiges umgewandelt und sorgt für einen Motivationsschub ersten Ranges, sich Anderen zu öffnen, Probleme anzugehen, auch eigene Einstellungen zu überdenken und überhaupt große Anstrengungen auf sich zu nehmen, ausgestattet mit Kräften, die nicht mehr nur die eigenen sind. Sehr viel Mut, Zuversicht und Kreativität wird auf diese Weise frei, und das neu gewonnene Selbstvertrauen befördert wiederum das aktive Vertrauen gegenüber Anderen, das diesen nun als passiv erhaltenes zur Verfügung steht und ihr Selbstvertrauen stärkt …, ein *perpetuum mobile*.

Dass Menschen überhaupt vertrauen können, kommt auf verschiedenen Wegen zustande, zunächst auf dem *Weg der Erfahrung*: Ist mir nichts Schlimmes widerfahren oder konnte ich es, wenn doch, gut bewältigen, dann ist meine Zuversicht groß, dass dies auch weiterhin so sein wird. Erfahrung gibt zudem den Ausschlag dafür, dass Andere mir vertrauen, denn einem erfahrenen Menschen wird vieles zugetraut und anvertraut; er kennt die Regelmäßigkeiten und Unregelmäßigkeiten des Lebens und der Dinge und weiß vermutlich gut damit umzugehen. Parallel dazu entsteht Vertrauen durch den *Vorgang der Widerspiegelung*, wenn Menschen in sich das Vertrauen widerspiegeln, das sie bei Anderen wahrnehmen, vornehmlich bei Eltern, Geschwistern, Freunden, Idolen und sonstigen Autoritäten, bis hin zu Gott, sofern sie an ihn glauben. Aus Erfahrung und Widerspiegelung gehen Grundvertrauen und »Urvertrauen« hervor. Stehen aber diese beiden Wege nicht zur Verfügung, kann willentlich ein *Prozess der Prüfung* in Gang gesetzt werden, um über fragliche Menschen, Dinge und Verhältnisse Auskünfte einzuholen, Zeugnisse heranzuziehen, Gutachten erstellen zu lassen und im direkten Gespräch einen Eindruck zu gewinnen, ob vertraut werden kann. Allerdings werden auch penible Prüfungen keine letzte Gewissheit über künftige Erfahrungen erbringen, sodass zuletzt nur der *Sprung ins Vertrauen* übrig bleibt: Ich wage ihn *unwillkürlich*, wenn ich gute Erfahrungen gemacht habe und Zuwendung, Zuneigung, Interesse und Verständnis erfahre, mein Gegenüber sympathisch und das Umfeld günstig finde. Möglich ist jedoch ebenso der *willentliche* Sprung ins Vertrauen, der »Vertrauensvorschuss« als Wette auf die Zukunft: »Jetzt vertraue ich einfach mal!«

Anfänglich und immer von Neuem sind es Besonderheiten der Haltung und des Verhaltens eines Menschen, die Vertrauen erwecken: Der offene Blick, die verhaltene Gestik, die sonore Stimme, die sorgfältige Formulierung, das Zuhörenkönnen, das Eingehen auf Wünsche, die Einfühlung, Anerkennung, Ermutigung, Bestärkung, auch dass er sich mir anvertraut, etwa mit der Bitte um Hilfe, seine eigene Hilfsbereitschaft und Bereitschaft zur Verantwortung, die Orientierung an Werten, die Konzentration auf eine Sache, das Erinnerungsvermögen, das Verlässlichkeit verbürgt, die körperliche Nähe, die beruhigend wirkt, der Humor, der erwarten lässt, dass nichts Schlimmes droht. Gemeinsamkeiten sind hilfreich: Demselben Geburtsjahrgang anzugehören, dieselbe Musikrichtung zu mögen, gleiche Interessen zu hegen, ähnliche Erfahrungen gemacht zu haben, mit den gleichen Schwierigkeiten befasst zu sein. Vertrauen wächst und gedeiht auf dem Boden sorgsam behandelter Beziehungen, die ihre Tragfähigkeit im Laufe der Zeit unter Beweis stellen. Es geht einher mit Gewohnheit, Selbstverständlichkeit, Zuverlässigkeit, Beharrlichkeit, Nachhaltigkeit, Berechenbarkeit, Wahrhaftigkeit, durchschaubaren Entscheidungsprozessen und einer Entsprechung von Worten und Taten, Behauptungen und Tatsachen. Wenn Regeln, Absprachen und Verabredungen eingehalten werden, nicht nur einmalig, sondern wiederholte Male, verfestigt sich Vertrauen, und wenn nicht, eben nicht. So kann Vertrauen zum Medium werden, das die Verhältnisse zwischen Menschen regelt und ihre persönliche Entwicklung fördert.

Als entscheidend erweist sich, dass Vertrauen vorzugsweise mit der Zeit entsteht: Es braucht *Geduld und Ausdauer*, um Anlass zur Vermutung zu geben, dass vertraut werden kann, und die Gewissheit zu vermitteln, dass aus vergangenen Erfahrungen auf künftige geschlossen werden darf. Das sind allerdings Elemente, die von der Grundstruktur der Moderne gerade *nicht* begünstigt werden: Die stetige Ablösung des Alten durch das Neue und Neueste, das zwangläufig unbekannt und somit beunruhigend ist, führt eher zum strukturellen Verlust von Vertrauen; daher die signifikante *Konjunktur des Misstrauens*, die mit dem Prozess des Fortschritts einhergeht und eine verzweifelte Reaktion hervorruft: Nämlich wider besseres Wissen blind zu vertrauen, mit fatalen Folgen, wenn das Vertrauen enttäuscht wird. Misstrauen ist keine Erfindung der Moderne, es ist ein altes Phänomen, das lediglich von Zeit zu Zeit seine Erscheinungsform variiert (Ute Frevert, *Vertrauen*, 2003). War es einst die Willkür der Macht und mitunter auch des Rechts, die misstrauisch machte, so ist es in der Moderne die unablässig drohende Veränderung, die dafür sorgt, dass auf bewährte Verhältnisse, die aus Erfahrung Vertrauen verdienen, nicht mehr gebaut werden kann: Schon morgen wird alles wieder ganz anders sein.

Auch die Beziehung zwischen zweien ist nach der Befreiung von Zwängen der Religion, Tradition und Konvention kein Bund fürs Leben mehr, nur noch einer »bis auf Weiteres«. Selbst die eigene Haustür ist nach der Auflösung vormoderner Vertrauensverhältnisse kein Zugang zur Welt mehr, der immer offen stehen kann, sondern die hochgezogene Zugbrücke der heimischen Burg gegen die anonyme Bedrohlichkeit der modernen Zeit. Alle Versuche, Vertrauen zu schaffen, finden an den Markierungen dieser Zeit ihre Grenzen, auch wenn mit systemimmanenter Notwendigkeit immer neue flehentliche Appelle erforderlich werden, doch Vertrauen zu haben: In die Liebe, die Politik, die Marktwirtschaft, die Konjunktur, die Zukunft, die Redlichkeit von Unternehmen, die Technik, die gentechnisch veränderten Lebensmittel ... Die Dringlichkeit der Appelle und ihre schiere Zahl vermitteln einen Eindruck davon, welche Bedeutung dem Vertrauen zukommt – und wie schwierig es zu haben ist: Vertrauen wird zur knappen gesellschaftlichen Ressource.

Wo so viele vertraute Beziehungen zerbrechen, leidet auch die des Einzelnen zu sich selbst. Das moderne Problem fehlender Beharrung und somit mangelnden Vertrauens gräbt sich tief in das Individuum ein und wird in ihm selbst am stärksten erfahrbar. Die misstrauische Selbstüberwachung, die im Laufe der abendländischen Kulturgeschichte erlernt worden ist, verstärkt diesen Effekt noch. Lange konnte das *Selbstvertrauen* eines Menschen eine Funktion seines *Gottvertrauens* sein, so lange nämlich, wie er sich als Kind Gottes verstehen konnte, von ihm akzeptiert, in welcher Verfassung auch immer, von ihm geführt, wohin auch immer. Aufgrund des Befreiungsprojekts aber steht dem modernen Menschen dieser metaphysische Rückhalt nicht mehr zur Verfügung, und sobald der Überhang an traditionellem Vertrauen, der aus vormoderner Zeit noch weit in die Moderne hineinragt, abbricht, stürzt er ins Nichts. Eine *Identität*, ein Sich-selbst-gleich-Bleiben, wie es unter vormodernen Bedingungen noch ohne Weiteres möglich war, wird in der modernen Zeit des Immerneuen von Grund auf unmöglich. An ihre Stelle tritt das Paradigma der *Flexibilität*, der Veränderung, die ständig stattfinden muss und dem Einzelnen abverlangt, sich den je aktuellen Gegebenheiten anzupassen. Das aber hat zur Konsequenz, selbst nicht mehr so recht zu wissen, wer oder was das eigene Selbst ist, sich selbst nicht mehr vertrauen zu können, und in der Folge kommen auch vertrauensvolle Beziehungen zu Anderen nicht mehr zustande.

Der Ansatzpunkt zu einer Stärkung des Vertrauens auf dem Weg in eine andere Moderne ist jedoch ebenfalls beim eigenen Selbst zu finden, schon weil ich nicht über Andere, nur über mich selbst umstandslos und ohne Verzug verfügen kann. Bei aller Veränderung kann ich Punkte meiner Beharrung definieren und zwischen den widerstreitenden Ichs im eigenen Inneren vertrauensvolle Beziehungen neu begründen: So entsteht anstelle der in maximaler Flexibilität verlorenen Identität eine verlässliche *Integrität*, die die erforderliche Festigkeit meiner selbst verbürgt, grundsätzlich veränderbar, ohne ständig verändert zu werden, mit mehr Raum für unterschiedlichste Aspekte als bei einer Identität, die ja nicht von ungefähr immer »multipler« werden muss. *Selbstvertrauen* entsteht dort, wo Selbstgewissheit ist, Selbstgewissheit dort, wo ein klar definiertes Selbst ist, das seine inneren Zusammenhänge bewahrt, um sie von Zeit zu Zeit neu zu überdenken. Mit der Einübung entsprechender Gewohnheiten kann ich meine eigene Zuverlässigkeit und Beharrlichkeit stärken, um sie dann auf die Beziehungen zu Anderen zu übertragen. Mit wachsendem Selbstvertrauen wächst die Fähigkeit, Anderen zu vertrauen und deren Vertrauen zu gewinnen; die Gefahr der Abhängigkeit vom Vertrauen Anderer verringert sich, und das Vertrauen, das mir von Anderen entgegengebracht wird, findet nun den nötigen Gegenhalt: Ich kann es aushalten, dass mir vertraut wird, und empfinde es nicht mehr als unerträgliche Last, der ich mich nicht gewachsen fühle.

Alle Arbeit an mir selbst und an Beziehungen der Liebe, der Freundschaft und der Kooperation zielt darauf, den Anteil vertrauensvoller Verhältnisse in meinem Leben zu vergrößern, und sinnvoll erscheint auch, das *funktionale* Vertrauen darauf, dass Menschen zuverlässig ihre Funktion erfüllen, in ein menschlich zugewandtes, *kooperatives* Vertrauen zu verwandeln, wo immer es möglich ist, schon weil vieles dann besser funktioniert. Niemand will gerne als bloße Maschine wahrgenommen werden. Mit einer Stärkung des menschlichen Vertrauens ist das Misstrauen, das die Moderne systematisch produziert, auf ein lebbares Maß zu reduzieren, und es wird deutlich, wie verloren gegangenes Vertrauen zurückgewonnen werden kann: Nicht in einem einzigen Moment, nur mit längerem Atem, beginnend bei der Arbeit an mir selbst, die mein Wohlwollen für Andere, dann deren Wohlwollen für mich wieder möglich macht. Ich will Anderen wohl, indem ich mich um Verständnis für ihre Sichtweisen bemühe und ihnen wiederholt gerade dort entgegenkomme, wo es ihnen besonders wichtig ist. Vertrauen entsteht neu, wenn die Arbeit daran als eigene Aufgabe begriffen wird, die ebenso viel Aufmerksamkeit beansprucht wie jede andere Arbeit. Und diese Arbeit endet nie, denn Vertrauen wird nicht ein für alle Mal erworben; ein angehäuftes »Vertrauenskapital« kann, wie jedes andere Kapital, jederzeit wieder verspielt werden.

Und doch kann es nicht um das Ideal völliger *Vertrauensseligkeit* gehen, nicht mir selbst gegenüber und auch nicht in Beziehungen zu Anderen, um mich und Andere nicht ins Gefängnis eines blinden Vertrauens einzuschließen, das keinerlei Abweichung, keine neuen Aspekte, keine überraschenden Entwicklungen mehr erlauben würde. Mit einem allzu großen Vertrauen öffne ich nur dessen Missbrauch Tür und Tor, denn dem, der nie misstraut, kann alles zugemutet werden. Ungute Entwicklungen, die keiner gewollt hat, werden ausgerechnet von guten Menschen befördert, die keinerlei Argwohn hegen, am wenigsten gegen sich selbst. Der *Sinn des Misstrauens* erschließt sich, wenn es für einen Moment »weggedacht« wird:

Wäre es wirklich ein besseres Leben, eine bessere Welt, wenn es keinerlei Misstrauen gäbe, wenn alle Menschen sich und Anderen stets vertrauen könnten und niemand gegen niemanden etwas im Schilde führte; wenn es gar ausgeschlossen wäre, jemals hintergangen zu werden? Es würde wohl ein Leben ohne jede Spannung sein, eine harmlose, langweilige Welt, die zugleich sehr bedroht wäre: Die kleinste Irritation könnte unversehens und unverhältnismäßig auf den Zusammenhalt des Ganzen durchschlagen. Die Kontrasterfahrung, die den Wert des Vertrauens erst fühlbar macht, würde ersatzlos entfallen. Die Kreativität, zu der keineswegs nur das Vertrauen, sondern auch das Misstrauen antreibt, würde versiegen, ebenso die Motivation, die sich dem Misstrauen eines Anderen verdankt, »es ihm mal zu zeigen«. Eine Auseinandersetzung mit dem »Kleingedruckten« des Lebens fände nicht mehr statt, denn das Vertrauen sieht großzügig darüber hinweg, während das Misstrauen stets die vermeintlichen Kleinigkeiten im Blick hat, in denen das große Ganze auf dem Spiel steht.

Angesichts dessen drängt sich der Eindruck auf, dass es *inhuman* ist, absolutes Vertrauen vorauszusetzen, um sodann jeden Haarriss in jeder Beziehung als absoluten Vertrauensbruch abzustrafen, *human* hingegen, grundsätzlich von einer Basis des Vertrauens auszugehen und gelegentliche Einbußen und Enttäuschungen mit einzukalkulieren. Wenn alle Blicke sich nur darauf richten, verlorenes Vertrauen zurückzugewinnen, gerät die Bedeutung des Misstrauens leicht außer Blick. Misstrauen hat dort Sinn, wo es am Platz ist. Es ist dort am Platz, wo Vertrauen Dummheit wäre. Zu praktizieren ist es am besten in Form von *Vorsicht*, um Probleme frühzeitig wahrzunehmen und Antworten auf Herausforderungen rechtzeitig vorzubereiten: Vorsicht etwa beim Verleihen von

Dingen, denn das Vertrauen auf Rückgabe ist meist ganz fehl am Platz. Vorsicht beim Preisgeben intimer Informationen schon in bejahenden Beziehungen, erst recht in funktionalen und vor allem in virtuellen, denn wenn es Gelegenheit zum Missbrauch gibt, wird sie irgendwann auch genutzt. Vorsicht, wenn es angeblich »nur um die Sache geht«, denn es geht nie nur um Sachen, immer auch um Personen, und diesen meist um Macht. Vorsicht, wenn ein Mensch behauptet, es gehe ihm niemals um Macht, denn gerade ihm geht es um nichts Anderes. Vorsicht, wenn einer zu viel vom Vertrauen spricht: Er könnte ein Interesse daran haben, mich einzuschläfern. Vorsicht, wenn eine ganze Flut von Vertrauensbeweisen hereinbricht: Es handelt sich wohl um einen Versuch zur Überwältigung. Vorsicht letztlich gegenüber einer Kultur, die das Misstrauen theoretisch missachtet, praktisch aber befördert, mit immer neuen Versprechungen, die sich als uneinlösbar erweisen: Immerwährender Fortschritt, Aufhebung aller Widersprüche, universelles Glück. Wo es an Anlässen zum Misstrauen nicht mangelt, ist blindes Vertrauen reiner Leichtsinn.

Sinnvoll erscheint demgegenüber, einen maßvollen Pegel des Misstrauens aufrecht zu erhalten, schon um die Anfälligkeit für Enttäuschungen abzumildern und das Bewusstsein für den Wert des Vertrauens zu stärken. Ein *Mindestmaß an Misstrauen* erscheint angebracht, da Vertrauen die vielfältigen Beziehungen zwischen Menschen keineswegs nur vereinfacht, nicht immer also »ein Mechanismus der Reduktion sozialer Komplexität« ist, wie Niklas Luhmann 1968 meinte. Beziehungen werden vielmehr schwieriger, wenn ein allzu großes Vertrauen unliebsame Konsequenzen nach sich zieht, die mit ein wenig Misstrauen zur rechten Zeit zu verhindern gewesen wären. Vertrauen kann das Leben erleichtern, aber ein wohldosiertes Quantum an Misstrauen sorgt dafür, dass die Erleichterung nicht unversehens das Leben erschwert, denn nicht nur Misstrauen macht Stress, sondern auch das unangebrachte Vertrauen. Vertrauen hat weiterhin Sinn, wenn das Misstrauen nicht gänzlich missachtet wird. Entscheidend ist, das richtige Maß zu treffen: Ein *Untermaß* an Misstrauen ist Leichtsinn, ein *Übermaß* löst jede bejahende Beziehung auf. Im langen Prozess der Erfahrung und Besinnung entsteht erst ein Gespür dafür, in welcher Situation bei welchem Gegenüber welches Maß an Vertrauen und Misstrauen angemessen ist.

Im Alltag ergänzt eine *gesunde Skepsis* das Vertrauen, auch ohne konkreten Anlass, um im Zweifelsfall nicht »aus allen Wolken zu fallen«, sondern das Leben wieder selbst in die Hand nehmen zu können. Die Skepsis verhindert das Übermaß an Vertrauen, das sich plötzlich in ein Übermaß an Misstrauen verkehrt. Die Pflege der Skepsis erfordert kein ständiges, aufwändiges Kontrollieren, nur ein unaufdringliches *controlling* in verlässlicher Regelmäßigkeit. Auf die Dinge und Verhältnisse von Zeit zu Zeit »ein Auge zu haben«, ist eine Methode, für ihre Verlässlichkeit Sorge zu tragen. Wünschenswert wäre ein *Grundvertrauen*, das grundsätzlich gilt, aber einen Hauch von Misstrauen mit umfassen kann: Ein Grundvertrauen auch zwischen zweien, das groß genug ist, um sich wechselseitig sehr viel Freiraum gewähren zu können und dennoch nicht ständig um die Beziehung fürchten zu müssen, da bei aller Zuverlässigkeit, die erhofft wird, eine gelegentliche Unzuverlässigkeit nicht gänzlich aus dem Rahmen fällt. Die kleine Unwahrheit, die der gewöhnlichen Polarität des Lebens zuzurechnen ist, stellt die Beziehung nicht mehr von Grund auf in Frage. Worte und Taten müssen sich nicht mehr immer »eins zu eins« entsprechen. Und Ärger, gewöhnlich den Beziehungen des Misstrauens zugerechnet, findet endlich auch in vertrauensvollen Beziehungen den Platz, der ihm zusteht.

Und wenn es Ärger gibt? Die alltägliche Polarität von Gefühlen

Die *Freude* an einem Menschen und an der Beziehung zu ihm ist gut zu bewältigen, vom *Ärger* lässt sich das nicht immer sagen. Und doch sind Freude und Ärger Teil der Polarität, die sich im gesamten Leben als unvermeidlich erweist, keine Beziehung kommt ohne sie aus. Eine verneinende Beziehung lebt vom Ärger, eine bejahende wird von ihm auf die Probe gestellt, beginnend mit der Verstimmung, wie vor allem Liebende sie kennen, da sie am empfindlichsten sind. Für eine verlässliche Quelle von Ärger, meist zärtlich gepflegt, sorgt das Verhältnis der Geschlechter zueinander, und umso reicher scheint diese Quelle zu sprudeln, je weiter die Beziehung sich zeitlich und auch in sonstiger Hinsicht von ihren Ursprüngen entfernt hat: Die Art, wie der Andere beim Lachen die Zähne entblößt, wirkt unschön. Seine Kleidung ist falsch gewählt, mal wieder. Das Wort, das er an mich richtet, ist missverständlich. Spreche ich, ist er absichtlich schwer von Begriff und gibt Widerworte. Stets will er auf etwas Anderes hinaus als ich, äußert abweichende Meinungen, macht andere Vorstellungen geltend, lässt abartige Vorlieben erkennen, pflegt sonderbare Gewohnheiten, erzählt immer dieselben Geschichten, und seine Vergesslichkeit ist notorisch. Immer macht er alles falsch und befindet sich auf dem Weg zum ewigen »Opfer«, während ich zuverlässig alles richtig mache, kaum noch aufzuhalten auf dem Weg zur Perfektion. Lässt das auf das drohende Ende einer Beziehung schließen? Nicht unbedingt. Nur auf das Bedürfnis nach Ärger.

Woher kommt dieses Bedürfnis? Auffällig ist zunächst, mit welcher Hartnäckigkeit sich der Ärger behauptet, unabhängig von seinem aktuellen Grund. Ganz von selbst stellt er sich ein, und darauf, wie er sich zur Not »vom Zaun brechen« lässt, versteht jede und jeder sich von Kindesbeinen an. Ärger entsteht, auch sprachlich, wenn einem Menschen *Arges*, Schlechtes, Schlimmes zugefügt wird, etwa weil er meiner freien Bewegung und Entfaltung im Weg steht, mich nicht gebührend beachtet, meine Bedürfnisse ignoriert, auf meine Machtsphäre übergreift, mir Privilegien entzieht, meine Lust untergräbt, meine Erwartungen enttäuscht, Abmachungen, Regeln, Werte missachtet. Ich fühle mich abgewertet, lächerlich gemacht, beleidigt, gekränkt, gedemütigt. Ist die Entstehungsgeschichte klar, lässt sich daran arbeiten, den jeweils aktuellen Ärger »abzustellen«. Aber dessen Gründe haben die Gestalt einer Hydra: Kaum ist einer aus der Welt geschafft, sind schon wieder andere da.

Denn der eigentliche Grund für Ärger ist *ontologischer Natur* und erweist sich als Abgrund zwischen den Seinsweisen von Wirklichkeit und Möglichkeit: Ein wirkliches Verhalten entspricht nicht den erwünschten Möglichkeiten, ein Vergleich realer Verhältnisse mit idealen Vorstellungen fällt frustrierend aus: »Etwas ist nicht so, wie es sein sollte« (Hannelore Weber, *Ärger*, 1994). Verspüren Menschen das Bedürfnis nach Ärger, versuchen sie die Wirklichkeit zu sprengen, die den vorgestellten Möglichkeiten nicht entspricht: Sie *verschaffen sich Luft* mit ihrem Ärger. Oder sie trachten danach, entschwebende Möglichkeiten auf den Boden der Wirklichkeit zurückzuholen: *Ärger erdet.* Der Ärger, den ich Anderen bereite, dient dazu, meine Vorstellungen ins Spiel zu bringen und Andere zu ihrer Verwirklichung zu veranlassen. Mit dem Ärger, den Andere mir bereiten, bringen sie ihre Vorstellungen ins Spiel und drängen mich zu ihrer Verwirklichung. Variabel an dieser Konstellation ist die Schwelle der Empfindlichkeit, die individuell angehoben oder abgesenkt werden kann: Mit ihr lässt sich die Diskrepanz von Sosein und Sollen regulieren, die nicht immer dieselbe bleiben muss.

Um auf seine Entstehung besser antworten zu können, erscheint es sinnvoll, sich die *Mechanik des Ärgers* zu vergegenwärtigen. Regelmäßig folgt er, gänzlich unverstanden, auf exzessive Erfahrungen. Derjenige, der Ärger macht, zieht sich den bitteren Vorwurf zu, die eben erst gefundene Einheit und Gemeinsamkeit zu verraten; und doch vermag im Zustand der Verschmelzung niemand dauerhaft zu leben. Wo die Nähe zu groß wird, verweist der Ärger wieder auf Distanz, und gerade dann, wenn »eigentlich alles stimmt«, wird er vorsätzlich gesucht, ein Wort, eine Geste genügt, der Vorsatz aber wird geleugnet: »Es ist mir herausgerutscht.« Zuverlässig setzt der Ärger daraufhin Wut, Zorn und Jähzorn frei, schüttet sie geradezu verschwenderisch aus, lässt den Körper erzittern, die Stimme erbeben; mit Macht ergießt er sich in beredtes Schweigen, heftige Wortwechsel, wütende Bewegung, kleine oder große Rache. Diesen Moment zu leben, ihm Ausdruck zu geben, ist die Voraussetzung dafür, den Ärger im nächsten Moment wieder zurücknehmen zu können, wenn er ohnehin an Energie verliert und die Zeit für eine Wiedergutmachung reif ist.

Je entschiedener die *Wiederherstellung der Polarität* betrieben wird, desto zügiger ist sie erledigt, und im selben Maße, in dem der Ärger forciert wird, löst er sich auch wieder auf. Ihn für eine Weile zu verstärken, erscheint als Element der Gesundheit, abhängig nur davon, sich den Ärger wechselseitig zuzugestehen. Dann kann er eine *Sauna für die Seele* sein: Dem Aufenthalt in der Hitze des Gefühls folgt die Abkühlung im Tauchbecken der Ernüchterung, und erst wenn beide Stationen absolviert sind, stellt sich das wohlige Gefühl der Entspannung ein. Atmen kann die Beziehung, die den Ärger integriert und die ungleichzeitigen Bedürfnisse danach austariert: Gelöst, befreit können die Beteiligten sich wieder einander und anderen Dingen zuwenden. Wechselseitig könnten sie sich dankbar für den Ärger sein und sich an ihm erfreuen, zöge dies nicht Verwirrung nach sich, da es die Ordnung des Affekts unterliefe, der Ärger nur sein kann, wenn er wirklich ärgerlich ist. Ihn jedoch zu unterdrücken, macht die anschließende Sanftheit unmöglich, denn unter der Haut, *subkutan*, schwelen Wut und Zorn weiter vor sich hin und schleichen sich in Mimik, Gestik und Rhetorik ein: Während von Harmonie die Rede ist, zucken ganz andere Muskeln im Gesicht.

Die auffällig freudige Bereitschaft, sich wechselseitig zu ärgern, verweist deutlich auf den *Sinn des Ärgers* (Verena Kast, 2005), denn der Affekt steht keineswegs zusammenhanglos im Raum, sondern erfüllt wichtige Funktionen: Er ist erstens ein *Kunstgriff der Polarisierung*, der mit einer einzigen, wenngleich negativ bewerteten Aufwallung sämtliche positiven Gefühle zu konterkarieren vermag und nicht nur die positive, sondern auch die negative Seite des Selbst und Anderer wieder fühlbar macht. Immer und überall lässt sich damit Spannung erzeugen, Spannung aber ist Leben: Die Aufladung mit Energie und deren Entladung im Ärger bringt die Lebenskräfte von Neuem in Schwung.

Der Ärger sorgt damit zweitens für eine *willkommene Abwechslung* in der Gleichförmigkeit des Alltags und stört mit seiner Unruhe die allzu große Ruhe auf: Endlich mal was Anderes, bevor Langeweile und Leblosigkeit im Gewand der Gleichgültigkeit bedrohlich werden. Im Kontrast zum alltäglichen Mangel an Leidenschaft ermöglicht der Ärger eine leidenschaftliche Bewegung, die umstandslos zu haben ist und gerade aus diesem Grund dankbar angenommen wird; andere Bewegungen fallen deutlich aufwändiger aus und erfordern umfangreichere Investitionen.

Bei aller Abwechslung wird dennoch der vertraute Rahmen des Lebens nicht gesprengt, denn in aller Regel kehrt der gleiche Ärger ewig wieder, sodass drittens ein *zyklisches Element* mit rituellem Charakter von beruhigender Regelmäßigkeit daraus hervorgeht, eingetaktet in das Wechselspiel der Lebensphasen, hilfreich bei der Einrichtung des alltäglichen Lebens, das ansonsten hilflos der davoneilenden Zielstrebigkeit moderner Menschen ausgeliefert bleibt; auch aus diesem Grund wird so häufig nach Ärger gesucht.

Der Ärger erlaubt viertens die *Behauptung einer eigenen Macht*. Endlich kann das Selbst, das sich bedrückt, womöglich gedemütigt fühlt, auftrumpfen und selbst wieder Einfluss gewinnen. Es sieht sich nicht mehr zum Wohlverhalten verpflichtet, nicht mehr dem Anderen oder allgemein »den Verhältnissen« ausgeliefert; die Situation ist wieder offen. Wo Unrecht und Unwahrheit hingenommen werden müssen, verschafft der Ärger die tiefe Befriedigung, jetzt ein Recht für sich beanspruchen und die Wahrheit herausschreien zu können. Er, der nur Schaden anrichtet, wenn er im eigenen Inneren in aller Stille wütet, dringt endlich nach außen und wirkt mit seiner Äußerung auf den ärgerlichen Anderen ein. Ärgerlicher als die Anwesenheit des Anderen ist allenfalls seine Abwesenheit, denn dann bleibt das Selbst mit seinem Ärger allein, und das ist problematischer: Der Affekt zermürbt die mühsam errungene eigene Integrität und führt früher oder später zur Selbstdestruktion.

Die konstruktive Wendung des Ärgers hingegen bietet fünftens eine Gelegenheit zur *Klärung seiner selbst*, um sich neu zu finden und den eigenen Kern zu regenerieren. Zeiten des Ärgers sind Zeiten der Verdrießlichkeit und des Verdrusses; sie halten Andere auf Abstand, sodass der Raum frei wird, sich für eine Weile zurückzuziehen und nur noch mit sich, mit den inneren Fragestellungen und Auseinandersetzungen beschäftigt zu sein: Was hat meinen Ärger ausgelöst, und wie kann ich darauf antworten? Wo sind meine wunden Punkte, und wie kann ich sie heilen? An welchem Punkt bin ich angekommen, und wo will ich hin? Welche Bedeutung haben dabei welche Beziehungen zu Anderen? Die Selbstklärung ist die beste Voraussetzung dafür, wieder aus sich heraus und auf Andere zugehen zu können.

Es hat ganz den Anschein, als müsse, um all diese Funktionen zu erfüllen, ein *Grundmaß an Ärger* sichergestellt sein, im menschlichen Leben allgemein, insbesondere aber in einer Beziehung. Glücklicherweise muss niemand am Ärger Mangel leiden, er bedarf keiner neuen Erfindungen: Irgendetwas stört immer, immer ist etwas krumm, das ist die Regel, die kaum Ausnahmen kennt. Damit sein Überleben sichergestellt ist, sind die Anlässe des Ärgers zahlreich, und mit ehrgeizigen Plänen und ausufernden Erwartungen, die unerfüllbar bleiben, tragen moderne Menschen dazu bei, die Gelegenheiten noch zu potenzieren; weniger wichtig ist die Sache, um die es dabei geht, Hauptsache Ärger.

Von der individuellen *Grundhaltung zum Ärger* hängt ab, ob und wie mit ihm gelebt und gearbeitet werden kann. Die Grundhaltung wird von natürlicher Veranlagung, kultureller Üblichkeit und individuellen Erfahrungen beeinflusst, sie neu zu justieren ist eine Frage der Überlegung: Eine *repressive Haltung*, die den Ärger unterdrückt und »endgültig« loswerden will, erschwert jeden Versuch, mit ihm kunstvoll umzugehen. Eine *existenzielle Haltung*, die die Existenz des Selbst mit Ärger identifiziert, sodass es gänzlich in ihm aufgeht, bleibt auf Dauer an ihn gefesselt. Eine *instrumentelle Haltung* hingegen, die ihn zum Werkzeug der eigenen Interessen macht, ermöglicht, sich ohne große Mühe auch wieder von ihm zu lösen, sobald er ausgedient hat. Und eine *affirmative Haltung* wird dem Ärger wohl am meisten gerecht, denn sie sieht in ihm kein Instrument, sondern erkennt ihn von Grund auf in seinem eigenen Recht an. Zwar will es kaum jemandem gelingen, ihn offensiv willkommen zu heißen, aber es wäre angemessen, ihm die Existenzberechtigung nicht abzusprechen: Sobald der Ärger auf seine Anerkennung bauen kann, muss er sich nicht mehr gegen seine Abweisung zur Wehr setzen. Wer ihn voraussetzt, lebt heiterer mit seiner ewigen Wiederkehr.

Die Grundhaltung ist die Basis für den bewussten Umgang mit dem Affekt und eine mögliche *Kunst des Umgangs mit Ärger*, die sich auf sieben Parameter konzentriert: 1. Welcher Ärger, 2. in welcher Situation, 3. in Bezug auf wen oder was, 4. wann, 5. wie lange, 6. in welchem Maße und 7. bis zu welchem Punkt? Die erforderliche Bewusstheit ist nicht inmitten der Aufwallung zu erlangen, jedoch davor und danach: Sie besteht in der *Besinnung* auf die gemachten Erfahrungen, um aus ihnen Schlüsse für den Umgang mit dem Affekt zu ziehen. Sodann ist die praktische *Einübung* der Schlüsse in einem lange währenden Prozess vonnöten, um mit neuerlichen Erfahrungen und neuer Besinnung ein *Gespür* für den Umgang mit dem Ärger auszubilden und immer weiter zu verfeinern. Auch diese Kunst kommt von Können, und zweierlei Können ist erforderlich, um das nötige Quantum an Ärger anzusteuern, bei jedem Mangel und Übermaß aber gegenzusteuern: Das *passive Können*, sich ärgern zu lassen, einen Reiz dazu aufzunehmen und in den Affekt umzusetzen – oder eben nicht, denn grundsätzlich ist es möglich, nicht auf jeden Reiz zu reagieren, sondern vieles sozusagen ungeahndet an sich vorüberstreichen zu lassen. Und das *aktive Können*, Ärger zu machen, einen Anlass dafür selbst zu schaffen mit einer Art von negativem »Mood-Management« und »Event-Management« – oder sich um eine Aufhellung der Stimmung zu bemühen und Anlässe zum Ärger zu ignorieren. Kinder sind Meister darin, Ärger zu machen, ihn aber auch wieder zu begrenzen, jedenfalls was den eigenen Anteil am Affekt betrifft; von ihnen ließe sich dies lernen.

Die Kunst des Umgangs mit dem Ärger ist unverzichtbar, denn harmlos ist der Affekt nicht: Er kann Menschen dorthin führen, wo sie nie hin wollten. Dann beginnen sie sich und Anderen das Leben zur Hölle zu machen, ohne dass dies noch mit zwingenden Anlässen zu tun haben müsste; eine Abwärtsspirale kommt in Gang, aus der es kaum ein Entrinnen gibt. Wirklich gefährlich ist nicht der Ärger selbst, sondern seine allzu lange Dauer, etwa aufgrund einer anhaltenden Enttäuschung über verpasste Möglichkeiten, die sich zum Eindruck eines vergeudeten Lebens verdichtet. Der anfängliche Unmut, die bloße Verstimmung darüber zeigt sich zunächst darin, dass *etwas am Anderen*, eine Redeweise, eine Geste, eine Art des Verhaltens »gehasst wird«. Die momentane Aufwallung, alltäglich und unumgänglich, verstetigt sich und führt zum ständigen Austausch von *Gehässigkeiten* über den Moment hinaus. Mit der fortschreitenden Verfestigung der Aufwallung verfestigt sich aber der Hass, und letztlich wird in der fraglichen Redeweise, Geste und Art des Verhaltens *der Andere selbst gehasst*. Spätestens dann endet jede Zärtlichkeit, als habe es sie nie gegeben und als müsse sie für immer verschlossen bleiben.

Der anhaltende Ärger über den Anderen schlägt mühelos auch nach innen um, wird zum Hass auf das eigene Selbst und zerfrisst dessen Seele. Aller Hass ist immer auch *Selbsthass*, aus dem Bewusstsein heraus, einen eigenen Anteil an der Entwicklung zu haben und beispielsweise zu wenig unternommen zu haben, um das Leben anders zu gestalten. Und der Hass macht *hässlich*, den Gehassten ebenso wie den Hassenden: Hässlichkeit wird am Anderen wie auch an sich selbst bemerkt: Nichts an ihm und am Selbst erscheint noch schön und bejahenswert, alles hässlich und verneinenswert. Da Menschen aber ungern an sich selbst leiden, die eigene Unvollkommenheit, Unzufriedenheit, Verletzlichkeit ungern als Bestandteil ihres Lebens akzeptieren, bricht der Hass, um den Selbsthass verstärkt, nun mit doppelter Wucht über den herein, der für all das verantwortlich gemacht wird.

Die Fähigkeit der Liebe zur Metamorphose macht auch ihre Verwandlung in Hass umstandslos möglich, so wie Hass sich in Liebe verkehren kann. Die Energie, die dabei jeweils fließt, bleibt erhalten, sie ändert nur ihre Richtung: Wo sie eben noch dem »Pluspol« zuströmte, flutet sie nun den »Minuspol«. *Liebe und Hass* bedingen sich wechselseitig, auch mit einer Beimischung des Einen im Anderen ist ständig zu rechnen, solange die Energie ungehindert zwischen den Polen hin- und herfließt: Menschen können lieben, was sie eigentlich hassen, und hassen, was sie lieben, nur um des Kontrastes willen, der die Polarität des Lebens immer wieder von Neuem erfahrbar macht, oder der Distanz zum Anderen wegen, die mit dem Hass entsteht und die Seele nach einer beengenden Nähe augenblicklich freier atmen lässt. Gerade dann, wenn ein Mensch von Liebe übersättigt ist, kann er versucht sein, das Zuströmen und Verströmen ihrer Energie für eine Weile zu unterbinden, um sich nicht völlig in diesem Strom zu verlieren, sondern wieder zu sich zu kommen. Die »Hassliebe« hält den, der zu nahe ist, auf Distanz: Ich hasse, was ich liebe, weil es mich zu sehr bindet. Wie schon der Ärger, ermöglicht auch der Hass eine Regeneration – sofern ich aus der Situation wieder herausfinde. In jedem Fall kann das Gehasste, wie schon das Geliebte, zum Fixstern des Lebens werden, dem Sinn und Orientierung zu verdanken ist; auch der Hass stiftet einen starken Zusammenhang zwischen Menschen, wenngleich um den Preis, jeden Zusammenhang und somit Sinn zerstören zu können. Um ihn nicht allein herrschend werden zu lassen, kommt es darauf an, den größer werdenden Ärger beizeiten wieder einzudämmen und nicht so sehr Anderen, sondern sich selbst zu sagen: »Jetzt ist es genug!«

Die *Begrenzung des Ärgers in der Zeit* wird erleichtert von der ontologischen Einsicht, dass ihm eine Wut auf die Wirklichkeit zugrunde liegt, die den Träumen von Möglichkeiten nicht entsprechen will; dass Ärger gerade dann entsteht, wenn zu wenige Möglichkeiten wirklich werden können oder, ganz im Gegenteil, wenn zu viele Möglichkeiten zur selben Zeit in eine viel zu kleine Wirklichkeit gepresst werden müssen. Nicht notwendigerweise hat das mit dem ärgerlichen Anderen zu tun, sondern mit dem grundlegenden Missverhältnis von Wirklichkeit und Möglichkeit. Entlastend wirkt ferner die

Ablenkung des Ärgers, die Umsetzung seiner Energie in körperliche Bewegung und Betätigung; auch gut greifbare Dinge wie Teller, Bälle und andere Wurfgeschoße haben kein Problem mit dem Ärger, der an ihnen ausgelassen wird, und besonders wirksam ist die Projektion auf anonyme Abstraktionen: »Die Anderen«, »die Gesellschaft«, »der Staat«, »die Politik«, »die Medien« oder kürzer, »die« und »sie« sind nicht nur zuverlässige Lieferanten stets neuen Nachschubs, sondern auch geduldige Adressaten von Ärger, die sich gegen die erhobenen Vorwürfe kaum zur Wehr setzen können. So kann es gelingen, den konkreten Anderen nicht zu sehr mit dem eigenen Ärger zu belasten, nicht nur aus Gründen der Rücksichtnahme, weil es zu viel werden könnte für ihn, sondern auch aus Gründen der Klugheit, weil sein Ärger den eigenen noch verstärken würde.

Hilfreich ist ebenso, zu gegebener Zeit *den Ärger mit Schönem zu übertrumpfen*, das dem Selbst viel bedeutet: Das Schöne der Arbeit an einem Werk, das Schöne in den Werken Anderer, im Sinnlichen, in der Natur, in anderen Menschen und in den Beziehungen zu ihnen, das Schöne in angenehmen Verhältnissen und tollen Erlebnissen, in wirklichen Dingen und unwirklichen Phantasien ermöglicht, wenigstens für einige Zeit den Ärger zu vergessen. Und ein weiterer Kunstgriff betrifft die *Größenordnung des Ärgers*: Soll man sich wegen jeder Kleinigkeit ärgern? Nicht wegen jeder, aber vorzugsweise wegen Kleinigkeiten, um dem großen Ärger, der bedrohlich werden könnte, begrenzte Ressourcen übrig zu lassen. Zuweilen ist der kleine, *episodische* Ärger freilich nur die Spitze des Eisbergs und verweist auf den größeren und bedeutsameren *epochalen* Ärger: Dann steht eine Auseinandersetzung an, die nicht zu lange aufgeschoben werden sollte, um auch wieder darüber hinauszugelangen, es sei denn, der Grund für eine Trennung soll daraus destilliert werden. Aber es gibt aufrichtigere Methoden, voneinander loszukommen. Und auch Möglichkeiten, aus der Polarität zwischen zweien die Spannung zu beziehen, die das Zusammensein stets von Neuem spannend macht.

Männlich-weibliche Polarität:
Sind Frauen die besseren Lebenskünstler?

Vor allem an der Liebe im engeren Sinne sind meist zwei beteiligt, die sich wechselseitig ein Rätsel sind. Man kann sogar zu der Auffassung kommen, dass die Liebe eigentlich keinerlei Probleme bereiten würde, wenn nicht zwei damit zu tun hätten, die so unterschiedlich sind, meist unterschiedlichen Geschlechts, und selbst in gleichgeschlechtlichen Beziehungen stellen sich wieder Unterschiede ein, die den andersgeschlechtlichen sehr ähnlich sehen. Weit mehr noch als von der Liebe sind die Geschlechter voneinander fasziniert und irritiert. *Fasziniert*, weil es die Welt des jeweils Anderen überhaupt gibt, die zu erkunden, zu bewundern, im Laufe der Zeit vielleicht sogar ein wenig zu verstehen ist. *Irritiert*, weil die Welt ja doch nur komplizierter wird, wenn noch eine andere Welt Geltung für sich beansprucht, die offenkundig so anders als die eigene ist. Faszination und Irritation sorgen dafür, dass dem Geschlechterverhältnis stets neue Filme, Romane, Theaterstücke, neurobiologische Untersuchungen, Gender Studies gewidmet werden. Woher das anhaltende Interesse, das Männer und Frauen sich wechselseitig entgegenbringen?

Weil *Polarität* auf diese Weise erfahrbar wird. Das polare Verhältnis der Geschlechter ist dem Leben selbst geschuldet, das Gegensätze schafft, um Spannung aus ihnen zu beziehen. Der starke polare Zusammenhang sorgt für eine Erfahrung von *Sinn*, und in der obsessiven Beschäftigung mit dem jeweils anderen Geschlecht kann sogar ein *Sinn des Lebens* daraus werden. Spannung und Sinnerfahrung spornen das Interesse am Anderen an, das einen Menschen überkommt und ihm zuweilen Seelenqualen bereitet. Wird das Leiden an der Spannung zu groß, lohnt sich die Vorstellung, die Geschlechter würden je einen Planeten für sich allein bewohnen: Planet der Frauen, Planet der Männer, im Zeitalter der Raumfahrt nicht gänzlich undenkbar, Venus und Mars liegen denkbar nahe. Dann würde die unerträgliche Spannung sich auflösen, aber das Leben verlöre auch einiges an Reiz. Sinnvoller erscheint angesichts dessen die *Pflege der Polarität*, auch wenn die Pole nicht klar voneinander zu trennen sind: Frau oder Mann zu sein ist nicht identisch damit, weiblich oder männlich zu sein; auch im Weiblichen finden sich Anteile des Männlichen, und umgekehrt.

Mehr noch als die Natur treibt die jeweilige Kultur die Geschlechter mit vorsätzlicher Polarisierung stets von Neuem in die Entgegensetzung (Ute Frevert, *»Mann und Weib und Weib und Mann«*, 1995). Gegensätzliche Eigenschaften und Tätigkeitsfelder werden ihnen dabei zugeschrieben, die stereotypen Grundmustern folgen, auch wenn sie kulturell und individuell variabel sind: Weich/hart, dumm/klug, passiv/aktiv, Seele/Geist, Kultur/Geschäft, Privatheit/Öffentlichkeit, Familie/Arbeit. Von Zeit zu Zeit werden die polaren Zuschreibungen neu erfunden, ohne dass dieser Prozess zu irgendeinem Zeitpunkt abschließbar wäre. Jeder Versuch zu einer endgültigen Definition (Otto Weininger, *Geschlecht und Charakter*, 1903) macht sich historisch lächerlich. Anstelle einer objektiven, *defi-*

nitiven Auffassung lässt sich jedoch eine subjektive, *provisorische* formulieren, die zum besseren Verständnis des eigenen Ichs und zum verständnisvolleren Umgang mit dem jeweils Anderen beitragen kann. Sollten dabei erneut Stereotypen zum Vorschein kommen, liegt es am Einzelnen selbst, sich um eine Korrektur zu bemühen.

Weiblichkeit und Männlichkeit sind demnach zum Teil eine Frage der *Biologie*, alte Erfahrungen und neuere Erkenntnisse sprechen dafür. Anders als Männer sind Frauen *eher* von der Erfahrung einer zyklischen Zeit geprägt, schon aufgrund des Monatszyklus, aber auch aufgrund der *Möglichkeit* einer Weitergabe von Leben durch den eigenen Körper hindurch: Frauen können sich dem Kreislauf des Lebens zwischen Werden und Vergehen näher fühlen, während Männer *eher* in einem »Werk« ihre Fortexistenz suchen müssen. Unterschiedliche Vorstellungen von *Glück* resultieren daraus: Das Glück der Männer ist nicht immer das der Frauen. Biologie sind auch die Gene, die die Entwicklung geschlechtlicher Unterschiede steuern: Dass das männliche Gehirn dabei voluminöser ausfällt, verleitete Männer lange zu der Annahme, ihnen falle auch das Denken leichter. Aber das kleinere weibliche Gehirn, so stellte sich heraus, ist mit mehr Neuronen bestückt, die zudem besser vernetzt sind (Louann Brizendine, *Das weibliche Gehirn*, 2006). Und schon beim Fötus im Mutterleib scheint der Einfluss von Hormonen wie Östrogen und Testosteron dafür zu sorgen, dass das Areal für emotionale Erfahrungen im weiblichen Gehirn stärker ausgebildet wird, im männlichen Gehirn hingegen das Areal für sexuelles Verlangen und aggressives Verhalten, und dies auf Kosten des Kommunikationszentrums, das wiederum im weiblichen Gehirn ungestört wächst. Vor diesem Hintergrund ist die stereotype Erfahrung erklärbar, dass Mädchen gerne mit ihrem Spielzeug sprechen, während Jungen aus allem ein Schwert machen. Und dass Frauen gerne reden, während Männer buchstäblich viel Sex im Kopf haben.

Zu einem zweiten Teil erscheinen Weiblichkeit und Männlichkeit als Produkte einer *kulturellen Prägung* durch die jeweilige Umwelt, Familie, Gesellschaft, Sprache und Geschichte. Zwar ist, was kulturell geprägt ist, grundsätzlich auch kulturell veränderbar, aber davon, wie lange eine Prägung vorhalten kann, handelt ein populäres Theaterstück, das augenzwinkernd eine Verteidigung des Höhlenmenschen im modernen Mann auf die Bühne stellt: Rob Becker, *Defending the Caveman* (1991). Männer sind demzufolge noch nicht weit über die Steinzeit hinausgekommen, in der sie Jäger waren, wie Tom, der dieses Stück solo bestreitet. Daher die oft etwas angespannte, schweigsame, kommentarlose Zielgerichtetheit des männlichen Lebens: *Das Glück der Männer*. Die reduzierte Kommunikation spart Zeit und Energie, ein Vorteil auf der Pirsch. Aus Toms Sicht hängt eine steinzeitliche Vergangenheit allerdings auch den Frauen nach: Als gelernte Sammlerinnen schauen sie sich nach allen Seiten um, nehmen aufmerksam wahr, achten auch auf Abseitigkeiten, die die bessere Alternative darstellen könnten, und orientieren sich auf diese Weise umsichtiger und detailverliebter als Männer, zugleich entspannter und gesprächiger: *Das Glück der Frauen*. Das kommt noch im schmetterlingsgleichen Umherflattern ihrer Aufmerksamkeit in moderner Zeit zum Vorschein, etwa beim Einkaufsverhalten. Weiterhin gehen Frauen sammeln, umsichtig und gesprächig, während Männer einkaufen, wie sie einst jagten. Sie fixieren den Hirsch, etwa die neuen Schuhe, erlegen die Beute und schaffen sie umstandslos nach Hause;

nur das sinnlose Schlangestehen an der Kasse zieht den erhabenen Vorgang ins Lächerliche.

Zu einem dritten Teil sind Weiblichkeit und Männlichkeit eine Frage der *individuellen Interpretation und Variation*. Bereits in der Art und Weise, wie sich Biologie und kulturelle Prägung auswirken, ist die individuelle Schwankungsbreite sehr groß: Ein Mann kann nach *gängigen Kriterien* weiblich, also vielleicht kommunikationsfreudig, eine Frau männlich, also schweigsam sein. Aber vor allem kann das jeweilige Individuum durch die *Arbeit an sich selbst*, durch Lernen, Übung und Gewöhnung auf seine kulturelle Prägung einwirken, auch neurobiologische Strukturen sind auf diesem Weg zum Teil veränderbar, während andere biologische Gegebenheiten durch operative Eingriffe zu korrigieren sind. Entscheidend ist die *individuelle Definition* des Weiblichen und Männlichen: Will ich damit einer allgemein verbreiteten Idee entsprechen oder ihr geradewegs widersprechen? Wird Weiblichkeit *kulturell* mit milder Nachsichtigkeit gleichgesetzt, kann *individuell* auch eine harte Unnachsichtigkeit praktiziert werden. Wenn Männlichkeit *kulturell* heißt, keine Gefühle zu zeigen, ist *individuell* auch eine größere Bereitschaft dazu einzuüben. Reizvoll könnte sein, kulturelle Auffassungen von Weiblichkeit und Männlichkeit individuell noch stärker zu akzentuieren, um die Polarität voll auszuschöpfen. Oder den Abstand zwischen den Gegensätzen zu reduzieren, um die Polarität zu verwischen, als Frau also Anteile des Männlichen in sich zu kultivieren, als Mann Anteile des Weiblichen. Oder sich um eine persönliche Mischung zu bemühen, die das eigene Selbst zum androgynen Wesen macht.

Die geschlechtlichen Unterschiede wirken sich auf die *Wahrnehmung und Führung des Lebens* aus, und die je eigene

Sichtweise und Vorgehensweise erscheinen dabei nicht nur gut und richtig, sondern in solchem Maße selbstverständlich, dass nicht einmal der Verdacht aufkommt, andere Perspektiven und Strategien könnten überhaupt menschenmöglich sein. Problematisch wird dies immer dann, wenn die Selbstverständlichkeiten aufeinanderprallen, also eigentlich ständig, etwa bei Fragen der Kommunikation oder beim Umgang mit technischen Dingen, in denen Frauen *eher* Gebrauchsgegenstände sehen, Männer hingegen *eher* Identifikationsobjekte und Statussymbole (Roman Sandgruber, *Frauensachen, Männerdinge*, 2006). Immer wieder ist das wechselseitige Unverständnis groß angesichts der unterschiedlichen Antworten auf kleine und große Lebensfragen. Alltäglich und strategisch konkurrieren die Geschlechter um die besseren Antworten und die zutreffendere Sichtweise des Lebens: Verstehen *Frauen* sich besser als Männer auf die bewusste Lebensführung, die Bewältigung unterschiedlichster Situationen, die Gestaltung des Lebens, dessen immer neue Orientierung? Erweisen sie sich als die besseren Lebenskünstler? Beobachtungen dazu sind geprägt von der Biologie und kulturellen Herkunft dessen, der sie macht, auch von seiner individuellen Perspektive; *keine Festlegung der Wahrheit* ist damit verbunden, nur die Anregung zu eigenen Beobachtungen und zur Reflexion eigener Erfahrungen.

Zunächst wird deutlich, dass es zusätzlich zur männlich-weiblichen eine *geschlechtsinterne Polarität* gibt, auch sie geprägt von Biologie, Kultur, individueller Interpretation und Variation, inkarniert von Frauen (wie auch Männern) gegensätzlichen Typs. Wo die entsprechenden Vorstellungen von Glück aufeinander treffen, können heftige Auseinandersetzungen die Folge sein. Einen Pol markiert die *freiheitsliebende Frau*, in der Kulturgeschichte dargestellt von *Carmen* und der *femme fatale*, fatal aus der Sicht betroffener Männer und Frauen, die in ihr eine »Männervertilgerin« und Beziehungsvernichterin sehen. In moderner Zeit geht die selbstbestimmte, *autonome Frau* daraus hervor, die konsequent ihren Bedürfnissen nachlebt (Kathy Acker, *Kathy auf Haiti*, 1978), mit Männern oder ohne oder gegen sie. Den Gegenpol dazu bildet die *bindungsliebende Frau*, die zur Furie nur dann wird, wenn die Bindung bedroht ist; der autonomen Frau erscheint sie womöglich als »Männerversteherin«, als Verräterin an den Idealen der Emanzipation, sobald sie die erlangte Selbstbestimmung dazu missbraucht, sich doch wieder in vorgegebene Rollen zu fügen, somit eine *heteronome Frau* zu sein (Eva Herman, *Das Eva-Prinzip*, 2006). Zwischen den Extremen ist immerhin viel Platz für Mixturen und Abstufungen; prinzipiell möglich ist auch, tolle Geliebte und fürsorgliche Familienmutter zu sein und damit dem mutmaßlichen männlichen Idealbild einer Frau sehr nahe zu kommen. Manche Frau fühlt sich aber hin- und hergerissen zwischen den Extremen und lebt phasenweise die eine oder andere Seite aus, nicht immer mit demselben Gegenüber, oft mit beträchtlichen Irritationen bei denen, die mit den Folgen zu tun haben: So mancher Mann glaubte schon, sich häuslich einrichten zu können, bis die Frau, mit der er lebte, noch andere Seiten in sich entdeckte, beeinflusst von Biologie und Kultur, aber auch aus individuellem Entschluss, der eine Seite abmildern oder forcieren kann.

Als Stärke vieler Frauen erscheint grundsätzlich das *Gespür*, das aus Wahrnehmung, sehr viel Erfahrung und der Besinnung auf Erfahrungen hervorgeht. Aufmerksamer als Männer nehmen sie die alltäglichen Kleinigkeiten wahr, auf die es im Lebensvollzug so oft ankommt, kultivieren den Blick für

Details und sehen etwa die Blumen sofort, die ein Mann trotz angestrengten Hinsehens ohne Weiteres übersehen kann. Aufmerksam zu sein, ist die Grundlage dafür, angemessener geben und schenken zu können, denn das beste Geschenk ist aus guten Gründen eine »Aufmerksamkeit«, die zum Beschenkten passt. Und geradezu staunenswert ist aus männlicher Sicht, was mit dem Gespür einhergeht: Die Fähigkeit zur *Einfühlung*, zur Empathie, zum Perspektivwechsel, der wie von selbst vollzogen wird, um in Erfahrung zu bringen, was im Anderen vorgeht, wie etwas bei ihm ankommt, was er jetzt braucht; eine starke Zuwendung zum Anderen wird auf diese Weise möglich. Dass Frauen so häufig und ausgeprägt über diese Fähigkeit verfügen, könnte mit ihrer *Möglichkeit* zur Weitergabe von Leben zu tun haben, denn ein neues Leben ist existenziell auf ihr Einfühlungsvermögen angewiesen, und da diese Möglichkeit immer präsent ist, sind Frauen seltener als Männer in der Lage, die Haut eines Anderen auch nur anzuritzen. Ein Grund für die bessere Einfühlung kann ebenso die historische Erfahrung sein: Benachteiligte und Unterdrückte, zu denen Frauen lange gehörten, sind aus Überlebensgründen dazu gezwungen, ein solches Vermögen stärker auszubilden als Privilegierte und Herrschende, die seiner nicht zu bedürfen glauben – ein fataler Irrtum, der ihre Macht im Laufe der Zeit untergräbt.

Der Komplexität des Lebens, erst recht des sozialen Lebens und Familienlebens, scheint das *vernetzte Denken* besser entsprechen zu können, das ein Element weiblichen Daseins ist: Es erlaubt, sich mehreren Dingen zugleich zu widmen, scheinbar mühelos zwischen ihnen hin- und herzuspringen, während das unter Männern weit verbreitete *fokussierte Denken* eher die Konzentration auf Eines erlaubt. Es ist wohl auch eher männlich, in Gegensätzen zu denken, während Frauen das *Sowohl-als-auch* naheliegt, das allerdings Unterschiede zwischen einem »So« und einem »Auch« voraussetzen muss, die zuweilen Gegensätze sein können. Frauen haben mehr Sinn für Dinge, die teils so, teils anders sind; sie scheinen mit Unklarheiten, wie das Leben sie liebt, besser zurechtzukommen. Männer setzen, jedenfalls seit Kant, gerne auf das *Apriorische*, das vorweg aus dem Denken Gewonnene, Frauen eher auf das so genannte *Aposteriorische*, das »Danachkommende«, also auf die Erfahrungen, die sie machen, und die Schlüsse, die sie daraus ziehen. Anstelle des Prinzipiellen, wie etwas *eigentlich* sein sollte, ist ihnen das Pragmatische wichtiger, das unter den *gegebenen* Umständen machbar ist. Behalten Männer eher das abstrakte Allgemeine, allgemeine Theorien, Gesetze und Regeln im Blick, so Frauen lieber das Individuelle und Einzelne in seiner Eigengesetzlichkeit.

Das *ontologische Interesse* gilt bei Männern vorzugsweise den uferlosen Möglichkeiten, die über alle Grenzen hinaus »auszutesten« sind (daher die Vorliebe für *Science-Fiction* und *Fantasy*), bei Frauen hingegen eher der vorherrschenden Wirklichkeit, deren »Normalität« ihnen nicht als Nichtigkeit erscheint. Machen Männer sich dann auf den Weg, den sie glauben, gehen zu müssen, meiden sie Umwege, denn sie wollen *straight* leben, kraftvoll voraus, ohne Rücksicht auf Verluste, am allerwenigsten bei sich selbst. Frauen aber nehmen Umwege in Kauf, tauschen Erfahrungen aus und fragen sich und Andere stets aufs Neue, ob sie auf dem richtigen Weg sind. Die unterschiedlichen Lebensstrategien wirken sich in moderner Zeit auf die Art des Reisens aus: Männer bevorzugen die *theoretische Übersicht* von Stadtplänen und Landkarten und verlassen sich auf die eigene Orientierung im Denken. Frauen bevorzugen eher *praktische Beschreibungen* in Reiseführern und lassen sich vor Ort die Wege von denen erklären, die sich gut auskennen.

Was Ziele betrifft, gehen Männer oft *monoteleologisch*, »einzielig« vor: Sie definieren ein Ziel (*telos*), marschieren ohne Verzug direkt darauf zu und sind nicht erfreut, wenn ihnen etwas oder jemand in die Quere kommt. Dinge und Menschen haben zu funktionieren im Hinblick auf das Ziel, dem alle Konzentration gilt. Auf dem Weg dorthin ist es wichtig, Kräfte zu sammeln und zusammenzuhalten; aus diesem Grund äußert so mancher Mann sich ungern und nur dann, wenn es »zielführend« oder sonst wie unvermeidlich ist: Die verbale Verausgabung ist eine Verschwendung von Kraft, die Einzieligkeit erzwingt Einsilbigkeit. Auch Gefühle werden aus diesem Grund zurückgehalten: Die Energie, die in ihnen steckt, würde in Gefühlsäußerungen nur verpuffen. Frauen hingegen gehen oft *polyteleologisch* vor, »vielzielig«, spielen mit Zielen, verfolgen diverse Ziele, fassen einen ganzen Zielhorizont ins Auge und lassen auch den Weg schon als Ziel gelten. Sie sind bereit, ihre Kraft zu streuen, setzen an verschiedenen Punkten an, scheinen sich zu verzetteln, verfügen im Zweifelsfall aber über Ausweichmöglichkeiten. Sie sind vorsichtig, zuweilen skrupulös bei der Umsetzung in ein Tun, das eher im Stillen vor sich geht, während Männer nicht selten vorzeitig damit prahlen, mit und auch ohne Grund. Auf unvorhergesehene Situationen reagieren Frauen, indem sie sich um das Nächstliegende bemühen und der Besonderheit der Herausforderung Rechnung tragen. Da sie keiner abstrakten Logik folgen, können sie der Logik des Lebens, seinen Regelmäßigkeiten, Eigentümlichkeiten, Zufälligkeiten, Widersprüchlichkeiten besser entsprechen, statt dagegen anzuleben. Das versetzt sie in die Lage, Geschehenes rascher zu akzeptieren, keine Kräfte in geschlagenen Schlachten zu vergeuden und in der gegebenen Situation nach gangbaren Wegen zu suchen, vielleicht sogar das, was anders als gedacht gekommen ist, als interessante Abwechslung zu begreifen, während Männer noch damit beschäftigt sind, darüber zu klagen, dass es nun ist, wie es ist, und mit dem Schicksal zu hadern.

Der entscheidende Unterschied, der Frauen wohl einen Vorteil bei der Lebensbewältigung verschafft, ist aber ihre *hermeneutische Beweglichkeit*. Anders als viele Männer sind sie an anderen Sichtweisen und Möglichkeiten der Deutung interessiert, an denen sie mithilfe von Bildung und Weiterbildung, Kunst und Literatur unentwegt arbeiten. Der Büchermarkt und viele kulturelle Veranstaltungen zeigen immer wieder das gleiche Bild: Der deutlich größere Teil des Publikums ist weiblich. Eigenartig, wie die Anteile sich verkehren, wenn Menschen ihr Leben selbst beenden: Die weitaus meisten Selbsttötungen werden von Männern vollzogen. Die Kriminalstatistik zeigt eine noch extremere Verteilung zu Ungunsten der Männer. Das legt den Schluss nahe, dass Frauen in schwierigen Lebenssituationen *eher* aus dem rechtzeitig erworbenen hermeneutischen Potenzial schöpfen können, das ihnen ermöglicht, Dinge noch anders zu sehen und anders zu deuten, andere Wege zu gehen und so auch aus Sackgassen des Lebens wieder herauszufinden. Selbst die offensichtlichste Wirklichkeit können sie noch in Frage stellen, den vertrautesten Begriff neu überdenken, immer kann in ihren Augen noch etwas Anderes wahr sein. Männer hingegen neigen *eher* dazu, auf ihrer Sichtweise und ihren Begriffen zu beharren, nicht nur gewagte Behauptungen über die Wirklichkeit aufzustellen, »wie sie ist«, sondern sich auch darin einzuschließen.

Sie wollen wissen, »was Sache ist«, und legen im Zweifelsfall die Sache per Definition selbst fest.

Frauen nehmen zudem das Bedürfnis nach *Sinn im Leben* ernst, auf jede Weise und auf allen Ebenen, beginnend mit dem *Sinn der Sinnlichkeit*. Sie schöpfen das Potenzial der Sinne aus, können sich teilweise auch der besseren biologischen Ausstattung dazu bedienen, etwa beim Geruchssinn, bei dem ihnen eine größere Anzahl von Rezeptoren eine differenziertere Wahrnehmung ermöglicht. Ein starkes Verhältnis unterhalten viele Frauen zum Tastsinn, daher der Wunsch nach Berühren und Berührtwerden, nach körperlicher Nähe und Umarmung. Dem Bedürfnis nach Berührung folgen sie häufiger als Männer, holen sich das erforderliche Quantum notfalls bei Anderen (daher der häufige Gang zum Friseur) und nutzen für die Selbstberührung die Künste der Kosmetik (daher das häufige Schminken). Mit dem Körpersinn ihres »Bauchgefühls« verfügen sie über ein Sensorium für Zusammenhänge, das viele Männer ungern wahrhaben wollen. Und sie achten darauf, den Sehsinn wachzuhalten und ihre Umgebung ansehnlich zu gestalten, mit einer ostentativen Liebe zu schönen Dingen, ohne nach deren Nützlichkeit zu fragen. So verstehen sie sich eher als Männer darauf, sich das Leben »schön zu machen«, also Bejahenswertes zu finden und wenigstens für Momente Situationen zu schaffen, in denen das Leben zu genießen ist, Momente, die andere Zeiten ausbalancieren können. Mit ihrem ausgeprägten Sinn für die gelegentliche Verlangsamung und ziellose Ritualisierung des Lebens fällt es ihnen leichter, aus einer zielgerichteten Anstrengung für eine Weile »herauszuspringen«, sich zu erholen, neu zu orientieren und auch wieder anderen Ideen zu öffnen: Größere Fähigkeit des Lassens, somit der Gelassenheit.

Jede erdenkliche Aufmerksamkeit widmen Frauen dem *seelischen Sinn* der gefühlten Beziehungen zu Anderen. Sie erfahren sich vorzugsweise im Austausch mit Anderen, während Männer *eher* sich selbst fordern müssen, um sich zu spüren. Zu seelischer Zuwendung fähig und umgekehrt ihrer bedürftig sind die Geschlechter wohl in gleicher Weise, beide erfahren gerne Bewunderung für ihre Stärken und Nachsicht für ihre Schwächen; weniger als Männer scheuen Frauen sich jedoch davor, das auch zu zeigen. Während es Männern naheliegt zu sagen: »Das ist nicht mein Problem«, sind Frauen bereit, Probleme Anderer als eigene zu sehen, sich um eine Lösung zu bemühen und Anderen auf diese Weise sehr viel Hilfe zukommen zu lassen, zuweilen bis zur Selbstaufgabe; aber sie suchen auch *eher*, anders als viele Männer, ihrerseits Hilfe bei Anderen. Der *Beziehungsaspekt* ist so zentral in ihrem Leben, dass sie sehr darunter leiden können, wenn in einer Beziehung »etwas nicht stimmt«. Sie denken in Beziehungen und pflegen sie vor allem in Gesprächen; daher der endlose Gesprächsbedarf, für den thematische Belanglosigkeit, wie Männer sie aus ihrer Sicht zu erkennen glauben, kein Hinderungsgrund ist. Eine anfängliche Unverbindlichkeit garantiert die Freiheit des Anderen und bindet ihn nicht vor der Zeit schon in ein *commitment* ein. Frauen sehen auch kein Problem darin, dass ein Austausch zuweilen darauf hinausläuft, wechselseitig nur Selbstgespräche zu führen: Der Austausch ist eine Variante des Gesprächs mit sich, das nötig ist, um sich immer wieder neu zu finden. Nicht wenige Männer hingegen neigen dazu, Gespräche weder mit sich noch mit Anderen zu führen; so staut sich vieles in ihnen an, während Frauen Äußerungen habituell zur Entlastung ihres Inneren nutzen.

Für die *geistige Sinnstiftung* bevorzugen Frauen die Form der

Erzählung, also *narrativen* Sinn, während es Männern eher um logischen und insbesondere *teleologischen* Sinn geht: Die Ausrichtung auf ein Ziel ist entscheidend, und dem jeweiligen Ziel kommt aus ihrer Sicht so herausragende Bedeutung zu, dass alles Andere demgegenüber nichtig erscheint. Aus weiblicher Sicht wiederum macht es keinen Unterschied, ob etwas nichtig oder bedeutsam ist, denn das Bedeutsame ist oft in *scheinbaren Nichtigkeiten* verborgen, und wichtig ist, dass sich davon erzählen lässt. Besser als Männer verstehen Frauen, dass gerade Nichtigkeiten Menschen zusammenführen können, da sie die Zugangsschwelle zueinander niedriger halten als große Sprüche, Ansprüche und Anmaßungen. Sich ausgiebig mit den scheinbaren Nichtigkeiten des Lebens zu beschäftigen, die ohnehin nicht zu umgehen sind, hat außerdem den Vorteil, anhand ihrer Überschaubarkeit wieder Orientierung im undurchdringlichen Dickicht des Lebens zu gewinnen. So bleibt gerade in schwieriger Zeit immer etwas zu besprechen und zu tun. Das Nichtige gibt Halt, daher das hingebungsvolle Interesse für die aus männlicher Sicht so sinnlosen Details des Alltagslebens: Welchen Farbton soll der Lippenstift, welchen sollen die Schuhe haben, und was wollen wir heute Abend essen? Was immer sich als allzu bedeutsam vordrängt, lässt sich auf diese Weise wieder relativieren. Sich dem scheinbar Nichtigen mit einer Ernsthaftigkeit zu widmen, als hinge das Leben davon ab, macht Sinn, denn es hängt tatsächlich davon ab. Männer, die das negieren, geraten in schwierigen Lebenssituationen weit eher als Frauen in Gefahr, sich selbst zu verlieren.

Im Hinblick auf einen möglichen, *transzendenten Sinn* über das Leben hinaus neigen Männer dazu, nach dem Woher und Wohin des Lebens überhaupt zu fragen. Eine Antwort darauf sollte möglichst wissenschaftlich belegt sein, kann aber auch dogmatisch festgelegt werden; gibt es keine definitive Antwort, welche auch immer, kommt Verzweiflung auf. Frauen hingegen pflegen, wenn denn der Sinn überhaupt über das Leben hinausreichen muss, eine *diffuse Metaphysik*, für die Wissenschaft und Dogmatik wenig bedeutsam sind. Aufgrund ihrer grundsätzlichen hermeneutischen Offenheit können Frauen sich viele Möglichkeiten einer Transzendenz vorstellen, die überdies nicht im Widerspruch zum Sinn der Sinnlichkeit und anderen Ebenen stehen müssen, sodass das Sinnpotenzial voll ausgeschöpft werden kann. Die Unterschiede zeigen sich beim Blick in die Sterne: Männer bevorzugen den *astronomischen*, Frauen den *astrologischen* Blick. Mit ihrer Haltung, die einigen Eigensinn auch im Rahmen einer organisierten Religion behauptet, leben Frauen dem religiösen Sinn nach und stärken, wie Maria, »das Eine, das not tut« (Lukas 10,42). Die Religionsgeschichte wäre ärmer ohne ihre religiöse Begeisterung, und in Religionsgemeinschaften, in denen Männer sich die priesterliche Funktion vorbehalten, sind es oft Frauen wie Marias Schwester Martha, die mit ihrem pragmatischen Einsatz den Alltag der Gemeinden organisieren und lebendig erhalten.

So anders sind Frauen, dass Männer zuweilen an ihnen verzweifeln, insbesondere dann, wenn die Männer Philosophen sind und Frauen zu ergründen suchen: Das ist das Sujet des Romans *La Noia* von Alberto Moravia, 1960 erschienen, 1998 verfilmt von Cédric Kahn (*L'Ennui*, deutscher Titel: *Meine Heldin*). *Sie*, die 17-jährige Cecilia, im Film gespielt von Sophie Guillemin, erscheint als Inbegriff der Erotik, aber das langweilt *ihn*, den etwa 40-jährigen philosophierenden Maler Dino, der im Film zum Philosophielehrer Martin (Charles

Berling) wird. Bis er, der sich doch zu allem und jedem auf Distanz hält, schließlich heillos betört ist von ihrer Ausstrahlung, die sich fast mit Händen greifen, aber nicht so recht begreifen lässt. Gerne würde er mit ihr einen geordneten Diskurs führen, mit Argumenten, über deren Stichhaltigkeit er selbst entscheiden würde, aber um keinen Preis ist sie dazu bereit: Diskurs ist Differenz, Unterschied der Meinungen, Zwang zur Festlegung. Ihr Diskurs ist sinnlicher Natur, und sie inkarniert selbst die Sinnlichkeit in üppiger Fülle, immer und überall bereit, zum Akt zu werden, um die Aktualität und sonst nichts zu feiern.

Er verlangt nach Gründen, die er mit seiner Logik fassen kann, aber *sie* liefert ihm keine Gründe und weigert sich, darüber auch nur nachzudenken: »Was nützt das denn, etwas zu denken?« Er will Wahrheit. »Welche Wahrheit?«, fragt sie. Nur Männer glauben an die Wahrheit, Frauen an das Leben, das seine eigene Wahrheit kennt: Alles ist möglich und kann wirklich werden, was aber wirklich wird, ist vergänglich, ohne dass es einer Erinnerung würdig wäre, denn das würde wiederum eine Differenzierung der Zeiten erfordern, zu der Cecilia nicht bereit ist. Sie repräsentiert die Unschuld, die zeigt, dass es auch Schuld nur dort geben kann, wo es Differenz gibt. Ein Leben in vollkommener Identität und Indifferenz führt diese junge Frau und nötigt ihr Gegenüber zu einer Antwort auf die Frage: Ist es wichtiger, ein Philosoph oder ein Liebhaber zu sein? Er sucht beides miteinander zu verknüpfen und Wahrheit im Vollzug des erotischen Aktes zu finden. Mangels Sättigung steigert sich sein Bedürfnis danach ins Unerträgliche und gestattet ihm keine Erholung mehr, bis die Lust in Unlust, dann in Schmerz umschlägt und der Tod durch Auszehrung droht. Zuletzt will er die ominöse Wahrheit mit allen

Mitteln erzwingen, aber selbst die Gewalt, die er der Heldin antut, lockt sie nicht in die Falle der Differenz, die das Ende der ihr eigenen Existenz wäre. So obsiegt sie immer, ohne dass ihr etwas daran läge, während er zum Opfer seiner Maßlosigkeit wird, von den Lüsten hinweggespült, mit denen er nicht umzugehen weiß. Über der Suche nach Wahrheit die Arbeit an der Lebenskunst zu vernachlässigen, rächt sich eben; daher sind Frauen, die ohne letzte Wahrheit auskommen, wohl die besseren Lebenskünstler. Die Männer werden nachzuarbeiten haben. Zumal in einer Situation, in der für eine wachsende Zahl das Mannsein von Grund auf neu in Frage steht.

Die Kunst, ein Mann zu sein:
Müssen Männer sich neu erfinden?

Beide Geschlechter leben im Rahmen der jeweiligen Zeit, die auf sie einwirkt und auf die sie zurückwirken: Auf die Erfahrungen, die sie machen, antworten sie mit ihrer Art zu leben, die wiederum *peu à peu* die Zeit verändert. Die gesamte moderne Zeit war, ausweislich der Aufklärer, die sie vorbereiteten, im Wesentlichen eine männliche Erfindung, wenngleich mit wirksamer weiblicher Unterstützung (ohne Leserinnen kein Schrifttum der Aufklärung). Für jeden Menschen sollte mit der *Emanzipation*, mit der Entlassung Abhängiger in die Freiheit (*emancipare* im Lateinischen), mit der Befreiung von Fesseln der Religion, Tradition, Konvention und Natur, eine eigenständige, *autonome* Lebensgestaltung möglich werden. So jedenfalls die Idee, an deren Realisierung Männer jedoch vor allem für sich selbst arbeiteten: Sie erklärten die Menschenrechte für alle Menschen, um sie dann in erster Linie für sich selbst in Anspruch zu nehmen. Hatte die Französische Nationalversammlung 1792 noch in Mann und Frau die gleichberechtigten Partner eines Ehevertrages gesehen, bekräftigte Napoleon zehn Jahre später bei den Beratungen im Staatsrat über den *Code civil* die alten Machtverhältnisse: »Die Natur hat unsere Ehefrauen zu unseren Sklaven gemacht.«

Es waren Männer, die das Reale auf das rational Erfassbare reduzierten und eine lineare, nichtzyklische Zeitauffassung etablierten, um einen planmäßigen Fortschritt zu realisieren; so erarbeiteten sie die Moderne, in der sie selbst sehr viel *äußere Freiheit* erreichten: Größere soziale Mobilität durch Erwerbsarbeit (die Frauen lange versagt blieb), größere körperliche Mobilität durch Technik (die lange eine männliche Domäne bleiben sollte), größere geistige Mobilität durch Wissenschaft (in der Frauen lange Zeit Ausnahmen blieben), erkauft durch eine gehemmte Mobilität von Gefühlen und Deutungen. Frauen blieb nur die Weiterentwicklung der *inneren Freiheit*, die größere Mobilität von Gefühlen (oft als »Hysterie« abgetan) und von gedanklichen Deutungen, verbunden mit üppig betriebener Lektüre (oft als »Lesesucht« abgestempelt). Das sollte sie über die Immobilität in sozialen Rollen, die Männer ihnen zuwiesen, und über den weitgehend verwehrten Zugang zu deren Domänen Arbeit, Technik, Wissenschaft, Politik hinwegtrösten. Erst nach langem Kampf um ihre eigene Emanzipation, teils mithilfe von Männern, zum größeren Teil gegen sie, konnten Frauen die Möglichkeiten der Moderne auch für sich selbst nutzen und zu ihrer inneren Freiheit die äußere erstreiten, mit eigener Erwerbsarbeit und Bewegungsfreiheit, Aneignung von Technik, Wissenschaft und Politik, und insbesondere einer eigenen Beanspruchung von Rechten. Dass der Mann in familiären Angelegenheiten das Alleinentscheidungsrecht, die Frau die »Folgepflicht« hat, wurde beispielsweise im westdeutschen Familienrecht 1957, endgültig erst 1977 geändert.

Mit der Auflösung überkommener Rollen aber gehen *Irritationen der Männer* einher. Die weibliche Eroberung »männlicher« Freiheit, die Selbstbefreiung vieler Frauen aus alten Rollen führt dazu, dass Männer sich mehr und mehr »ausgehebelt« sehen und darauf mit Verunsicherung reagieren; eine eigene Arbeit an innerer Freiheit um einer veränderten Souveränität willen kommt vielen erst allmählich in den Sinn. Die Moderne selbst entgleitet ihnen, Frauen scheinen die moderne Beweglichkeit von Menschen, Dingen und Situationen besser bewältigen zu können und sind wohl auch eher in der Lage, diese Zeit zu modifizieren: Die andere Moderne des 21. Jahrhunderts fällt im Vergleich zur Moderne des 19. und 20. Jahrhunderts weiblicher aus, mit größerer Aufmerksamkeit auf ökologische und soziale, nicht mehr nur ökonomische und rationale Zusammenhänge, und mit mehr Zeitinseln einer zyklischen Zeit, die die lineare Zeit ergänzen. Manche Frauen gehen ihren Weg, ohne sich noch weiter um Männer zu bekümmern, andere sind beunruhigt von deren Irritation. Dass viele Frauen sich nach historisch langer Benachteiligung nicht durchweg ins Ressentiment zurückziehen, ist ein Indiz dafür, dass es noch Beziehungen zwischen den Geschlechtern geben kann, wenngleich unter anderen Vorzeichen als jemals zuvor. Aber was bedeutet das für die Männer? Haben sie sich neu zu erfinden? Die Klärung, was es heißen kann, *ein Mann zu sein* und wie veränderte männliche Rollen aussehen können, ist die Voraussetzung dafür, auf die Herausforderungen noch anders antworten zu können als mit einem endlosen Lamento oder einem gewaltsamen Festhalten an gewohnter Dominanz.

Überlegungen dazu sollen die je eigene Besinnung anregen, nicht eine Wahrheit des Mannseins festschreiben.

Soweit Männlichkeit, wie Weiblichkeit, zu einem Teil eine Frage der *Biologie* ist, kann es hilfreich sein, einige der biologischen Bedingungen zu kennen, um sich damit zu befassen und beispielsweise von der persönlichen Dosis Testosteron möglichst verträglich für sich und Andere Gebrauch zu machen. Einfluss kann genommen werden auf die Zahl der Neuronen und ihre bessere Vernetzung mithilfe von geistiger Arbeit und mit dem Bemühen um größere hermeneutische Beweglichkeit; auch die im Gehirn angelegte »Kommunikationskompetenz« ist dank Neuroplastizität mithilfe von Übung noch verbesserungsfähig. Was die *kulturelle Prägung* angeht, waren es lange Zeit Männer selbst, die ihre »Männlichkeit« in Entgegensetzung zu einer »Weiblichkeit« definierten, deren Eigenwert sie zugleich bestritten, mit allen politischen, rechtlichen und lebenspraktischen Konsequenzen. Sich gegen ein »schwaches Geschlecht« zu stellen, diente dazu, sich selbst stark zu fühlen und keinen Gedanken darauf zu verschwenden, dass Schwäche und Stärke relative Begriffe sind, relativ zu kulturellen und individuellen Interpretationen. Auch Abänderungen der kulturellen Prägung kann jedoch der einzelne Mann selbst mit *individueller Interpretation und Variation* vornehmen und beispielsweise mit der Einsicht, dass weibliche Anteile auch dem männlichen Selbst nicht gänzlich fremd sein müssen, darauf verzichten, den geschlechtlichen Gegenpol und dessen spezifische Perspektive abzuwerten. Mit Selbstaufmerksamkeit, Selbstkenntnis und Selbstdefinition kann jeder seinen eigenen Platz im Spannungsfeld zwischen Männlichem und Weiblichem, Mann- und Frausein, aber auch im innermännlichen Spannungsfeld finden.

Denn auch das Mannsein kennt eine *geschlechtsinterne Polarität*, und den gegensätzlich gepolten Männern ist die Zugehörigkeit zum selben Geschlecht nicht immer angenehm. Da ist einerseits der Mann, der seine *Freiheit* über alles liebt und kulturell sein Vorbild vielleicht in Don Juan/Don Giovanni findet, filmisch in Helden, wie sie von John Wayne oder Charles Bronson dargestellt wurden, auf ganz andere Weise von Charles Denner in *Der Mann, der die Frauen liebte* (Regie François Truffaut, Frankreich 1977). In moderner Zeit legt dieser Mann gesteigerten Wert auf seine *Autonomie*, die er konsequent auslebt, ein Drama für so manche Frau, die sich im Moment des Begehrens zu ihm hingezogen fühlt, um dann entsetzt zu sein, wenn er weiterzieht, sobald die Früchte des Begehrens heranreifen: Klagen über »die unzuverlässigen Männer« liegen nahe, aber Frauen wählen selbst den Mann, mit dem sie sich einlassen, wenngleich unter dem Einfluss biologischer Zyklen. Familie schätzt der autonome Mann am ehesten als Statussymbol und Hort seiner Macht. Den Gegenpol markiert der Mann, der Einschränkungen seiner Freiheit klaglos in Kauf nimmt und gerne an einer *Bindung* festhält. Gutmütig ist er bereit, über sich bestimmen zu lassen und für diese *Heteronomie* den Spott anders gepolter Männer zu ertragen, »Milchschaumschlürfer« und »Frauenversteher« zu sein. Erneut ist zwischen den Extremen viel Platz. Wie bei den innerweiblichen Polen sind auch bei den innermännlichen vielfältige Mischformen möglich (Dieter Schwanitz, *Männer*, 2001). Ein Mann kann beide Seiten in sich fühlen, und phasenverschoben können beide zum Vorschein kommen, auch ein dauerhafter Seitenwechsel ist möglich: In der Komödie *Was Frauen wollen* (Regie Nancy Meyers, USA 2000) sieht sich der Werbemanager Nick Marshall (Mel Gibson), eigentlich ein

Macho alter Machart, plötzlich mit der Gabe ausgestattet, die Gedanken der Frauen, die ihm begegnen, zu hören. So kann er sie damit überraschen, ihre Perspektive nachzuempfinden und auf ihre geheimen Wünsche und Befürchtungen einzugehen. Endlich versteht er besser, wie das Leben anders gesehen und bewältigt werden kann; er mutiert zum tollen Liebhaber und fürsorglichen Familienvater und entspricht damit dem mutmaßlichen weiblichen Idealbild eines Mannes am besten.

Die *Kunst, ein Mann zu sein*, beruht auf der individuellen Orientierung in diesem Spannungsfeld. Wann ist der Mann ein Mann? Wenn er seiner *eigenen Idee* vom Mannsein entsprechen kann, um ein »Mannsbild« zu sein: Darin besteht sein Glück. Auf dem Weg zur eigenen Idee ist es sinnvoll, sich mit *archaischen Ideen* des Mannseins auseinanderzusetzen, die der Einzelne sich nicht selbst ausgedacht hat, die er jedoch vorfindet und denen er womöglich *unbewusst* folgt. Er kann an ihnen *bewusst* festhalten, sie jedoch auch abändern: Etwa dass Mannsein heißt, stolz und machtbewusst zu sein, sich nicht lächerlich zu machen, die Wertschätzung seiner selbst zu bewahren und die Anderer zu gewinnen. Zweifellos geht es darum auch Frauen, oft jedoch verdeckter, *psychischer*, umwegiger, während Männer offener, *physischer*, auch ausgeloser diesen Ideen folgen, bis hin zu Erscheinungsformen, die gravierende Differenzen innerhalb der Männerwelt selbst zutage treten lassen: Ein Mann kann peinlich berührt sein, wenn Stolz und Macht mithilfe *archaischer Rituale* exerziert werden, mit plumper Anmache, rücksichtsloser Grobheit, blödem Herumschreien, sinnlosem Betrinken, Androhen von Schlägen und wirklichem Zuschlagen. Männer, die damit nichts zu tun haben wollen, verdanken der modernen Befreiung von überkommenen Rollen selbst sehr viel. Zugleich prägen *moderne Ideen* das Mannsein, denen viele unbewusst folgen und die vielleicht zu korrigieren wären: Immer aktiv sein zu müssen, erfolgreich im Berufsleben, potent in der Liebe, verwöhnt vom Glück, stets auf der Seite des Positiven. In ihrer Unverrückbarkeit werden diese Ideen zum Problem, wenn Misserfolg, Krankheit, Unglück sich einstellen und nicht gut zu bewältigen sind, da sie nicht als Teil des Lebens gelten.

Eine archaische und zugleich moderne Idee des Mannseins, die zu überdenken sich lohnt, ist die *Prinzipienfestigkeit*, die glaubwürdiger wird, wenn sie nicht mit der Geringschätzung anderer Vorgehensweisen einhergeht. Sie mit mehr Einfühlung und Gespür, mehr Rücksicht und Umsicht zu praktizieren, könnte in modifizierter Form erneut eine männliche Stärke daraus machen. Neu zu überdenken wäre auch die *Zielgerichtetheit* des Denkens und Tuns, die den konzentrierten Einsatz von Energien möglich macht: Dass Männer Karriereleitern erklimmen können und Frauen nicht selten ein Problem damit haben, hat *auch* mit dieser Disposition zu tun. Die Idee bleibt sinnvoll, wenngleich nun nicht mehr nur für Männer, um Ziele nicht allzu vorschnell wieder aus den Augen zu verlieren. Zu korrigieren wäre allenfalls die männliche *Einzieligkeit*, die die Gefahr in sich birgt, in ein tiefes Loch zu fallen, wenn das Ziel nicht erreicht wird, und auch dann, wenn es erreicht wird und kein weiteres Ziel zur Verfügung steht. Eine wertvolle Idee kann weiterhin sein, sich auf dem Weg zum Ziel, und auch, wenn der Weg selbst das Ziel ist, um *Exzellenz* zu bemühen, das Beste zu geben und möglichst der Beste (»der Held«) zu sein. Die Erfahrung zeigt, wie erfüllend und anhaltend beglückend es sein kann, eine Rolle ganz und gar auszufüllen: Exzellenter Liebhaber, Ehemann, Vater, Freund zu sein, exzellent im Job, in Sport und Spiel, wenn auch nicht in allen Bereichen zugleich – sofern Exzellenz nicht mit Perfektion verwechselt wird, denn die Exzellenz erlaubt Fehler, aus denen gelernt werden kann, die Perfektion schließt sie aus.

Denkbare Modifikationen des Mannseins betreffen jedoch vor allem die Idee der *Arbeit*, den Dreh- und Angelpunkt des männlichen Selbstverständnisses in moderner Zeit, denn der Stolz auf die eigene Leistung, der Erwerb materieller Mittel, somit von Macht ist daran gebunden. Aber Arbeit ist nicht nur Erwerbsarbeit; etliche weitere wichtige Arbeiten im Sinne von Anstrengung, Bewältigung, Gestaltung sind vielmehr zu leisten, zu einem guten Teil Frauen schon seit längerem vertraut: Zuallererst die *Arbeit an sich selbst*, die Pflege der Selbstbeziehung als Voraussetzung dafür, Beziehungen zu Anderen gründen und bewahren zu können. Diese Arbeit erfordert *Selbstaufmerksamkeit*, um sich über die eigenen Vorlieben und Abneigungen, Stärken und Schwächen klarer zu werden, und auch die antike Form der Selbsterkenntnis trägt zur besseren *Selbstkenntnis* bei: Erkenne, dass du ein Mensch bist, kein Gott, verletzlich, nicht unverletzlich, zuweilen machtlos, nicht allmächtig, älter werdend, nicht alterslos, sterblich, nicht unsterblich. Mit einer *Selbstbefreundung* sind die gegensätzlichen Seiten im männlichen Selbst auszutarieren, etwa Denken und Fühlen, Zärtlichkeit und Zorn, Souveränität und Ängstlichkeit, Freiheitsdrang und Bindungsbedürfnis, männliche und weibliche Anteile. Durch die Selbstbefreundung können Körper, Seele und Geist so miteinander verschränkt werden, dass keine Ebene zu Lasten anderer dominiert.

Männer scheinen jedoch oft schon auf der *körperlichen Ebene* ein Problem mit sich zu haben (auf andere Weise auch Frauen, die selten mit ihrer körperlichen Erscheinung einverstanden sind): Entweder kennen sie nur ihren Körper oder gerade den nicht. Viele sehen in ihm eine Art von *Haustier*, das weitgehend zu ignorieren ist (der Körper gehört nicht wirklich zu ihnen) oder aber zu parieren hat (er hat dienstbar zu sein, auch wenn ihm unsinnige Dienste abverlangt werden) oder nach Kräften verwöhnt wird (wehe aber, wenn er irgendwann »nicht mehr richtig funktioniert«). Kommen unangenehme Seiten des Körperlichen zum Vorschein, Unwohlsein, Schmerzen, Verletzungen, Krankheiten, neigen Männer dazu, Niederlagen darin zu sehen; lange übergehen sie die Symptome, bekämpfen sie dann wie Feinde – oder überhöhen sie hypochondrisch, damit riesenhaft erscheint, wovon das männliche Selbst in die Knie gezwungen wird.

Ein *pfleglicher Umgang mit dem Körper* würde erfordern, dessen Bedürfnis nach Bewegung Folge zu leisten, auch Ernährungsfragen nicht als belanglos abzutun und nicht für alle Zeiten Fleisch und Wurst für »männlich«, Gemüse, Salat und Obst für »weiblich« zu halten; schließlich die Sexualität pfleglich zu behandeln, die an Intensität gewinnt, wenn sie von der Einfühlung in den Anderen beflügelt wird und zugleich nicht immer allen Lebensinhalt allein verbürgen muss. Auf seelischer Ebene geht es um den *pfleglichen Umgang mit Gefühlen*, die im männlichen Selbst über längere Zeit hinweg eine Existenz im Verborgenen zu führen hatten, bevor sie infolge heftigen Gegensteuerns willkürlich ausgelebt werden mussten. Über ihre bloße Befreiung hinaus ist der Freiheit Form zu geben, das aber heißt, nicht nur die Impulse der Gefühle wahrzunehmen, sondern sie zuweilen, um ihrer Lebbarkeit willen, auch wieder einzudämmen. Und auf geistiger Ebene kommt es vor allem auf den *pfleglichen Umgang mit Gedanken* an, die sich mit »tiefer« gehenden Fragen beschäftigen: Was ist eigentlich Leben, Liebe, Glück, Sinn? Welche Bedeutung hat das jeweils für mich und mein Leben? Und wie kann ich mich auch mit »negativen« Gedanken anfreunden, etwa dem Gedanken an den Tod, statt die Beschäftigung damit als »unmännlich« abzutun?

Um nach der Befreiung des Selbst von alten Vorgaben nicht ewig auf der Suche nach dem verlorenen Selbst zu sein, bedarf es einer *Selbstdefinition*, einiger Festlegungen, die dem männlichen (wie dem weiblichen) Selbst dazu verhelfen, einen festen Kern zu gewinnen, mithilfe von Antworten auf diese Fragen:

1. Was sind meine *wichtigsten Beziehungen* der Liebe und der Freundschaft, über die ich mich definieren möchte? Neben der Liebe im engeren Sinne geht es dabei vor allem um Beziehungen der Freundschaft zwischen Männern (wie zwischen Frauen), in denen verständnisinnige Begegnungen möglich sind, frei vom Kräfte raubenden Spiel der Sexualität.

2. Was sind die *wichtigsten Erfahrungen*, die fester Bestandteil meiner selbst bleiben sollen? Dabei kann es sich um Erfahrungen der ersten Liebe und der tiefsten Enttäuschung handeln, um angenehme und weniger angenehme Erfahrungen des Mannseins (wie des Frauseins), die für den eigenen Lebensweg große Bedeutung gewonnen haben.

3. Was ist *mein Traum*, mein Glaube, mein bestimmter Weg und vielleicht mein Lebensziel, meine fixe Idee, meine Sehnsucht, die womöglich geschlechtstypisch geprägt ist?

4. Was sind die *bestimmten Werte*, die ich besonders schätzen und pflegen möchte, und welcher Wert soll im Zweifelsfall Vorrang haben, wenn ich etwa zwischen Freiheit und Bindung, Risiko und Sicherheit, Konsequenz und Nachgiebigkeit beim Gebrauch von Macht wählen muss?

5. Welche *besonderen Charakterzüge* will ich stärken, die mir männlich (oder weiblich) erscheinen: Geiz oder Großzügigkeit? Ungeduld oder Duldsamkeit? Zögerlichkeit oder Entschlossenheit? Und welche Gewohnheiten will ich sorgsam pflegen, vielleicht beginnend, nicht endend, mit der ungestörten Zeitungslektüre am Morgen?

6. Was ist *meine Angst*, die einfach da ist, die Verletzung, die ich erfahren habe, gar das Trauma, an dem das männliche (wie das weibliche) Selbst anhaltend leiden kann? Diese Seite des Selbst ausschließen zu wollen, liegt nahe, kostet jedoch unsinnig viel Kraft und ist letztlich ohnehin vergeblich; daher der Versuch, einen Teil des Selbst darin zu sehen, um alle Kraft dafür übrig zu haben, gut damit zurechtzukommen.

Hilfreich ist dabei 7. das *betörend Schöne*, an dem das männliche (wie weibliche) Selbst auf je spezifische Weise sein Leben orientieren kann: Was sind die Momente, Anblicke, Arbeiten, Spiele, Lüste, Gespräche, Gedanken, zu denen ich vorbehaltlos »Ja« sagen kann, die sehr viel Sinn vermitteln und somit zu einer Quelle von Kraft werden, mit der mühelos auch größte Schwierigkeiten zu bewältigen sind?

Sich selbst treu zu sein heißt, an all diesen Punkten festzuhalten, auch wenn sie grundsätzlich veränderbar sind, und damit Ecken und Kanten auszubilden, an denen Andere »einhaken« können. Das Selbst, das ein definiertes Verhältnis zu sich unterhält, ist gerade aus diesem Grund auch zu definierten Verhältnissen zu Anderen in der Lage. Die Stärkung des Selbst führt zu einem *Selbstbewusstsein*, das von innen kommt, nicht mehr *nur* von außen über sozialen Status, Job, damit verbundenes Einkommen, Besitzverhältnisse und insbesondere den Besitz von Technik. Dieses Selbst bedarf keiner übermäßig stolzen Selbstbehauptung mehr und ist zu weitreichenden

Zugeständnissen an Andere in der Lage. Das Machtbedürfnis, das durch *Selbstmächtigkeit* befriedigt werden kann, muss fortan weniger heftig nach außen gewendet werden. Und wer mit sich befreundet ist, kann auch Anderen ein Freund sein.

In einem zweiten Schritt, der auf die Arbeit an sich selbst folgt, konzentriert sich die *Arbeit an Freundschaft* auf starke Beziehungen zu Anderen, die zu gründen und zu pflegen sind. Nur in nichtmodernen Kulturen kann die Pflege der Freundschaft noch eine fraglose Selbstverständlichkeit sein, in modernen Kulturen aber ist eine Arbeit daraus geworden, die eine bewusste Wahl erfordert und doch ganz unverzichtbar ist: Mit dem wahren Freund können die Gespräche geführt werden, auf die so viel ankommt, die »tieferen« Gespräche, in denen es darum geht, das Leben zu deuten und zu interpretieren. Kleine und große Lebensfragen sind miteinander zu besprechen, Geschehnisse, Begegnungen und Erfahrungen hin- und herzuwenden und Schlüsse daraus zu ziehen: Welche Erfahrungen sind wie einzuschätzen? Welche verborgenen Zusammenhänge lassen sich bei einer Sache ausfindig machen? Welche Argumente können für und gegen eine Wahl aufgeboten werden? Welchen Werten soll welche Bedeutung beigemessen werden? Was ist wirklich wichtig im Leben? Was ist schön, was bedeutet Glück, was macht Sinn, was nicht?

In einem dritten Schritt tut sich das weite Feld der *Familienarbeit* auf, an der jedenfalls dann kein Weg vorbeiführt, wenn es Familie überhaupt noch geben soll, die vom Verfall der Beziehungen infolge moderner Befreiung im Kern getroffen worden ist. Familie existiert nicht mehr aufgrund religiöser, traditioneller und konventioneller Vorgaben, sondern nur noch aufgrund einer freien Wahl der Beteiligten, für die gute Gründe sprechen können, denn Vertrautheit und Geborgenheit, die Erfahrung von Liebe und die Weitergabe von Leben, die als schön und bejahenswert empfunden werden kann und keine bloße Pflichterfüllung mehr sein muss, sind am ehesten im Rahmen einer Familie zu verwirklichen. Familienarbeit heißt, die engsten Beziehungen zu pflegen, das immer schwierige Zusammenleben zu koordinieren, den gemeinsamen Rhythmus fürs Leben zu finden, Kinder zu erziehen, den familiären Alltag zu bewältigen, die lästigen Hausarbeiten zu erledigen. Männer haben hier einen gewissen Nachholbedarf und sind nicht immer darauf gefasst, dass die Familienarbeit nach einer ganz anderen Logik funktioniert als die Erwerbsarbeit. Aber die Mühe, die sie macht, wird reich belohnt: Menschen, die in familiären Bindungen leben, stellen sich in aller Regel die Frage nach dem Sinn des Lebens nicht mehr; das Leben in Familie *ist* der Sinn, nicht der einzig mögliche, aber einer, der nur mit Mühe anderweitig zu erreichen ist.

Über die Familie hinaus ist die gesamte Gesellschaft von der modernen Auflösung von Beziehungen infolge von Befreiung bedroht. Umso größere Bedeutung gewinnt neben der Organisation des Privatlebens in einem vierten Schritt die *Bürgerarbeit*. Dass Individuen sich als Bürger wahrnehmen, sich als Teil der Gesellschaft verstehen und an deren Zusammenhalt arbeiten, ist ein Wesenszug der Demokratie und trägt zur Formgebung der Freiheit bei. Die entsprechende Arbeit umfasst bereits die Gestaltung der *Begegnung mit Anderen* im Alltag, diesen scheinbar banalen Aspekt der Bürgerarbeit, für den viele Männer sich gewohnheitshalber wenig interessieren. Wie begegne ich Anderen? Ein zur Schau getragenes Desinteresse, eine äußerliche Abweisung signalisiert ihnen schon von weitem, dass sie sich keinesfalls als Teilhaber am gesellschaftlichen Leben akzeptiert fühlen dürfen. Es liegt am Einzelnen selbst, seine Haltung zu ändern, womöglich auch die anspruchsvollere Arbeit eines *sozialen Engagements* zu übernehmen, um die Selbsthilfe und die Dienste zu organisieren, die weder Sache des Staates noch der Privatwirtschaft sein können. Es kann sich um zeitlich begrenzte oder dauerhafte Einsätze handeln, wie sie von Freiwilligenorganisationen vermittelt und traditionell vorwiegend von Frauen geleistet werden. Gerade diese Arbeit, die schlecht oder überhaupt nicht entlohnt wird, vermittelt erfahrungsgemäß sehr viel Lebenssinn und Sinn der Arbeit, wohl weil die Freiheit der Arbeit hier am stärksten erfahrbar ist.

Ins Blickfeld rückt schließlich in einem fünften Schritt die *Muße als Arbeit*, wenngleich der bloße Begriff schon paradox erscheinen mag. Aber für Männer, die ihr Mannsein allzu sehr auf *Aktivismus* festlegten, das Frausein im Gegenzug auf *Passivismus*, wird es zu einer eigenen Anstrengung, nicht nur die Aktivität, sondern auch die Passivität, nicht nur das Tun, sondern auch das Lassen als wesentliches Element des Lebens zu verstehen. Sich wenigstens versuchsweise gelegentlich darauf einzulassen, dient nicht etwa dazu, den Aktivismus aufzulösen, sondern ihn auszubalancieren und atmen zu lassen. Die Muße ist, ergänzend zum tätigen Leben (*vita activa*), die geistige Lebensweise (*vita contemplativa*), in der sich ein Nachdenken, Andersdenken, Überdenken, Neudenken entfalten kann, nicht zielorientiert, nicht nützlich im unmittelbaren Sinne und gerade aus diesem Grund eine unerschöpfliche Ressource an Kreativität, die der immer neuen Orientierung der Arbeit und des Lebens dient. Es war die Missachtung der Muße in moderner Zeit, die den Einzelnen um die erforderlichen Momente zur Besinnung brachte, sodass er Zusammenhänge nicht mehr zu sehen vermochte; die Neubewertung der Muße wird dem Gewinn von Sinn förderlich sein.

In einem sechsten Schritt geht es ausdrücklich um die *Arbeit am Sinn*, die darin besteht, nach Zusammenhängen zu fragen und sie auch selbst herzustellen, im eigenen Selbst, in den Beziehungen zu Anderen und zur Welt, im gesamten Leben und womöglich darüber hinaus, auf den Ebenen des Sinnlichen, Seelischen, Geistigen und Transzendenten, von denen bereits mit Bezug auf die weibliche Lebenskunst die Rede war. Beibehalten werden kann für die Sinngebung die männliche Vorliebe für *teleologische* Zusammenhänge des Wofür und Wozu, um mit Blick auf ein nahes oder fernes Ziel, auf einen vorgegebenen oder selbstgesetzten Zweck hin leben und arbeiten zu können, ein Projekt zu realisieren und eine Aufgabe zu erfüllen. Sinn zu erfahren, ist wiederum der *Wahrnehmung von Verantwortung* förderlich, die vom Antworten lebt: Sich von Zusammenhängen mit einem Anderen, einer Situation, einer Herausforderung angesprochen zu fühlen und darauf zu antworten, nicht jetzt dies und dann jenes zu antworten, sondern auf kontinuierliche Zusammenhänge zwischen den Antworten zu achten, auch zwischen den Antworten und einem konkreten Tun, und sich am Tun nicht irgendwie, sondern so gut wie möglich und möglichst exzellent zu versuchen. Wer Sinn in familiären Zusammenhängen sieht, wird sich auch eher für sie verantwortlich fühlen; wer sich über den Sinn seiner Tätigkeit im Klaren ist, wird auch Verantwortung für ihre Konsequenzen übernehmen, ansonsten aber bestenfalls so tun, als ob, um den Schein zu wahren.

Eingebettet in die verschiedenen Arbeiten rückt in einem siebten Schritt schließlich die *Erwerbsarbeit* wieder ins Blickfeld. Nicht, dass sie unbedeutend geworden wäre, aber es ist von entscheidender Bedeutung, dass sie ihren Platz im Gesamtrahmen der Arbeiten findet, um geleistet werden zu können. Männer lassen sich auf ein trügerisches Glück ein, wenn sie sich der Erwerbsarbeit allein widmen, bis sie im *Burnout* des *Workaholic* erleben, dass sich alle ihre Ressourcen erschöpfen. Nicht wenige sehen in ihrer Arbeit die ideale Geliebte, immer und überall verfügbar, nicht einfach nur gefügig, sondern eine immer neue Herausforderung, deren Bewältigung die eigene Macht und somit Potenz, das Verfügen über Möglichkeiten, erfahrbar macht. Aber die genannten *anderen Arbeiten* ermöglichen erst die Einbettung der Erwerbsarbeit in ein Umfeld, in dem sie gut geleistet werden kann, und sie bleiben auch dann noch erhalten, wenn die Erwerbsarbeit verlorengehen sollte. Nur bei dem, der mit sich selbst zurechtkommt, Freunde hat und seiner Familie nicht fremd geworden ist, droht kein »Mann-Zuhause-Stress-Syndrom«, von dem in Japan die Rede ist, wenn Männer, die ihr Leben der Erwerbsarbeit widmeten, plötzlich zu Hause sitzen. Statt Erwerbsarbeit und Leben getrennt zu sehen und nach einer *Work-Life-Balance* zu suchen, ist der Begriff der Arbeit besser zur *Lebensarbeit* zu erweitern, die die verschiedensten Aspekte der Arbeit in sich integriert.

Ist das schwierig? Ist das komplex? Aber wozu leben als Mann, wenn nicht, um veritable Aufgaben zu meistern? Eines wird gleichwohl nie zu überwinden sein: Die Spannung zwischen den Geschlechtern. Wie auch immer Männer und Frauen ihre Rollen definieren, austauschen und auflösen: *Polarität* wird sich dennoch wieder zwischen ihnen einstellen. Weiterhin werden Gegensätze sich anziehen, und in einer spannungsreichen Beziehung können die Beteiligten lernen, die Spannung als Reichtum des Lebens zu verstehen. Sollten aber lieber gleich und gleich sich gesellen, könnten sie sich genötigt sehen, der Spannung hier und da etwas aufzuhelfen. Seinen besonderen Reiz bezieht das Verhältnis der Geschlechter nun mal aus den anders gearteten Welten auf ein und demselben Planeten, auch wenn daraus zuweilen Verzweiflung resultiert: »Männer und Frauen passen einfach nicht zusammen« (Loriot, *Szenen einer Ehe*, 1986). Das ist gut möglich, aber gerade dann, wenn Unterschiede und Gegensätze vorausgesetzt werden, wächst die Neugierde auf die jeweils andere Art und Weise des Lebens und die Bereitschaft zu ihrer Anerkennung von Grund auf, statt sie als sinnlos und deplatziert abzutun. Es wird möglich, ein Glück darin zu sehen, dass es den Anderen gibt, der so anders ist, so anders fühlt und denkt, so anders lebt, mit dem zu leben und Gefühle und Gedanken auszutauschen aber gerade aus diesem Grund so spannend ist.

Polarität ist nicht zwingend *Polemos*, wie Krieg und Auseinandersetzung im Griechischen genannt werden; Liebe muss nicht der »Todhass der Geschlechter« sein, den Nietzsche in ihr sah (*Ecce Homo*, »Warum ich so gute Bücher schreibe«, 5). Die gegensätzlichen Pole können sich ergänzen, statt sich zu bekämpfen: Fühlsamkeit und Nüchternheit, vernetztes und fokussiertes Denken, der Sinn fürs Pragmatische und fürs Prinzipielle, der Blick für die größeren Zusammenhänge und die Details, die Fähigkeit, Grenzen zu ziehen, und die andere, sie wieder zu verwischen, die unbeirrbare Zielgerichtetheit und das meisterhafte Gespür auf dem Weg zum Ziel – und in keinem Fall steht von vornherein fest, wer welche Seite vertritt. Die ineinandergefügten Strategien des Mann- und Frauseins ermöglichen, dass der Eine sieht, was der Andere übersieht, sodass beide gemeinsam ein vollständigeres Wesen bilden. Mag der *natürliche und evolutionäre Grund* für die Paarbildung die optimale Mischung der Gene für den Nachwuchs gewesen sein: Der *kulturelle und individuelle Grund* besteht darin, sich mit unterschiedlichen Stärken wechselseitig beschützen zu können und gemeinsam stärker zu sein als ein Einzelner für sich allein. Die Schwierigkeit besteht freilich darin zu entscheiden, in welcher Situation welche Stärke den Vorrang haben soll. Zwistigkeiten zwischen zweien in Fragen wie dieser sind in moderner Zeit nicht mehr anhand von Vorgaben der Religion, Tradition und Konvention zu befrieden. Sie sind vielmehr in der Lage, sich dermaßen in die Beteiligten einzugraben, dass sich die grundsätzliche Frage stellt: Allein oder zu zweit?

Von der Liebe der Liebenden

Allein oder zu zweit? Die Frage nach dem erfüllten Leben

Zwei, die einander zugeneigt sind: Kaum etwas ist so schön anzusehen. Sie kleben nicht aneinander, liegen nicht aufeinander wie Verliebte, sondern zeigen den Blick füreinander, die kleine Geste zweier, die von Grund auf Gefallen aneinander haben, miteinander vertraut sind, sich beieinander geborgen fühlen. Die ganze Fülle des Menschseins scheint sich in ihnen zu versammeln, eine weitergehende Frage nach dem Sinn des Lebens stellt sich nicht mehr. Demgegenüber zwei, die sich lange genug, allzu lange kennen, aufeinander losgehen und bei jeder sich bietenden Gelegenheit Rache aneinander nehmen: Kaum etwas ist so hässlich anzusehen. Der unbeteiligte Dritte ist versucht, ihnen zur Trennung zu raten, damit sie sich in der Distanz schätzen lernen oder allein für sich besser leben können. In der Lieblosigkeit ihres Umgangs miteinander ist keine Fülle erkennbar, nur gähnende Leere und Sinnlosigkeit.

Allein oder zu zweit? Das ist die Frage, die jede und jeder für sich zu entscheiden hat, nicht nur vorweg oder an der Schwelle zu einer Beziehung, sondern auch in ihr, und nicht etwa ein für alle Mal, sondern von Phase zu Phase von Neuem. Dem Hin- und Hergerissensein dazwischen ist jedenfalls in *moderner Zeit* kaum zu entkommen, die das Alleinleben sozial und ökonomisch erst ermöglicht hat, während in *vormoderner Zeit* das Leben als Paar und in Familie verpflichtende Norm und Notwendigkeit war; für die, die »übrig blieben«, stellte das Alleinsein eine prekäre Lebensform dar. Die Möglichkeit, wählen zu *können*, bringt die neue Notwendigkeit mit sich, auch wählen zu *müssen*, und jede Wahl zieht Konsequenzen nach sich, die kaum auszuhalten sind: In der *Zweisamkeit* erscheinen die damit verbundenen Einschränkungen der Freiheit irgendwann schwer erträglich. Beim *Alleinsein* wird vielleicht der Zustand der Freiheit irgendwann als leer empfunden. Wird die Freiheit wieder gegen eine Bindung eingetauscht, beginnt das Spiel von vorne. Eine wachsende Zahl von Menschen kennt den tragischen Zwiespalt zwischen dem Alleinleben, das auf Dauer zur Last fällt, und dem Zusammenleben, das auf Dauer zu schwierig ist: »Ohne dich will ich nicht, / mit dir kann ich nicht sein« (Element of Crime, Titelsong zum Film *Wie Robert Zimmermann sich die Liebe vorstellt*, Regie Leander Haußmann, Deutschland 2008). Die innere Zerrissenheit kann das Leben unmöglich machen. »Ich kann nicht allein sein. Ich kann nicht mit anderen sein«: So stellte die Dramatikerin Sarah Kane die Tragik der modernen Freiheitserfahrung 1999 in ihrem Stück *Psychosis* 4.48 dar, bevor sie selbst in der Selbsttötung die Lösung suchte.

Kann man dem Dilemma jemals entrinnen? Gründe sind gegeneinander abzuwägen. Allein zu leben scheint den *Vorzug der Freiheit* zu haben und dem Autonomieanspruch des modernen Individuums am besten gerecht zu werden: Ich kann meinen eigenen Stil »durchziehen« und über mein Leben im Ganzen und in allen Details weitgehend selbst bestimmen, ohne unentwegt Kompromisse machen und mich von einem Anderen korrigieren lassen zu müssen. Niemandem bin ich Rechenschaft schuldig über mein Kommen und Gehen, kann ganz dem eigenen Rhythmus, den eigenen Interessen und Neigungen folgen, die nicht zugunsten eines Anderen zurückgestellt werden müssen. Zwar muss ich die Wohltat entbehren, nach einem anstrengenden Tag in die Wohnung zurückzukehren, die ein Anderer schon wärmt, aber die Rückkehr zieht auch keine anstrengenden Auseinandersetzungen nach sich. Das Alleinleben erspart all den Ärger, den das Zusammenleben zwangsläufig mit sich bringt, und gewährt mir die Erfüllung des sehnlichen Wunsches, »endlich meine Ruhe zu haben«. Auch mehr Spontaneität ist möglich, mehr Flexibilität ohne den ständigen Zwang zur Rücksichtnahme auf die Gefühle des Anderen, ohne Ängste vor Krach und Trennung bei Zuwiderhandlung. Ungehemmt von der Gebundenheit an ihn und der Verantwortung für ihn, entsteht ein weites, weiträumig bewegliches Selbst, das den Beweis erbringt, dass ein Leben ohne Liebe möglich ist, zumindest ohne herkömmliche Liebesbeziehung. Für den erforderlichen Sinn sorgen intensive Freundschaften und andere Arten von Liebe zu Menschen, Wesen und Dingen. Mit dem Gefühl, eins mit allem sein zu können, ungestört von den Kleinlichkeiten des Lebens zu zweit, kann sogar eine Erfahrung von Unendlichkeit entstehen.

Aber mit sich allein zu leben will gekonnt sein, es versteht sich so wenig von selbst wie das Zusammenleben. Unversehens kann aus dem Vorzug auch ein *Nachteil der Freiheit* werden: »Endlich kann ich machen, was ich will, aber was will ich eigentlich?« Es kostet sehr viel Kraft, stets und ohne Unterlass selbst wählen und bestimmen zu müssen, statt sich zumindest zum Teil von einem Anderen bestimmen lassen zu können. Und schon das zeitweilige Alleinsein hält die merkwürdige Erfahrung bereit, *sich nicht mehr zu spüren*, als könnte die Leichtigkeit des Seins dazu führen, sich spurlos im Nichts zu verlieren. Das haltende Netz löst sich auf, das die Beziehung zum Anderen knüpft, die sonst so wohltuende Ruhe fällt plötzlich zur Last, und da auch der gelegentliche Ärger mit dem Anderen als negativer Gegenhalt ausfällt, kann die Polarität des Lebens nicht mehr auf das Verhältnis zu ihm projiziert werden, sondern muss im eigenen Inneren ausgehalten werden. Ungehemmt wachsen Triebe, die niemand mehr zurückstutzt, und Schrullen, die die Begegnung mit Anderen erschweren. Niemandem Rechenschaft schuldig zu sein, heißt auch: Niemand interessiert sich für mein Tun und Lassen, erst recht dann nicht, wenn das Leben ernst und schwer wird, zu viel zu tragen für einen allein. Es mangelt am Gefühl der Geborgenheit, an der Nähe der Intimität, die sich aus der Vertrautheit des lange währenden Umgangs mit einem Anderen ergibt. Das Leben mit sich selbst kennt seine eigenen Ekstasen und wird doch sehr eng, wenn die Gedanken und Gefühle nur noch in sich selbst kreisen. Die Vervielfältigung wettzumachen, die das eigene Leben durch das Mitleben mit einem Anderen erfährt, und anderweitig den Sinn zu suchen, den der starke Zusammenhang zwischen zweien scheinbar mühelos erzeugt, kann mühsam sein (Jutta Stich, *Alleinleben – Chance oder Defizit*, 2002).

Das Leben zu zweit scheint demgegenüber den *Vorzug der Bindung* zu haben und kann mit einer Fülle von Sinnlichkeit, mit der Wechselseitigkeit von Gefühlen und dem Austausch von Gedanken ein Vollgefühl der Existenz vermitteln, vor allem dann, wenn einer den Eindruck hat, seiner anderen Hälfte begegnet zu sein, die das Menschsein erst abrundet, ganz wie im Mythos des Aristophanes in Platons *Symposion*. Die Präsenz des Anderen sorgt für eine Schwerkraft, die im Gegenzug dem Selbst dazu verhilft, *sich selbst zu spüren*, und es ist der Andere, der die Existenz des Selbst bezeugt: Sie scheint erst wahr zu werden, wenn er mich sieht, von meinen

Erfahrungen hört, sie reflektiert und kommentiert, so wie ich meinerseits die Existenz des Anderen bezeuge und bewahrheite. Das ist der tiefere Grund der Beziehung zum Anderen, des Festhaltens an ihm über alle Irritationen hinweg: Sich zu spüren und Wahrheit zu gewinnen, damit nicht mehr in Frage steht, ob ich lebe und wer ich bin. Die enger werdende Bindung ermöglicht, mit verteilten Rollen die Polarität des Lebens stets von Neuem durchspielen zu können und das Leben nicht mehr allein bewältigen zu müssen. Der Andere kann behilflich sein bei der materiellen Versorgung, die er mitverantwortet oder ganz übernimmt, und beim sozialen Aufstieg, vielleicht in Erwartung einer Gegenleistung auf anderen Ebenen. Tauschverhältnisse können begründet werden, die anrüchig erscheinen mögen: Karriere gegen Gefühle, Versorgung gegen Sex, aber zu entscheiden haben darüber nur die beiden, die es angeht; nur sie befinden darüber, ob es Liebe ist. Wenn sie, obwohl sie anders könnten, aus freien Stücken eine verlässliche Bindung zueinander eingehen und gegen alle Widrigkeiten behaupten, bilden sie eine *Wahlgemeinschaft*. Sinn ergibt sich für sie aus der Intensität der Bindung und der Erfahrung von Unendlichkeit im Einssein mit dem Anderen, wenngleich nicht jeden Tag und auch nicht jede Nacht.

In gleicher Weise wie beim Alleinsein gilt es jedoch, keine Illusionen über das Leben zu zweit zu hegen: Aus dem Vorzug kann ein *Nachteil der Bindung* werden, und wenn solche Einbußen an Freiheit damit einhergehen, dass ein erdrückendes Gefühl des Eingesperrtseins die Folge ist, bleibt von romantischer Einheit und »Ganzheit« keine Spur. Schon die bloße Anwesenheit des Anderen kann zum Ärgernis werden, zeitweilig oder dauerhaft, denn sie verändert alles: Sich allein oder mit ihm gemeinsam in der Wohnung aufzuhalten, allein oder mit ihm auf Reisen zu gehen, macht einen empfindlichen Unterschied, und irgendwann erscheint das Leben mit ihm, das anfänglich so wohltuend und beglückend war, nur noch schwierig und unerträglich; das Alleinleben wird zur Verheißung. Leben beide zusammen, weil sie aufeinander angewiesen sind und nicht anders können, sodass an ein wirkliches Alleinleben nicht zu denken ist, dann handelt es sich um eine *Zwangsgemeinschaft*. Aber schwierig ist nicht etwa nur die als Zwang empfundene Beziehung: Das Leben wird grundsätzlich komplexer, mithin komplizierter, wenn mehr als einer es lebt, und das steigert sich noch, wenn nichts am Zusammenleben mehr traditionell, konventionell oder religiös festgelegt ist, alles individuell neu ausgehandelt werden muss, aber keiner weiß, wie das geht. Die Schwierigkeiten kulminieren im Alltag, mit dessen Organisation und Koordination jede Beziehung konfrontiert ist. Eine mögliche Rangliste der Schwierigkeiten des Lebens würde als das *Schwierigste* zu allen Zeiten zweifellos das Zurechtkommen mit Krieg, Krankheit, Schmerz, Leid und Tod ausweisen, als das *Zweitschwierigste* in moderner Zeit jedoch bereits das Zusammenleben im Alltag, eine der anspruchsvollsten Aufgaben, denen Menschen sich im Leben überhaupt stellen können. Das *Drittschwierigste* könnte die Kindererziehung sein, das *Viertschwierigste* das Alleinsein mit sich, aber die Bewertung ist abhängig von der natürlichen Veranlagung, kulturellen Prägung, individuellen Haltung des Einzelnen.

Allein oder zu zweit? Theoretisch ist die Frage unentscheidbar, praktisch muss sie dennoch entschieden werden. Sinnvoll erscheint, beide Lebensformen auszuprobieren, um mit größerer Freiheit wählen zu können und nicht einer bloßen Notwendigkeit folgen zu müssen. Mit dem Schwinden der

Vorgaben, wie zu leben sei, wird das Leben und Beziehungsleben ohnehin zum *experimentellen Leben*. Letztlich ist die Freiheit zum Experiment nicht um ihrer selbst willen da, sondern zur möglichst vielfältigen Entwicklung von Variationen, mit denen die Evolution des Lebens arbeiten kann. Experimente erkunden die Möglichkeiten des Lebens, denn niemand kann wirklich im Voraus wissen, was möglich ist und was nicht. Ist nicht jeder Einzelne selbst schon ein Experiment, das die Natur mit ihm anstellt? So lässt sich auch das Leben zu zweit verstehen, und es erscheint reizvoll, dem Experiment willentlich noch deutlichere Konturen zu geben. Der Mensch ist ein Versuchstier, aber eines von besonderer Art: Er selbst kann dem Leben die Variationen anbieten, die dessen Evolution förderlich sein können. In Gang gebracht wird ein jedes Experiment mit einer eigenen *Wahl*, begründet oder grundlos, reflektiert oder nicht. Zu wählen ist jedoch bereits die *Art der Wahl*, denn nicht nur *aktiv*, sondern auch *passiv* kann gewählt werden, um etwas mit sich geschehen zu lassen, es dem Zufall oder Schicksal zu überlassen, was wirklich werden soll, verbunden mit der Bereitschaft, das, was sich ergibt, auch hinzunehmen. Möglich ist zudem, einen Anderen, falls es ihn schon gibt, wählen zu lassen und sich seiner Wahl anzuschließen; womöglich auch herkömmliche Formen des Lebens zu zweit aus freien Stücken wieder aufleben zu lassen und auf verfügbare Alternativen zu verzichten. Aber selbst das *Kriterium* ist zu wählen, anhand dessen die fraglichen Lebensformen beurteilt werden sollen: Etwa das *schöne Leben*, das bejahenswert erscheint, da es den Gegebenheiten der Beteiligten am besten entspricht und ihre Möglichkeiten zur Entfaltung bringt, mit allen erfreulichen und weniger erfreulichen Seiten. Das Bewusstsein, ein schönes Leben führen zu können, auch schon die Aussicht darauf, setzt am ehesten die Kräfte frei, selbst größte Schwierigkeiten durchstehen zu können.

Neben den Alternativen in reiner Form, allein oder zu zweit, *frei oder gebunden*, können von vornherein Zwischenformen ins Auge gefasst werden. Nicht nur die Bindung in Form von *leidenschaftlicher Liebe*, die wohl die meisten Einbußen an Freiheit mit sich bringt, ist möglich, sondern auch die *freundschaftliche Liebe*, die mit weniger heftigen Gefühlen mehr Spielräume der Freiheit in der Bindung zu realisieren versucht. Auch in der *kooperativen Liebe* können die Beteiligten ein freieres Verständnis von Bindung verwirklichen und Formen von kollegialem Verhalten zur Grundlage ihrer »Partnerschaft« machen, die zwar an die nüchterne Beziehung von Geschäftspartnern denken lässt, im Laufe der Zeit jedoch zu einer innigen Art von Liebe werden kann. In einer *funktionalen Liebe* wiederum liegt es nahe, die Verteilung der Rollen und die Erfüllung der entsprechenden Funktionen in stillem Einverständnis oder ausdrücklich per Vertrag festzulegen, bei Nichteinhaltung Trennung. Sehr viel mehr Bindung, aber geringere Freiheitsspielräume bietet die *agonale Liebe*, bei der die Beteiligten sich in häufigem Streit aneinander abarbeiten. Alle Freiheiten, aber keinerlei Bindung gewährt dementgegen die *ausschließende Beziehung*, mit der hier der Ausschluss der Liebe aus dem eigenen Leben gemeint ist, das Alleinsein, der ausdrückliche Verzicht auf eine Beziehung von irgendwelcher Intimität. Größtmögliche Freiheit mit geringer Bindung ermöglicht darüber hinaus die *virtuelle Liebe*, bei der die Beteiligten sich bemühen, im Reich der Möglichkeiten zu bleiben und jede Realisierung der Beziehung im wirklichen Leben zu vermeiden.

Alle Zwischenformen der Zweisamkeit zeichnen sich dadurch aus, auch dem *Alleinsein* Raum und Zeit zu geben. Da das Zusammensein nie nur anregend und erregend, immer auch anstrengend und erschöpfend sein kann, liegt nichts näher, als von vornherein das Alleinsein zur Erholung voneinander in die Vorstellung von Beziehung einzubeziehen. Vorstellbar ist die Verbindung beider Seinsweisen in einem räumlich getrennten Leben zu zweit (*living apart together*), wie es für den Anfang der Beziehung ohnehin typisch ist und länger ausgedehnt, beibehalten oder wiederhergestellt werden kann, sofern die materiellen Ressourcen dafür ausreichen. Es kann sich um separate Räume in einer Wohnung handeln, oder auch um getrennte Wohnungen, wie bei den Dichter- und Denkerpaaren Hermann und Ninon Hesse, Jean-Paul Sartre und Simone de Beauvoir, Friederike Mayröcker und Ernst Jandl. Ist das räumliche Zusammensein eine unveränderliche Größe, lässt es sich durch ein *zeitweiliges Getrenntsein* entspannen, bei dem jeder auch mal allein oder mit Freunden etwas unternimmt, ein »Urlaub voneinander« als Ergänzung zum Urlaub miteinander, für Stunden, Tage oder Wochen, mit all den Gefahren, die das für die Beziehung mit sich bringen kann. Manche wagen sogar ein Getrenntsein nach Art der Wanderalbatrosse, die bis zu zwei Jahre lang einsam ihre Kreise ziehen und zuverlässig zueinander zurückkehren. Eine Nähe, die zur Distanz in der Lage ist, ermöglicht ein erfülltes Leben in Bindung und Freiheit zugleich, da sie zwischen Gemeinsamkeit und Einsamkeit *atmen kann* und den Liebenden erlaubt, im temporären Alleinsein die Weite der Seele wieder zu gewinnen, die in der Nähe allzu leicht verloren geht. Das Zusammensein, das zur Selbstverständlichkeit zu werden droht, wird mit einem gelegentlichen Getrenntsein wieder zur schönen, bejahenswerten Erfahrung.

Der Erfahrung der Einsamkeit entkommen die Liebenden

ohnehin nicht. Zwar wollen sie immer füreinander da sein und versprechen einander die Abwehr der bösen Geister der Einsamkeit für alle Zeiten, aber *Liebe schützt vor Einsamkeit nicht*, macht sie ganz im Gegenteil erst recht fühlbar. Inmitten der Zweisamkeit wird klar, dass das Leben im Grunde eine Sache des Einzelnen bleibt, dass schwere Entscheidungen, tiefe Enttäuschungen, Ängste, Abschiede letztlich doch allein zu tragen sind, sosehr der Andere auch beisteht. Freuden werden leicht gemeinsamer Besitz, Leid neigt dazu, Eigentum des Betroffenen zu bleiben, denn beim besten Willen kann einer dem Anderen nicht alles abnehmen, nicht pausenlos sich in seine Welt einfühlen und hineindenken.

Außer der Freude am Zusammensein braucht die Beziehung daher auch das Alleinseinkönnen in allen Facetten. Die *gewollte Einsamkeit*, die zum Zusammensein gehört, ermöglicht, sich wieder eingehender mit sich selbst zu befassen, einiges für sich zu klären und erneut mit sich »ins Reine« zu kommen. Im Denken, Fühlen und beinahe körperlich weiß das Selbst dabei den Anderen stets bei sich; die Einsamkeit im Vollgefühl der Geborgenheit wird zur neuen Ressource, wieder füreinander da sein zu können. Ist einer der beiden aber mit *ungewollter Einsamkeit* konfrontiert, die schwer auf ihm lastet und nicht schon gleich wieder vergeht, etwa aufgrund einer Missstimmung oder eines Zerwürfnisses, ist die frühere Einübung in die Einsamkeit hilfreich, um besser damit zurechtkommen zu können: Keiner soll darauf angewiesen sein, aus Verzweiflung fragwürdige Kompromisse mit dem Anderen eingehen zu müssen, die doch nur verhindern sollen, in ungewollter Einsamkeit zu versinken. Droht aber die bedrückendste Form, die anhaltende *Einsamkeit in der Zweisamkeit*, ist ihr die Trennung wohl noch vorzuziehen, um nicht äußerlich ein Paar, innerlich aber dauerhaft unverstanden und ungeliebt zu sein. Sich ausgeschlossen zu fühlen aus dem Leben des Anderen, trotz der äußeren Gemeinschaft mit ihm nicht wirklich in seiner Nähe beheimatet zu sein, ist die Erfahrung eines Gefühls, das so schmerzlich ist, dass es das Leben auf Dauer sehr schwer macht.

Entscheidet das Selbst sich nach all diesen Überlegungen für ein Leben zu zweit, verbunden mit einigen Vorstellungen davon, wie es gestaltet sein könnte, rücken die konkreteren Fragen ins Zentrum: *Und mit wem? Und wo ist er oder sie zu finden?* Selbst der Raum der Suche muss gewählt werden, wenngleich in den meisten Fällen die *passive Wahl* ausreicht, keinen besonderen Raum anzusteuern, denn die Liebe, die eigentlich überall entstehen kann, bevorzugt den Raum, der nahe liegt: Wohnumfeld und Arbeitsplatz. Weniger häufig ist sie dort zu finden, wo ihr mit *aktiver Wahl* erst Gelegenheit gegeben werden muss: In einschlägigen Szenetreffs und elektronischen Partnerbörsen. Deutlich seltener geht sie aus zufälligen Begegnungen sonst wo hervor. Mit elektronischer Hilfe lässt sich der langwierige Abgleich förderlicher und hinderlicher Faktoren, günstiger und ungünstiger Umstände abkürzen, sodass der Anteil an Gemeinsamkeiten von vornherein offen zutage liegt. Psychologische und soziologische Studien zeigen, welche Faktoren und Umstände dabei eine herausragende Rolle spielen: Eigenschaften wie Freundlichkeit und Offenheit, Ausgeglichenheit und Zuverlässigkeit; ein großer Anteil an gemeinsamen Interessen und Wünschen, Vorlieben und Abneigungen; vergleichbare Ebenen der Bildung und des Status (Gunter Burkart, *Lebensphasen – Liebesphasen*, 1997).

Letztlich muss dennoch eine persönliche Wahl getroffen werden, deren Gründe zumindest teilweise im Dunkeln bleiben. In den meisten Fällen ist die Liebe vermutlich, wie Gesundheit und Krankheit, *multifaktoriell bedingt*. Die Faktoren und Umstände, die zu ihrem Entstehen beitragen, sind so vielgestaltig, dass der Einzelne selbst den komplizierten Prozess nicht so recht durchschauen kann, mit dessen Resultaten er dennoch leben muss und für den sich aus Gründen der Vereinfachung die Kurzformel vom »freien Willen« eingebürgert hat. Vielleicht wirkt sich eine große Übereinstimmung überwältigend aus, vielleicht im Gegenteil eine Differenz. Vielleicht erscheinen aufgrund einer Kindheitserfahrung die Gesichtszüge des Anderen vertraut, vielleicht haben sie sich bei einer früheren Begegnung nachhaltig eingeprägt. Manch einer ist seinem Traumgesicht nun wirklich begegnet, oder das Bedürfnis nach einem Anderen hat sich dermaßen angestaut, dass die nächste Gelegenheit auch schon die beste ist. Fehlen zwingende Gründe, genügen zufällige, um es »nur mal zu versuchen« und dann zu sehen, was daraus wird. Was Menschen nicht lassen können, müssen sie tun, und sei es nur, um es dann doch zu lassen.

Sollte schließlich ein realer Anderer vor Augen stehen, und vielleicht mehr als nur einer: Sollen dann *romantische Gefühle* oder *pragmatische Überlegungen* den Ausschlag geben? Was ist der wahre Weg zum Glück, und zu welchem? Was macht am meisten Sinn, und auf welchen Ebenen? Ovid hielt es für entscheidend, sagen zu können: »Du allein gefällst mir« (*tu mihi sola places*, *Ars amatoria*, I, 42). Dem folgt die Idee der romantischen Liebe, die dem Gefühl allein vertraut, hingegen elterlichen Rat und irgendwelche Pflichten, pragmatische und ökonomische Überlegungen zum Alltag der Beziehung außer Acht lässt, die dennoch von Bedeutung sind: Wer sorgt für die Rahmenbedingungen des Lebens? Wie lassen sich all die kleinen und kleinlichen Dinge regeln, die mit Liebe wenig, mit der

Organisation des Alltags viel zu tun haben? Gibt es Grund zu der Annahme, mit dem Anderen auch schwierige Situationen durchstehen zu können? Welche Ebenen des Lebens und der Liebe lassen sich mit ihm erkunden? Kann das künftige Zusammenleben im Praxistest, beispielsweise auf einer längeren Reise, erprobt werden? Denn nur praktisch, nicht theoretisch, kann die *Alltagstauglichkeit* der Beziehung über Momente der Leidenschaft hinaus in Erfahrung gebracht werden; nur in der »Interaktion« können zwei herausfinden, ob sie *konvergieren*, sich also einander anhaltend zuwenden und zuneigen können, oder ob sie *divergieren*, was früher oder später zur Abwendung und Abneigung führen muss. Ist wenigstens ein *Interesse* bei beiden erkennbar, ihre Ichs passfähig zu machen, wenn sie es nicht von selbst schon sind? Welche Arbeit wäre dazu zu leisten, und von wem? Wird es einen gemeinsamen Kern geben können, und was wird im Verhältnis dazu am Rande bleiben?

Die Idee einer Liebe, die allein auf Gefühle gründet, unterlaufen zu wollen, ist aussichtslos: Sie ist hart erkämpft worden in moderner Zeit. Aber eine Modifikation erscheint möglich, nämlich mit der Idee einer Liebe, die mit *pragmatischer Romantik* die Gefühle an der Wahl beteiligt, ohne ganz auf nüchterne Überlegungen zu verzichten. Andere Kulturen setzen auf die zeitliche Abfolge: Erst die Überlegung, dann die Gefühle, die sich irgendwie von selbst ergeben. Wer Gefühlen gar nichts zutraut, muss auf ihre wertvolle Motivationskraft verzichten. Wer auf Gefühle allein baut, muss damit zurechtkommen, dass sie gelegentlich pausieren oder ganz ausfallen, gerne auch ins Gegensätzliche kippen und mit fataler Regelmäßigkeit schwere Enttäuschungen verursachen: Die Betroffenen quälen sich dann noch für eine Weile weiter, hoffen herauszufinden, was sie »in Wahrheit empfinden«, um sich für oder gegeneinander entscheiden zu können; schwierig wird es aber, wenn sie »gar nichts mehr empfinden« und andere Motivationsquellen nicht kennen.

Grundsätzlich tun die Liebenden gut daran vorauszusetzen, dass ihre Welten im Grunde himmelweit, *toto coelo*, auseinander liegen: Das fördert ihre Bereitschaft, nach Verknüpfungspunkten zu suchen und Brücken zu bauen. Gehen sie hingegen von größter Übereinstimmung aus, empfinden sie jede noch so kleine Lücke zwischen ihnen als großen Bruch, jede Abweichung des Anderen als Verrat. Die Stärke der Liebe resultiert, wie bei jeder starken Bewegung, zu einem guten Teil daraus, dass zusammengeht, was nicht unbedingt zusammengehört. Im Moment des Triumphs der Liebe ist das den Beteiligten kaum bewusst, später umso mehr, und in Phasen der Brüchigkeit keimt der Verdacht auf, alles könnte nur ein Missverständnis gewesen sein. Es käme darauf an, die Beziehung nicht vorweg mit zu großen Erwartungen zu befrachten, denn so groß wie die Erwartungen fallen die Enttäuschungen aus, ohne Erwartung keine Enttäuschung. Ein großer Liebender auf seine Art, Charles Bukowski, bekannte gegen Ende seines Lebens: »Ich gewöhnte mir beizeiten ab, nach der Traumfrau zu suchen. Ich wollte nur eine, die kein Albtraum war« (*Den Göttern kommt das große Kotzen*, Tagebuch, 2006, 145). Die Chancen der Liebe wachsen mit der Mäßigung der Ansprüche an den Anderen, nicht zuletzt aus der Einsicht heraus, dessen Ansprüchen selbst auch nicht restlos genügen zu können. Sollte der Andere, der momentan als Traum erscheint und hoffentlich kein Albtraum wird, jedoch nicht von selbst schon Symptome der Zuwendung und Zuneigung zum Selbst zeigen, geht es darum, das Spiel der Liebe zu eröffnen, das die Blicke des Anderen in die gewünschte Richtung lenkt, seine

Gefühle zur richtigen Neigung veranlasst und Gedanken in ihm anstößt, die sich mit dem interessierten Selbst befassen.

Ist die Liebe ein Spiel? Von der Umwerbung und Verführung zur Kunst des Liebens

Dafür, dass die Liebe ein Spiel ist, spricht, dass sie mit einem Vorspiel beginnt, denn erst müssen die Bedingungen für die Möglichkeit eines Spiels geschaffen werden, beispielsweise geeignete Mitspieler zu finden. Die *Umwerbung*, dieses »Sich-Bemühen«, ist dazu da, Anderen vor Augen zu führen, wie attraktiv eine Beteiligung wäre, und ihnen Angebote zu machen, die sie schwerlich ablehnen können. Dahinter stecken nicht immer »ernste Absichten«, oft werden nur beiläufige Versuche unternommen, den *ontologischen Spielraum* für Möglichkeiten über die bestehende Wirklichkeit hinaus zu eröffnen, oder auch nur das *Gefühl der Macht* zu genießen, die Aufmerksamkeit eines Anderen auf sich ziehen zu können. Jedes Spiel, das gespielt wird, lebt von Möglichkeiten, und sie werden mit einem Vorspiel erschlossen, dem beim Spiel der Liebe der *Flirt* entspricht, zurückgehend auf das altfranzösische *fleureter*, wörtlich etwa, »Blumen zu streuen«, im übertragenen Sinne, einer Dame »blumige Geschichten zu erzählen«, und dies auch ohne konkrete Absicht, nur zum Zweck einer Anbahnung von »Kontakten«, auch ohne wirkliche Berührung.

Der Flirt soll den Anderen in Versuchung führen, sich auf mich einzulassen, sich vorzustellen, wie es wäre, meinem Ansinnen nachzugeben, und sich ganz unverbindlich in ein mögliches Näherkommen einzufühlen. Im 21. Jahrhundert machen *Pick-Up-Artists* daraus ein *Game*. In Gefühlen und Gedanken ist der Spieler dabei erst einmal nur provisorisch mit der Liebe befasst, wie beim Ballspiel mit dem Ball: Der vorgestellte Ball, die vorausgeahnte Liebe schweben unsichtbar und ungreifbar im Raum und offerieren vielerlei Möglichkeiten, sich auf sie zu beziehen, Versuche mit ihnen anzustellen und auch einen potenziellen Mitspieler dazu zu animieren – ein folgenloses Ausprobieren in diesem frühen Stadium, denn bei einem Scheitern kann jederzeit wieder von vorne begonnen werden. Die Unverbindlichkeit und der Spaß, die damit einhergehen, legen die Frage nahe: Kann nicht immer alles nur ein Spiel sein?

Der Umwerbende bedient sich einer umfangreichen *Semiotik und Rhetorik der Liebe*, einer *Kunst der Zeichen*, die zu setzen und zu entziffern sind, und einer *Kunst des Redens*, die mit Worten und Gesten zu überreden und zu überzeugen versucht. Dass der, der wirbt, seine Absichten gerne mit Zeichen, Worten und Gesten *verschlüsselt*, hat damit zu tun, dass er noch keine Wirklichkeit anbieten kann oder will: Er will nur auf Möglichkeiten hinweisen, die Wirklichkeit werden könnten. Der, der umworben wird, muss im Gegenzug *entschlüsseln* können: Was steckt dahinter, steckt überhaupt etwas dahinter? Nicht zwingend verweist ein Zeichen, ein Wort, eine Geste als *Signifikant* auf eine entsprechende Möglichkeit oder Wirklichkeit als *Signifikat*, Strukturalisten wie Ferdinand de Saussure machten darauf im 20. Jahrhundert eindringlich aufmerksam. Ein Zeichen der Liebe, das Wort »Liebe« selbst bietet keinerlei Gewähr für ein zugehöriges Potenzial oder gar eine Realität. Nicht nur in der Werbeindustrie verraten Zeichen, Worte und Gesten viel über die Bedürfnisse der Menschen, die mit den Angeboten angesprochen werden sollen, wenig über die tatsächlichen Inhalte der Dinge; daher die Dringlichkeit der

Frage, was mit Zeichen, Worten und Gesten wirklich gemeint ist, und das Interesse an konkreten Taten, die auf sie folgen. Unabdingbar ist in allen Fragen der Liebe und des Lebens das geradezu gewohnheitsmäßige Auseinanderhalten von Signifikant und Signifikat, um nicht zum willfährigen Opfer flotter Sprüche und verführerischer Bilder zu werden. Dennoch ist das Spiel der Umwerbung unverzichtbar, denn wie sonst könnte ein Anderer auf eine interessante Möglichkeit aufmerksam gemacht werden? Alle Ebenen der Sinne, der Gefühle und der Gedanken stehen dafür zur Verfügung.

Auf körperlicher Ebene zielt die Umwerbung darauf, mit Reizen aller Art *die Sinne des Anderen zu beeindrucken*. Ein sehenswertes Schauspiel der Geschlechter in verschiedensten kulturellen Ausformungen ging daraus im Laufe der Geschichte hervor: Mit einem Feuerwerk an Sinneseindrücken malt der, der wirbt, schöne Bilder an den Himmel der Phantasie des Anderen, mit umso mehr Aussicht auf Erfolg, je überzeugender er dabei die Umkehrung der Menschheitsgeschichte, die Rückkehr ins Paradies, glaubhaft machen kann. Zwar wird die äußerliche Sinnlichkeit, die im Moment bedeutsam erscheint, mit dem Zustandekommen der Beziehung ihre tragende Funktion verlieren, während unscheinbare innerliche Eigenschaften allmählich an bindender Kraft gewinnen. Aber die Sinneseindrücke machen zumeist den Anfang, und dafür muss niemand sich schämen: Das anfängliche Augenmerk darauf ist tief in der Evolution verwurzelt, in der die Erfindung der Geschlechter und ihr Zueinanderfinden, ihr »Sich-Erkennen«, bessere Bedingungen für die größere Vielfalt des Lebens schuf (Gerald Hüther, *Die Evolution der Liebe*, Göttingen 1999, 92). Mit dem männlichen Blick für die Körpermaße einer Frau, dem weiblichen für das sichere, sympathische Auftreten eines Mannes, sorgt die übrig gebliebene »Steinzeitpsyche« für Verhaltensweisen, die niemand sich wirklich überlegt hat, sondern staunend an sich selbst wahrnimmt.

Dass Männer im Laufe der Geschichte Frauen auf die passive Rolle des Umworbenwerdens festlegten, nötigte diese dazu, auf ihre Weise aktiv zu werden. Die Mittel, die sie seither einzusetzen lernten, legen beredtes Zeugnis davon ab, worauf Männer am ehesten »anspringen«: Bloße Zuckungen von Gesichtsmuskeln, ein verhaltenes Lächeln, schüchterne Blicke und scheinbar beiläufige Gesten können sie dazu ermuntern, ihrerseits aktiv zu werden und sich den Mut zur Initiative selbst zuzuschreiben. Als *deutbare Zeichen* eignen sich erst recht Duftnoten, Farben und Arrangements von Kleidungsstücken, Höhen von Rocksäumen, Designs von Schuhabsätzen, Körperhaltung und Hüftschwung: »Etwas in der Art, wie sie sich bewegt« (*Something in the way she moves*), ist zugleich »etwas in der Art, wie sie mich umwirbt« (*Something in the way she woos me*), sang George Harrison (*Something*, Beatles-Album *Abbey Road*, 1969). Vor allem aber ist das männliche Interesse mit der Wahl des so genannten »Ausschnitts« zu steuern, dem über die physiologische hinaus eine *ontologische Attraktivität* zukommt: Als Ausschnitt aus der Wirklichkeit des Körpers, kulturell und individuell höchst variabel, deutet er attraktive Möglichkeiten an, preist sie zuweilen auch an, verdeckt sie wieder, nimmt sie zurück und regt damit die Phantasie in reichem Maße an.

Auf seelischer Ebene zielt die Umwerbung darauf ab, *die Gefühle des Anderen zu wecken*, und das geschieht in erster Linie durch das Zeigen eigener Gefühle, die »ansteckend« wirken. Der, der wirbt, setzt die Semiotik und Rhetorik der Gefühle dazu ein, den Anderen von seiner großen Aufmerksamkeit, zeitlichen Verfügbarkeit, schenkenden Großzügigkeit zu überzeugen. Das deutlich ihm zugewandte große Wohlwollen, die rückhaltlose Zuwendung und Zuneigung auf allen Ebenen, auch die Feuchtigkeit in den Augenwinkeln als Zeichen großer innerer Bewegtheit können Gefühle wachrufen, die den Betroffenen selbst am meisten überraschen, denn er versteht nicht recht, wie ihm geschieht. Heiße Liebesschwüre, Charme, Zärtlichkeit und Liebenswürdigkeit lassen jedoch kaum jemanden kalt: Daher singen schon die Troubadoure des Mittelalters so herzzerreißend von den Stürmen, die in ihrem Inneren toben, und in moderner Zeit beschwören die Romantiker so emphatisch ihre inneren Regungen, dass die wirkliche Existenz der Liebe nicht mehr bezweifelt werden kann.

Und doch verweist der *Signifikant* des Gesungenen und Gesagten nicht zweifelsfrei auf das *Signifikat* des ersehnten, wirklichen Zustandes. Von Gefühlen der Liebe zu sprechen und damit nur das nackte Begehren zu kaschieren, hält selbst der Maler Paul Klee für eine »listige Werbung« (Zeichnung, 1913, Zentrum Paul Klee, Bern), und auch die mehr oder weniger ehrlich gemeinten Worte, die über Jahrhunderte hinweg die Kultur des Liebesbriefs erblühen ließen, hielten nicht immer, was sie versprachen. Ähnlich verhält es sich mit Poesie und Prosa des *Short Message Service* (SMS), dessen mangelhafte langfristige Speicherung künftige Zeiten noch glauben machen wird, das 21. Jahrhundert sei sprachlos in Liebesdingen gewesen, ausgerechnet diese geschwätzigste aller Epochen. Mit Sprache, und sei sie noch so verstümmelt, dem potenziellen Mitspieler Gefühle nahezubringen, ihn mit verlockenden Vorstellungen in Versuchung zu führen, bleibt jedenfalls ein wichtiges Medium der Umwerbung und verfängt als Angebot emotionaler Nahrung am stärksten bei dem, der notorisch unterernährt ist, sei es aufgrund einer Benachteiligung von

Natur aus, oder weil die ihn umgebende Kultur den emotionalen Bedürfnissen zu wenig Beachtung schenkt, oder aufgrund einer vom Individuum selbst verursachten Situation des Mangels.

Auf geistiger Ebene beeindruckt der Umwerbende mit Girlanden von Gedanken und Ideen, die imstande sind, *die Gedanken und Ideen des Anderen anzuregen*, vorzugsweise mit Worten und Bildern, die ihm gefallen, aber auch mit überlegten und überlegenen Argumenten, die ihn nachdenklich stimmen, und vor allem mit überraschenden Gedanken, die anregender wirken als schlüssige Argumente; der Umworbene tut gut daran, dies bei seiner Einschätzung der Situation zu berücksichtigen. Als angehender Dramatiker des *Liebesreigens* bemerkte Arthur Schnitzler, wie er selbst darauf ansprach, als die Schauspielerin Adele Sandrock ihn auf dieser Ebene umwarb: »Sie hat den Umweg über meinen ›Geist‹ genommen«, notiert er am 17. Dezember 1893 in sein Tagebuch, »weil sie es mit dem Instinct ihrer erfahrenen Sinnlichkeit bei mir für nothwendig hielt.« Überzeugend erscheinen vor allem Klugheit, Humor, Ironie und Selbstironie des Umwerbenden, denn sie lassen erwarten, dass er bei misslichen Verwicklungen zur rettenden Distanz zum Geschehen und zu sich selbst in der Lage ist.

Auch die mit Worten und Zeichen nur angedeutete, zuweilen deutlich hervorgehobene Existenz *materieller Güter* spielt eine Rolle, romantischen Beweggründen sehr fern und doch von einer pragmatischen Bedeutung, die in frühmodernen Texten noch unverhüllt zur Sprache gebracht wird: Der umwerbende Mann solle damit der Umworbenen die Nützlichkeit der Verbindung vor Augen führen, bevor er auch ihre Eltern überzeuge, die letztlich zu entscheiden haben (William Hill Collingridge, *How to Woo, When, and to Whom*, 1855). Selbst der Meister der Umwerbung, Giacomo Casanova, scheute sich nicht, mit materiellen Gütern zu locken, unabhängig davon, ob er sie auch besaß, wenngleich er am liebsten mit Witz und Esprit imponierte: So gewann er die Gunst vieler Frauen. Casanova führt vor, wie leicht der Andere von innen her aufzuschließen ist und geradezu von Euphorie überwältigt wird, wenn das Selbst ihm entgegenkommt, sich für ihn interessiert, mit einer aufrichtigen Neugierde insbesondere für das Geheimnisvolle, das ihm innewohnt. Darin besteht das Geheimnis seiner Kunst des Liebens: Die Selbstliebe eines Anderen so zu bestärken, dass er sich in ungeahntem Maße öffnet und den zu lieben beginnt, der ihm dazu verholfen hat: Casanovas posthum publizierte *Geschichte meines Lebens* stellt ein zeitloses Studienobjekt für jeden dar, der die Kunst des Umwerbens als Element der Liebeskunst begreift.

Mit guten Gründen konnte der große Liebhaber die Behauptung zurückweisen, er sei ein *Verführer* gewesen: Casanova ist kein Don Juan, der kommt, siegt und geht; er verweilt. Zwar will auch er *in Versuchung führen*, aber er respektiert die selbstbestimmte Wahl des Anderen, während die *Verführung* darauf zielt, den Vorgang abzukürzen: Sie ist die Aushebelung der Selbstbestimmung des Anderen mit Mitteln, die ihm selbst gefallen, jedenfalls jetzt. Spricht die Umwerbung noch die Überlegung an und versucht, etwas in Gang zu bringen, das an Eigendynamik gewinnen kann, wirft die Verführung eine Nebelmaschine an, die keinen klaren Gedanken mehr zu fassen erlaubt, sodass der Betroffene sich wie hypnotisiert dorthin führen lässt, wo er nie hinwollte (Robert Greene, *Die 24 Gesetze der Verführung*, 2001). Die Umwerbung erschließt ein *Potenzial* und eröffnet Möglichkeiten, um dem Anderen allmählich näher zu kommen, ihn auf irgendeiner Ebene zu berühren und von ihm berührt zu werden. Die Verführung aber drängt zum *Akt*, gerne gleich auf körperlicher Ebene; der Verführer will zügig zur Wirklichkeit gelangen und sucht rasch das Vertrauen des Anderen zu gewinnen, um ihn besitzen zu können, zu diesem Zweck vorübergehend auch von ihm besessen zu sein. Die beiden Vorgehensweisen bewegen sich auf unterschiedlichen ontologischen Ebenen und sind doch mit vergleichbaren Risiken behaftet: Wer allzu geduldig umwirbt, riskiert, nie zum Zug zu kommen; wer allzu rasch verführen will, läuft Gefahr, mangels Umwerbung gar nicht erst in Betracht gezogen zu werden. Idealerweise endet die Phase der Umwerbung mit der Zustimmung des Anderen, sodass es keiner Verführung mehr bedarf. Wenn aber doch, ist Ovid hilfreich, der im Umwerben und Anfragen (*rogare*) nur die notwendige Vorstufe zur Verführung sieht: Der so verstandenen »Kunst des Liebens« (*Ars amatoria*) setzt er just zur Zeit der Entstehung der christlichen Idee von Liebe im 1. Jahrhundert n. Chr. ein weltliches Denkmal, als ginge es darum, sie für eine lange Zeit des Vergessens zu rüsten.

Eine erneuerte *Kunst des Liebens in andersmoderner Zeit* könnte der Kunst endlich dazu verhelfen, »organische Funktion« zu werden und als »größtes Stimulans« das Leben schöner und bejahenswerter machen, wie Nietzsche es sich erträumte (Nachlass vom Frühjahr 1888, *Kritische Studienausgabe*, 13, 299). Auch diese Kunst kommt von *Können*, auch bei ihr ist das Können jedoch nicht von selbst schon gegeben, sondern muss in einem langen Prozess des Lernens und Übens, der Erfahrung und Besinnung erst erworben werden: Ein Prozess, der nie abgeschlossen ist. Wie bei allen Künsten geht es um eine *Dreistufigkeit des Könnens*, beginnend mit dem *virtuellen Können* auf der ontologischen Ebene der Möglichkeiten: Von

Bedeutung ist zunächst, *Möglichkeiten zu erschließen*, etwa von Beziehungen zu träumen, sie sich und Anderen »auszumalen« und mit Umwerbung und Verführung zu ermöglichen, ohne sie schon gleich verwirklichen zu können. Auf dieser Ebene ist die Kunst eine Erkundung von Möglichkeiten; auch virtuelle Medien können dafür zuhilfe genommen werden.

Der *Möglichkeitssinn* des Einzelnen wird gespeist von seiner Kreativität, von der Neugierde, die ihn umtreibt, von den Träumen und Sehnsüchten, die Möglichkeiten aufspüren können, von der inneren Unruhe und von Bedürfnissen, die ihn selbst und Andere bewegen, von der Aufmerksamkeit auf das, was fehlt, was schön wäre und was gut tun würde. Es ist der Reiz der Möglichkeiten, der die Liebe von Anfang an zu einem Spiel macht, in den Augen vieler zum spannendsten Spiel überhaupt. Soll es wirklich ein Spiel sein, kein Zwang, ist *Freiwilligkeit* dafür die unabdingbare Grundlage; dann erst stellen sich Fragen: Was genau soll gespielt werden, auf welcher Ebene, körperlich, seelisch, geistig? Welche Möglichkeit soll realisiert werden, wie und mit welchem Einsatz, welchem Risiko, welchem Spielraum und wie lange? Bis zu welchem Punkt lässt der Andere mit sich spielen, sich also als Möglichkeit behandeln? Bis zu welchem Punkt bin ich selbst bereit, nur eine Möglichkeit für ihn zu sein? Die Antworten darauf sind *Festlegungen*, mit denen sich jedoch der Charakter des Spiels ändert, denn die ontologische Ebene wird damit gewechselt: Anders als beim Spiel, das noch in der Formlosigkeit der Möglichkeiten schwelgen konnte, wird aus dem Spiel nun eine Wirklichkeit, die dem Leben und Lieben Form gibt. Manche versuchen das zu verhindern, indem sie sich weiterhin alle Möglichkeiten offenhalten; viele geraten in Nöte, da sie auf den Übergang zur Wirklichkeit nicht vorbereitet sind.

Die Kunst des Liebens endet nicht damit, dass zwei sich endlich finden, sondern wandelt sich zur Arbeit an der Begründung, Absicherung und Ausgestaltung der Beziehung. Ein *reales Können* auf der ontologischen Ebene der Wirklichkeit ist erforderlich, um *Möglichkeiten zu verwirklichen*, immer nur eine oder wenige, denn viele oder gar alle zugleich ist ontologisch unmöglich. Auf dieser Ebene ist Kunst die Fähigkeit zur Verwirklichung, um »Erfahrungen zu machen«, denn mehr noch als nach Möglichkeiten sehnen Menschen sich nach wirklichen Erfahrungen. Erfahrung geschieht, wenn eine Möglichkeit wirklich wird, und Erfahrung macht klüger, denn sie klärt, was wirklich werden kann und was nicht: So entsteht der *Wirklichkeitssinn*. Entscheidend dafür ist das Anfangenkönnen, bei jeder Verwirklichung gibt es ein »erstes Mal«, das die vollkommene Faszination der Möglichkeiten noch in sich birgt, insbesondere im Fall der Liebe. Hinreißend sind die Blicke des Einverständnisses mit dem Anderen, das Elektrisiertsein von seiner Berührung, die Erfahrung, wie es sich anfühlt, ihn im Arm zu halten, die Konturen seines Körpers zu ertasten und mit den Lippen zu erkunden: *It Started With a Kiss* (Popsong, Hot Chocolate, 1982).

Überwältigend an den ersten Erfahrungen ist die *ontologische Erschütterung*, die damit einhergeht, wenn die Welten aufeinanderstoßen; der Wechsel der Seinsebenen lässt die Beteiligten regelrecht erzittern und erbeben. Noch für eine ganze Weile befeuert die Energie der Möglichkeiten die entstehende Wirklichkeit, sodass alles, was schwer erschien, leichtfällt, Aufstehen beispielsweise: Das Selbst fühlt sich belebt von einer neuen Kraft, die in ihm wirksam ist und doch nicht von ihm selbst stammt, denn aus sich heraus konnte es diesen Antrieb zuvor nicht gewinnen. Eben noch sehr auf sich bedacht, verwandelt es sich in ein weites Selbst, das ganz für den Anderen da sein will, nur an ihn denken kann und zugleich die ganze Welt umarmen möchte. Das große Abenteuer der Verwirklichung mit ihren vielen Ungewissheiten beginnt, schreibt Lebensgeschichten und hinterlässt dauerhafte Spuren in Körper, Seele und Geist der Beteiligten, denn von nun an ist nichts mehr einfach zu revidieren.

Auf diese andere Phase des Spiels sind die Liebenden selten gefasst, daher die verbreitete Auffassung: »Die Liebe ist ein seltsames Spiel« (Connie Francis, Popsong, 1960). Die mögliche Liebe, die wirklich wird, ist sehr bald mit den Bedingungen der Wirklichkeit konfrontiert. »Anzukommen in der Wirklichkeit«, das ist vor allem die Erfahrung einer energetischen Abkühlung, die mit der Verfestigung von Wirklichkeit einhergeht. Was Spaß gemacht hat, solange es problemlos wieder von vorne begonnen werden konnte, wird zum *Ernst*, sobald ein Neustart nicht so ohne Weiteres mehr möglich ist, jedenfalls nicht zwischen denselben Spielern. Bald wird klar, dass das Spiel nicht immer nur Freude macht, sondern, wie jedes Spiel, auch die Möglichkeit von *Enttäuschung* in sich birgt. Anders als beim Vorspiel geht es nicht mehr nur um ein unverbindliches Jonglieren mit Möglichkeiten, vielmehr wächst mit der Bindung an den Anderen die *Verbindlichkeit*. Weiterhin handelt es sich um ein Spiel, insofern es *ergebnisoffen* ist, aber nirgendwo steht geschrieben, dass die Umwandlung einer Möglichkeit in Wirklichkeit auch gelingen muss. Viele Unwägbarkeiten gehen damit einher, dass *mehr als einer spielt*, mindestens ein Anderer, der nicht immer dasselbe will wie das Selbst. Reizvoll wäre, *mit verteilten Rollen* zu spielen, wie bei einem Theaterspiel: So könnten beide ihre Möglichkeiten besser zur Geltung bringen, anstatt sich wechselseitig volle Übereinstimmung in allen Fragen abzuverlangen. Problematisch ist die *provisorische* Einrichtung der gemeinsamen Wirklichkeit, bis eine endgültige Entscheidung darüber getroffen werden kann: Provisorien bleiben für lange Zeit, daher lohnt es sich, einen Moment länger darüber nachzudenken, welches Provisorium wünschenswerter wäre. *Regelmäßigkeiten* bilden sich heraus, die das Spiel strukturieren, aber auch Routinen entstehen lassen, die den Horizont der Möglichkeiten verengen und schließlich gänzlich zu verschließen drohen. *Regeln* dienen der Begrenzung des Spiels, damit nicht jederzeit alles möglich ist; aber nach welchen Regeln gespielt werden soll, müssen die Liebenden selbst erst festlegen, und auch, was geschehen soll, wenn einer die Regeln verletzt.

Zu ihrer Realisierung braucht die Liebe einen *räumlichen Rahmen*, ein »Spielfeld«, um bei der häufigen Dislokation moderner und wohl auch andersmoderner Liebender sich nicht bald schon wieder im Raum zu verlieren. Für den *zeitlichen Rahmen*, den das Spiel braucht, sorgt im Grunde das Leben selbst, aber diese bange Frage steht rasch im Raum: Wann und unter welchen Umständen wird das Spiel abgepfiffen? Sicher ist nur, dass die Uhr läuft: Was beginnt, wird auch enden, sei es vorzeitig im Falle einer »Lebensabschnittsbeziehung« oder zeitlich erfüllt bei einer Beziehung fürs Leben, die allenfalls der Tod begrenzt, was immer über diese Grenze hinaus sein wird. *Zufälle* sind der unkalkulierbare Faktor auch in diesem Spiel, und die Kunst besteht darin, sie für die Beziehung zu nutzen. *Kunstgriffe* zu kennen ist hilfreich, um etwa mit einer einzigen Geste den Knoten entwirren zu können, in dem sich die Fäden der Beziehung zuweilen verfangen. *Machtspiele* mit Taktik und Strategie durchziehen das Spiel der Liebe, wie viele andere Spiele, und sind nur mit Mühe in Grenzen zu halten. Ungeliebt, aber unabweisbar ist die Rolle von *Zuschauern*, vor deren Augen sich die Liebe in allen Phasen abspielt, von ihnen kommentiert und beurteilt, nicht immer ohne Rückwirkung auf die Liebenden. Den hilfreichen *Blick von außen* aber, der oft mehr sieht als die Beteiligten selbst und zu ihrer Orientierung beitragen kann, repräsentieren beste Freunde und professionelle Berater. Und wie bei allen Spielen sind nicht nur die Niederlagen eine Herausforderung, sondern auch die *Siege*, die die Beteiligten übermütig und leichtsinnig werden lassen.

Ihre eigentliche Erfüllung findet die Kunst des Liebens wie alle Künste letztlich darin, mit einem *exzellenten Können* auf der Ebene der Wirklichkeit *Möglichkeiten gekonnt zu verwirklichen*. In dieser gesteigerten, verfeinerten Form von Kunst geht es darum, so gut wie möglich lieben zu lernen und Möglichkeiten auf unnachahmliche Weise zu realisieren. Analog zu einem Ball, der nicht nur irgendwie, sondern auch genial gespielt werden kann, oder zu einem Pinselstrich, der nicht nur mal eben so, sondern auch raffiniert auf eine Leinwand zu setzen ist, lässt eine Beziehung sich nicht nur halbherzig, sondern auch mit ganzem Einsatz gestalten. Anders als die einfache Realisierung erfordert diese Könnensstufe die Bereitschaft zur unablässigen *Übung* und endlosen *Wiederholung*, dieser »Mutter des Lernens«: *Repetitio est mater studiorum*. Wer tagtäglich zwei, drei Stunden in diesen ontologischen Algorithmus investiert, und dies über Jahre hinweg, wird zum Meister in jeder Kunst, auch in der Kunst des Liebens. Was immer die Liebenden miteinander tun können, eignet sich zur Übung und Wiederholung, um die jeweiligen Vollzüge bis zu jener *Exzellenz* zu steigern, die eine tiefe Befriedigung vermittelt, da sie aus dem gewöhnlich Wirklichen herausragt, und auch, weil sie dem Selbst die Wertschätzung des Anderen einträgt, die es sich erhofft. Und doch ist Exzellenz nicht durchgängig, nur phasenweise zu erreichen, nicht in allen Belangen, nur in vereinzelten *Highlights*. Nie ist die ebenso mögliche *Defizienz*, die gelegentliche Unzulänglichkeit und das Versagen zu verleugnen: Unter Göttern mag es Vollkommenheit und Fehlerlosigkeit geben, nicht aber unter Menschen.

Der Weg zur Exzellenz ist der Weg wachsender *Erfahrung*. Erfahrungen ergeben sich nicht nur von selbst, sondern sind auch willentlich zu befördern durch Experimente, auch in der Beziehung und mit ihr; selbst ein Scheitern trägt zum Prozess der Erfahrung bei. Der Gewinn einer Erfahrung wird größer, wenn eine *Besinnung* auf sie folgt, um Schlüsse aus ihr zu ziehen und neue Orientierung zu gewinnen. Je reicher Erfahrung und Besinnung, desto stärker das Feingefühl des *Gespürs*, das Aufspüren von Zusammenhängen und somit von Sinn: Ein ausgeprägter *Kunstsinn* geht daraus hervor. Das Gespür ist nicht irrtumsfrei und muss es auch nicht sein: Nach jedem Irrtum erspürt es besser als zuvor, worauf es ankommt, lässt sich nicht vom ersten Blick schon beeindrucken, sondern entwickelt die Kunst des zweiten und dritten Blicks für die Gegebenheiten und Besonderheiten, die nicht offen zutage liegen, damit klüger, rücksichtsvoller, umsichtiger, vorsichtiger und vorausschauender vorgegangen werden kann. Auf der Grundlage der Fehler und Irrtümer, aus denen gelernt wird, entstehen Virtuosität und Raffinement, die auch das ernste Spiel zur Freude machen. Das Gespür wird zum besseren Ratgeber, als leidenschaftliches Gefühl oder nüchternes Denken es für sich allein je sein könnten. Ein Problem erwächst lediglich aus der *Inflation* von Erfahrungen in moderner Zeit, die mit einer *Reduktion* der Möglichkeiten zur Besinnung einhergeht; zu sehr setzt die moderne Kultur auf Aktivismus und Ablenkung, sodass Passivismus und Nachdenklichkeit dem Verdacht des »Negativismus« ausgesetzt sind: So werden Erfahrungen verschenkt, ohne ein Geschenk für irgendjemanden zu sein.

Spätestens auf der dritten Könnensstufe wird klar, dass auch für die Kunst des Liebens das Diktum gilt: »Kunst ist schön, macht aber viel Arbeit« (Karl Valentin als Zirkusdirektor Rudolph Brummer im Film *Die verkaufte Braut*, Regie Max Ophüls, Deutschland 1932). Dass die Liebe Arbeit ist, dass dies ein Element des Spiels ist: Zu dieser Einsicht sind nicht etwa nur wirklichkeitsnahe Pragmatiker, sondern auch möglichkeitstrunkene Romantiker in der Lage. Die Menschen seien in Gefahr, die Liebe falsch zu verstehen, denn »sie haben sie zu Spiel und Vergnügen gemacht, weil sie meinten, dass Spiel und Vergnügen seliger denn Arbeit sei; es gibt aber nichts Glücklicheres als die Arbeit, und Liebe, gerade weil sie das äußerste Glück ist, kann nichts anderes als Arbeit sein«. Rainer Maria Rilke, der dies schreibt, nennt die Liebe daher »etwas Schweres«, man müsse sie »ernst nehmen und leiden und wie eine Arbeit lernen« (Brief vom 29. April 1904, *Über die Liebe*, Sammelband, 2004, 107).

Und auch Erich Fromm, der die Aufgabe der Ausarbeitung einer neuen Kunst des Liebens in der Moderne formulierte, um über enttäuschungsanfällige Träume von Harmonie und Einssein hinauszukommen, machte »Wissen und Bemühung« für die Liebe geltend: »Am Anfang ist sich jedoch niemand darüber klar« (*Die Kunst des Liebens*, 1956, Kapitel I). Daher sei es sinnvoll, in der Liebe mehr zu sehen als ein Gefühl, in dem die Liebenden ohne Unterlass schwelgen könnten: Sie sei vielmehr auch eine Haltung, die sie einnehmen, und eine Tätigkeit, die ihnen durch andauernde Übung leichter von der Hand gehe. Wer sich über die ersten Anfänge hinaus das Lieben leicht machen wolle, erreiche dies am besten mithilfe von Übung und Gewöhnung, ganz so wie bei den Künsten des Schreibens, Malens, Musizierens, vergleichbar mit einem Handwerk und mit jeder Art von technischer Handhabung, diesen Künsten im weiteren Sinne.

Mit dem dreifachen Können der Ermöglichung, Verwirklichung und exzellenten Verwirklichung gelingt es, aus dem Leben und der Liebe eine Kunst zu machen. Mit dem Durchlaufen der drei Ebenen ist die Arbeit jedoch keineswegs beendet, sondern beginnt wieder von vorne. Das gilt nicht etwa nur für eine neue Beziehung, für die mit dem *Woo-Effekt* ausladender Blumensträuße und glühender Liebesschwüre neue Möglichkeiten erschlossen werden, sondern auch innerhalb der bestehenden Beziehung selbst, in der das Finden, Erfinden und Erschließen neuer Möglichkeiten dafür sorgt, dass das gemeinsame Leben einfallsreich bleibt und nicht im Immergleichen versinkt. Was den Anfang der Beziehung so bezaubernd gestaltet hat, kann sie zwischendurch auch wieder von Neuem beleben; was *frühlingsfroh* begonnen hat, reicht auch für den *zweiten Frühling*, und dies nicht nur einmal, sondern viele Male. Auch in späteren Zeiten kann die Liebe wieder wie am Anfang sein, auch in ein und derselben Beziehung, und dies gerade dann, wenn der Beziehung nach einer Phase der Stagnation neue Impulse gegeben werden – sofern sie sich nicht überlebt haben soll. Es liegt nahe, ein Spiel um seiner selbst willen darin zu sehen, *l'art pour l'art*, aber die Kunst des Liebens baut, wie jede andere Kunst, Brücken über Abgründe, hier über den Abgrund der Getrenntheit zwischen zweien. Und auf allen Könnensstufen findet sie ihren Sinn im Erträumen, in der wirklichen Erfahrung und exzellenten Verwirklichung von *Schönheit*. Das ist besonders auffällig am Phänomen der Liebe: Dass es in ihr von Grund auf und in jeder Hinsicht um Schönheit geht.

Die Schönheit der Liebe und der Liebenden: Bejahen und Bejahtwerden

Als schön kann gelten, was oder wer *bejahenswert erscheint*. Bejahenswert erscheint etwas oder jemand in einer Besonderheit, die keiner Vollkommenheit bedarf. Die jeweils aktuellen Kriterien der Schönheit in einer Kultur nehmen auf die Bewertung Einfluss, aber die letzte Instanz ist das Individuum selbst: Was mir schön erscheint, ist jedenfalls in meinen Augen »attraktiv«, es zieht mich an und ist mir nicht mehr »egal«, kein Fall von Gleichgültigkeit mehr, und zugleich ist es »nichts, wovon man jemals jemand anders *überzeugen* kann« (Alain de Botton, *Versuch über die Liebe*, 1994, 120). Seinen Reiz bezieht das Schöne aus den enormen Energien, die es offenkundig freisetzt: Sie steigern die Intensität des Lebens, und sie entstammen entweder dem Schönen selbst oder dem Menschen, der das Schöne bewundert, wenn nicht noch einer anderen, unbestimmten Dimension, die die Energien vorhält. Nach diesen Energien fahnden Menschen, und sie werden fündig, wenn sie die Schönheit eines Anderen entdecken, ja, geradezu die Inkarnation der Schönheit in ihm sehen und sich unversehens zu ihm hingezogen fühlen. Ist die Anziehung wechselseitig, kann eine Beziehung entstehen, in der die Erfahrung des Schönen zur Quelle der Liebe wird. In vierfacher Hinsicht sind Schönheit und Liebe untrennbar miteinander verknüpft.

1. *Schönheit macht Liebe*. Wenn gefragt wird, wie Liebe ent-

steht, dann ist die Antwort klar: Den Anfang macht die Schönheit. Es ist die *Wahrnehmung von Schönheit*, die die Entstehung von Liebe zwar nicht erzwingen, die Wahrscheinlichkeit dafür aber entschieden erhöhen kann. In den verschiedensten Kulturen wird daher der oder die potenzielle Geliebte mit Mitteln der Schönheit umworben und verführt: Bereits auf körperlicher Ebene kann das, was schön erscheint, Menschen ansprechen und zum Grund für ihre Zuwendung und Zuneigung werden. Außer Blick gerät dabei vielleicht, worauf Platon schon drängte: Weniger auf die *äußerliche*, sinnliche, mehr auf die *innerliche*, seelische und geistige Schönheit zu achten, da bejahenswerte Gefühle, Charaktereigenschaften und Gedanken eine dauerhaftere Liebe wachrufen können als die sinnlichen Reize. In jedem Fall kann zu dem Menschen, der als schön wahrgenommen wird, eine Bindung eingegangen werden, unabhängig davon, ob seine Schönheit offen zutage liegt und auch von Anderen wahrgenommen wird, oder verborgen bleibt und sich nicht jedem erschließt.

Die Schönheit kann naturgegeben, kulturell beeinflusst, aber auch individuell bearbeitet sein: Eine Arbeit an ihr ist möglich, sinnlich, seelisch und geistig. Mit seiner *Arbeit an der Schönheit* zielt ein Mensch auf die äußerliche und vielleicht innerliche Veränderung seiner selbst, auch auf die Veränderung seiner Lebensverhältnisse, damit Bejahenswertes und Liebenswertes in den Augen eines Anderen entstehen kann, ganz nach Ovid: »Damit du geliebt wirst, musst du liebenswürdig sein« (*ut ameris, amabilis esto; Ars amatoria*, II, 107). Wo noch keine Liebe ist, kann diese Arbeit sie zum Leben erwecken, eine Beziehung begründen und sie so gestalten, dass sie bejahenswert erscheint. Wenn Shakespeare in *Hamlet* seinen Protagonisten von der »höchst verschönten« (*most beautified*,

Akt 2, Szene 2) Ophelia sprechen lässt, muss irgendjemand auf irgendwelche Weise an dieser Schönheit gearbeitet haben: Hat sie sich selbst verschönert oder gar geschönt, körperlich, seelisch oder geistig? Ist sie von jemandem verschönert oder schöngeredet worden? Das Problem ist, dass die künstlich gestützte Schönheit trügerisch sein kann, da sie Bejahenswertes nur vorgaukelt; und die entscheidende Frage ist, ob die von trügerischer Schönheit hervorgerufene Liebe noch wahr sein kann. Nur wahre Liebe kann im Gegenzug Menschen wahrhaft schön machen.

2. *Die Liebe macht schön.* Das zeigt sich bereits am Liebenden selbst, der durch die Zuwendung und Zuneigung zum Anderen, das Ja zu ihm, selbst bejahenswert wird und an Schönheit gewinnt, oft nicht nur *subjektiv* in den eigenen Augen, sondern auch *intersubjektiv* in den Augen Anderer. Das gilt erst recht für den geliebten Anderen, der in der Zuwendung und Zuneigung, die sich auf ihn richtet, erstrahlt und schön erscheint, und so hinreißend ist diese *subjektive* Schönheit in den Augen des Liebenden, dass sie geradezu *objektive* Qualität gewinnt und das Perspektivische daran ganz außer Blick gerät: Der Andere *ist* schön und *erscheint* nicht etwa nur so, ebenso das Leben mit ihm und überhaupt das gesamte Leben und alle Welt. Was im Grunde die eigene Bejahung ist, wird im Anderen zu einem anschaubaren Ja aus Fleisch und Blut. Was da vor sich geht, bezeichnete Stendhal (*Über die Liebe*, 1822) als Prozess der *Kristallisation*, bei dem in der Wahrnehmung eines Menschen phantastische Möglichkeiten um eine banale Wirklichkeit herum angehäuft werden, die wie Schneekristalle im Winter einen kahlen Zweig erglitzern lassen. Grundsätzlich ist dieser Prozess der *Verzauberung* auch umkehrbar: Die *Entzauberung* zeigt mit dem Schwinden der Schönheit das Ent-

schwinden der Liebe an; die Energien, die von der Bejahung freigesetzt worden sind, ziehen sich zurück, bis sich beim einstmals Geliebten alle Ausstrahlung auflöst.

Immer dann jedoch, wenn etwas oder jemand bejaht werden kann, durchströmen Energien den Bejahenden ebenso wie das Bejahte oder den Bejahten, und dringen von innen her aus allen Poren nach außen, sodass die Schönheit sichtbar wird. Der Prozess scheint nicht nur in der Wahrnehmung, sondern auch wirklich zu geschehen: Gleichsam mühelos arbeitet die Liebe an der Schönheit, die *äußerlich* in den Augen und Gesichtern, in Haltung und Verhalten, *innerlich* in Gefühlen und Gedanken der Liebenden zum Vorschein kommt, in einer unvermuteten Fühlsamkeit, einem bezaubernden Charakterzug, einem überwältigenden Gedankenreichtum, ermutigt vom wohlwollenden Blick und liebevollen Interesse des jeweils Anderen. Das Schöne wird sichtbar im Lächeln, das selbst im Ernst noch durchscheint, denn es ist das Lächeln einer Gewissheit, die alle Ungewissheit überstrahlt: Bejaht zu sein, nicht nur vom Anderen, sondern, so das subjektive Empfinden, vom gesamten Leben, von aller Welt. Ist diese Schönheit ungerecht, weil nicht alle auf gleiche Weise damit ausgestattet sind? Aber ihre Verteilung geschieht nach einem Prinzip, das alle als gerecht anerkennen können: Denen, die mehr lieben und geliebt werden, wird mehr Schönheit zuteil, die ihrerseits zum Anreiz für mehr Liebe wird; ein sich selbst reproduzierender Prozess. Von der wechselseitigen Zuwendung und Zuneigung werden zahlreiche schöne Erfahrungen hervorgebracht.

3. *Die Liebe macht schöne Erfahrungen.* Die gesamte Vielfalt des Schönen, das »zwölffache Schöne«, steht dafür zur Verfügung: Vorweg *Erlebnisschönes*, die Möglichkeit, sehr viel Beja-

henswertes gemeinsam zu erleben, das beim Alleinsein anders oder gar nicht zu erleben wäre; und die schönen Erlebnisse, die der Andere vermittelt, spornen wiederum dazu an, ihm gleichwertige Erlebnisse zu verschaffen. Oft ist *sinnlich Schönes* damit verbunden, denn sämtliche Sinne des Sehens, Hörens, Riechens, Schmeckens, Tastens, Sich-Bewegens und In-sich-Spürens können in der Liebe zur Entfaltung gelangen. Sie macht *Kunstschönes* erfahrbar, denn in allen rezipierbaren Künsten, vorweg in Literatur und Film, ist die Liebe das wichtigste Sujet, und für die Erarbeitung und Ausübung eigener, produktiver Künste wie der Kunst des Blicks, der Gestik, der Berührung, der Verführung ist sie der entscheidende Antrieb. Ebenso sorgt die Liebe für die Erfahrung von *Naturschönem*, sowohl in Bezug auf die innere Natur mit ihren vielgestaltigen Landschaften von Gefühlen und Gedanken als auch im Hinblick auf die äußere Natur, die zahlreiche Orte für bejahenswerte Erfahrungen zu zweit bereithält – wie leer aber erscheinen dieselben Orte, wenn einer allein sie wieder aufsucht! *Menschlich Schönes* ist in der Liebe zu erfahren in der äußeren und inneren Gestalt des Anderen, die schön und bejahenswert erscheint wie etwa Sokrates in Platons *Symposion* für Alkibiades, mochte er in den Augen Anderer auch als hässlich gelten. Besonders wichtig ist die Erfahrung von *Charakterschönem*, denn bestimmte Eigenschaften des Anderen besonders bejahen zu können, birgt den Keim zu einer anhaltenden Liebe zu ihm in sich.

Die Liebe offeriert die Erfahrung von *Beziehungsschönem*, wenn die Beziehung durch alle Herausforderungen hindurch bejaht werden kann. Und sie vermittelt *Verhältnisschönes*, wenn es den Liebenden gelingt, Verhältnisse des Lebens für sich einzurichten, die in ihren Augen bejahenswert sind. Auch

Dingschönes kann bejahenswerte Erfahrungen verkörpern, etwa der Ring, die beschriebenen Zettel, die Fotos, die die Liebe symbolisieren und für immer bewahren (Leanne Shapton, *Bedeutende Objekte und persönliche Besitzstücke*, 2009). Geradezu beheimatet ist *Phantasieschönes* in der Liebe, mit all den Vorstellungen und Träumen der Liebenden von möglichen Situationen, Konstellationen und Aktionen. Selbst ohne jeden konkreten Anlass kann die Liebe als solche bejahenswert erscheinen, sodass *Abstraktschönes* erfahrbar wird. Geliebt werden können zudem Menschen und, wenn alle Beteiligten einverstanden sind, Verhaltensweisen, die in den Augen Anderer weniger bejahenswert erscheinen: Das führt zur Erfahrung von *Negativschönem*, denn die Liebe macht selbst das Verneinenswerte bejahenswert. Entscheidend für ihre Fortdauer ist nur, ob eine nachhaltige Erfahrung von Schönem möglich ist. Womöglich müssen die Liebenden sich willentlich um schöne Erfahrungen bemühen, die sich zunächst von selbst ergaben.

4. *Schöne Erfahrungen festigen die Liebe*. Was auch immer den Beteiligten bejahenswert erscheint, begünstigt nicht nur das Entstehen, sondern auch das Fortbestehen der Beziehung. Diese Erfahrungen können aus den Augen verloren, aber auch wieder gesucht und gefunden werden, ausgehend von den Fragen, die sich in kritischen Momenten geradezu aufdrängen: Bin ich für den Anderen noch schön, ist der Andere für mich noch schön, bejahe ich ihn weiterhin? Wenn aber das Schöne sich im Laufe der Zeit verloren hat: Gibt es Erinnerungen an schöne Erfahrungen und gemeinsam bewältigte Herausforderungen? Was war es einst, das bejahenswert erschien, am Anderen und an mir selbst? Wann und warum hat es sich verloren? Lässt es sich wieder herstellen? Ist es durch anderes Schönes zu ersetzen? Gibt es in der Gegenwart eine

Sinnlichkeit, gemeinsame Gefühle und Gedanken, auch Gewohnheiten, die ich nicht missen möchte? Gibt es etwas am Anderen und am Leben mit ihm, das ich nicht bejahen kann, und was folgt daraus? Ist ein Ja überhaupt noch möglich, und wenn nicht, was wäre dafür zu tun, um es wieder möglich zu machen, von wem? Gibt es Ideen und Projekte für kommende Zeiten, die schön erscheinen?

Es fällt nicht schwer, das am Anderen zu lieben, was bewundernswert erscheint und stolz auf ihn sein lässt, aber er hat, wie das Selbst, auch Seiten an sich, die ein Tribut an die Polarität des Lebens sind, und keiner will nur wegen seiner schönen Seiten geliebt werden. Sehr früh in der Beziehung sollte die Aufmerksamkeit darauf gerichtet sein, um sich selbst zu fragen: Kann ich auch diese Seiten akzeptieren, die ich nicht sonderlich mag? Haben sie Platz in meiner Liebe? Sind sie durch irgendetwas aufzuwiegen? Können die schönen Seiten die unschönen im Zweifelsfall übertrumpfen? Die Antworten zeigen, ob es einen starken Grund dafür gibt, zusammen zu sein und zu bleiben. In schwierigen Zeiten ist dieser Grund wichtiger als die Frage, wer »Recht« hat und wer »Schuld« trägt. Überwiegt das Bejahenswerte, wird die Beziehung immer von Neuem wertvoll, sodass das Selbst vorbehaltlos mit dem Anderen zusammen sein kann. Sollte da aber nichts mehr sein, was sich bejahen lässt, bleibt irgendwann nur noch »die Erinnerung daran, dass es einmal schöner war« (Mina, *Heißer Sand und ein verlorenes Land*, Schlager, 1962).

Auf der Basis des Schönen ist eine *Ethik der Liebe*, die vielen wünschenswert erscheint, als *ästhetische Ethik* zu begründen, denn das Ästhetische, das Schöne, bringt von selbst ethische Konsequenzen hervor, zunächst für die *Ethik des Einzelnen*: Aus dem, was mir bejahens*wert* erscheint, gewinne ich für mich und mein Leben einen grundlegenden *Wert*, an dem ich meine Haltung und mein Verhalten orientieren kann. Die Bejahung des Anderen und der Beziehung zu ihm führt zu einer *Wertschätzung*, mit der ich ihm und der Beziehung zu ihm eine außergewöhnliche Bedeutung gebe. Alles gewinnt an Bedeutung, wenn es wertgeschätzt wird, seien es Sachen, Erlebnisse, Meinungen oder Vorlieben, vor allem aber gilt dies für die Eigenheiten eines Menschen. Zwar bedarf der Andere nicht erst meiner Wertschätzung, um wertvoll zu sein, denn ihm ist, wie mir selbst, ein innewohnender (*intrinsischer*) Wert eigen, aber der von mir, von außen kommende (*extrinsische*) Akt der Wertschätzung führt auch zur Anerkennung des Werts und zu einem entsprechenden Verhalten im Lebensvollzug, die anderen Seiten des Anderen mit einbezogen – ganz so, wie ich mir dies von ihm auch für mich selbst erhoffe. Über die Ethik des Einzelnen hinaus wird auf diese Weise eine *Wechselseitigkeit der Wertschätzung* möglich, sei es aus Gründen der Zuwendung und Zuneigung zum Anderen oder aus dem eigenen Interesse heraus, dieselbe Wertschätzung auch von ihm zu erfahren.

Ausgehend vom *individuellen Schönen* und der entsprechenden Wertschätzung kann dann eine Klärung des *gemeinsamen Schönen* unternommen werden, um zu Werten zu gelangen, die beide als verbindlich anerkennen können. Das gemeinsam Bejahenswerte ausfindig zu machen: Das ist der Sinn einer kommunikativen Ethik. Ist es für beide bejahenswert, Abwertung, Demütigung, Gewaltanwendung im Umgang miteinander auszuschließen (in selteneren Fällen ausdrücklich einzuschließen)? Dann ergibt sich daraus ein Maßstab für das Verhalten zueinander, um Werte nicht nur zu proklamieren, sondern auch zu realisieren. Für die *Ethik der Liebe*, auf die zwei sich einigen, führt das zum Grundsatz, den jeweils Anderen als *ei-*

genständiges Subjekt zu achten und ihn nicht gegen seinen Willen zum *bloßen Objekt* zu machen. Zum bloßen Objekt würde er beispielsweise, wenn er nur der Befriedigung des Selbst diente, sein eigener Wert hingegen, seine Wünsche, Bedürfnisse und Entscheidungen, Gedanken und Gefühle, womöglich auch seine körperliche Integrität missachtet würden und das Selbst unbedingt für ihn entscheiden wollte, obwohl er selbst anders oder gar nicht entscheiden will. Dass Verletzungen der Werte in Beziehungen trotz allem geschehen, macht sie nicht überflüssig: Die Ethik der Liebe bewahrt sie, damit wieder zu ihnen zurückgekehrt werden kann. Und wenn es keine Rückkehr gibt? Dann kann das ein Grund sein, die Beziehung in Frage zu stellen. So wird die Ethik der Liebe in Kraft gesetzt, und sie behält ihre Gültigkeit, solange beide sich an sie binden. Beide arbeiten damit an einer *Ästhetik der Existenz*, um ihrem Leben die Form zu geben, die die »schönstmögliche« ist (Michel Foucault, »Die Sorge um die Wahrheit«, Gespräch, 1984), und ihr Leben so zu gestalten, dass es jedenfalls in ihren eigenen Augen voll und ganz bejaht werden kann.

Wenn aber nichts mehr schön und bejahenswert erscheint, löst die Wertschätzung sich wieder auf: Aus der ursprünglichen Wertschätzung wird eine *Geringschätzung*, aus der Aufwertung eine *Abwertung* des Anderen, die damit einhergeht, ihm keine große Bedeutung mehr zuzumessen. Die Schönheit, die dem Anderen zuerkannt wurde, wird ihm wieder aberkannt, und erneut erscheint dies nicht als *subjektiver*, sondern als *objektiver* Vorgang: Er *erscheint* nicht etwa nur so, sondern er *ist* nicht mehr schön. So großzügig ein Mensch sich zeigen kann, wenn er einen Anderen schön und bejahenswert findet, so kleinlich wird er nun, wenn er nichts Schönes mehr an ihm entdecken kann. Aber ganz so, wie die Bejahung schön macht, macht die

Verneinung *hässlich*, sowohl den, der verneint wird, als auch den, der verneint. In Blicken und hässlichen Bemerkungen, deren Grund zunächst unverstanden bleibt, bricht das hervor; viele Gesten und Verhaltensweisen sind nicht nur subtile Medien der Wertschätzung, sondern auch des Mangels daran: Sie erlauben feinste Dosierungen, um Zuwendung und Zuneigung zu zeigen, aber auch Abwendung und Abneigung deutlich zu machen. Aus der Hässlichkeit wird letztlich *Hass*, aus dem Kleinkrieg mit Nadelstichen ein Krieg mit Waffen ganz anderen Kalibers, die über kurz oder lang die Beziehung zerstören. Alles kann vernichtet werden, wenn einer Sache, einem Erleben und erst recht einem Menschen jeglicher Wert abgesprochen wird, und es ist schwer für den Betroffenen, eine eigene Wertschätzung gegen diese *Entwertung* zu behaupten.

Was für ein Glück, dass der *Kampf um Wertschätzung*, gegen Abwertung und Entwertung gewöhnlich weniger problematisch ausfällt! Und doch stellt er keineswegs eine Ausnahmesituation dar, sondern kehrt im Beziehungsalltag zuverlässig wieder, ein nie abgeschlossener Prozess zwischen zweien. Nicht etwa erst am Ende der Liebe, sondern schon im Verlauf ihrer alltäglichen Schaukelbewegungen, mit mehr oder weniger extremen Ausschlägen, bricht eine Bejahung immer mal wieder in sich zusammen und verliert sich, ganz so, als würde das Leben prüfen wollen, ob das, was schön erscheint, auch unter veränderten Bedingungen noch bejaht werden kann. Und inmitten der Beziehung kommt es vor, dass aus der gefühlten Abwertung durch den Anderen ein verborgenes Rachegefühl gegen ihn erwächst, denn wer sich abgewertet fühlt, neigt dazu, seinerseits Andere abzuwerten und womöglich sogar zu äußersten Mitteln zu greifen, um die Wertschätzung seiner selbst doch noch zu erzwingen, und sei es nur dieses letzte Mal.

Kein Mensch kann zur Bejahung eines Anderen und zu entsprechenden Verhaltensweisen gezwungen werden: Dieses Problem teilt die ästhetische Ethik der Liebe mit jeder anderen Ethik. Das Schöne kann so unschön werden wie das Gute gelegentlich ungut; daran vermag alle Ethik und Moral, alle Verbindlichkeit und Normativität des einstmals Vereinbarten nichts zu ändern. *Grenzen der Geringschätzung* resultieren am ehesten aus der *Goldenen Regel*, wie alle Kulturen sie kennen, jeweils in eine populäre Fassung gebracht: »Was du nicht willst, dass man dir tu', das füg' auch keinem andern zu.« Will ich nicht, dass der Andere mich in Frage stellt, darf ich auch ihn nicht in Frage stellen. Was ich mir von ihm erhoffe, muss ich selbst auch ihm gewähren und seine Gefühle und Überlegungen nicht als belanglos abtun, sondern mich so in ihn einfühlen und ihn verstehen wollen, wie ich mir dies von ihm auch für mich wünschen würde. Die Goldene Regel, dieses Umkehrgebot der Klugheit, spricht das *Eigeninteresse des Einzelnen* an, denn wenn auf altruistische Gründe nicht mehr zu bauen ist, bleiben noch egoistische: So kann die ästhetische Ethik der Liebe den Einzelnen dazu anhalten, beim momentanen Nein zu manchen Aspekten am Anderen und in der Beziehung zu ihm, äußerstenfalls auch beim grundlegenden Nein zur Beziehung, sich dennoch nicht zur gänzlichen Verneinung und Entwertung seiner Person hinreißen zu lassen.

Die grundlegende Polariät bleibt jedoch auch hier bestehen: Nur im Kontrast gegen *Nichtschönes* tritt das *Schöne* deutlich hervor, und es macht Unschönes nicht unmöglich, sondern wechselt sich damit ab. Das Bejahenswerte kann nicht konstant gegenwärtig sein, nicht alles kann stets gleichbleibend schön sein, zuweilen liegt die Schönheit auch unter einer Decke der Wahrnehmung verborgen, »verschneit« (*o'ersnow'd*), wie Shakespeare im 5. Sonett sagt. Die Atmung der Liebe findet ihre Entsprechung im *atmenden Maß der Schönheit*, in der Balance der Abfolge zwischen Zeiten und Verhältnissen, die mal mehr, mal weniger schön sind, mit gelegentlichen Ausflügen ins extrem Schöne und Bejahenswerte, umgekehrt ins allzu Hässliche und Verneinenswerte, willentlich oder unwillentlich. Bei einem anhaltenden *Mangel an Schönheit* droht eine Erfahrung der Sinnlosigkeit, denn das Schöne mit seiner Energie ist eine Quelle von Sinn ohnegleichen. Ohne Schönes können Menschen nicht leben, mit Schönem aber lassen sich unschöne Erfahrungen ausbalancieren, daher suchen Menschen so sehr danach, bei sich selbst und Anderen, in Dingen und Verhältnissen, in Kunstwerken und Landschaften. Bei einem anhaltenden *Übermaß an Schönheit* droht im Gegenzug der Überdruss an ihr, manche Situationen zwischen zweien sind nur so zu erklären: Die Schönheit belebt nicht nur, sie ermüdet auch, wenn sie zu lange genossen wird; daher ist es sinnlos, die Liebe immer nur schön haben zu wollen, sinnvoller, sie so zu dosieren, dass es keinen Grund gibt, ihrer überdrüssig zu werden.

Maßlosen Gebrauch von ihr zu machen, hat am ehesten in der Verliebtheit Platz, vor allem in der plötzlichen und folgenlosen Verliebtheit, von der derjenige, dem sie gilt, womöglich nichts weiß und nichts erfährt. Die flüchtige Begegnung lässt alles am Anderen schön erscheinen, ohne dass dies über den Tag hinaus auf die Probe gestellt werden müsste: Sein Gesicht, das so fein konturiert ist, seine Art, die Lippen zu bewegen, der Klang seiner Stimme, die Art seines Blicks, die Farbe seiner Augen, der Schnitt seiner Kleidung und wie sie die Eigenheiten seines Körpers hervorhebt oder verbirgt. Alles bleibt, wie im Traum, in der Schwebe, im ontologischen Stadium der Möglichkeiten, und schon bald verliert sich der intensive und doch distanzierte Moment in der Erinnerung. Was bleibt, ist die Übung der Seele in der Wahrnehmung des Schönen, und darauf kommt es an, denn einer Seele, die sich nicht auf solche Weise übt, droht die Abstumpfung. Ihre schönste Übung aber ist die Hingabe, die ihrerseits ohne Hinnahme nicht denkbar ist.

Die Kunst des Schenkens:
Hingabe und Hinnahme in der Liebe

Eine Beziehung wird begründet, bestärkt, aufgewertet, auch in Frage gestellt, abgewertet, aufgelöst durch *Gaben* und ihre Verweigerung. Die Regulierung der Gaben, die dem jeweils Anderen als Zeichen der Bejahung und Wertschätzung geschenkt oder als Zeichen der Verneinung und Geringschätzung verweigert werden, ist eine Art von Kommunikation, die tief in der Geschichte der Menschheit verwurzelt ist, mehr noch als jede verbale Sprache (Marcel Mauss, *Die Gabe*, 1950). Alle Beziehungen werden damit gesteuert, in besonderem Maße aber die Liebe, in der die spezifische Gabe *Hingabe* ist, eine Aktivität, die überaus lustvoll sein kann: Etwas wegzugeben von mir, hin zum Anderen, bis hin zu einem bedingungslosen Geben, nicht irgendwelcher Gaben, sondern des Besten, was ich zu geben habe und was dem Anderen gefällt.

Zu diesen Gaben gehört erstens *Zeit*, beliebig viel Zeit, alltägliche Zeit und Lebenszeit, die ich mit dem Anderen verbringe und nicht mehr für mich allein beanspruche.

Zweitens *Aufmerksamkeit* als Ausdrucksform der Energie, die ich dem Anderen und niemandem sonst in solchem Maße zuwende, sodass er, angeregt von meiner Wertschätzung, meinem Interesse, Verständnis, Begehren, auch von materiellen Gaben, die gerne als »Aufmerksamkeit« bezeichnet werden, aufleben kann und sich vielleicht seinerseits angeregt fühlt, mit seinen Möglichkeiten darauf zu antworten.

Drittens *Bewunderung*, die für die Beziehung unverzichtbar ist, denn wozu zusammen sein, wenn es nichts zu bewundern gibt am Anderen, an seinen Fähigkeiten und Fertigkeiten, seinen interessanten und spannenden Seiten?

Viertens *Vertrauen*, das in Liebesverhältnissen geradezu verschwenderisch gewährt und ausdrücklich als Geschenk tituliert wird: »Ich schenke dir Vertrauen«, einhergehend mit der Bereitschaft, dem Anderen »alles zu glauben« und im Verhältnis zu seiner Glaubwürdigkeit ihn selbst wertzuschätzen.

Besondere Gaben für den geliebten Anderen sind fünftens die *Privilegien*, die ich ihm einräume: »Du darfst alles!« Immer und überall darf er mich ansprechen und berühren, hat Zugang zu mir auf jede Weise, mit körperlicher Nähe und Zärtlichkeit, mit seelischen Aufwallungen aller Art, mit geistigem Austausch und einem Mitspracherecht auch in Dingen, die mich allein betreffen.

Ich schenke ihm sechstens *Wohlwollen* in jeder Form, komme ihm entgegen, begegne ihm mit Duldsamkeit, gewähre ihm größtmöglichen Freiraum und bin fürsorglich um ihn besorgt, zeige ihm mit Liebenswürdigkeit, wie sehr ich seiner Liebe würdig sein will; und mit großem Wohlwollen sehe ich ihm ein fehlendes Bedürfnis nach Nähe ebenso nach wie ein überschießendes: »Die Liebe vergibt dem Geliebten sogar die Begierde« (Nietzsche, *Die fröhliche Wissenschaft*, II, 62).

Insbesondere sorge ich siebtens für das *Wohlgefühl* des Anderen, frage ihn, was er sich wünscht und freue mich an der Erfüllung, erweise ihm »Liebesdienste«, die ihm gut tun und in denen ich mich selbst verschenke, überwältigt vom Gefühl der Gemeinschaft mit ihm; dass es noch andere Gefühle geben könnte, rückt jetzt in weite Ferne und betrifft nur »die Anderen«.

Die Summe all dessen ist achtens das überaus bedeutsame Geschenk der *Lebensgewissheit*, die ich ihm geben kann und die ihm ermöglicht, heiter, gelassen und zuversichtlich durchs Leben zu gehen, mit der Zusicherung, immer für ihn da zu sein, Wechselfälle und Härten des Lebens durch das Einstehen für ihn abzumildern, auch die große Herausforderung des Lebens, das Altern, mit ihm zu bewältigen, kulminierend im ultimativen Liebesbeweis, »gemeinsam alt werden« zu wollen. Liebe ist die Gewissheit, einander viel und sogar alles zu bedeuten, sich aufgrund dessen des eigenen Ortes und seiner selbst in der Welt gewiss zu sein, unabhängig vom aktuellen Pegelstand der Gefühle: Die Gewissheit der Zusammengehörigkeit und die damit verbundene Selbstgewissheit machen die Liebe dermaßen wertvoll, dass die Liebenden bis zur Verzweiflung an ihr festzuhalten bereit sind.

Liebe ohne Hingabe in solchen Formen gibt es nicht, und zumindest aus Sicht der Romantik ist die absolute, bedingungslose Hingabe die Vollendung der Liebe: »Nur die grenzenloseste Hingabe kann meiner Liebe genügen« (Novalis, *Heinrich von Ofterdingen*, 1802, I, 8). Die *Hingabefähigkeit* ist die Bereitschaft, bedenkenlos zu geben, ohne an Gegengaben auch nur zu denken, auch ohne nach Dankbarkeit zu fragen. Und doch kommt es irgendwann auf die *Wechselseitigkeit der Hingabe* an, die sich nur in der anfänglichen, später in der reifen Liebe ganz von selbst ergibt: In diesen Zeiten fühlen die Liebenden sich im Besitz der Fülle des Lebens, von der sie reichlich abgeben können, sodass das Geben sich absichtslos ausgleicht, und wenn für einen Moment nicht, genügt ein Lächeln des Anderen, das unendlich viel bedeutet, sodass die Wechselseitigkeit augenblicklich wieder hergestellt ist. In anderen Zeiten der Liebe aber, in denen die Fülle des Lebens noch andere Erfahrungen hervorbringt, werden Gegengaben zunächst verhalten, dann entschiedener eingefordert, die Grenzenlosigkeit der Hingabe stößt an Grenzen. Die gefühlte oder wirkliche Unausgewogenheit der Gaben unterminiert die Beziehung, die Klagen klingen bitter: Zu viel Zeit ist für den Anderen verschwendet worden, so viel Aufmerksamkeit hat er nicht verdient, zur Bewunderung gibt es keinen Anlass, das Vertrauen in ihn ist fehl am Platz, ihm kann man »nichts glauben«, und mit der fehlenden Glaubwürdigkeit steht auch er selbst in Frage, erscheint keines Privilegs mehr würdig, erst recht nicht irgendwelchen Wohlwollens; statt Lebensgewissheit von ihm zu erhalten, werden in der Beziehung zu ihm nur Lebenschancen vertan.

Um diese Situation weniger wahrscheinlich zu machen, erfordert die *Kunst der Hingabe*, sich nicht beliebig zu verschenken, ohne zu bemerken, »welcher Mangel an gegenseitiger Schätzung in dieser unaufgeräumten Hingabe liegt« (Rainer Maria Rilke, *Über die Liebe*, Sammelband, 2004, 105). Erst mit zunehmendem Gespür, mit wachsender Erfahrung und Besinnung kann aus der anfänglich unbewussten, *naiven Hingabe* allmählich eine bewusste, *reife Hingabe* werden, eine souveräne Dedikation des Selbst an den Anderen: Sich hinzugeben, ohne sich preiszugeben; für den Anderen da zu sein, ohne das eigene Selbst aufzugeben. Mag sein, dass der Andere »alles darf«, aber im entscheidenden Moment kann das Selbst ihm ein Gespür für die Grenzen vermitteln: »Du darfst es nicht übertreiben!« Wird zugunsten des Anderen auf Selbstbestimmung teilweise oder ganz verzichtet, dann nur aufgrund einer Selbstbestimmung, die den Verzicht auch wieder begrenzen kann. So ist neben der Wertschätzung für den Anderen auch die eigene für sich selbst zu bewahren.

Eine starke *Selbstbeziehung* ist die beste Grundlage für die Beziehung zum Anderen, erst recht dafür, sich ihm zu überlassen und gegebenenfalls auch wieder auf sich zurückzuziehen. Widerspricht das nicht der *Selbstlosigkeit*, von der die Liebe geprägt sein soll? Aber das würde eine Hingabe bis zur Verausgabung erfordern, nicht nur gelegentlich, sondern dauerhaft, bis vom Selbst nichts mehr bliebe, was lieben könnte. Die reife Liebe beruht daher immer, auch wenn das nicht immer so wahrgenommen wird, zumindest zum Teil darauf, dass das Selbst *auch für sich selbst da ist*. Unausgesprochen, aber unabdingbar hat das atmende Maß der Liebe mit dem inneren Reichtum zu tun, den ein Selbst für sich gewinnt, um ihn wieder zu verschenken. Und mit dem inneren Reichtum des Anderen, den er für sich gewinnt und wieder mit dem Selbst teilt. Schwindet diese doppelte Ressource, versiegt auch die Liebe. In der Zuwendung und Zuneigung zum Anderen ist daher kein reiner *Altruismus* zu sehen, der nicht durchzuhalten ist; es gibt vielmehr ein vitales Eigeninteresse in der Liebe: »Man baut sich seine Liebe selbst, um in ihr wohnen zu können« (Michael Kleeberg, *Karlmann*, 2007, 87). Aber in der Zuwendung und Zuneigung ist auch kein reiner *Egoismus* zu sehen, der keinen Anderen überzeugen würde und das Selbst zu keiner Hinnahme befähigen könnte, die das notwendige Gegenstück zur Hingabe ist.

Parallel zur Hingabe geht es in jeder Liebe um eine *Hinnahme*, eine Passivität, die überaus schmerzlich sein kann. Wer geben will, muss auch nehmen können, denn so, wie Liebenden vieles wohltut, gibt es auch vieles, was ihnen wehtut: »Deshalb sei immer ihr Herz viel zu ertragen gefasst«, rät schon Ovid (*Ars amatoria*, II, 516). Ein Selbst, das für sich selbst da sein kann, ist hierzu am ehesten in der Lage.

Hinzunehmen ist erstens hinsichtlich der *Zeit*, dass der Andere mir nicht wirklich ständig in beliebigem Umfang zur Verfügung stehen kann; vielmehr hat er auch mal »keine Zeit« oder verlangt mir mehr Zeit ab, als ich selbst bedenkenlos geben kann; vor allem aber kollidieren immer wieder unsere Zeitwelten miteinander, die unterschiedlichen Vorstellungen, Einteilungen und Handhabungen von Zeit.

Hinzunehmen ist zweitens, dass der Andere nicht immer alle *Aufmerksamkeit* mir zuwenden kann, so wenig wie ich selbst ihm unentwegt Aufmerksamkeit zu schenken vermag; vielmehr beschäftigt sich der Andere, wie ich, auch mit Anderen und Anderem, wenngleich dies stets von Neuem den Verdacht erregt, so werde es für immer bleiben.

Hinzunehmen ist drittens, dass die *Bewunderung* durch den Anderen nicht immer dem Vollmaß entsprechen kann, das mir naturgemäß angebracht erscheint, aber zu einer Überschätzung meiner selbst führt: Früher oder später kommen ja doch auch weniger bewundernswerte Seiten ans Licht, und wenn dann die Bewunderung längere Zeit ausbleiben sollte, liegt es an mir, von Neuem Anlass zu ihr zu geben.

Hinzunehmen ist viertens beim *Vertrauen*, dass es auch enttäuscht werden kann und dass dies nicht immer nur ein Problem des Anderen ist, der sich des Vertrauens nicht würdig erweist, sondern zuweilen auch ein Problem meiner übermenschlichen Erwartungen, die auf ein menschliches Maß zu reduzieren wären.

Hinzunehmen ist fünftens der gelegentliche Entzug von *Privilegien*, der zur Folge hat, nicht immer und überall Zugang zum Anderen zu haben oder sogar Abweisung zu erfahren, körperlich, seelisch, geistig. Vielleicht ist der Andere überhaupt ein abweisender Mensch oder ist dazu geworden, schützt sich womöglich mit abweisender Mimik und Gestik gegen die mitreißende Macht seiner eigenen Hingabefähigkeit, von der er zerrüttet würde, gäbe er ihr nach.

Hinzunehmen ist sechstens, dass das *Wohlwollen* des Anderen, das ich kaum entbehren kann, zumindest phasenweise aussetzt; dass er mich mangelnde Wertschätzung spüren lässt und sich nicht mehr wohlgesonnen und liebenswürdig, sondern verdrießlich und gar biestig zeigt, von mir vorschnell zum Anlass genommen, ihm meinerseits unwirsch zu begegnen – aber vielleicht habe ich den großen Freiraum, den er mir gewährt hat, missbraucht, sodass es darauf ankäme, mit deutlichem Entgegenkommen sein Wohlwollen »zurückzuerobern«.

Hinzunehmen ist siebtens, dass das *Wohlgefühl* im Zusammensein nicht ständig genossen werden kann, sondern immer wieder mal pausiert und mit Zeiten des Unwohlseins, der Unlust, der Langeweile alterniert, dem Wellengangprinzip des Lebens folgend, das dem auf Dauer gestellten Lustprinzip des modernen Menschen widerspricht.

Hinzunehmen ist achtens, dass die *Lebensgewissheit* die zeitweilige Ungewissheit nicht aufheben kann, dass vielmehr die Angst um den Anderen gelegentlich übermächtig wird, gerade weil er mir so viel bedeutet, und dass aus der kleinsten Unklarheit des Verhältnisses, begründet oder unbegründet, der größte Liebeskummer entstehen kann. Selbst bei intakter Gewissheit muss ich hinnehmen, dass die bloße Tatsache des Zusammenseins andere Möglichkeiten des Lebens ausschließt und auch im gemeinsamen Leben nicht alle Möglichkeiten wirklich werden, die ich mir erträume.

Ebenso wichtig wie die Hingabefähigkeit in der Liebe ist daher die *Hinnahmefähigkeit*, ebenso problematisch wie der Mangel daran ist auch ihr Übermaß. Hinnahmefähig zu sein heißt, nicht vor jeder Schwierigkeit zu fliehen; eine allzu bereitwillige Hinnahme aber würde darauf hinauslaufen, alles mit sich geschehen zu lassen. Nur mit Erfahrung, Besinnung und dem daraus entstehenden Gespür ist das atmende Maß dazwischen zu finden, immer anhand dieser Fragen: Was ist noch mutige, was schon leichtsinnige Hinnahme? Wo bin ich zu weit gegangen, wo zu früh zurückgeschreckt? Was ist *demütig* zu akzeptieren, was schlägt in *Demütigung* um? Was kann ich rechtzeitig sagen und tun, um der Demütigung zu entgehen, die nicht mehr vergeben werden kann, sodass das Leben mit dem Anderen unmöglich wird? Wie kann ich die Wertschätzung für mich, für den Anderen und die des Anderen für mich bewahren oder wieder gewinnen? Wann ist der richtige Zeitpunkt, mir eine Fehlentwicklung einzugestehen und Konsequenzen daraus zu ziehen? Wie viel »Vorschuss« kann ich dem Anderen gewähren? Und wenn es an Wechselseitigkeit fehlt: Erscheint die Gesamtheit des Lebens mit ihm dennoch schön und bejahenswert? Die *Wechselseitigkeit der Hinnahme* ist am ehesten in Gefahr bei einer unbewussten, *naiven Hinnahme*, die nicht mehr nur darauf hinausläuft, »Opfer zu bringen«, sondern »Opfer zu sein«. Für die bewusste, *reife Hinnahme* aber, die nach eigenem Urteil angebracht oder unausweichlich erscheint, empfiehlt sich eine *offensive* Haltung eher als eine *defensive*. Mutig hinzunehmen erleichtert die Hinnahme, ihre innere Ablehnung erschwert sie, ohne an den Gründen für sie etwas ändern zu können. Am leichtesten fällt sie mit Liebe, die alles erträglich erscheinen lässt: Wer liebt, kann leiden, kann zumindest einen Teil des eigenen Lebens dem Anderen überlassen, ohne Gewissheit, einen adäquaten Teil zurückzuerhalten. Ohne Liebe aber ist kaum etwas zu ertragen.

Hingabe und Hinnahme sind Formen des Gebens und Nehmens, die ein je eigenes Können erfordern, Grundelemente einer *Kunst des Schenkens*, die einst zu den großen Themen der Ethik gehörte (Aristoteles, *Nikomachische Ethik*, Buch 4; Seneca, *Vom glücklichen Leben*, 23, 5 ff.). Auch diese Kunst ist auf drei Ebenen zu entfalten: Über *Möglichkeiten* des Schenkens zu verfügen (eine Frage der Kreativität und der Ressourcen), einige Möglichkeiten auch zu *verwirklichen* (eine Frage der praktischen Umsetzung) und manche besonders gekonnt, also *exzellent* zu verwirklichen (eine Frage der langen Übung und des Gespürs). Das Gebenkönnen bedarf jedoch immerzu der Gegenseite des *Nehmenkönnens*, denn damit einer geben kann, muss ein Anderer nehmen können. Ein Geschenk anzunehmen, entgegenzunehmen, in Empfang zu nehmen, beruht auf der Bereitschaft, eine Beziehung zum Schenkenden einzugehen; je größer das Geschenk, desto schwieriger wird allerdings das Annehmen, denn wie wäre jemals angemessen darauf zu antworten? *Do ut des*, »ich gebe, damit du gibst«: Von altersher verpflichtet Schenken zur Dankbarkeit, wenn nicht zu einem Gegengeschenk. In einer ausbalancierten Beziehung ist das nicht weiter dringlich; in einer schwierigen Beziehung aber erschöpft sich die Freigebigkeit des Schenkenden rasch und es liegt ihm auf den Lippen zu sagen: »Was habe ich alles für dich getan, und du?« Der Beschenkte zeigt sich aus dieser Sicht

»undankbar« und bleibt »etwas schuldig«, während der Schenkende sich in seiner Großzügigkeit über solche menschlichen Niederungen erhaben weiß und sich kaum je eingesteht, dass es mit der Selbstlosigkeit beim Schenken nicht sonderlich weit her ist: Es ist der Schenkende, der sich mit dem Gefühl, Anderen Gutes zu tun, selbst beschenkt. Er schenkt, weil es ihm gut tut. Schenken macht die Seele weit, Geiz macht sie eng. Hat daher »der Geber nicht zu danken, dass der Nehmende nimmt« (Nietzsche, *Also sprach Zarathustra*, III, »Von der grossen Sehnsucht«)?

Auf der Seite des *Gebens* geht die Kunst des Schenkens am weitesten, wenn der Schenkende sich und sein Leben als Geschenk für den Anderen versteht, ein Zeichen leidenschaftlicher Hingabe; aber gerade das kann unerwünschte Konsequenzen beim Anderen nach sich ziehen: Je rückhaltloser der Eine sich hingibt, desto stärker kann der Andere das Bedürfnis verspüren, sich zurückzuziehen, um der Einengung durch zu große Zuwendung und Zuneigung zu entgehen. Auf der Seite des *Nehmens* geht die Kunst des Schenkens am weitesten, wenn das Geschenk offensiv entgegengenommen wird, am deutlichsten beim erotischen Akt: Das »Nehmen« wird zur leidenschaftlichen Aneignung des Schenkenden, der sich selbst und seinen Körper zum Geschenk macht, damit der Beschenkte lustvoll davon Gebrauch machen kann. Die Bereitschaft desjenigen, der sich gibt, »genommen zu werden«, ist dafür die entscheidende Voraussetzung, ansonsten wird das Nehmen zum Missbrauch; der, der nimmt, muss jedoch im Gegenzug bereit sein, die Inbesitznahme nicht über diese Grenze hinauszutreiben. Im Idealfall verschmelzen beide im Geben und Nehmen miteinander, und ihre Rollen können gegeneinander ausgetauscht werden.

Schenken ist ein *ontologischer Akt*, denn der Schenkende nutzt *Möglichkeiten*, über die er verfügt, um eine *Wirklichkeit* herzustellen, etwa einen Wunsch des Anderen zu erfüllen. Damit tut er wiederum beim Beschenkten *Möglichkeiten* auf, die diesem, aber auch dem Schenkenden selbst zugute kommen, etwa dadurch, dass er sich Zugang zum Beschenkten verschafft, seine Sympathie gewinnt und, insofern er ihm Gutes tut, »etwas gut hat bei ihm«. Schenken hat mit *Macht* zu tun, schon das Verfügen über Möglichkeiten, das den Schenkenden auszeichnet, ist ein Zeichen dafür, und je mehr er schenken kann, desto mehr Macht hat er, etwa Beziehungen herzustellen und Bindungen zu festigen, womöglich auch eine soziale Rangordnung aufzuzeigen. Traditionell genießt das Schenken ein hohes soziales Ansehen, aber das täuscht darüber hinweg, dass es keineswegs so harmlos ist, wie es zu sein scheint. Nicht immer handelt es sich um ein *reines Geben* des Schenkenden, dem keinerlei Gegengaben in den Sinn kämen, so wie es kaum ein *reines Nehmen* des Beschenkten gibt, der nicht an angemessene Rückgaben dächte. Selbst wenn das Verfügungsmaterial des Schenkens aus materiellen Dingen besteht, dienen sie doch dazu, eine immaterielle Idee, einen Wert, eine *Bedeutung* greifbar zu machen: Letztlich vermittelt das Geschenk einen Eindruck davon, welche Bedeutung der Beschenkte selbst für den Schenkenden hat; nur aus diesem Grund kann das Geschenk den Beschenkten auch im Innersten berühren, in seinem Kern, in den der Schenkende auf diese Weise Eingang findet, wenn er nicht ohnehin schon darin wohnt und mit dem Geschenk seine Position nur bestätigt und bestärkt sehen will.

Dass mit der modernen Auflösung sozialer Strukturen traditionelle Formen des Schenkens an Bedeutung verlieren

(Helmut Berking, *Schenken. Zur Anthropologie des Gebens*, 1996), hat zur Folge, *individuelle Formen* finden und neu erfinden zu müssen. Zur Kunst des Schenkens gehört fortan, dem Schenken eine *individuelle Bedeutung* zu geben, auch darauf aufmerksam zu sein, welche Bedeutung es für den jeweils *Anderen* hat, denn eine krasse Asymmetrie dazwischen ist möglich: Mir kann es viel bedeuten, ein Kleidungsstück zu schenken, dem Anderen aber nichts, es zu erhalten; oder dem Anderen liegt daran, es zu erhalten, mir aber nichts daran, es zu schenken. In der *individuellen Haltung*, mit der geschenkt wird, kommt die meist stillschweigend festgelegte Bedeutung zum Ausdruck, die vom Beschenkten nicht geteilt werden muss: *Freudegeschenke* zeugen von den überströmenden Energien eines Menschen, dem es einfach Freude macht zu geben und der an eine Antwort gar nicht denkt; er würde lediglich auch beim Beschenkten gerne Freude sehen. *Freiheitsgeschenke* entstammen der freudig genutzten Freiheit, schenken zu können, aber auch der Absicht, die Freiheit des Beschenkten zu vergrößern, ihm etwa zu ermöglichen, eine Reise zu machen oder per Gutschein sich selbst zu kaufen, wovon er träumt. *Dankbarkeitsgeschenke* sind dazu da, einen Menschen zu beschenken, der seinerseits ein wertvolles Geschenk gemacht hat oder überhaupt selbst ein Geschenk für den Schenkenden darstellt. Mit *Gerechtigkeitsgeschenken* will der Schenkende sich dort um einen Ausgleich bemühen, wo er die Notwendigkeit dafür sieht, damit der Andere »nicht zu kurz kommt«. Und *Besänftigungsgeschenke* sollen seinen Zorn abflauen lassen und den Ärger, den vielleicht das Selbst verursacht hat und unter dem der Andere leidet, wieder gutzumachen. Durchweg sollen es *aufmerksame Geschenke* sein, sorgfältig ausgewählt auf der Basis genauer Wahrnehmung, was der Andere braucht und sich wünscht. Zuweilen aber handelt es sich auch einfach nur um *rituelle Geschenke*, Überbleibsel der Tradition, bei bestimmten Gelegenheiten und zu Festtagen eben etwas zu schenken.

Dem stehen *Verlegenheitsgeschenke* gegenüber, aus Verlegenheit darüber, was ein angemessener Ausgleich für das Geschenk wäre, das der Andere bereits gemacht hat, oder aus Verzweiflung über das völlige Ungenügen jeglichen Geschenks, auch aus dem Unwissen heraus, was dem Anderen geschenkt werden könnte, oder dem Unwillen, ihm überhaupt ein Geschenk zu machen. Das lässt sich nicht gänzlich trennen von *Notgeschenken* aufgrund von Zeitmangel und weil einem momentan nichts Besseres einfällt. *Pflichtgeschenke* werden lustlos gemacht, »weil es halt sein muss«, ohne jede innere Beteiligung. *Verpflichtungsgeschenke* wiederum erlegen dem Beschenkten wissentlich oder unwissentlich eine Verpflichtung auf, die er sich nicht ausgesucht hat, etwa wenn das Geschenk ein Tier ist, das fortan zu pflegen ist, oder ein Ring, der nicht zurückgewiesen werden kann, oder sonst etwas, das der Andere sich nicht gewünscht hat, ihn aber zur Vortäuschung von Dankbarkeit nötigt. Den Tatbestand der arglistigen Täuschung erfüllen *Danaergeschenke*, benannt nach den Griechen, den »Danaern« in den Epen Homers, die Troja mit dem hölzernen Pferd trickreich eroberten: Solche Geschenke wecken freudige Erwartungen, die bitter enttäuscht werden, wenn etwa einer seine Liebe gesteht, bevor dem Anderen mit einiger Verzögerung die Last fürs Leben klar wird, die das für ihn mit sich bringt, da der Liebende vielleicht schon anderweitig gebunden ist. Ehrlicher sind *Beleidigungsgeschenke*, die ausdrücklich und unmissverständlich von einem Mangel an Sensibilität für den Beschenkten zeugen, ja, seinen Interessen und Vorlieben Hohn sprechen. Bleiben nur noch die *Entsor-*

gungsgeschenke, bei denen mit lässiger Geste verschenkt wird, was ohnehin weg sollte.

Die Kunst besteht im richtigen *Maß des Schenkens*, das aber nicht feststeht, sondern zwischen einem Zuviel und Zuwenig atmet. Problematisch ist lediglich das *anhaltende* Über- und Untermaß: Ein unentwegtes Geben kostet zu viel Kraft, und der Gebende beginnt sich irgendwann innerlich leer zu fühlen, während womöglich auch seine äußerlichen Mittel schwinden. Nie zu geben, macht wiederum keine Freude: Es wirkt kleinlich und lächerlich. Das richtige Maß bedarf der Aufmerksamkeit des Schenkenden auf sich selbst und seine Bedürfnisse beim Schenken sowie der Aufmerksamkeit auf den Anderen und dessen Bedürfnisse. Es wird verfehlt, wenn dem Beschenkten jede Möglichkeit genommen wird, auf angemessene Weise zu antworten, sodass er das Geschenk als Zumutung oder Demütigung verstehen muss. Selbst dann, wenn der Schenkende wirklich nur schenken will und sich dabei wohl fühlt, kann der Beschenkte sich dennoch unwohl fühlen, da das verfehlte Maß des Schenkens das asymmetrische Verhältnis in der Beziehung zum Schenkenden bestärkt. Was im Übermaß geschenkt wird, wird im Übrigen rasch wertlos; das gilt wohl auch für die Liebe, die geschenkt wird. Eine Folgerung daraus kann sein, eine Beziehung nicht mit einer Flut von Geschenken zu belasten, welcher Art auch immer, sondern darauf zu achten, dass sie nicht zu Tode geschenkt wird. Zur Mäßigung trägt freilich das Leben selbst bei, das etwa die Gewissheit, die die Liebenden sich schenken, durch die Angst begrenzt, enttäuscht zu werden. Unversehens gleitet die Liebe in widersprüchliche Zustände hinein, und nur die Bereitschaft zur Hinnahme vermag sie auch durch diese Zeiten hindurch zu bewahren.

Widersprüche der Liebe:
Gewissheit und Angst, Treue und Verrat

Eine Besonderheit der Liebe ist, dass sie Zwillinge gebiert, und regelmäßig sind sie von gegensätzlicher Art: Mit der *Gewissheit*, geliebt zu werden, wird zugleich die *Angst* geboren, dieses Privileg zu verlieren, sei es durch ein lächerliches Missverständnis oder einen ernsten Verlust, wenn der Andere zu lieben aufhört oder dem Zusammensein sonst wie zeitliche Grenzen gesetzt sind. Im Zustand der Gewissheit herrscht das Vertrauen vor, die Liebe währe ewig und selbst der Tod könne die Liebenden nicht scheiden. Aber dieser Zustand währt nicht ewig, vielmehr machen sich sporadisch, in manchen Beziehungen anhaltend, Ungewissheit und Angst breit, häufig im Verbund mit *Erscheinungsformen der Eifersucht*. In deren Hitze zerschmilzt die Souveränität, in der sich das Selbst sonst sonnte, zu nichts, und eine gern gezeigte Großzügigkeit findet sich schlagartig zerkleinert. Unwillkürlich schlägt das Herz schneller, unheilvoll ziehen sich die Muskeln über den Augenbrauen zusammen, wie bei Zwangsneurosen fehlt es im Gehirn an Serotonin.

Von etwas Bitterem (althochdeutsch *eiver*), das krank (*siech*) machen kann, hat die Eifersucht im Deutschen ihren Namen. In der Liebe stellt sich die »Bitterkeits-Krankheit« zuweilen schon ein, bevor die Beziehung beginnt, und mühelos überdauert sie auch noch ihr Ende. Keineswegs gilt die Eifersucht nur »Nebenbuhlern«, sondern auch Dingen und Tätigkeiten, denen der Andere Zuwendung und Zuneigung zukommen lässt: Seine Aufmerksamkeit wird entbehrt, und so ist die Eifersucht nicht erst die Furcht, ihn zu verlieren, sondern schon die Angst, die Exklusivität der Beziehung zu ihm einzubüßen, und sei es nur für einen Moment. Und nicht nur die Liebe im engeren Sinne wird von Eifersucht heimgesucht, sondern alle Arten von Liebe, auch die zwischen Freunden, Geschwistern, Eltern und Kindern, auch die zu anderen Wesen und sogar zu Gott; selbst in lieblosen Beziehungen kann sie entstehen und sich auf beliebige Andere und auf Eigenschaften wie Jugendlichkeit, Schönheit, Beliebtheit richten. Niemand scheint gänzlich frei davon zu sein, schon gar nicht jemand, der sich frei davon wähnt und Anderen viel Gelegenheit zu leiden gibt (Cathérine Millet, *Eifersucht*, 2010).

Gründe und Abgründe der Eifersucht können die Betroffenen nicht etwa nur »beschäftigen«, sondern quälen und rasend machen. Schon der Hauch eines Verdachts, der Blick des Anderen, der einen Moment zu lange auf einem Dritten ruht, die Viertelstunde, die er zu spät heimkehrt, die Einträge auf seiner Facebook-Seite lösen ein abgrundtiefes Misstrauen aus, das sich verselbstständigt, unabhängig davon, ob es gute Gründe dafür gibt. Im Falle *objektiver Gründe*, wenn der Andere durch seine Haltung und sein Verhalten die Beziehung tatsächlich in Frage stellt, ist die Eifersucht das Gespür, das frühzeitig vor der Gefahr warnt, alle Kräfte des Selbst alarmiert und mobilisiert und so noch ein Gegensteuern erlaubt. Ebenso wild kann die Eifersucht jedoch im Falle *subjektiver Gründe* toben, wenn das Problem eher darin liegt, dass der Eifersüchtige sich seiner selbst und seiner Liebe nicht gewiss ist und diese Ungewissheit in den Augen des Anderen zu sehen meint. Die große Schwierigkeit im Umgang mit dem Gefühl besteht darin, nicht immer genau zu wissen, worum es sich im Einzelfall handelt, zumal bei beiderlei Gründen noch mit *Hintergründen* zu rechnen ist: Eifersucht kann ein Indiz für die *Liebe zum Anderen* und geradezu ein Liebesbeweis sein, denn sie zeigt, wie fern dem Eifersüchtigen jede Gleichgültigkeit ist, die der eigentliche Tod der Liebe wäre. Die Eifersucht kann jedoch auch ein Indiz für die *Liebe zum eigenen Selbst* sein, die der Andere, der »zu mir gehört«, ungenügend bedient; das Selbst erhebt Ansprüche auf ihn, die nicht unbedingt der Liebe zu ihm entspringen, eher dem eigenen Machtanspruch, der mit forcierten Mitteln durchgesetzt wird (Bärbel Wardetzki, *Eitle Liebe*, 2009).

In jedem Fall ist es ein phantasievolles Gefühl, das seine Spannung aus der ontologischen Spannweite zwischen bestehender Wirklichkeit und drohender Möglichkeit bezieht; die frei werdenden Energien können die des bewussten Selbst weit übertreffen, also übermächtig werden. Eine *Kunst des Umgangs mit Eifersucht* wird am ehesten möglich, wenn sie sich von vornherein mit den engen Grenzen bescheidet, die dem willentlichen Zugriff auf den Affekt gesetzt sind. Der Spalt der Einflussnahme wird größer, wenn die grundsätzliche Bedeutung des Phänomens Anerkennung findet, denn mit einem Phänomen, das bedeutungslos erscheint, lässt sich schlecht umgehen. Der *Sinn der Eifersucht* könnte sein, über die Lebensgrundlagen des jeweiligen Selbst zu wachen, zu denen seine engsten Beziehungen zu Anderen gehören. Das hat sich wohl im Laufe der Geschichte als Überlebensvorteil erwiesen, andernfalls hätte die Eifersucht die Evolution nicht überlebt. Wer eifersüchtig ist, ist süchtig danach, geliebt zu werden und ängstigt sich, diese Liebe zu verlieren, die dem eigenen Selbst Bedeutung gibt und den Fortbestand seiner wichtigsten Beziehungen garantiert. Nur so ist die auffällig tiefe Verankerung des Gefühls zu erklären, dessen Grundmuster so zuverlässig abrufbar ist, dass es auch grundlos aktiviert werden kann.

Ein *Bereitschaftspotenzial* der zugrundeliegenden Ängste kann aus diesen Gründen nicht unterschritten werden: Versuche zur *Eliminierung* der Eifersucht sind selten von Erfolg gekrönt. Eher bewährt sich ihre *Erotisierung*, an der sich manche vorsätzlich oder unbewusst versuchen, um den *Kick* zu spüren, den ihnen die wiederkehrende Spannung in der Beziehung zum Anderen gibt. Die Energien wirken nur dann *zerstörerisch*, wenn keine lebbare Wirklichkeit mehr zustande kommt, aber *schöpferisch*, wenn es gelingt, mit ihrer Hilfe die bestehende Wirklichkeit spannender zu machen. Sie beleben die Beziehung durch mein wieder erwachtes *Interesse* am Anderen, auch durch meine Anstrengungen, ihn wieder für mich einzunehmen. Umgekehrt ist es dem Anderen möglich, sein Interesse an mir unter Beweis zu stellen und mir durch seine Anstrengungen jeden Grund für Eifersucht zu nehmen. Möglich ist ebenso, dass der Andere mit einer Anstachelung meiner Eifersucht, einem gezielten Blick, einer auffälligen Schwärmerei, einem gewagten Outfit beim Ausgehen mein Interesse an ihm zu »testen« trachtet. Ich wiederum vermag mit Eifersuchtsszenen eine eigene Macht gegen die Machtausübung des Anderen geltend zu machen, der sich vermeintlich oder wirklich Dritten zuwendet. Auf jede Weise ist die Eifersucht in der Lage, einen Mangel an Aufmerksamkeit füreinander wirksam zu beheben, sofern die Szenen nicht zur Regel werden, die die Aufmerksamkeit nur abstumpft und in anhaltenden Ärger verkehrt.

Die zugrundeliegenden Ängste sollen das Selbst nicht allein beherrschen, denn das kann die Liebe irgendwann in Frage stellen. Damit der Eifer nicht zur Sucht wird, gilt alle Anstrengung der *Mäßigung der Eifersucht*, um sie innerhalb einer verträglichen Bandbreite atmen zu lassen. Zur Mäßigung bedarf es einer *Selbstmächtigkeit*, die eine Arbeit des Eifersüchtigen an sich selbst erfordert, unterstützt vielleicht von einer Freundin, einem Freund, Mentor, Coach oder Therapeuten (Andreas Bruck, *Eifersucht bewältigen*, 1992): Resultiert die Eifersucht aus einem *übermäßigen Selbstbewusstsein*, einer zu großen Selbstliebe, die den Anderen in Besitz zu nehmen trachtet, wird die Mäßigung durch Selbstmächtigkeit möglich. Liegt der Eifersucht im Gegenteil ein *geringes Selbstbewusstsein* zugrunde, sodass Selbstwert in zu hohem Maße aus der Wertschätzung durch den Anderen bezogen wird, kommt es darauf an, das Selbst zu stärken: So lässt sich durch die Wertschätzung für sich selbst die Abhängigkeit von der des Anderen verringern und die Leidenschaft für ihn besser in Grenzen halten, damit nicht das Gefühl der Abhängigkeit von ihm noch den Hass auf ihn befördert.

Ist die »dunkle Leidenschaft« aber schon wirksam, tragen zu ihrer Mäßigung *Ausdrucksformen* bei, die für einen Moment auch zivilisatorische Standards hinter sich lassen dürfen: Wer schimpft und schreit und wild gestikuliert, lenkt die zerstörerischen Energien nach außen ab, bevor sie das eigene Innere zersetzen. Die *Ethik der Liebe* ist dabei behilflich, dem Ausdruck des Affekts beizeiten wieder Grenzen zu setzen, um nicht wirkliche oder vermeintliche Verletzungen durch den Anderen mit noch größeren Verletzungen, die ihm zugefügt werden, zu beantworten. Von unvorstellbaren Gewaltakten und Grausamkeiten, zu denen Menschen in rasender Eifersucht fähig sind, erzählen nicht etwa nur Filme, Romane und Theaterstücke wie Shakespeares *Othello, der Mohr von Venedig*, der aus Eifersucht die treue Desdemona ermordet, bevor er seinen Irrtum bemerkt und sich selbst richtet. Auch zahllose reale Dramen zeugen tagtäglich vom ruinösen Potenzial dieser Seite des Menschseins. Besänftigt werden können die überschießenden Energien schließlich durch die Erfahrung von *Schönem,* nach dem willentlich gesucht wird, allein oder gemeinsam.

Die Kunst des Umgangs mit Eifersucht fasst darüber hinaus den *Maßstab der Treue* ins Auge, der ein Anlass für mögliche und wirkliche Ängste sein kann. Seine Justierung ist nur zum Teil durch *archaische Instinkte* bestimmt, mit signifikanten geschlechtlichen Unterschieden: Männer scheinen *eher* auf die äußere, *sexuelle Treue* des Anderen Wert zu legen (weniger auf die eigene), Frauen scheinen *eher* die innere, *seelisch-geistige Treue* ihres Gegenübers im Blick zu haben (weniger die eigene). Dass in den Augen eines Mannes »seine« Frau keinen Sex mit Anderen haben soll, hat wohl mit dem möglichen Nachwuchs zu tun, der ihm als »Kuckucksei« untergeschoben würde. Dass in den Augen einer Frau »ihr« Mann keine Gefühle und Gedanken für Andere hegen soll, dürfte auf die Befürchtung zurückgehen, seine innere Bindung an sie könnte dadurch in Frage gestellt werden, mit der Folge neuer Lebensungewissheit. Aber der Maßstab der Treue kennt erstaunliche *kulturelle Variationen,* mit unterschiedlichen Vorstellungen beispielsweise in Nordeuropa und Südafrika, signifikanten Unterschieden zwischen ländlichen und städtischen Kulturen, oft verbunden wiederum mit geschlechtlichen Unterschieden, wenn Männern ein Verhalten erlaubt ist, das Frauen verboten ist (Hildegard Baumgart, *Liebe, Treue, Eifersucht,* 1988). Eine eigenwillige Lösung des Problems der Treue wurde in vereinzelten Kulturen etwa der Aborigines und der Inuit entwickelt: Begehrt einer die Frau des Anderen, kann dieser ihn mit einer zeitlich befristeten »Frauenleihe« zufriedenstellen, die in aller Regel als Frauentausch praktiziert wird (Günter Dux, *Die Spur der Macht im Verhältnis der Geschlechter,* 1992). Dem entspricht, auf beide Geschlechter erweitert, vermutlich der moderne

»Partnertausch«, nicht selten handelt es sich dabei jedoch um ein Spiel mit dem Feuer.

Innerhalb einer Kultur ändern sich die Vorstellungen von Zeit zu Zeit wiederum mit *individuellen Abweichungen*, die sich summieren. Abseits natürlicher und kultureller Vorgaben hängt der Maßstab der Treue von der *individuellen Festlegung* ab, die ein Paar für sich selbst vornimmt, um dem eigenen Verhalten Form zu geben und der faktischen Freiheit, sich anders als verabredet zu verhalten, Grenzen zu setzen. Selbst Paare, die sich darauf verständigen, die sexuelle Treue aufzulösen (»Toleranzabkommen«), um etwa in Swinger-Clubs zu verkehren, suchen oft die seelisch-geistige Treue zu bewahren und achten sehr auf die Einhaltung ihrer Verabredung. Nach der *vormodernen* Treue aus Gründen der Religion, Tradition und Konvention, nach der *modernen* Befreiung hiervon, geht es in *andersmoderner* Zeit um eine frei gewählte Formgebung: Treue macht auf veränderte Weise erneut Sinn, um Beziehungen auch dann noch zu ermöglichen, wenn sie aufgrund mannigfacher Befreiung flüchtig werden. Treu zu sein heißt dann nicht mehr, eine moralische Norm zu befolgen, sondern sich an selbst getroffene Abmachungen zu halten, aus der Einsicht heraus, dass Zuverlässigkeit und Beständigkeit wesentliche Elemente einer Beziehung sind, jedenfalls dann, wenn sie von längerer Dauer sein soll. Zur Grundlage der Verbindlichkeit wird der Grundsatz bürgerlichen Rechts, »Verträge sind einzuhalten« (*pacta sunt servanda*), um auf diese Weise wieder starke Zusammenhänge herzustellen und neuen Sinn zu stiften. Gleichsam beiläufig installiert die individuelle Formgebung der Freiheit überholt geglaubte Tugenden neu, »Tugend« nicht mehr als Moralgebot verstanden, sondern wieder als herausragende Fähigkeit (*arete* im Griechischen), die gepflegt wird, als bestmögliches Verhalten, mit dem ein Einzelner zu verwirklichen sucht, was er für schön und bejahenswert hält.

Die Ethik der Liebe, die aus dem gemeinsamen Schönen und Bejahenswerten ihre Werte gewinnt, kann dennoch nicht verhindern, dass es außer *Treue* auch *Verrat* gibt, dass auch dies Zwillinge sind, die die Liebe gebiert. So wie Treue den Zusammenhang zwischen zweien bewahren soll, kann Verrat ihn zerbrechen, jedenfalls aus der Sicht des Verratenen, mit einer nachfolgenden Erfahrung von Sinnlosigkeit, die so tief reichen kann, wie der Zusammenhang für stark gehalten worden ist. Muss die Treue nicht uneingeschränkt gelten? Ja, aber eine so hohe Auffassung von Treue wird nicht selten ausgerechnet von dem unterlaufen, der sie am entschiedensten vertritt (Wolfgang Schmidbauer, *Die heimliche Liebe*, 1999). Die Frage von Treue und Verrat ist die nach dem richtigen Weg zwischen *Skylla und Charybdis*. Absolute Treue ist der Fels, an dem nicht nur das Schiff des Odysseus zu zerschellen droht. Der völlige Verzicht auf Treue hingegen ist der Sog, der letztlich jede Verlässlichkeit von Beziehungen verschlingt. Zwar lassen sich die Grenzen zum Verrat gemeinsam festlegen, aber nur der Einzelne selbst kann sie auch einhalten – oder überschreiten. Mit seiner *individuellen Ethik* hat er darüber zu entscheiden, wie weit er geht, und muss sich in erster Linie vor sich selbst rechtfertigen, wenn Andere von den Folgen betroffen sind, denn Leidtragende sind letzten Endes nicht nur Andere, sondern irgendwann auch das eigene Selbst, auf das die Folgen in irgendeiner Weise zurückwirken. Spätestens die eigene Erfahrung kann dann zur Einsicht führen, dass Grenzen sinnvoll sind, dass ein Verrat die Ausnahme bleiben muss und nicht zur Regel werden kann.

Zu einer wirksamen Grenzziehung ist die *individuelle Klugheit* in der Lage, deren Regeln aus der Erfahrung und Besinnung stammen und nur vom Ich selbst aufgestellt werden können. Die Klugheit hält mich dazu an, mich für alle Zusammenhänge zu interessieren, die mich betreffen könnten, und mir die Fragen zu stellen, die nur ich allein beantworten kann: Brauche ich wirklich, aus welchen Gründen auch immer, eine Zusatzbeziehung, die der Andere als Verrat empfinden könnte? Verfüge ich überhaupt über die Ressourcen dazu, physisch, psychisch und auch materiell? Halte ich die Konsequenzen aus, die zuallererst mich selbst betreffen, die Zerteilung der eigenen Kräfte, die mögliche Bewusstseinsspaltung, die Spaltung in der Beziehung zum Anderen, die nicht erst bei der Entdeckung der Zusatzbeziehung droht? Wie weit darf eine Verletzung Anderer äußerstenfalls gehen? Was würde ich selbst tun, wenn ich vom gleichen Verrat betroffen wäre? Was sollte ich tun oder lassen, welche Fragen mir und Anderen stellen oder nicht stellen, wann zu wem was sagen oder nicht sagen? Könnte ich das alles auch offen handhaben? Habe ich andere Optionen ausgeschöpft? Denn eine mögliche Option ist grundsätzlich auch, sich um mehr Erfüllung im Leben mit dem vertrauten Anderen zu bemühen: Ihn mit Sinnlichkeit, Gefühlen und Gedanken so zu erfüllen, dass er mit dieser Fülle umgekehrt wiederum mich erfüllen kann, sodass kein Bedürfnis nach einer anderen Beziehung mehr entsteht. Wenn dafür eine Veränderung der bestehenden Beziehung erforderlich erscheint, kann das der Anlass zu einem Neuanfang sein; und wenn eine Veränderung sich als unmöglich erweist, läge eine Trennung womöglich näher als der Verrat.

Gründe für den Verrat gibt es viele, auch dafür, dass er nicht offen eingestanden werden kann, sondern geheim gehalten werden muss, sodass nur dem »Verräter« selbst klar ist, was geschieht: Weil er die möglichen Konsequenzen der Offenheit scheut, etwa den Ärger, der die Zusatzbeziehung erschweren würde, oder die Misslichkeit, dass der vertraute Andere seinerseits eine Zusatzbeziehung anstreben könnte und die bestehende Beziehung darüber letztlich zerbräche. Zweifellos wäre eine formelle Kündigung früherer Vereinbarungen die bessere Lösung, aber auch das würde der Andere wohl als Verrat empfinden: »Du wirfst alles weg, was wir gemeinsam aufgebaut haben!« Der Verräter könnte entgegnen: »Ich will aber nicht weiter so leben wie bisher!« Denn was in seinen Augen schwerer wiegt als die Bewahrung der gemeinsamen Wirklichkeit, ist der Verrat an den eigenen Möglichkeiten, auch an den ungelebten Möglichkeiten in der bestehenden Beziehung. Hält er die Verhältnisse in der Beziehung zum Anderen für unerträglich, kann der Verrat aus seiner Sicht sogar gerechtfertigt sein. Der Verrat am Anderen und an der Beziehung zu ihm kann *Treue zu sich selbst* sein, die Treue zum Anderen hingegen ein *Verrat an sich selbst*. Der Einzelne selbst muss entscheiden, welche Treue Vorrang haben soll, zu welcher Art von Verräter er werden will. *Sich selbst treu zu sein* heißt, an den Eckpunkten des eigenen Kerns festzuhalten, zu denen allerdings vorweg die wichtigsten Beziehungen zu Anderen gehören: Die Treue zu sich selbst kann also auch die zum vertrauten Anderen verlangen, ein Festhalten an der Beziehung zu ihm durch alle Verlockungen von außen und Bedrängnisse von innen hindurch, solange das Ja zu ihm in Kraft bleibt: Was wäre davon ausgehend für die Beziehung zu ihm zu tun? Was bin ich bereit, dafür aufzugeben, was nicht? Wozu ist der Andere bereit?

Die Beziehung steht jedoch in Frage, wenn *andere Eckpunkte* des Selbst wichtiger erscheinen, etwa die Treue zu bestimmten Erfahrungen und zu den Schlüssen, die daraus gezogen werden, um nicht immer wieder die gleichen Fehler zu machen; auch die Treue zu eigenen Träumen, Sehnsüchten und Ideen vom Leben, zu Wegen und Zielen; die Treue zu Werten wie etwa Freiheit und Unabhängigkeit, sofern sie Vorrang haben sollen; die Treue zu Gewohnheiten, die das Selbst nicht aufgeben will, und zu Charakterzügen, von denen es glaubt, sie nicht ändern zu können; die Treue auch zu Verletzungen, die vielleicht in der bestehenden Beziehung erfahren worden sind und die das Selbst, das nicht vergessen kann, in der anderen Beziehung heilen zu können hofft. Kurioserweise können auch Ängste, insbesondere die Angst vor dem Verlassenwerden, ein Grund für Untreue sein: Wenn der Andere geht, so die Hoffnung, bleibt noch ein anderer Anderer. Und eine große Rolle spielt schließlich die *Treue zum Schönen*, um dessentwillen das Leben bejahenswert erscheint und das in einer anderen Beziehung lockt, während in der bestehenden Beziehung zu viel Unschönes die Faszination des Schönen auslöscht. Unschön können Langeweile und Streit, schön kann die schiere Neugierde auf »etwas Anderes« sein, der Reiz des Verbotenen, auch die Rache für einen Verrat des Anderen, die neue Aussicht auf eine Erfüllung von Wünschen, die Wertschätzung, die lange entbehrt worden ist und beim anderen Anderen erfahrbar wird. Oft geht die Untreue einher mit der »Suche nach einem frischen neuen Bild von sich selbst, aufregender, verführerischer und attraktiver« als das vom bisherigen Anderen dem Selbst vermittelte (Richard David Precht, *Liebe – Ein unordentliches Gefühl*, 2009, 204).

Für den betroffenen Anderen stellt sich im Gegenzug die Frage: *Gibt es ein Leben mit dem Verrat?* Er allein hat die schwierige Wahl zu treffen, sich daran zu versuchen oder die Beziehung ohne Umschweife zu beenden, und auch seine Wahl korrespondiert mit den genannten Eckpunkten der Treue zu sich selbst. Eine moralische Verurteilung der Untreue liegt ihm wahrscheinlich nahe, lebenspraktisch aber verhält es sich so, dass Neuerungen, Entwicklungen, Reifeprozesse in einer Beziehung nicht selten von Untreue und Verrat angestoßen werden: Mühelos sprengen sie den Status quo, das strikte Beharren auf einmal getroffenen Verabredungen, und ermöglichen Konstellationen, die das gemeinsame Leben von Neuem spannend machen können (Ulrich Clement, *Wenn Liebe fremdgeht*, 2009). Große Herausforderungen, die bewältigt werden, stärken das Selbstbewusstsein von Menschen enorm, und so kann der Verrat im besten Fall eine *schöpferische Zerstörung* sein, ähnlich den Katastrophen in anderen Lebensbereichen. Anstelle einer moralischen Verurteilung wird aus dieser Sicht eine verständnisvolle Milde möglich, wie etwa Shakespeare sie zeigt, der im 41. Sonett nicht etwa seinen eigenen Verrat, sondern den des geliebten Anderen zu entschuldigen sucht, indem er dessen Schönheit rühmt, die nun mal »berannt« wird: Aus ihr folgen die »hübschen Frevel, die die Freiheit tut«. Aber durch Böses kann Gutes noch besser werden: »Und Liebe, die zerstört war, / Wird schöner als zuvor« (119. Sonett).

Zweifellos ist der Lebensgewissheit in einer Beziehung die *Wahrheit* förderlich, auch wenn sie unangenehm ist; Ungewissheit und Angst gehen demgegenüber mit Unwahrheit und *Lüge* einher, auch wenn sie nur vermutet werden. *Wahrheit und Lüge* aber sind erneut Zwillinge, die die Liebe gebiert und die sich auch im sonstigen Leben nicht trennen lassen: Eine Wahrheit ohne Möglichkeit der Lüge gibt es nicht, ebenso wenig Unwahrheit und Lüge ohne Möglichkeit der Wahrheit.

Mit »Wahrheit« sind in aller Regel Aussagen gemeint, die sich mit wirklichen Verhältnissen decken, am Küchentisch ebenso wie in der Wissenschaft. Aber was genau ist »Wirklichkeit«? Im Zweifelsfall sind dazu umfangreiche Recherchen erforderlich, die kaum je endgültig abzuschließen sind. Am Küchentisch lässt sich der langwierige Prozess durch ein Geständnis abkürzen, um den Verdacht, der die Beziehung unterminiert, aus der Welt zu schaffen und nicht länger Aussage gegen Aussage stehen zu lassen.

Auf den Realitätsgehalt von Aussagen vertrauen zu können, ihnen nicht auf Schritt und Tritt misstrauen zu müssen, vereinfacht die Verhältnisse im zwischenmenschlichen Verkehr: Aus diesem Grund ist die Wahrheit ursprünglich wohl erfunden worden. Parallel dazu erweist sich allerdings auch die Erfindung der Unwahrheit und ihrer schärfsten Form, der Lüge, als sinnvoll fürs soziale Leben: Nicht immer kann ich Anderen sagen, was ich in Wahrheit über sie denke; nicht immer kann ich mit absoluter Aufrichtigkeit schonungslos ihre Mängel und Schwächen benennen und ihnen Beleidigungen an den Kopf werfen, die mir gerade jetzt in den Sinn kommen, da sie sich nicht sonderlich rücksichtsvoll benehmen. Aber stets die Wahrheit zu sagen, hätte nicht nur etwas Inhumanes an sich, sondern würde auch dazu führen, dass Andere mir gleichfalls ständig die Wahrheit sagen wollten. Höflichkeit, so stellt sich heraus, ist eine kultivierte Form von Zurückhaltung auch in Fragen der Wahrheit. Für den reibungslosen Umgang zwischen Menschen sind vornehmes Schweigen, Unwahrheit und Lüge unverzichtbare Gleitmittel. Die atmende Liebe selbst braucht nicht nur Wahrheit, um so wahrhaft wie möglich Liebe sein zu können, sondern auch ein Gran an Gegenteil, um nicht im Gefängnis der reinen Wahrheit, in unnachsichtigen Indizienprozessen und inquisitorischen wechselseitigen Befragungen ersticken zu müssen.

Fragen wirft keineswegs nur die Lüge, sondern auch die Wahrheit auf: Wer sagt sie, warum, gegen wen, und warum gerade jetzt? Wer will was erreichen mit der Wahrheit, um die es momentan geht, und gibt es noch andere Wahrheiten? Was ist die ganze Wahrheit? Wer kann sie kennen? Wer hält sie aus? Ist die Wahrheit immer heilsam oder kränkt sie auch und macht krank? Versöhnt sie oder stiftet sie neuen Unfrieden? Möglich ist eine grundsätzliche *Verpflichtung zur Wahrheit*, die aber nicht von außen auferlegt, nur vom Selbst eingegangen werden kann. Für sie spricht, dass die *Verweigerung der Wahrheit* auf längere Sicht nicht gut durchzuhalten ist, denn sie ist anstrengend: Jede Teilwahrheit, Unwahrheit, erst recht Lüge muss dem Selbst bis in alle Verästelungen hinein ohne Unterlass so präsent sein, wie dies mit der Erinnerung an die Wahrheit ganz von selbst geschieht. Aktuelle Aussagen dürfen früheren nicht widersprechen, jedenfalls nicht allzu auffällig; auf überraschende Rückfragen muss rasch eine Antwort parat sein. Gründe der Klugheit geben daher den Ausschlag dafür, im Zweifelsfall die Wahrheit zu sagen. Als Richtschnur kann dienen, prinzipiell die Wahrheit zu sagen, schon weil sie nicht so anstrengend ist, aber zu Ausnahmen in der Lage zu sein, schon um sich die geistige Herausforderung zu erhalten: Die Lüge aktiviert verschiedene Hirnareale, fördert die Phantasie, schult das Gedächtnis und steigert die Geistesgegenwart. Auch der Belogene wird geschult: Mit der Übung, Lügen zu durchschauen, wächst sein Scharfsinn.

Das individuelle Klugheitskalkül führt zu einem *Wahrheitsmanagement*, um das Ob, das Ausmaß und den Zeitpunkt der Offenlegung von Wahrheit festzulegen, mit dem nötigen Gespür für alle Beteiligten und die jeweilige Situation, sowie mit dem Vorsatz, so wenig Lüge wie möglich einzusetzen, das Schweigen nach Möglichkeit der offenen Lüge vorzuziehen, um nicht die ganze Wahrheit zu sagen. »Nicht alle Wahrheiten kann man sagen, die einen nicht, unser selbst wegen, die andern nicht, des Andern wegen«, meinte einst Gracián und empfahl: »*Ohne zu lügen, nicht alle Wahrheiten sagen.* Nichts erfordert mehr Behutsamkeit als die Wahrheit: sie ist ein Aderlaß des Herzens« (*Handorakel*, Übersetzung Arthur Schopenhauer, Aphorismus 181). Sollte trotz allem eine Lüge erforderlich erscheinen, dann in jedem Fall mit dem Vorsatz, nicht haltlos zu lügen. Die Klugheit spricht einerseits für maßvollere Ansprüche an die Wahrheit, andererseits aber für mildere Formen des Lügens. Zu bevorzugen wäre erstens die *Modifikation* der Wahrheit, ihre Glättung an problematischen Stellen, das gelegentliche Flunkern im alltäglichen Lebensvollzug, das nicht sonderlich übel genommen werden kann; zweitens die *Elision* der Wahrheit, ihre Auslassung an fraglichen Stellen, um ein Geheimnis zu bewahren, ohne mit der Wahrheit in Konflikt zu geraten; drittens die *Negation* der Wahrheit durch eine Unwahrheit, ohne damit schon gerade heraus zu lügen: Die glatte Lüge würde nicht nur den Anderen ernsthaft verletzen, sondern auch die eigene Glaubwürdigkeit nachhaltig erschüttern.

Denn was auf dem Spiel steht, wenn das Selbst Unwahrheit und Lüge nicht begrenzt, ist der Wert der *Glaubwürdigkeit*. Andere nach Belieben zu belügen, würde dazu führen, von ihnen ebenso nach Belieben belogen zu werden, und das könnte jede bejahenswerte und verlässliche Beziehung zu Anderen unterlaufen. Ohne eigene Glaubwürdigkeit ist auch auf die Glaubwürdigkeit Anderer und auf Beziehungen zu ihnen nicht zu hoffen, es droht der soziale Tod. Die eigene Glaubwürdigkeit wird befördert von der *größtmöglichen Aufrichtigkeit gegenüber Anderen*, zu der vor allem in verfahrenen Situationen zurückgekehrt werden kann, um so weit wie möglich *in der Wahrheit zu leben*, nicht weil es moralisch geboten ist, sondern weil Beziehungen davon gefestigt werden. Auch dem Anderen ist nichts Anderes abzuverlangen, nicht absolute Wahrheit, nur größtmögliche Aufrichtigkeit. Zwischen einem Zuviel an Lüge, aber auch einem Zuviel an Wahrheit gilt es, den Weg zu finden, denn je penibler auf Wahrheit gepocht wird, desto schwerer wiegt schon die kleinste Unwahrheit. Vielleicht mangelt es demjenigen, der die Wahrheit sagt, lediglich an Kraft, seine Lügen durchzustehen, aber lebenspraktisch hängt viel davon ab, der Lüge nicht allein das Feld zu überlassen: Eine *Kunst des Lügens* (Simone Dietz, 2003) kommt letztlich nicht umhin, dem Lügen selbst Grenzen zu setzen, wenngleich nicht mit moralischen Geboten, sondern mit individueller Selbstgesetzgebung, die dafür sorgt, nicht in einem Meer von Lügen zu ertrinken und mangels Kontrasterfahrung die Lügen nicht mal mehr als solche zu erkennen.

In erster Linie beruht die eigene Glaubwürdigkeit jedoch auf der *größtmöglichen Aufrichtigkeit gegenüber sich selbst*. Jede und jeder tut gut daran, ein solches Verhältnis zu sich zu unterhalten und sich weder im Negativen noch im Positiven »etwas vorzumachen«. Die Wahrheit, die ich mir zumute, ist die Basis für zutreffende Einschätzungen meiner selbst und der Verhältnisse, in denen ich lebe: Mich selbst zu belügen, zöge empfindliche Konsequenzen für die Lebbarkeit meines Lebens und die Wertschätzung meiner selbst nach sich. Das ist der Grund für Nietzsches Beharren, trotz aller Kritik am Wahrheitsbegriff, auf der »Redlichkeit gegen sich selber«, um zu einer selbstkritischen Haltung in der Lage zu sein und ein

Gespür dafür zu bewahren, was Wahrheit und Lüge *im außermoralischen Sinne* bedeuten. Das erfordert nicht, im Verhältnis zu sich Lebenslügen auszuschließen, jedoch sich ihrer bewusst zu sein, um nicht zu ihrem Sklaven zu werden. Lebenslügen sind Notbehelfe Einzelner, auch ganzer Gesellschaften, um das Leben besser zu bewältigen; »besser« nicht unbedingt im Sinne von »bequemer«, eher im Sinne von »riskanter«, denn wenn die Lüge zerbricht, ist der Absturz ins Bodenlose sicher. Das Klugheitskalkül legt nahe, sich um eine Lebensgrundlage zu bemühen, die stabiler und dauerhafter in der Wahrheit zu finden ist, Wahrheit im Sinne einer Plausibilität, die auch kritischen Fragen standzuhalten vermag, denn das erlaubt eine Freimütigkeit der Lebenshaltung, die nachdrückliche Rückfragen nicht zu scheuen hat. Von der Last überbordender Lügen befreit, kann das Leben in der Wahrheit einiges zum Glück in der Liebe beitragen, das überdies noch andere Facetten bereithält.

Was es heißt, Glück in der Liebe zu haben

Nicht zu allen Zeiten haben Menschen mit der Beziehung der Liebe einen Anspruch auf Glück verbunden. Die Befreiung von überkommenen religiösen, traditionellen und konventionellen Auffassungen, die Liebe diene der Fortpflanzung und dem Überleben der Sippe, machte jedoch eine neue Sinngebung erforderlich, und das Glück konnte die Leerstelle besetzen. Es ist keine zwingende, aber eine mögliche Sinngebung. Wer sich in moderner Zeit nach Liebe sehnt, wünscht sich daher oft nichts sehnlicher, als »einfach nur glücklich zu sein«. Die Suche nach *dem Glück* täuscht dabei darüber hinweg, dass es in Wahrheit um mehrere *Glücke* geht, die dafür sorgen, dass niemand Mangel leiden muss. Jede Liebe ist zunächst angewiesen auf das *Zufallsglück*, das einen Menschen zufälligerweise in diesem Moment an diesem Ort sein lässt, zufälligerweise einen Anderen auch, sodass zwischen beiden »ein Funke« überspringen kann. Aufgrund günstiger Zufälle finden sich »die Richtigen«, aufgrund ungünstiger können sie sich auch verfehlen, ohne jemals voneinander zu wissen, oder es finden sich »die Falschen«, wobei meist nur einer, meist der Andere, der Falsche ist. Tückischerweise steht nicht von vornherein fest, wer falsch, wer richtig ist: Erst die Erfahrung ermöglicht die Bewertung, die sich im Laufe der Zeit noch mehrmals ändern kann, sodass der Richtige irgendwann als der Falsche, der Falsche dann wieder als der Richtige erscheint.

Zufälle, erst recht günstige, können nicht produziert, nur *provoziert* werden. Ausschlaggebend dafür ist die Haltung gegenüber Zufällen überhaupt: Sich ihnen zu öffnen oder vor ihnen zu verschließen. Sich vor ihnen zu *verschließen* erfordert, sich in die eigenen vier Wände zurückzuziehen, um überraschende Begegnungen zu verhindern, ferner den attraktiven Möglichkeiten, die sich bei unvermeidlichen Aufenthalten draußen auftun, nicht zu folgen. Auch das Fenster zur Welt, das das Internet darstellt, ist verschlossen zu halten, um jede Provokation des Zufalls zu unterlassen, insbesondere dann, wenn die eigene Wirklichkeit schon von einer Beziehung besetzt sein sollte, denn entgegen einer verbreiteten Auffassung ist niemand dazu verpflichtet, Zusatzbeziehungen einzugehen, nur weil die Gelegenheit dafür günstig erscheint. Sich Zufällen zu *öffnen* aber geht damit einher, sie willkommen zu heißen, sich von ihnen in Versuchung führen zu lassen und sie selbst in Versuchung zu führen. *Versuchung* heißt, einen Versuch mit sich machen zu lassen oder aber selbst zu machen, um auszuprobieren, was möglich ist und was nicht, in der Hoffnung auf einen günstigen Ausgang. Die Wahrscheinlichkeit, dass von irgendwoher etwas zufällt, wird deutlich größer, wenn ein Mensch Anderen in irgendeiner Form mitteilt, dass er an Informationen, Begegnungen, Erfahrungen interessiert ist; das Internet verdankt seinen Erfolg zu einem nicht geringen Teil den vielfältigen Möglichkeiten hierzu. Sollte aber das Zufallsglück tatsächlich günstig ausfallen, heißt das keineswegs, dass dies auch so bleibt: Der günstige Zufall verbessert nur die Bedingungen für eine Beziehung, verschlechtert aber häufig die Bereitschaft zur Arbeit an ihr, da das Glück doch »schon da ist«. Wer meint, dass ein gemeinsames Leben ganz von selbst gelingt, dem wird es allzu rasch misslingen.

Ein Zufallsglück steht wohl am Anfang jeder Liebe. Aber kann es wirklich Zufall gewesen sein? War es nicht zwingende Notwendigkeit, schicksalhafte Fügung, weise Vorsehung einer unbekannten Macht? Gibt es überhaupt Zufälle? Die Beteiligten neigen dazu, mit religiösem Glauben, säkularer Wissenschaft, naiver oder professioneller Astrologie eine Antwort darauf zu finden, um die Zwangsläufigkeit der Begegnung sicherzustellen, der sie nicht entkommen konnten und die ihrer Beziehung Sinn verleiht, denn Notwendigkeit und Zielgerichtetheit verbürgen in den Augen vieler einen stärkeren Zusammenhang als der blanke Zufall. Im Nachhinein werden Gründe konstruiert, aus subjektiver Sicht *re*konstruiert, die den kausalen, unaufhaltsamen Hergang der Begegnung verdeutlichen, damit keine Grundlosigkeit die Gemeinsamkeit untergraben kann. Entscheidend dafür ist nicht die Wahrheit, sondern die *Beziehungswahrheit*, die gemeinsame Überzeugung, mit der sich gut leben lässt. Sie beruht auf einer Deutung, die sich im Laufe der Beziehung noch mehrmals verändern kann, bis die unwiderrufliche Notwendigkeit des Anfangs eventuell noch von der Deutung einer anfänglichen, verhängnisvollen Täuschung abgelöst wird, die letztlich das Ende der Beziehung besiegelt. Im Grunde aber bleibt es geheimnisvoll, was den Kern der Begegnung zwischen zweien ausmacht: *Warum* sie aufeinandertrafen und warum gerade *sie* zusammenkamen, ob es ein glücklicher Zufall oder ein dummes Missverständnis war. Die Gegensätze, die sich vielleicht von Anfang an zwischen ihnen abzeichneten, verdeckt am besten der Schleier einer bindenden, verbindenden Erotik. Das darunterliegende Geheimnis unbedingt lüften zu wollen, macht alles zunichte.

Haben zwei sich dann glücklich gefunden, ist mit dem Glück in der Liebe zweifellos auch das *Wohlfühlglück* gemeint. Die guten Gefühle, die die Beziehung mit sich bringt, der Spaß, den die Liebenden miteinander haben können, die Sinnlichkeit, die sie gemeinsam genießen, das Verständnis und die Geborgenheit, die sie beieinander finden: All dies vorsätzlich zu suchen, gehört zur Arbeit am Glück in der Liebe, denn anders als das Zufallsglück kann das Wohlfühlglück nicht nur provoziert, sondern auch *produziert* werden. Mit immer neuen Experimenten und wachsender Erfahrung können die Liebenden wissen, wie und womit sie sich wechselseitig gut tun können: Ein köstliches Mahl, ein wundervoller Abend, ein langes Gespräch, eine hingebungsvolle Zärtlichkeit, eine leidenschaftliche Nacht, denn vor allem guter Sex macht Menschen glücklich, wenngleich nicht alle und nicht alle auf die gleiche Weise. Ein glückliches Leben zu zweit ist ein Leben im Vollbesitz der Kräfte und Säfte, die das Menschsein bestärken, und hier ist sie auch am ehesten zu finden: Die Liebe *à la folie*, mit euphorischen Zuständen und körpereigener

Chemie, die »Glückshormone« wie Serotonin und Dopamin, »Bindungshormone« wie Prolaktin und Oxytocin ausschüttet und die Liebenden mit Endorphinen versorgt, »endogenen Morphinen«, körpereigenen Drogen. Die können allerdings ähnliche Konsequenzen nach sich ziehen wie körperfremde: Zu häufiger Gebrauch mindert die Wirkung, sodass die Dosis gesteigert werden muss; zu große Regelmäßigkeit befördert die Abhängigkeit, die ungute Folgen für die Beziehung haben kann.

Das Bewusstsein, dass es sich dabei um *Glücksmomente* handelt, seien sie flüchtig oder etwas dauerhafter, macht jeden einzelnen Moment kostbar und intensiviert seine Erfahrung. Ergiebiger noch als der Moment selbst ist die *Vorfreude* darauf, die schon lange vorher einsetzt, und die *Erinnerung* daran, die die Erfahrung noch lange wachhält. Schöne Erlebnisse ständig weiter »toppen« zu wollen, läuft jedoch auf Ermüdung und Erschöpfung hinaus; sie stets in gleicher Weise wieder haben zu wollen, ist vergeblich, denn identische Wiederholungen gibt es nicht, und auf allzu hohe Erwartungen an das Wohlgefühl in einer Beziehung folgen eher tiefe Enttäuschungen. Gemeinsame Erlebnisse, gemeinsam bewältigte Herausforderungen, gemeinsam genossene Lüste sind schöne Augenblicke, selige Erfahrungen, und man sollte sich ihrer erfreuen, wo immer es nur möglich ist, aber nicht böse sein darüber, dass sie selbst dann, wenn sie länger vorhalten, auch wieder vergehen müssen, bevor sie auf andere Weise wiederkehren können: *Logik der Liebe*.

Kann die Liebe nicht immer voller Lust und Wohlgefühl sein? Nichts liegt näher als dieser Wunsch, aber das Leben kann ihn nicht erfüllen. Der gottgleiche Status der Allgegenwart und Unsterblichkeit, der den Lüsten und guten Gefühlen in moderner Zeit zugeschrieben worden ist, ist ihnen nicht angemessen. »Alle Lust will Ewigkeit«, meinte Nietzsche (*Also sprach Zarathustra*, IV, »Das Nachtwandler-Lied«), aber genau die bekommt sie nie. Daher wäre Sorge dafür zu tragen, keine reine *Wohlfühlliebe* realisieren zu wollen: Auch Wohlgefühl und Lüste müssen atmen können und bedürfen der Pausen, in denen sie die Kräfte regenerieren, die sie verschwenden. Vor allem die Zeiten des Verliebtseins und der Leidenschaft erweisen sich als *Amaretto-Glück*, herrlich süß, aber bald schon allzu süßlich. Lüste zu genießen ist unverzichtbar, um negative Erfahrungen mit positiven ausgleichen zu können, aber das Glück in süßen Lüsten allein zu suchen, ist der sicherste Weg, unglücklich zu werden. Statt in die Wohlfühlfalle zu tappen und in *Wellnessstress* zu geraten, erscheint es sinnvoller, darauf vorbereitet zu sein, dass nicht jederzeit alles wohlig sein kann, dass es immer noch andere Zeiten gibt und auch Liebe nicht stets in gleicher Intensität zur Verfügung steht: Sie schwillt an und zieht sich wieder zurück, erklimmt eine Höhe und muss wieder durch die Mühen der Ebene hindurch. Anders als viele glauben wollen, ist für das Wohlfühlglück keine Maximierung, sondern eine *Optimierung der Lüste* von Bedeutung, und das fragliche Optimum bewegt sich immer zwischen einem Weniger und Mehr, Zuwenig und Zuviel, Minimum und Maximum; es ist kein feststehendes Maß, sondern ein *atmendes Maß*, selten bei zweien das gleiche und auch beim Einzelnen selbst je nach Tagesform immer ein anderes. Das jeweils richtige Maß zu treffen bedarf des Gespürs, das mit Erfahrung und Besinnung wächst.

Soll die Liebe eine Nacht und eine Weile des Verliebtseins überstehen, kommt ein drittes Glück in Betracht, das anders als das Wohlfühlglück von Dauer sein kann: Das *Glück der*

Fülle umfasst die gesamte Fülle der Erfahrungen, positive wie negative; abhängig ist es allein von der *geistigen Haltung*, die der Einzelne selbst im Denken gewinnt und einübt, ausgehend von der Frage: Was ist charakteristisch für das Leben und die Liebe? Ist es nicht die *Polarität*, die sich in allem zeigt? Ist es mir möglich, sie grundsätzlich zu akzeptieren, wenn auch nicht in jeder ihrer Erscheinungsformen? Erscheint mir das Leben, die Beziehung in aller Polarität dennoch schön und bejahenswert? Kann ich außer mit dem Positiven auch mit dem Negativen in mir selbst und im Anderen sowie in der Beziehung zu ihm leben? Dann ist ein *atmendes Glück* möglich, bei dem ich nicht mehr verkrampft an tollen Momenten festhalten muss, die nicht vergehen dürfen, sondern auch die anderen Seiten des Lebens akzeptieren kann. Anders, »negativ«, sind Ärger, Enttäuschung, Verletzung, Unglücklichsein, die die Beziehung nicht dominieren sollen, aber auch nicht eliminiert werden können. Die Fixierung auf das »Positive« kann sie nicht zum Verschwinden bringen, ganz im Gegenteil: Die Gewöhnung an die Lust steigert im Gegenzug noch die Schmerzempfindlichkeit.

Inmitten der Verliebtheit verweisen erste Gegensätze schon auf die Fülle, die charakteristisch für die Liebe ist, und gerade dann ist es wohl *wahre Liebe*, wenn die gegensätzlichen Seiten in ihr Platz haben. Die Liebe besteht nicht nur aus Glücksmomenten, sondern auch aus den Momenten »danach«, den Zeiten »dazwischen«, den »Auszeiten« des Alltags, der Indifferenz, der schlechten Laune, aus deren Sicht die Lust als eine bloße Ausnahmeerfahrung erscheint; Zeiten nicht nur der angenehmen Wohligkeit, sondern auch der schmerzlichen Erfahrungen, die nicht zu vermeiden sind und deren Hinnahme ein Element der liebenden Hingabe sein kann: »Wer den Schmerz flieht, will nicht mehr lieben« (Novalis, Tagebucheintrag vom 6. Juni 1797, *Über die Liebe*, Sammelband, 2001, 49). Zeiten auch der Enttäuschung, wenn klar wird, dass der Andere (wie das Selbst) noch andere Seiten in sich birgt als diejenigen, die das Wohlgefühl befeuern. Je größer die Euphorie, je heftiger die Verausgabung zu zweit war, desto intensiver fällt das Bedürfnis des Einzelnen aus, sich wieder auf sich zu besinnen, wenngleich das bange Fragen des Anderen hervorruft: »Was ist los mit dir?« Die Liebenden können sich auseinander leben in diesen Zeiten, und wenn sie die Erfahrung nicht schon etliche Male hinter sich gebracht haben und gelassen darauf antworten können, bleibt es auch dabei. Ungern rechnen sie die gegensätzlichen Erfahrungen dem Liebesglück zu, eher suchen sie angesichts solcher Schwierigkeiten das Weite, um bei nächster Gelegenheit doch wieder damit konfrontiert zu sein; ein Problem insbesondere der romantischen Liebe.

Demgegenüber bemüht die *atmende Liebe* sich um Toleranz für die gegensätzlichen Phasen, ebenso für die Phasenverschiebungen zwischen den Liebenden, die sich nicht in jedem Moment in der gleichen Phase befinden. Die Toleranz fällt leichter mit der Einsicht in den Sinn der Gegensätze, der darin liegen kann, das jeweils Andere besser zur Geltung zu bringen: Ausgerechnet der Ärger kann die Freude, der Schmerz die Lust intensivieren. Hilfreich wäre, die Abfolge der Phasen als ähnlich sinnvoll wahrzunehmen wie eine Abfolge von Saunagängen: Immer wieder müssen die Liebenden durch schweißtreibende Hitzen hindurch und ins kalte Wasser springen, bevor sich ein nachhaltiges Wohlgefühl einstellen kann. Aber selbst die Zufriedenheit, die darauf folgt, kann nicht von Dauer sein, und auch das hat Sinn, denn die Gefahr wäre groß, im ewigen Frieden, den zwei miteinander machen, die

Beziehung einzuschläfern. Eine Liebesbeziehung lebt nicht nur von der Zufriedenheit, sondern auch von der gelegentlichen Unzufriedenheit, die Anlass gibt, die Beziehung neu zu überdenken und fällige Veränderungen anzugehen. Letztlich ist eine Beziehung eben keine Wellnessveranstaltung, sondern eine immer neue Herausforderung; gefährdet ist sie gerade dann, wenn die Beteiligten Wohlgefühl und Zufriedenheit auf Dauer stellen wollen (Jürg Willi, *Psychologie der Liebe*, 2002).

Angesichts dessen ist eine *unerfüllte Liebe* nicht etwa nur die einseitige Liebe, sondern auch die Liebe, die einseitig nur »das Positive« zu realisieren versucht und an anderen Seiten und Zeiten scheitert. Eine *erfüllte Liebe* hingegen wird möglich, wenn mit dem Anderen die Fülle des Lebens in aller Polarität und auf allen Ebenen des Menschseins gelebt werden kann: Mit Sinnlichkeit und ihrem gelegentlichen Ausbleiben, mit guten und weniger guten Gefühlen, mit reichem Gedankenaustausch und Auseinandersetzungen mit Worten, die einem hinterher leidtun. Die Fülle wird größer mit neuen Aspekten am eigenen Selbst und am Anderen, die gerade in schwierigen Zeiten zum Vorschein kommen, wenn willentlich oder notgedrungen andere Fähigkeiten als die bekannten zu entdecken und zu entfalten sind. Erfüllend ist die Fülle der gemeinsamen Geschichte, die gemeinsame Entwicklung und Reifung durch die verschiedensten Schwierigkeiten hindurch (Jürg Willi, *Ko-Evolution*, 1985). Erfüllend wirkt das Bewusstsein epochaler Verbundenheit über den Genuss des episodischen Wohlfühlglücks hinaus, und je länger zwei gemeinsam durchs Leben gehen, desto intensiver erfahren sie dieses Glück und durchbrechen das scheinbare Naturgesetz, dass die Liebe mit den Jahren schwinden muss: In Wahrheit kann sie mit den Jahren wachsen. Erfüllt fühlen sich die Liebenden, wenn keine Lücke, keine Leere in ihnen bleibt, vielmehr sehr vieles in der Beziehung ausgereizt und ausgeschöpft werden kann, wenngleich nicht alle Wünsche in Erfüllung gehen können. Fülle ergibt sich, wenn es möglich ist, den Anderen zu bejahen, wenn auch nicht ausnahmslos, und sich von ihm grundsätzlich bejaht zu fühlen, durch alle Irritationen hindurch. Das Glück der Fülle resultiert letztlich daraus, zum Erfülltsein des Anderen beizutragen: »Ich bin glücklich, wenn du glücklich bist.«

Der umfassenden Erfahrung von Fülle entspricht jedoch das Ausmaß an empfundener Leere, wenn die Liebe entbehrt werden muss. Das *Unglücklichsein in der Liebe* kann Teil des Glücks der Fülle sein, wenn es einem zeitweilig widerfährt, vielleicht sogar dann, wenn der Zustand anhält, vorausgesetzt, dass er nicht dazu führt, »todunglücklich« zu sein. Gründe fürs Unglücklichsein sind nicht nur Verletzungen und Enttäuschungen, sondern auch der Schmerz über die *Grenzen des Glücks*, der Liebe und des Lebens. Das kann auch ohne Anlass, »einfach nur so« geschehen, ein scheinbar grundloses Traurigsein, etwa weil nach einer Zeit positiver Erfahrungen der Gegenpol wieder einmal touchiert werden muss. Das Menschsein besteht nicht nur aus Glücklichsein, selbst in der glücklichsten Beziehung kann ein Mensch ein *Bedürfnis nach Unglücklichsein* verspüren, aus Gründen des Kontrastes oder um die Bodenhaftung nicht zu verlieren, die vor allem beim Wohlfühlglück schwindet: Je länger das Gefühl schwebender Leichtigkeit anhält, desto spürbarer wird die Sehnsucht nach der Wiederkehr der Schwerkraft, und *Melancholie* stellt sich ein, ein Bedrücktsein, das die Schwere wieder erfahrbar macht. Nicht jede Melancholie ist das Anzeichen einer Krankheit namens *Depression*, bei der ein Mensch kaum noch die Kraft zu einem Gefühl oder Gedanken hat und medizinischer und therapeutischer Betreuung bedarf. In der Melancholie hingegen sind die Gefühle und Gedanken überaus bewegt, in Gesprächen wird eine abgründige Tiefe des Denkens und Fühlens offenbar, die das oberflächlich gelebte alltägliche Leben konterkariert. Erst dann, wenn unklar ist, ob und wann die Melancholie wieder endet, stellt sich die Frage: Kann ich ein Leben mit ihr einrichten, mit welcher Anstrengung? Ist auch der Andere dazu bereit? Und was ist, wenn nicht?

Alle Glücke der Liebe kennt Giacomo Casanova, sie begleiten seine *amouröse Existenz*, die endlose Serie seiner Amouren, die er der singulären Liebe vorzieht. In der *Geschichte meines Lebens* erzählt er, wie er immer von Neuem das unwahrscheinliche Zufallsglück einer Begegnung erlebt, etwa 1749 in einer norditalienischen Herberge mit der Französisch sprechenden Henriette: Für paradiesische drei Monate genießt er mit ihr ein unerhörtes Wohlfühlglück der Liebe, bis er ins äußerste Unglücklichsein stürzt, als sie, deren Herkunft ihm unbekannt bleibt, in einer Kutsche am Horizont entschwindet, für immer. Blickt er zurück auf die extremen Gegensätze des Lebens und der Liebe, die er durchlebt hat, wird ihm das Glück der Fülle zuteil, das alle positiven und negativen Erfahrungen umschließt (*Lydia Flem, Casanova oder Die Einübung ins Glück*, 1995). Dieses Glück wird, bei aller Wehmut über die Vergänglichkeit, grundiert von einer *Heiterkeit*, die keine bloße Fröhlichkeit ist, sondern ein *basso continuo* der Verbundenheit mit dem gesamten Leben. Eine *Gelassenheit* geht daraus hervor, die vom Lassen ihren Namen hat: Etwas lassen zu können statt es haben zu müssen; vieles geschehen, wachsen und vergehen zu lassen statt darüber bestimmen zu wollen, manches Anderen zu überlassen und sich von ihnen prägen zu lassen.

Die heitere Gelassenheit ist ein *stilles Glück*, das nicht vieler Worte bedarf. Im Humor der wahrhaft Liebenden kommt es am besten zum Ausdruck: Kann es eine Beziehung ohne Humor, eine humorlose Liebe überhaupt geben? Im Humor scheint eine *dauerhafte Freude* auf, die von leidvollen Erfahrungen nicht in Frage gestellt wird; anders als der Spaß, der zwar gesucht und gefunden werden kann, aber auch grundlos ausbleibt, ist die Freude weniger von Launen abhängig. Aber niemand sollte von der Heiterkeit des Humors auf die Abwesenheit von Gegensätzen und Widersprüchen im humorvollen Menschen und in seinem Leben schließen: Der Humor dient vielmehr dazu, sie zu überbrücken, und je heiterer der Humor, desto größer die Schwierigkeiten, die er zu bewältigen hat. Humor ist human, dem humorvollen Menschen liegt Nachsicht nahe, er wirft sich und Anderen, dem Leben, der Welt und Gott die allgegenwärtigen Gegensätze und Widersprüche nicht unentwegt vor. Auf dem Humus des Humors kann vieles gedeihen, und von diesem Boden aus wird auch der distanzierte Blick möglich, der bei aller Gegensätzlichkeit das Gemeinsame wieder sieht. Zugleich kann Humor die Polarität des Lebens für sich selbst nicht aufheben: Humorlose, freudlose Zeiten gilt es weiterhin zu überstehen. Von anhaltender Humorlosigkeit aber werden nicht selten die extremen Formen der Liebe befallen: Ihre Übersteigerung zur todernsten Leidenschaft und ihre Entleerung zur bloßen Parallelexistenz zweier Menschen.

Das mehrfache Glück der Liebe mündet schließlich in die Erfahrung der *Fülle des Sinns*. Das Leben mag angefüllt und zugemüllt sein mit sinnlosen Dingen, erfüllt und *ausgefüllt* aber kann es nur mit Sinn sein, mit all dem, was der jeweilige Mensch als sinnvoll erfährt, und wo Sinn ist, da ist auch Glück. Liebe ist nicht die einzig mögliche Methode, Sinn zu finden und zu erfinden, aber eine der wirksamsten; aufgrund der vielfältigen Zusammenhänge, die sie aufspürt und herstellt, wird sie in der Epoche der Frage nach Sinn zur großen Sinnstifterin: Der Sinn der Liebe ist die Schaffung von Sinn im Leben. Für viele verdichtet sie sich sogar zum *Sinn des Lebens*, bei ihrem Scheitern allerdings zu einer Sinnlosigkeit, die das ganze Leben in Frage stellt. Auf mehreren Ebenen können die Liebenden dieses Potenzial an Sinn füreinander erschließen, und es sind dieselben Ebenen, die bereits Diotima in Platons *Symposion* anspricht, damals verbunden mit einer Abwertung oder Hochschätzung einzelner Ebenen, die hier nicht mitvollzogen werden muss.

Auf der körperlichen Ebene ist der Sinn der Sinnlichkeit erfahrbar, *Eros*, völlig erfüllend im jeweiligen Moment und mit der Aussicht darauf, auch alle anderen Ebenen zu erfassen. Auf der seelischen Ebene sorgt die gefühlte Bindung, *Philia*, für Sinn und kann weit über den Moment hinaus ein ganzes Leben erfüllen, ohne an intime körperliche Begegnungen gebunden sein zu müssen. Auf der geistigen Ebene entsteht mit Gedanken und ihrem Austausch *Agape*, die »platonische Liebe«, und die gedachten Zusammenhänge, die sie herstellt, können für sich stehen, ohne mit körperlichen und seelischen Elementen vermengt sein zu müssen. Auch eine Ebene der *Transzendenz* kommt in den Blick, bei der sich mit gefühlten und gedachten Zusammenhängen über alle Endlichkeit und Wirklichkeit hinaus ein Horizont der Unendlichkeit und Möglichkeit eröffnet. Je nach der Idee, von der die Liebenden sich leiten lassen, kann ihre Liebe einzelne oder mehrere Ebenen bespielen. Um die Beziehung mit ebensolcher Stabilität wie Flexibilität auszustatten, erscheint es sinnvoll, sie auf mehr als einer Ebene zu begründen und den Schwierigkeiten auf einer Ebene durch den Wechsel auf eine andere zu begegnen. Eine reiche Fülle von Erfahrungen ergibt sich daraus, zwischen den Ebenen hin- und hergehen zu können und das Menschsein gemeinsam voll auszuschöpfen. Die Übergänge sind fließend, die Ebenen sind gleichwertig, ihre Reihenfolge ist keine Rangfolge, die körperliche Ebene ist nicht die »unterste«.

Sex und Erotik: Die körperliche Kunst des Liebens

Die körperliche Ebene der Liebe hat wesentlich mit Sexualität zu tun, also mit allem, was sich rund ums Geschlecht (*sexus* im Lateinischen) abspielt, davon ausgeht und darauf zuläuft. Sobald Gedanken, Gefühle, Handlungen, allein oder mit Anderen, in irgendeiner Weise das Geschlecht tangieren, gewinnen sie eine auffällige, eigenartige Spannung. Nach der sexuellen Aufklärung und Befreiung kommt es jedoch auch in diesem Lebensbereich darauf an, der erlangten Freiheit lebbare Formen zu geben und eine *sexuelle Lebenskunst*, eine bewusste Lebensführung in geschlechtlichen Dingen zu entwickeln. Sie hält dazu an, die eigenen Wünsche und Bedürfnisse und die Anderer auf dem Weg der Erfahrung kennenzulernen, auch die möglichen und wirklichen Probleme, die damit einhergehen können, um sie mit immer neuer Besinnung zu überwinden. Die Lebenskunst besteht sodann darin, nicht nur die sexuelle Seite des Menschseins zu entfalten, sondern auch an einem Können für das gesamte Leben zu arbeiten, das nicht nur mit Sex, sondern auch mit Alltagsbewältigung, nicht nur mit Lust, auch mit Schmerz, nicht nur mit Freude, auch mit Leid, nicht nur mit Leben, auch mit Tod zu tun hat.

Vor dem erweiterten Horizont kann es eher gelingen, eine individuelle Antwort auf die Frage zu finden, welche Bedeutung Sex fürs Leben haben soll, und an einer individuellen *sexuellen Kunst* zu arbeiten, die es ermöglicht, buchstäblich *Liebe zu machen*, wie dies auch in anderen Kulturen zum Begriff geworden ist: *to make love, faire l'amour, fare l'amore*. Zweifellos gehört die Fähigkeit zur sexuellen Lust zu den natürlichen Anlagen des Menschen, aber sie bedarf der kulturellen und individuellen Ausbildung, um ihr möglichst gekonnt nachgehen zu können. Angebote der Sexualpädagogik, der sexuellen Bildung und Weiterbildung (Renate-Berenike Schmidt und Uwe Sielert, *Handbuch*, 2008) stehen zur Verfügung, um sich Wissen darüber anzueignen und Anregungen zur Verbesserung des Könnens aufzugreifen, bezogen auf das jeweilige Lebensalter. Auch bei dieser Kunst besteht das Können zunächst im Erwerb von Wissen, »was möglich ist«, um dann zu lernen, »wie man es macht«, schließlich mit Übung und Wiederholung, Erfahrung und Besinnung ein Gespür dafür zu entwickeln, »wie man es sehr gut macht«, und daraus die größte Befriedigung zu ziehen, ohne ein gelegentliches Misslingen wirksam ausschließen zu können.

Naturgegebene Voraussetzungen sind bei der körperlichen Kunst des Liebens im Spiel, die nicht so ohne Weiteres zu ändern sind, teilweise verankert im ältesten Teil des Gehirns, dem »Reptiliengehirn«, das Herzfrequenz und Blutkreislauf, Atmung und Gesichtsausdruck steuert und auf Schlüsselreize reagiert, zu gegebener Zeit die Wangen rötet, den Blutdruck erhöht, den Herzschlag beschleunigt, den Atem stoßweise gehen lässt. Die *Chemie der Liebe* (Helen Fisher, *Warum wir lieben*, 2004) kann interessante Hinweise auf die molekularen Grundlagen des Geschehens geben und beispielsweise zeigen, wie

Duftmoleküle von *Pheromonen* anfänglich und zyklisch wiederkehrend dafür sorgen, einen Anderen »gut riechen zu können«: Die olfaktorische Attraktion, die von ihm ausgeht und eine Art von »Pheromonfalle« darstellt, enthält Informationen über sein Immunsystem und signalisiert, ob ein potenzieller Nachwuchs mit einem potenzierten Immunsystem ausgestattet werden würde. Die Moleküle von *Hormonen* wiederum, die als Botenstoffe Signale zwischen Hirnzellen vermitteln, regulieren das Bedürfnis nach Annäherung, und sei es durch ihr Fehlen: Ein Mangel an Serotonin hemmt die Bewegung des Denkens, sodass der Betroffene nur noch an das Eine denken kann, nervös und depressiv wird (»zu Tode betrübt«); Neurosen, Psychosen und Depressionen, die dieselben Symptome aufweisen, werden mit Serotoningaben behandelt, hier aber hilft nur die Suche nach dem Anderen. Besteht Aussicht darauf, ihm näher zu kommen, auch innerhalb einer Beziehung stets von Neuem, steht dem sinkenden Serotoninspiegel alsbald eine Zunahme der Hormone Dopamin und Noradrenalin gegenüber: Sie erzeugen ein Gefühl von Euphorie mit kokainähnlicher Wirkung (»himmelhoch jauchzend«), zaubern im Vorfeld der möglichen intimen Begegnung Schmelz in die Stimme, malen Pastellfarben in die Augen und kleiden die Haut in Samt und Seide. All das geschieht ganz von selbst: Wo Hormone wirksam sind, muss man nicht nach Gründen fragen.

Naturgegeben, jedoch auch *kulturell* beeinflusst und mit *individuellen* Anteilen ausgestattet, die von Natur und Kultur abweichen und auf sie zurückwirken können, sind die *Differenzen des Begehrens*. Dieser heftigsten Form der Zuwendung und Zuneigung frönen beide Geschlechter gerne, aber auf unterschiedliche Weise und nicht unbedingt zur selben Zeit:

»Seine Intimität ist nicht ihre Intimität« (Rosmarie Welter-Enderlin, *Paare – Leidenschaft und lange Weile. Frauen und Männer in Zeiten des Übergangs*, 1992, 257). Lange konnten religiöse und traditionelle Rollenzuweisungen, denen zufolge Frauen sich dem Begehren von Männern zu fügen hatten, die Differenzen überdecken, aber mit der Befreiung davon liegen sie offen zutage und sind nur noch mit einem wechselseitigen großen Wohlwollen zu überbrücken. Frauen scheinen im Begehren *eher* eine Art von *Spiel* zu sehen, auf das sie sich gerne einlassen, wenn sie »in Stimmung« sind; sie bevorzugen eine »Erotik des offenen Ausgangs« (Eva Menasse, *Lässliche Todsünden*, 2009, 82). Männer erfahren ihr Begehren *eher* als eine *Notwendigkeit*, sie haben einen »Druck abzubauen« und können nicht so ohne Weiteres darauf verzichten. Frauen wollen vielleicht in einem Gespräch erst erkunden, ob ihre Gefühle und Gedanken mit dem Anderen zusammenstimmen, bevor sie sich ihm auch körperlich anvertrauen. Männer verstehen das allzu leicht als willentliches Hinhalten, das nur vom Wesentlichen abhält: Im Verlauf einer langen Geschichte haben sie sich *eher* darauf kapriziert, sich zu nehmen, wonach es sie gelüstet, um sich ihrer Macht und Potenz zu vergewissern, während Frauen sich im Verlauf der Geschichte ihrer Unterwerfung *eher* daran gewöhnen mussten, warten zu können – eine Rolle, von der sie sich mit ihrer Befreiung zu verabschieden beginnen. Diese Unterschiede zu kennen, ist die Voraussetzung dafür, auf sie eingehen zu können und sich an Kompromissen zu versuchen, bevor die Komplikationen im fortgeschrittenen Stadium der Befreiung von überkommenen Rollen überhand nehmen, sodass *sie* will, dass *er* will, *er* aber gelernt hat, nicht selbst zu wollen, sondern auf *ihr* Wollen zu achten, obwohl sie das jetzt gerade *nicht* will …

Für den Anfang und dann immer wieder von Neuem müssen die Beteiligten eine *Wahl* treffen, jede und jeder für sich, auch in gleichgeschlechtlichen Beziehungen, ob und wie intime` Begegnungen ermöglicht werden können: Eine Wahl, die oft nicht ausdrücklich, sondern verschwiegen geschieht, der jeweils Andere »wird es dann schon bemerken«. Verschiedene Optionen stehen dafür zur Verfügung, Übergänge zwischen ihnen sind jederzeit möglich: Die *offene Option* ist in der leidenschaftlichen Liebe beheimatet und besteht darin, sich wechselseitig nach Belieben gewähren zu lassen, wann, wo und wie auch immer. Die *situative Option* entspricht eher der freundschaftlichen Liebe, in der es die Liebenden auf passende Gelegenheiten ankommen lassen und sie auch arrangieren, grundsätzlich bereit, sich wechselseitig einen Gefallen zu tun. Die *Option der freien Verpflichtung* fällt in der kooperativen Liebe leicht: Die Partner sind zur Erfüllung »ehelicher Pflichten« bereit, auch in nichtehelichen Verhältnissen; nicht aus Gründen der Tradition, Konvention oder Religion, sondern aufgrund eigener Wahl, eine »horizontale Kooperation« der besonderen Art.

Die *kontraktive Option* der funktionalen Liebe beruht auf der ernsthaften Sorge der Beteiligten um ihre Körperfunktionen; daher ihr Interesse an einer offenen oder stillen vertraglichen Regelung hinsichtlich Zeit, Ort, Modus und Frequenz, um es »sich besorgen zu lassen«, auf die Gefahr hin, sich wechselseitig als *fuck buddies* benutzt zu fühlen. Die *streitbare Option* einer agonalen Liebe trachtet danach, die geballten Aggressionen im sexuellen Vollzug aufzulösen, mit einer Art von »vertikaler Impulsübertragung«, womit in der Meteorologie in schönster Meteopoetik ein bestimmtes Wettergeschehen bezeichnet wird. Die *verschlossene Option* ist typisch für die ausschließende

Beziehung, auch innerhalb einer Beziehung, um den Anderen abzuweisen, generell oder zeitweilig, mit welcher Begründung auch immer (Kopfschmerzen, zu viel Arbeit). Die *Option der Abstraktion* steht der virtuellen Beziehung zur Verfügung und ermöglicht Cybersex, der allerdings hohe Anforderungen an die Vorstellungskraft der Beteiligten stellt und nicht immer sehr befriedigend ausfällt.

Kommt das Geschehen in Gang, ist die Abfolge immer dieselbe: »Der *Blick* – (die Rede) – die *Händeberührung* – *der Kuss* – *die Busenberührung* – *der Grif an die Geschlechtstheile* – der Act der Umarmung« (Novalis, *Über die Liebe*, Sammelband, 2001, 84). Mit dem Beginn des Akts setzen sich dann die Differenzen fort, die natürlich bedingt sein mögen, aber kulturell und individuell variabel sind: So mancher Mann braucht keine Aufwärmphase, so manche Frau wünscht sich eine ausgiebige; Männer streben *eher* zügig dem Höhepunkt zu, Frauen brauchen *eher* Zeit. Die zeitliche Streckung lockt mit einem Gewinn an Sinn, denn sie ermöglicht, die *integrale sinnliche Erfahrung* länger auszukosten, die in der sexuellen Begegnung so umfassend zu haben ist wie kaum irgendwo sonst: Sämtliche Sinne des Sehens, Hörens, Riechens, Schmeckens, Tastens, Bewegens und In-sich-Spürens werden in anschwellender Intensität aktiv und machen den Akt zum Gesamtkunstwerk.

Was im gewöhnlichen Leben kaum möglich ist, wird jetzt Wirklichkeit: Die *Inkarnation*, die Fleischwerdung im wörtlichen Sinne, um ganz und gar triumphierendes, »griffiges« Fleisch füreinander zu sein. Was unter anderen Bedingungen Ekel erregen würde, treibt jetzt Erregung hervor: Die innige Begegnung von Schleimhäuten, deren Aufgabe es gewöhnlich ist, Eindringlinge schon an den Körperöffnungen abzuwehren. Jetzt ist es möglich, in feuchte Höhlungen vorzudringen und Körpersäfte auszutauschen, sie wechselseitig zu fühlen, zu schmecken und mit den eigenen zu vermengen (um genaue Beschreibungen nicht verlegen: Charlotte Roche, *Feuchtgebiete*, 2008; Michael Kleeberg, *Karlmann*, 2007). Und doch kehren die Differenzen zurück, wenn der Höhepunkt naht: Vaginaler Sex beschert Männern meist auch den erlösenden Moment, Frauen hingegen bedürfen eher der klitoralen Stimulation, die zu den Kunstfertigkeiten des guten Liebhabers gehört, manuell oder per Cunnilingus (von lateinisch *cunnus*, Scham, und *lingua*, Zunge): Das ist der »Traum der Meerjungfrau«, vom japanischen Maler Katsushika Hokusai in einem Farbholzschnitt von 1814 hinreißend dargestellt (Gian Carlo Calza, *Hokusai*, 2006). Und zu guter Letzt kommt der Duft erneut ins Spiel: Mithilfe von Riechrezeptoren, die den Maiglöckchenduft der Eizellen aufspüren, finden die Spermien ihren Weg (Hanns Hatt und Regine Dee, *Das Maiglöckchen-Phänomen*, 2008).

Nicht jeder Akt muss eine Offenbarung sein, er kann auch eine *Kommunikation mit anderen Mitteln* sein, eine Art von Aufmerksamkeit, eine Möglichkeit, die ungeteilte Aufmerksamkeit des Anderen zu erlangen, ein Kunstgriff zum Abbau von Spannungen. Ärger in der Beziehung verschwindet von selbst, denn »wenn der Körper mitspricht, wird oft der heftigste Streit durch eine einzige eheliche Umarmung wieder geschlichtet«, wusste schon Adolph Freiherr Knigge (*Über den Umgang mit Menschen*, 1796, II, 3, 2). Sex bestärkt das Gefühl der Bindung und hilft, auf »Tuchfühlung« zu bleiben durch die Intimität miteinander: »So blieben sie. Ineinander verschachtelt. Verankert. Miteinander verschweißt durch seinen Penis in ihr. Und ruhig und selbstgewiss, mit der seltsamen Vorahnung, dass sie sich aufeinander verlassen konnten« (Véronique Olmi, *Ein Mann eine Frau*, 2005, 51). Den psychischen

Wirkungen entsprechen messbare physiologische Vorgänge: Die wohlige Nähe und Vertrautheit geht mit einer Ausschüttung der Hormone Prolaktin und Oxytocin einher; Endorphine bauen Stress ab und hellen die Stimmung auf: In der *Entspannung* liegt eine Bedeutung der üppig befeuchteten Liaison zwischen zweien. Guter Sex macht schöne Menschen, mit mehr Gelassenheit und Heiterkeit, weniger Ängstlichkeit und Niedergeschlagenheit.

Eine Flut von Serotonin ermöglicht endlich viele neue und überraschende Verknüpfungen zwischen den Neuronen des Gehirns, und all die Probleme des Denkens lösen sich auf, denen durch Grübeln nicht beizukommen war: Sex macht einen klaren Kopf und ist eine Quelle von *Kreativität* ohnegleichen. Gerade dann ist er von Bedeutung, wenn es nicht passt, wenn keine Zeit und kein Platz dafür da ist: »Ich habe den Kopf so voll«, aber der volle Kopf beansprucht zu viel Blut, für die Schwellkörper bleibt zu wenig übrig; ihnen ihr Recht zu gewähren, ist wiederum von Vorteil für den Kopf, der sich erholen und Inspiration gewinnen kann, während sich die vernachlässigten Teile des Körpers in unverhoffter Aufmerksamkeit sonnen. Und Sex ist der *Gesundheit* förderlich: Die Anfälligkeit für Herz- und Kreislauferkrankungen nimmt ab, der Level der Antikörper Immunoglobulin A wird angehoben, verbessert den Schutz gegen Infektionen und unterstützt eine Wundheilung. Das ausgeschüttete Östrogen regt die Regenerationsfähigkeit der Zellen an, sodass die Haut länger straff und elastisch bleibt.

Bleiben nur noch die Differenzen *danach*, die so problematisch sein können wie die *davor*. Dass *er* vielleicht nicht mehr kuscheln, nicht mehr reden, nur noch schlafen will, ist eine Folge körperlicher Entkräftung: Während der weibliche Testosteronspiegel ansteigt, stürzt der männliche jetzt ab, die Kontraktionsfähigkeit der Muskeln schwindet rapide, für das Nachspiel sind die Glieder nun oft zu schwer. Die Nacktheit nach dem Akt ist eine andere als die davor: Was eben noch prall war, schrumpft in sich zusammen, was eben noch paradiesisch duftete, riecht nicht mehr gut. Die *Refraktär-* oder auch Erholungsphase geht mit einer hormonellen Blockade einher, bevor das Spiel der Hormone von Neuem beginnen kann. Dass Männer sich gerade dann wegdrehen, wenn Frauen mehr Nähe spüren wollen, kann aber noch andere Gründe haben: Manche Männer werfen sich im Stillen vor, dass sie »sich gehen ließen«, sich von Emotionen »übermannen ließen« und erst wieder mit sich »klarkommen müssen«. Zurück bleiben Frauen, die »die Männer« nicht verstehen, sich missbraucht und verletzt fühlen, womöglich sich noch zum Vorwurf machen, sich auf das Spiel überhaupt eingelassen zu haben.

Auf die Feier der Oberfläche der Haut und des Fleisches folgt das Bewusstsein der Abgründigkeit des menschlichen Lebens, die *Melancholie:* Darum ist nach dem Beischlaf angeblich »jedes Tier«, vor allem aber das Tier Mensch »traurig«. Und je weniger die Beteiligten miteinander vertraut sind, je mehr ihre Begegnung allein eine körperliche war, desto hastiger gehen sie nun auseinander. Eine scheinbar grundlose Scham überwältigt sie, und manch einer versucht beim Weggehen den Anderen noch mit Arroganz, Verachtung und Spott zu beschämen, um die unangenehme Last der Scham nicht alleine tragen zu müssen. Die auf das Spiel der Hormone reduzierte Liebe ist *episodisch* und wird nicht epochal: Schicksal so mancher »Sommerliebe«, die sich einer Aufwallung des Hypothalamus verdankt, des Zentrums der Hormonproduktion, das im Sommer intensiver arbeitet als im Winter. Wahre

Liebe ist wohl das, was übrig bleibt, wenn die hormonellen Regenzeiten und Dürreperioden überstanden sind.

In verschiedener Hinsicht ist die sexuelle Erfahrung zwiespältig in sich selbst, und die ästhetische Ethik der Liebe muss darauf antworten können: Sex ist eine *Wunschmaschine*, die immer neue Wünsche generiert und bei deren Erfüllung *Ekstase* produziert, eine über die Maßen faszinierende Erfahrung, eine Verschwendung seiner selbst, eine Befreiung vom Ich, ein Verschmelzen mit dem Anderen, eine rauschhafte Aufhebung jeglicher Distanz, die sich so sehr vom gewöhnlichen Leben abhebt, dass die Liebenden sie wieder und wieder haben wollen. Fraglos tun sie gut daran, so weit wie nur möglich wechselseitig auf ihre Wünsche einzugehen und Träume und Phantasien zu verwirklichen: Mit den daraus hervorgehenden *diversen*, verschiedenartigen, und *perversen*, im Vergleich zum Gewöhnlichen andersartigen Erfahrungen, überschreiten sie die alltägliche Wirklichkeit und tasten sich vor ins unbegrenzte Reich der Sinne. Zum Ort des ontologischen Übergangs zwischen Wirklichkeit und Möglichkeiten, zur Kultstätte der dafür erforderlichen rituellen Handlungen wird in erster Linie das *Bett*, dichterisch gesehen ein Altar der reinen Poesie: Davon träumen jedenfalls Romantiker, die daher endlos im Bett bleiben wollen. Aber die »alltägliche Ekstase«, die sie zu realisieren versuchen, stößt an Grenzen: Ekstase kann nie Alltag sein. Sie lebt davon, irregulär zu sein; sie zu einer regulären Erfahrung machen zu wollen, ist sinnlos. Sie ist die Ausnahme vom Alltag, der die Regel ist, die die Ausnahme erst ermöglicht: Die ekstatischen Wünsche und Sehnsüchte brauchen den Alltag, um erneut an Intensität gewinnen zu können.

Hinzu kommen so rauschhafte wie schmerzliche Erfahrungen der Macht. Sex ist auch eine *Machtmaschine*, und dies in mehrfachem Sinne: Schon die Wunscherfüllung ist mit der Erfahrung von Macht verwoben, sobald einem der Beteiligten bewusst wird, dass der Andere zur Befriedigung seiner Bedürfnisse auf ihn angewiesen ist. Auch die freie Unterwerfung unter die Machtausübung des Anderen kann als rauschhaft erlebt werden, aber das Problem ist, dass die Machtausübung selten auf Sex begrenzt bleibt, dass vielmehr, was im Bett geschieht, auch die Beziehung außerhalb beeinflusst: »Du meinst wohl, weil zwischen uns sexuell was läuft, kannst du dich benehmen wie'n Arsch«, sagt im heißen Berliner Sommer in ortstypischer Unverblümtheit Nike zu Ronald (*Sommer vorm Balkon*, Filmkomödie, Regie Andreas Dresen, Deutschland 2005). Zum Grund einer großen Beunruhigung wird erst recht die Tatsache, dass die Machtausübung alle Grenzen sprengen und zur Nötigung, Erpressung, Bestrafung, Vergewaltigung führen kann; dass Sex ferner die Macht ist, das eigene Leben wie das des Anderen einer folgenreichen Ansteckung oder tödlichen Gefährdung auszusetzen, wenn auf Vorsicht und Schutz verzichtet wird. Aus den Augen verloren wird oft auch die mögliche Macht über ein neues Leben, das aus diesem einzigen Akt hervorgehen kann, mit machtvollen Rückwirkungen auf das Leben der werdenden Eltern. All das gelangt zu Bewusstsein, wenn der Rausch der Poesie faszinierender Möglichkeiten verflogen ist und der kalte Boden der Prosa einer banalen Wirklichkeit wieder betreten wird. Der schmerzlichen Polarität von Möglichkeit und Wirklichkeit entgehen die Liebenden schon auf der körperlichen Ebene nicht.

Die Eigendynamik der Wünsche und der Macht ist der Grund dafür, dass Sex von einem Moment zum anderen eine Beziehung völlig verändern kann: Auf Wünsche folgen Enttäuschungen, Macht verleitet zum Missbrauch. Für den Versuch, diese Dynamik abzuschwächen, steht den Liebenden die Macht der Besinnung als Element der Ethik zur Verfügung. Denn es gibt nicht nur die *Option Eros*, dem Begehren Folge zu leisten, sobald es nach Gefolgschaft verlangt, mit allen Konsequenzen, die zweifellos schöne, aber auch tragische Geschichten hervorbringen, wie die Dichter sie lieben. Offen steht vielmehr auch die *Option Logos*, die Besinnung als Gegenmacht zu Eros, wie Platon sie schon zu etablieren versuchte, der die Besinnung selbst als eine Art von Eros begriff, erotisch auf einer anderen, abstrakteren Ebene. Diese Option ermöglicht neben der Fähigkeit zur *Ekstase* auch die zur *Askese*, die Einübung einer Distanz zum Begehren, die eine individuelle und kulturelle Leistung ersten Ranges ist, um nicht ständig den Trieben folgen zu müssen, die immer neue Wünsche hervortreiben, stattdessen damit leben zu lernen, dass nicht alle Wünsche jederzeit wahr werden können, schon weil der Andere womöglich andere Wünsche hat und, wie das Selbst, nicht zur bloßen Wunscherfüllungsmaschine degradiert werden will. Askese ist eine Einübung in die Zurückhaltung und Enthaltung, um mit Selbstmächtigkeit die Machtausübung über den Anderen und auch eventuelle Machtzumutungen durch ihn einzudämmen.

Jeder Einzelne kann sich einerseits bemühen, zum *Experten der Ekstase* zu werden, der das Begehren und seine Folgeerscheinungen so attraktiv zu gestalten versteht, dass auch der Andere sein Bedürfnis danach immer wieder neu entdeckt. Und er kann sich andererseits um eine *Aneignung der Askese* bemühen, um bei aller Dringlichkeit des Begehrens mit einer zumindest zeitweiligen Zurückhaltung und Enthaltung, einer temporären und ohnehin nur symbolischen Selbst-Abälardisierung einen Spielraum der Freiheit zu gewinnen, der im Gegenzug auch dem Anderen mehr Freiraum verschafft. Ohne Erwartungsdruck kann der Andere nun darauf warten, dass sein eigenes Begehren sich bemerkbar macht; und wenn seine Bedürfnisse so ernst genommen werden, ist er auch eher bereit, seinerseits dem Selbst wieder entgegenzukommen. Die Askese ermöglicht zudem, die Unlust zu überbrücken, die natürliche Auszeit der Lüste, in der sie sich erholen, sofern sie nicht unentwegt zur Wiederholung gezwungen werden, die ihre Intensität von Mal zu Mal abschwächt. Mit asketischer Hilfe wird die zeitweilige Distanz zueinander erträglich, in der die Anregung und Erregung neue Kraft schöpft: Askese ist die Vorbereitung zur Ekstase, und je länger die asketische Selbstbegrenzung durchgehalten wird, desto heftiger fällt die ekstatische Entgrenzung aus. Daher kann es nicht um eine ständige »Überschreitung« und »Verschwendung« gehen, wie die *Transgression* Georges Batailles von vielen verstanden wurde. Die auf Dauer gestellte Transgression erbringt nicht die erhoffte Libertinage, sondern unterliegt derselben Regel wie die permanente Revolution: Sie kostet viel Kraft und endet in allgemeiner Erschöpfung.

Lebbar wird die Liebe mit der *Atmung zwischen Ekstase und Askese*, zwischen willfähriger Lüsternheit und willentlicher Keuschheit, um zwischen den Extremen einer *Dominanz des Eros*, die jeden Logos auslöscht, und einer *Dominanz des Logos*, die jeden Eros vernichtet, einen gangbaren Weg zu finden. Die Dosierung von Ekstase und Askese ist aber unter Bedingungen der Freiheit keine Frage der *äußeren Normsetzung* mehr, sondern der *inneren Formgebung*. Die Ekstase, oft als »einzig wahres Leben« angesehen, wird wieder zu einer Möglichkeit unter anderen, und die Aufmerksamkeit richtet sich darauf, die in ihr verbrannten Kräfte zurückzugewinnen. Sex selbst ist dann keine *Norm* mehr, sondern eine *Option*, und dazu gehört eben auch der gelegentliche Verzicht, denn es gibt ein Leben auch ohne Sex. Mit der Lockerung der Bindung an das Begehren können andere Ebenen der Beziehung sich besser entfalten, die auch dann noch zur Verfügung stehen, wenn die körperliche Ebene zeitweilig oder dauerhaft Einbußen erleidet. Die Einübung der Fähigkeit zum Verzicht kommt überdies dem Leben abseits des Bettes zustatten, um nicht immer jeder Möglichkeit nachjagen zu müssen, sich nicht in zu vielen nur halb realisierten Möglichkeiten zu verzetteln oder ganz im Meer all dessen unterzugehen, was sonst noch möglich wäre. Unverzichtbar ist der Verzicht nicht aus moralischen Gründen, sondern aus Gründen der Lebbarkeit: Die Konzentration auf die Realisierung weniger Möglichkeiten oder einer einzigen intensiviert das Leben und verhindert seine Zerstreuung in Beliebigkeit. Sich Grenzen zu setzen, ermöglicht dem Selbst, seine wichtigsten Anliegen zu bewahren und äußerstenfalls damit zurechtzukommen, dass es keine Möglichkeiten gibt, falls sich das als unabänderlich erweist.

Das gekonnte Spiel mit Ekstase und Askese, Verschwendung und Zurückhaltung, inniger Hingabe und ironischer Distanz, Eindeutigkeit und Andeutung, realer Begegnung und virtueller Phantasie zeichnet die *Kunst der Erotik* aus, die Kunst der Anregung und Erregung. Es hat keinen Sinn, sie gegen Sex auszuspielen, denn sie bereitet ihn vor und begleitet ihn, aber sie ist auch noch da, wenn er vorbei ist. Dass viele Dinge, Verhältnisse und vor allem Menschen für *sexy* gehalten werden können, verdankt sich den Anklängen an die sexuelle Erregung; selbst dann schöpft die Erotik daraus noch ihre Intensität, wenn es ihr an sexuellen Bezügen mangelt. Und die zahlreichen erotischen Erfahrungen zwischen zweien sorgen für eine *Fülle von Sinn* auch ohne Sex: Den Anderen zu sehen, und sei es nur von ferne; ihn zu hören, und sei es nur am Telefon; ihn zu betasten, und sei es nur mit einer flüchtigen Berührung; ihn zu schmecken, und sei es nur bei einem Kuss im Vorübergehen; ihn zu riechen, und sei es in einem zurückgelassenen Kleidungsstück; sich gemeinsam mit ihm zu bewegen, auch ohne jede wirkliche Berührung; ihn in sich und im ganzen Körper zu spüren, auch ohne jede körperliche Präsenz. Sogar über das Sinnliche hinaus wird die Erotik zum bewussten Wahrnehmen und Genießen von Zusammenhängen, von Sinn auf allen Ebenen, in der Beziehung des Selbst zu sich und zu Anderen, zum Leben und zur Welt überhaupt.

Im Rahmen der nicht mehr nur sexuellen, sondern *erotischen Lebenskunst* kann Sex dann das werden, was er am besten kann: Ein *Divertimento*, das zum Kunstwerk des Lebens gehört und dem gleichnamigen musikalischen Kunstwerk ähnelt, mehrsätzig, mit heiterem, tänzerischem Charakter. Mit geduldiger Übung (griechisch *askesis*), dieser Asketik im Wortsinne, sind die Künste zu erlernen und die Gewohnheiten und Rituale einzurichten, die die Inszenierung erleichtern. Alle Arten von *Mood-Management*, von Kleidung und Verkleidung tragen dazu bei, ein erotisches Ambiente zu schaffen; vor allem geistlastige Männer gelüstet es sehr nach diesem Gegenpol: »Schmücke Deinen Körper für mich, Liebste«, bittet James Joyce seine spätere Frau Nora Barnacle (*Briefe an Nora*, 22. August 1909). »Es kommt gewiss nicht bloß auf das Äußere einer Frau an«, spottet der Wiener Kritiker Karl Kraus: »Auch die Dessous sind wichtig« (*Sprüche und Widersprüche*, 1909, 18).

Die Sprache der körperlichen Liebe muss nicht immer den Ansprüchen politischer Korrektheit genügen, der intime Umgang miteinander kann in jeder Hinsicht »extraordinär« ausfallen. Anregend und erregend wirkt die Darstellung des Obszönen, die *Pornographie*, in mehr oder weniger anspruchsvollen Bildern und Filmen, vor allem aber in Werken der Literatur, etwa in einigen vergessenen Texten Mark Twains, bei Anaïs Nin und Henry Miller, Charles Bukowski und Erica Jong, Cathérine Millet und vielen Anderen. Sollten die Liebenden nicht zueinander finden, kann es darum gehen, »Sexualassistenz« in allen Spielarten in Anspruch zu nehmen, unter der Voraussetzung einer bewussten Wahl der Beteiligten und ohne jede Nötigung. Zur Dienstleistung im Rahmen einer erotischen Lebenskunst avanciert die *Prostitution*, die auf ihre Weise noch über die körperliche Ebene hinausgehen kann: Nackter und unmittelbarer als Therapeuten, Ärzte und Seelsorger sind Prostituierte mit den Niederungen und Abgründen menschlicher und vor allem männlicher Existenz konfrontiert; die Sexarbeit wird selbst dann zur Seelenmassage, wenn sie gar nicht darauf ausgerichtet ist.

Um den verschiedenen Bedürfnissen nach einem Divertimento, einem vor-, inner-, außer- und nachehelichen Stelldichein ebenso wie einer professionellen Begegnung Raum zu geben, könnten Liebeshotels wie in Japan, *Love Time Motels* wie in Brasilien, *Telos* wie in Argentinien bereitstehen. Aber auch überall sonst lassen sich Orte dafür finden, wenn der Platz zu Hause zu knapp oder der Weg dorthin zu weit ist, oder wenn es einfach etwas zu feiern gibt, denn das ist Bestandteil der erotischen Lebenskunst: Gemeinsam Feste zu feiern, Ausnahmen vom Alltag, der nicht allein vorherrschen soll, Feste, in denen die Bejahung der Beziehung, des Lebens und der Welt zum Ereignis wird. Mit aller Zärtlichkeit und Heftigkeit lassen sich diese *rosaroten Stunden* der Beziehung genießen, und sollten die Feierlichkeiten zu heftig ausfallen, sorgen freiwerdende Endorphine mit euphorischen Zuständen für schmerzstillende Wirkung.

Die Einübung gymnastischer Fähigkeiten für solche Stunden kann sinnvoll sein, und doch geht das Spiel der Liebe nicht in Stellungsspielen im Bett auf: Das führt eine Lektüre des einschlägig bekannten *Kamasutra* aus dem 3. Jahrhundert n. Chr. vor Augen, das eben nicht nur ein Sexhandbuch für junge Leute aus wohlsituierten Familien im antiken Nordindien und modernen Nordwesten des Planeten ist, sondern auch eine Anleitung zur Einfühlung in den Anderen. Der sinnliche Genuss (*Kama*), in Versform (*Sutra*) besungen, lässt sich steigern durch den seelischen und geistigen Austausch; er ist eingebettet in die Anforderungen des alltäglichen Lebens und überwölbt von einer Dimension darüber hinaus. Über den Sex hinaus bürgt die Erotik dafür, auch die seelische, geistige und transzendente Ebene des Menschseins zu erschließen. Im Unterschied zur körperlichen Befriedigung im Moment sorgt die Erfahrung mehrerer oder aller Ebenen der Liebe erst für eine *Seinsbefriedigung*, eine Erfüllung des gesamten Seins des Menschen, vereinzelt in Ausnahmeerfahrungen, regelmäßig in länger währenden Beziehungen der Vertrautheit und Geborgenheit. Je mehr Individuen diese erweiterte Form von Liebe zu leben versuchen, desto mehr kann dies zum Entstehen einer anderen Kultur beitragen.

Gefühl und Berührung: Die seelische Kunst des Liebens

Geht es um mehr als eine Nacht, kommen Gefühle ins Spiel, und sie können, unabhängig von der körperlichen Ebene der

Liebe, auch eine Welt für sich bilden. Zwar ist ihnen eine körperliche Seite eigen, messbar in Hormonschwankungen, aber ihre Grundlage ist, wie beim gesamten körperlichen Geschehen, eine *energetische*. Der Körper in seiner Stofflichkeit und die transstofflichen Gefühle bedürfen einer *Energie*, die »am Werk« ist (*energeia* im Griechischen), um sie aufleben zu lassen und zu »beseelen« Den Begriff »Energie« dafür einzusetzen, kann umstritten sein, aber es ist schwer, einen besseren Begriff für das zu finden, was in Frage steht, nämlich dass alle Materie, belebt oder unbelebt, aus etwas und nicht aus nichts hervorgeht und dorthin zurückkehrt. Das energetische Geschehen erfüllt jedoch einen Raum, von dessen Existenz nicht alle überzeugt sind und dessen Wahrheit nicht so ohne Weiteres behauptet werden kann: Daher soll es hier nur um eine *Deutung* gehen, für deren Plausibilität am ehesten spricht, dass nicht gut auf sie verzichtet werden kann, wenn es darum geht, das Phänomen des Lebens besser zu verstehen.

Das eigentliche Sein des Menschen könnte im Potenzial dieser Energie zu finden sein, das erst in der Aktualisierung wirklich wird und ins körperliche Dasein übergeht, aber nicht darin aufgeht. Das Potenzial gehört der Seinsebene der *Möglichkeiten* zu, auch wenn es in die Seinsebene der *Wirklichkeit* hineinragt. Vielleicht sind es Verdichtungen von Energiefeldern, die zu körperlichen Materialisierungen führen, mit einer gerichteten Energie voller Spannung, einer *Kraft*, die Teilchen zu Atomen und diese zu Molekülen fügt. Auch Gefühle gehen dann nicht mehr darin auf, nur Moleküle zu sein, vielmehr liegt ihnen eine Kraft zugrunde, die diese erst entstehen lässt. Hat die körperliche Seite der Gefühle mit Chemie zu tun, so die energetische eher mit *Physik*, mit Bewegungen einer Energie, die kaum zu fassen ist. Den Energieformen der

Physik wie etwa Strahlungsenergie, magnetische Energie, Bindungs- und Schwingungsenergie, elektrische und thermische Energie ähneln menschliche Erfahrungen der Energie in Form von Ausstrahlung, Anziehung, Bindung, Schwingung, überspringenden Funken und entstehender Wärme, ja, Hitze, und doch müssen diese Energien nicht mit physikalischen identisch sein.

In vielen Kulturen werden die fraglichen Energien traditionell *Seele* genannt und als Atem des Lebens und Wohnsitz der Lebenskraft verstanden, wie schon die griechische *psyche*, nicht zu verwechseln mit der modernen »Psyche«, die zum Inbegriff für das Regelwerk des Funktionierens neuronaler Zusammenhänge geworden ist. Der Seele werden Deutungen gerecht, der Psyche eher Messungen, aber es handelt sich wohl um die energetischen und materiellen Aspekte ein und desselben Phänomens. Mit Deutungen und Messdaten wird versucht, die wenig fassbaren, weitgehend dem Bewusstsein entzogenen seelischen und psychischen Zusammenhänge zu erfassen und bewusst zu machen; beide Methoden finden sich im weiten Feld der *Psychologie* und kennzeichnen ihre innere Polarität zwischen Geistes- und Naturwissenschaft.

Im Unterschied zum Körper, dessen Konturen räumlich und zeitlich klar umgrenzt sind (wenngleich das andere Ende der Zeit unklar bleibt bis zum letzten Tag), ist die Seele eine wolkige Erscheinung, ein sphärenhaftes Gebilde ohne klare Abgrenzung. *Räumlich* hat sie einen Bezugspunkt im Raum des Körpers, kann sich gänzlich in ihn zurückziehen und geradezu in ihm verbergen, ihn in beliebigem Maß jedoch auch überschreiten, kenntlich an ihrer möglichen Ausstrahlung weit über den körperlichen Bewegungsradius hinaus. Auch *zeitlich* scheint die diffuse Gestalt der Seele einen Bezug zur Zeit des

Körpers zu haben, aber nicht daran gebunden zu sein. Sollte die Deutung zutreffen, dass die Seele Energie ist, dann unterliegt sie keinem Alterungsprozess; aus diesem Grund kann sie sich jung fühlen in einem älter werdenden Körper und es einem Menschen sehr schwer machen, mit dem Älterwerden einverstanden zu sein. Alles spricht dafür, dass die Seele sogar unsterblich ist, denn Energie stirbt nicht, nichts davon geht jemals verloren, sterblich ist nur ihre Ausformung im Wirklichen, Körperlichen. Abseits ihrer individuellen Ausprägung in *Einzelseelen* hat sie wohl nichts Individuelles an sich, der *Grund der Seele* ist vielmehr vorstellbar als unendlicher Raum, als »ein unendlich Umgreifendes« (Karl Jaspers, *Allgemeine Psychopathologie*, 1946, Einführung), erfüllt von einer unerschöpflichen Energie ohne Ich, und in manchen Momenten spüren Menschen das auch, fühlen sich fremd in ihrer Haut, fehl am Platz in einer befremdlichen Umgebung.

Mit einem beseelenden Quantum an Energie scheint die Natur jedes Individuum auszustatten, ein weiteres Quantum steuert die kulturelle und soziale Umgebung bei, ein entscheidendes Quantum erarbeitet es sich selbst, am wirksamsten gemeinsam mit Anderen. Vor allem die *Erfahrung der Liebe*, auch schon die Sehnsucht danach, aktiviert die Energien der Seele; das dürfte der Grund dafür sein, warum so vielen Menschen ein Leben ohne Liebe nicht lebenswert erscheint, trotz aller Schwierigkeiten, die sie mit sich bringt: Die Liebe ist das Lebenselixier schlechthin, denn sie ermöglicht, eine atemberaubende *Weite der Seele* zu erfahren, abhängig allein davon, die Seelen füreinander zu öffnen und damit über weit mehr als nur die eigene Energie zu verfügen. Menschen lieben, um sich mit Energie aufzuladen; sie strömen förmlich über von Energie, sobald sie zu lieben beginnen, und sie fühlen sich »selig«

dabei. Setzt die Liebe aus, fühlen sie sich »wie gelähmt«, verzweifeln über eine schreckliche Leere und verlieren sich im Nichts.

Wie sehr die Liebe eine energetische Frage ist, zeigt sich am Beispiel der *Aufmerksamkeit* füreinander, die aus guten Gründen ein Element der Hingabe ist: Mit einer Zuwendung von Energie führt sie zur Bestärkung der Liebe, die das Leben leicht macht, mit einer Abwendung zu einer Entbehrung, die das Leben schwer macht. Mit der Zuwendung wächst das Gefühl der Wertschätzung auf beiden Seiten, mit Gleichgültigkeit und Abwendung aber das Gefühl der Geringschätzung. Wird die Energie der Aufmerksamkeit auch nur kurzzeitig abgezogen, beginnt der, dem sie entgeht, schon an der Liebe zu zweifeln, nicht etwa nur in einer zerbrechlichen Beziehung: »Du liebst mich nicht mehr!« Die damit verbundene Irritation ist nicht so ohne Weiteres zu bewältigen, denn zu viel steht auf dem Spiel: Energie ist Leben, ihr Entzug stellt das Leben in Frage. In der Entbehrung zeigt sich ihre Bedeutung: Entsteht ein energetischer Engpass, leiden die Gefühle an Bewegungsarmut und die Kräfte erschöpfen sich, sodass der Betroffene sich rasch »ausgebrannt« fühlt.

Zeitlebens bewachen Menschen daher eifersüchtig ihre Energiefelder und versuchen neue zu erschließen. Auch in der Beziehung der Liebe kommt es zum Versuch, die Aufmerksamkeit des Anderen notfalls mit Macht auf sich zu ziehen, ihm gewaltsam die Energie zu entreißen, die er nicht freiwillig preisgibt, und einen regelrechten *Krieg um Energie* zu führen. Ein schnelles Ende findet jeder Krieg eigentlich durch Kooperation, die die Konfrontation ablöst, aber nicht jeder ist dazu in der Lage und nicht zu jeder Zeit. Die Suche nach Nähe, ja, der *Kampf um Nähe* lässt sich als elementares Bedürfnis nach Energie verstehen, ohne die sich das Leben sehr rasch erschöpft. Die bloße körperliche Nähe sagt dabei noch nichts darüber aus, ob die energetisch ungleich ergiebigere Begegnung der Seelen möglich ist: »Mein Körper wird bald eindringen in Deinen, oh könnte meine Seele es auch!«, seufzt James Joyce, der nachts in Dublin noch zum General Post Office eilt, um seine Geliebte wenigstens mit einem Brief auf dieser Ebene zu erreichen (*Briefe an Nora*, 5. September 1909). Mit der erlangten Nähe kann der Seelenraum sich dann jedoch so sehr verengen, dass die Intensität unerträglich wird und die Seelen sich schmerzlich aneinander zu reiben beginnen: Daher die *Angst vor Nähe* als Zurückschrecken vor der Beengung, Besetzung und Verletzung der Seele durch den Anderen, die den Energiefluss unterbrechen könnten. Die jeweilige Verfassung der Energiefelder sorgt dafür, dass Menschen die Nähe zueinander suchen oder sie umgekehrt meiden; dass sie Nähe im einen Fall als angenehm, im anderen als peinlich empfinden, immer auch innerhalb einer Beziehung selbst. Zwischen den Anziehungskräften (Suche nach Nähe und Angst vor Verlust) und den Fliehkräften (Angst vor Nähe und Suche nach Freiheit) müssen die Liebenden ihren Weg immer neu finden: *Physik der Liebe*.

Erfahrbar werden die Energien, wenn sie in Bewegung sind. So wie der geometrische Raum durch körperliche Bewegung erschlossen und durchmessen wird, so der energetische Raum durch die seelische Bewegung, die in *Gefühlen* zum Vorschein kommt; neurobiologisch messbar vor allem im zweiten, »limbischen« Gehirn, psychologisch deutbar als Un- und Unterbewusstes. Die individuelle Einzelseele lebt auf in diesen Bewegungen, die ebenso sanft und heftig ausfallen können wie die körperlichen, anders als diese aber oft im Vagen bleiben, sodass Menschen nicht immer wissen, was sie eigentlich fühlen. Und doch sind sie auf Gefühle angewiesen, denn die *motivieren und mobilisieren*, stellen also Energien fürs Leben und für Handlungen zur Verfügung. Mit dem Austausch von Energien zwischen Seelen sind Gefühle auch in der Lage, *Beziehungen zu vertiefen*, die ansonsten oberflächlich bleiben, und Bindungen zu begründen, die zum Grundbaustein der sozialen Welt werden. Und mit den Quanten ihrer Energien können Gefühle *Informationen übertragen*, mit beliebig vielen Daten über innere und äußere Zustände, Chancen und Gefahren. Eigentümlich feinsinnige Verbindungen ermöglichen eine lichtschnelle Kommunikation, die jegliche Entfernung überbrückt und an das Phänomen »verschränkter Photonen« in der Quantenphysik denken lässt. Nur mit energetischer Kommunikation ist zu erklären, dass Menschen über große Distanzen hinweg fühlen, wie Anderen zumute ist, und ihren stummen Ruf hören; dass nach einer Zeit wechselseitigen Wartens zwei sich im selben Moment Nachrichten zukommen lassen und in dem Moment, in dem eine Nachricht eintrifft, sagen können: »Eigenartig, an dich hatte ich gerade eben gedacht.« Von Bedeutung ist nicht, den definitiven Grund dafür zu kennen, sondern die Sensibilität für diese Zusammenhänge zu stärken, sie ins gelebte Leben einzubeziehen und keineswegs als »übersinnlich« abzutun: Die gefühlte Verbundenheit mit Anderen knüpft das Netz der gemeinsamen Existenz, das den Einzelnen trägt, auch wenn er nicht ständig in teletechnischer Verbindung mit aller Welt steht.

Fühlen ist eine Möglichkeit, den unfassbaren Reichtum der Seele wahrzunehmen, und in der Liebe wird dieser Reichtum in ganz anderem Maße fühlbar als in jeder anderen Beziehung. Geht es körperlich darum, Liebe zu machen, so auf seelischer

Ebene darum, *Liebe zu fühlen*, deren Energie in anregenden, aufregenden, erregenden Gefühlen ihren Ausdruck findet. Gefühle bestärken die Liebe, aus ihrer Spannweite beziehen Leben und Liebe einen Gutteil ihrer Spannung; aufgrund des hellen Aufloderns der Energie, welcher Art auch immer, sind gefühlsintensive Zeiten die *roten Stunden* der Beziehung. Wer eine reichhaltige Bewegung im Seelenraum wünscht, ist mit einer Beziehung der Liebe auf der sicheren Seite. Auch *Sinn* kann nun aus gefühlten Zusammenhängen erschlossen werden, und endlich wird deutlich, warum Menschen überhaupt nach Sinn suchen: *Weil in Zusammenhängen Energie fließt, und in Nichtzusammenhängen nicht.* Mit Gefühlen der Zuwendung und Zuneigung stellt einer dem Anderen Energie zur Verfügung und will umgekehrt an der Energie des Anderen teilhaben, um in den Gefühlen, die dem eigenen Selbst entgegengebracht werden, neu aufzuleben.

Menschen können gesunden in Beziehungen, in denen Energie fließt, und erkranken, wenn die Energie blockiert wird. Freudige Gefühle, Fröhlichkeit und Unbekümmertheit setzen enorme Energien frei, verletzte Gefühle, Traurigkeit und Bitterkeit setzen sie wieder fest. Aber Gefühle können nie nur *romantische*, »positive« sein, immer sind da auch *unromantische*, »negative«, die niemand liebt, die aber nicht zu eliminieren sind. Mit Einfühlung und Mitgefühl weiten sich die Seelen und werden abgeschnürt von deren Verweigerung. Stark fühlen sich die Liebenden in unschuldiger Unbefangenheit, befangen und niedergedrückt von Gefühlen der Schuld. Frivole Gefühle ermöglichen ihnen die Entblößung und Entgrenzung ihrer Ichs, bis sie sich bloßgestellt fühlen und ihre Ich-Grenzen mit Schamgefühlen neu errichten. Hin- und hergerissen sind sie, manchmal in ein und demselben Moment, zwischen der Sehnsucht nach Geborgenheit und dem Verlangen nach Freiheit, fühlen sich hingezogen zum Anderen und wollen sich zurückziehen auf sich, empfinden Erfüllung und dann wieder Enttäuschung.

Auch durch die Zeiten hindurch springen die Gefühle von einem Pol zum anderen, fluten hin und her zwischen Leidenschaft und Gleichgültigkeit, Liebe und Flaute, Zufriedenheit und Unzufriedenheit, Selbstsicherheit und Unsicherheit, Vertrauen und Ängstlichkeit, Zärtlichkeit und Zorn, Versöhnung und Empörung, Großzügigkeit und Eifersucht, Euphorie und Tristesse (einen Versuch, die Gegensätze zu katalogisieren, unternimmt Roland Barthes, *Fragmente einer Sprache der Liebe*, 1977). Nur ausnahmsweise kennt die *Logik der Gefühle* eine friedliche Ausgeglichenheit, regelmäßig sorgen Gegensätze im Einzelnen und in seinem Beziehungsleben für Turbulenzen. Je mehr eine Seite hervortritt, desto mehr beansprucht die Gegenseite Geltung, dem Gesetz der Polarität folgend, bis die anhaltend extremen Ausschläge womöglich zu einer *bipolaren Störung* führen, die nach Therapie verlangt, um die Amplituden der Gefühle besser auf das Fassungsvermögen des Einzelnen abzustimmen. Der Wellengang von Hochs und Tiefs im Meer der Energien eines Menschen, in seinem Gefühlsleben und auch in jedem einzelnen Gefühl selbst geht mit Schwankungen des Hormonspiegels einher, denen die Regelmäßigkeit von Ebbe und Flut eigen ist.

Das romantische Projekt, mit der Betonung von Gefühlen ein Gegengewicht zur Fühllosigkeit der Moderne zu schaffen, hat auch ihre problematischen Eigenheiten stärker hervortreten lassen: Ungewisse Wahrheit, große Wankelmütigkeit, durchschlagende Macht. Das zeigt sich deutlich beim Problem des *Wünschens*, das Gefühle aufwerfen: »Wahre Gefühle«

sollen es sein, aber die Frage nach ihrer Wahrheit ist kaum zu beantworten. Wahr erscheinen sie, wenn in ihrer Ausdrucksform Energie »mitschwingt«, statt nur leeres, kaltes Gehäuse zu sein; aber von Bedeutung dafür ist der subjektive Eindruck im Moment, für den es an objektiven Maßstäben fehlt und der keine Gewähr für alle Zeiten bietet. Gewünscht werden auch »gute Gefühle«, die möglichst ewig dauern sollen, aber wenn das misslingt, »dann war's das«. Zu höchster Intensität sollen die guten Gefühle gesteigert werden, um füreinander zu glühen, aber die Liebenden werden rasch irre an den heftigen Schwankungen dieser Glut: Niemand erfährt das heftiger als die Romantiker selbst, denen schon das alltägliche Auf und Ab ihrer Stimmungen sehr zu schaffen macht. Hochstimmung herrscht, wenn das jeweilige Selbst mit dem Anderen und aller Welt zusammenstimmt, bedrückte Stimmung, wenn nicht: »O! dass ich sowenig in der Höhe bleiben kann« (Novalis, *Über die Liebe*, Sammelband, 2001, 44).

Die einzige Kontinuität im Gefühlsleben ist das *Auf und Ab der Intensität*, bei dem auf jedes Aufwallen der Energie, das als lustvoll empfunden wird, ein Abflauen antwortet, das Unlust oder gar Schmerz verursacht. Selbst das verhaltene, dafür anhaltende Gefühl der Zuneigung in windstillen Zeiten kennt unterschiedliche Pegelstände, erst recht die Leidenschaft in stürmischen Zeiten, die augenblicklich aufschäumt, bevor sie wieder abebbt. Höchst erstrebenswert erscheint das »ozeanische Gefühl«, in dem zwei aufgehen wollen, das Ganz-dein-Sein, nach dem sie sich sehnen, und das sie, einmal erreicht, nie mehr vergessen: Sie wollen »vor Glück / Nicht ans Ufer zurück« (Herman van Veen, *Weißt du, wie es war*, Lied, 1973). Es erscheint wie eine Überlagerung zweier Wellen im weiten Ozean der Energie, wobei sich aber, ähnlich wie im wirklichen

Meer, Monsterwellen auftürmen können, die die Ichs der Liebenden unter sich begraben: Auf die Erfahrung der ekstatischen Verschmelzung folgt das Erschrecken darüber, sich »völlig verloren« zu haben, schließlich der Rückzug voneinander, um sich wieder zu finden, vielleicht mit dem ausdrücklichen oder verschwiegenen Vorwurf an den je Anderen, die Seele des Selbst zu sehr für sich in Anspruch genommen zu haben.

Auch Gefühle werfen ein Problem der *Macht* auf: Jedes einzelne tendiert dazu, den Seelenraum für sich allein zu beanspruchen und andere Gefühle zu verdrängen. Wenig wankelmütig zeigen sich dabei Gefühle wie Wut und Hass, deren Machtanspruch die größten Probleme verursacht, allerdings auch die größten Veränderungen erzwingt. Das denkende Selbst greift seinerseits in das Machtspiel ein, sowohl mit der Unterdrückung als auch mit der Befreiung von Gefühlen; in beiden Fällen folgt es dabei oft nur machtvollen kulturellen Vorgaben: Die Norm der *Unterdrückung*, die die Zurückhaltung und Leugnung von Gefühlen verlangte, ist im Laufe der Moderne abgelöst worden von der Norm der *Befreiung*, die dazu anhielt, Gefühle »zu zeigen«, sie »zuzulassen«, wann, wo und wie auch immer, bis sie sich nicht mehr damit begnügten, schöne und zuweilen weniger schöne Schaumkronen der anrollenden Wogen eines Meers an Lebensenergie zu sein, sondern alleinige Herrschaft über das Leben reklamierten. Seither sind willige Untertanen bereit, den Imperativen ihrer Gefühle Gefolgschaft zu leisten, am willigsten bei der Gründung und Aufkündigung von Beziehungen: Aufbrechende und ausbleibende Gefühle reichen dafür jeweils völlig aus.

Am stärksten wirkt sich das Problem der Macht bei leidenschaftlichen Gefühlen aus, also jener gesteigerten energetischen Bewegung, auf die die romantische Liebe setzt, die aber nicht nur freudige Hingabe ermöglicht, sondern auch leidvolle Hinnahme abverlangt: Daher die doppeldeutige Rede von der »Liebe *als Passion* – es ist unsre europäische Spezialität« (Nietzsche, *Jenseits von Gut und Böse*, 260; Niklas Luhmann, *Liebe. Eine Übung*, 2008). In der Euphorie der Befreiung wurden lange die Leiden vernachlässigt, die eine allzu beliebige Freisetzung von Gefühlen verursachen kann; wohl der ursprüngliche Grund für die Norm der Zurückhaltung: Allzu häufig führen befreite Gefühle, die der *Selbstachtung* förderlich sein können, zur *Missachtung* Anderer, die mit den Folgen der Befreiung zurechtkommen müssen; eine tyrannische Form der Machtausübung, die zu mäßigen Aufgabe einer Ethik der Liebe ist.

Nach der Befreiung der Gefühle besteht diese Aufgabe in einer *Formgebung der Freiheit*, einer Grenzziehung, die der Einzelne für sich selbst vornimmt, um nicht mehr nur vorgegebenen Normen zu folgen. Eine *Kunst des Fühlens* wird damit zum Element der seelischen Kunst des Liebens, zu verwirklichen mithilfe einer Asketik, einer Einübung von Verhaltensweisen, die ein Hin- und Hergehen zwischen dem sentimentalen Überschwang (*Exaltation*) und der unsentimentalen Auslassung (*Elision*) von Gefühlen ermöglichen, zwischen ihrer intensiven Wahrnehmung und Äußerung und dem zumindest zeitweiligen Verzicht darauf. Wahrnehmung und Äußerung, verbal oder nonverbal, können ein therapeutisches Anliegen sein, um die Erschöpfung eines Gefühls zu befördern, sodass die von ihm beanspruchte Energie wieder frei wird und anderswo neu aufwallen kann: Der Zorn, der abgemüht wird, macht der Zärtlichkeit Platz, umgekehrt gibt das zärtliche Leben, das sich erschöpft, zornigen Einsprengseln Raum, denn auch die Zärtlichkeit ist »kein permanenter Zustand« (Ton Lemaire, *Die Zärtlichkeit*, 1975, 12).

Der kunstvolle Umgang mit Gefühlen besteht darin, sie zwischen Überschwang und Auslassung, Äußerung und Verinnerlichung *atmen zu lassen*, ihren Gegensätzen und Machtansprüchen Raum zu geben, ohne sie ruinös werden zu lassen. Gefühle zu zeigen muss nicht heißen, sie beliebig freizulassen; sie zurückzuhalten muss nicht darauf hinauslaufen, sie völlig zu unterdrücken. Für die Atmung kommt es darauf an, eine *Muschelkompetenz der Seele* auszubilden, damit diese sich zur rechten Zeit öffnen und wieder verschließen kann: Mit der Öffnung wird sie erreichbar, aber auch verletzbar; mit dem Verschließen schottet sie sich ab und schützt sich vor Verletzung – die Weite, die sie im Austausch mit ihrer Umwelt gewinnen kann, findet sie dann am ehesten im inneren Reich der Phantasie, auf die Gefahr hin, jedes Gefühl für die äußere Wirklichkeit zu verlieren. In einem lange währenden Prozess der Erfahrung und Besinnung entwickelt die Einzelseele ein Gespür dafür, was in welcher Situation angemessen ist, wann, wo und wie ein Mangel oder Übermaß an Offenheit oder Verschlossenheit wieder auszugleichen ist.

Die Freisetzung oder Begrenzung von Gefühlen geschieht gewöhnlich *impulsiv*, hier aber *vorsätzlich* mithilfe von körperlicher, seelischer, geistiger und womöglich transzendenter Berührung. *Berührung macht Gefühle*, die Verweigerung von Berührung lässt sie erkalten, in anderen Fällen erst recht »hochkochen«. Eine Hand, eine Aufmerksamkeit, ein Wort berührt die Seele und setzt ihre Energien in Bewegung, und dies umso stärker, je mehr die Berührung von einer Seele kommt, die ein Element ihrer Hingabe darin sieht, etwas von ihrer Energie abzugeben. Damit die Energien fließen können, müssen die Seelen ihren Rückzugsort im Körper jedoch verlassen, zumindest partiell; die *Öffnungen der Sinnesorgane* stehen dafür zur Verfügung, durch sie brechen die Energien hervor: Durch die strahlenden Augen, den lächelnden Mund, das gesprochene Wort, den Vertrauen erweckenden Duft, den kulinarischen Geschmack, die streichelnde Hand oder die Berührung der Lippen bei der beglückenden Erfahrung eines Kusses, der die Gefühle in Wallung bringt wie kaum etwas sonst und die Liebenden in eine Trance versetzt, in der sie sich und ihre Umgebung vollkommen vergessen.

Durch die gesamte Oberfläche der Haut, auf der die Energien aufleuchten, und durch alle Sinnesorgane dringt die Energie der Seele umgekehrt in die Seele des Anderen ein, der berührt wird, das Strahlen und das Lächeln sieht, die Tonlage des gesprochenen Wortes hört, den Duft einatmet, den Geschmack kostet, Hand und Lippen spürt. Wechselseitig wissen Liebende in ihren Gesichtern zu lesen und Mimik und Gestik daraufhin zu deuten, wie es energetisch um ihre Beziehung steht. Die Art, in der sie sich berühren, kann dabei nicht immer nur angenehm ausfallen, sondern lebt erneut von Kontrasten: Das Stirnrunzeln berührt auf andere Weise als das Lächeln, der hässliche Anblick setzt die neuerliche Sehnsucht nach etwas Schönem frei, der Krach schärft die Sinne für Wohlklänge, der eklige Geruch oder Geschmack setzt Fliehkräfte frei, und zuletzt markiert die unerwünschte, zudringliche, gewaltsame Berührung eine absolute Grenze, die zu respektieren ist.

Über das Sehen, Hören, Riechen, Schmecken, Tasten hinaus werden seelische Energien auch durch einen *sechsten Sinn* vermittelt, den Bewegungssinn, der die Bewegungen des Körpers registriert und reguliert, von denen der Andere wiederum angenehm oder unangenehm berührt wird. Und tief im Körper dient ein *siebter Sinn*, der innere Körpersinn des »Bauchgefühls«, des In-sich-Spürens, dem Austausch von Energien zwischen Liebenden, auch zwischen Freunden, in geringerem Maße zwischen Menschen, die weniger innig miteinander verbunden sind: Tausende von Sensoren im gesamten Körper, vor allem aber im Bauchraum scheinen dabei als »Antennen« zu fungieren, über die Energie ausgestrahlt und empfangen werden kann; über belanglose und beträchtliche Räume und Zeiten des Getrenntseins hinweg ermöglichen sie, sich voneinander umhüllt zu fühlen und in *Resonanz* zueinander zu sein. Immer dann, wenn die Seelen auf scheinbar »übersinnliche« Weise miteinander kommunizieren, ist dieser Sinn aktiv, der feinste energetische Bewegungen im Einzelnen und zwischen Menschen erfassen kann. Insbesondere mit dem siebten Sinn empfinden Menschen die Hitze in einer aufgeladenen Atmosphäre, die Kälte in einer augenblicklich gefrierenden, und sie können wahrnehmen, was zwischen ihnen »in der Luft liegt«, wo »Funken überspringen« und wo nicht. An den Anderen zu denken, mit ihm zu fühlen, erfüllt ihn mit Energie, die ihn »wärmt«; wird sie ihm entzogen, fühlt er sich allein in einem leblosen, leeren Raum und ihm wird »kalt«. Spuren hinterlässt dies in der Hirnregion des *Inselcortex*, der nicht nur auf physikalische Wärme, sondern auch auf die »menschliche Wärme« reagiert, die durch verschiedene Arten von Berührung entsteht.

Bereits auf körperlicher Ebene trägt die *Kunst der Berührung* zum kunstvollen Umgang mit der Seele bei, denn der großen Schwierigkeit im Umgang mit diesem nebulösen Gebilde, es überhaupt zu fassen zu bekommen, kann die körperliche Berührung abhelfen: Auf dem Umweg über den Körper ist die

Seele gut zu erreichen, in einer Art von angewandter Psychosomatik, bei der für die *Psyche*, die Seele, *Soma*, der Körper, als Ansatzpunkt gewählt wird, um Rückwirkungen auf die Seele zu erzielen. Die Energien der Seele, die ins Stocken geraten sind, lassen sich durch eine Berührung, die ganz an der Oberfläche der Haut bleibt und doch viel tiefer geht, wieder in Fluss bringen. Die Bearbeitung einer körperlichen Verspannung kann seelische Verspannungen auflösen, die Seele wieder öffnen und zur Äußerung von Gefühlen und Gedanken ermuntern: Die Physiotherapeuten aller Schulen wissen das. Die äußerliche Behandlung wird zur innerlichen, die Physiotherapie in ihren verschiedensten Ausformungen zu einer zusätzlichen Form von Psychotherapie.

Aus guten Gründen ist die Berührung ein wesentliches Element der seelischen Kunst des Liebens und einer Kunst der Erotik auf dieser Ebene, denn die Anregung und Erregung, die sie vermittelt, kann den, der berührt wird, »elektrisieren« und lässt ihn spüren, dass er bejaht wird: *Berührung macht schön.* Der Hunger danach kann auch der eigentliche Anlass zum Sex sein und wird doch durch den Akt, der auf das Geschlecht allein fixiert bleibt, nicht recht gestillt. Wenn aber die körperliche Berührung seelische Energien aktiviert, wird aus der Arbeit am Körper eine Beseelung des Fleisches, eine *Inkarnation* im anderen Sinne, bei der die Energie den Körper durchströmt und das Selbst vollkommen »bei sich ist«. Ohne Berührung droht die Entseelung, die *Exkarnation*, bei der die Energie sich vom Körper löst, nicht etwa erst am Ende des Lebens, sondern schon zu Lebzeiten, in einzelnen Momenten und ganzen Lebensphasen, in denen der Betroffene »neben sich steht« und sich wie von außen wahrnimmt, eine extrakorporale Erfahrung, denn nicht immer ist die Seele dort, wo der Körper ist.

So groß ist die Bedeutung der Berührung, dass sie geradezu als *anthropologisch* bezeichnet werden kann: Das Menschsein hängt davon ab, Berührung zu erfahren, zu jeder Zeit und in jeder Kultur. Derjenige, der niemanden und nichts berührt und selbst auch nicht berührt wird, wird seiner selbst von Grund auf unsicher und weiß nicht mehr recht, wer er ist. Die Berührung ist eine Art von Aufmerksamkeit, die nur um den Preis entbehrt werden kann, körperlich zu verwelken und seelisch auszutrocknen; diese Erfahrung ist tief im Leben eines jeden Menschen verankert: Wenn ich berühre und berührt werde, sinnlich, seelisch, geistig und vielleicht auch transzendent, lebe ich und spüre ich, dass ich lebe. Erreicht meine Berührung niemanden mehr und werde ich selbst von nichts und niemandem mehr berührt, lebe ich nicht und spüre auch das Leben nicht mehr; der weite Raum der Seele geht verloren.

In Analogie zum »Ich denke, also bin ich« (*cogito ergo sum*), mit dem René Descartes im 17. Jahrhundert auf Distanz zur sinnlichen und gefühlten Berührung ging und den modernen Kognitivismus begründete, lässt sich diese Bedeutung so zum Ausdruck bringen: »Ich berühre, ich werde berührt, also bin ich« (*tango tangor ergo sum*). Im Unterschied zum Cogito, bei dem vom Denken des Ichs allein, nicht auch von seinem Gedacht*werden* die Rede ist, kommt bei der Berührung von vornherein das Berührt*werden* ins Spiel, somit der Andere und das Andere, von dem das Ich berührt wird. Das verkleinert keineswegs die Rolle des Denkens: Die mögliche Berührung, vor allem diejenige zwischen den Liebenden, ist nicht nur eine körperliche und seelische, sondern auch eine geistige. So machtvoll nimmt das Denken Einfluss auf den körperlichen und seelischen Umgang miteinander, dass die Ebene noch ein weiteres Mal zu wechseln ist: Innerhalb des Seelenraums von der Ebene des Fühlens zur geistigen Ebene, wie sie in Gesprächen, im gemeinsamen Denken und Deuten erfahrbar wird.

Gespräch und Deutung: Die geistige Kunst des Liebens

Das Geistige, verstanden als *Denken und Deuten*, teilt mit dem Seelischen die körperliche Grundlage, die Neuronen und ihre Vernetzung, die nun vor allem im »neokortikalen« Gehirn, in der entwicklungsgeschichtlich jüngsten Großhirnrinde, Sprache und Abstraktion, Wille und kluge Überlegung ermöglichen. So wie der geometrische Raum von körperlicher Bewegung erschlossen und durchmessen wird, der Seelenraum von der Bewegung der Gefühle, so der *geistige Raum* von der Bewegung der Gedanken, der Deutungen und deren Verfestigung in Begriffen. Auch das Geistige speist sich aus der unerschöpflichen Energie des potenziell unendlichen Seelenraums, die, jedenfalls dieser *Deutung* zufolge, nicht nur in Gefühlen, sondern auch in Gedanken zum Vorschein kommt, beide in ständiger Wechselwirkung miteinander: Gefühle färben Gedanken ein, beflügeln sie mit einem »guten Gefühl« oder bedrängen sie mit einem »unguten«, bestärken sie mit Mut oder lähmen sie mit Ängsten. Gedanken färben ihrerseits Gefühle ein, bewerten sie als willkommen oder hinderlich, lassen sie gewähren oder drängen auf ihre Zurückhaltung.

Wenngleich dasselbe Energiefeld Gefühle *und* Gedanken hervorbringt, handelt es sich dennoch um unterschiedliche Ausprägungen: Gefühle verschwimmen im Un- und Unterbewussten und wirken *unwillkürlich* auf Gedanken ein, Gedanken können Gefühle bewusstmachen und *willentlich* auf sie einwirken. Anders als Gefühle sind Gedanken in der Lage, sich von einer momentanen Erfahrung zu lösen und eine Situation wie von außen zu betrachten, um sie im selben Moment, im Nachhinein oder im Voraus zu durchdenken. Mit gedanklichen Vorstellungen von einer Wirklichkeit kann das Ich sich bemühen, wirkliche Zusammenhänge zu verstehen und sich mit Anderen in Worten und Begriffen darüber zu verständigen, auch Möglichkeiten sich vorzustellen, um womöglich Veränderungen ins Werk zu setzen. Diese *Reflexivität* wird von *Selbstreflexivität* ergänzt, der eigentlichen Eigenart des Menschseins: In Gedanken sich über sich selbst klarer zu werden. Letztlich kann damit die Energie, die dem Denken zugrunde liegt, sich ihrer selbst bewusst werden, sich denken, deuten und auf sich selbst einwirken, um sich zu verändern.

Das eröffnet der Liebe eine dritte Ebene: So wie es im Körperlichen darum geht, Liebe zu machen, im Seelischen, sie zu fühlen, so im Geistigen darum, *Liebe zu denken und zu deuten*. Diese Ebene ist kein Muss, sondern eine Möglichkeit, von der die Liebenden Gebrauch machen können, wenn sie ihr Bedeutung zumessen, abhängig von ihrer natürlichen Veranlagung, kulturellen Prägung und den eigenen Ideen des Einzelnen. Sollte der Aufwand an Zeit und Kraft für diese Ebene zu groß erscheinen, ist sie auch verzichtbar. Sollte das nur einer so sehen, der Andere aber anders, ist eine grundlegende Wahl für oder gegen die Beziehung zu treffen. Die Ebene der geistigen Zuwendung und Zuneigung kann auch eigens betont werden und sich selbst genügen, oder sie kann mit anderen Ebenen vermengt werden, wie James Joyce dies tut, der von der »geistigen Liebe« zu seiner Geliebten schwärmt und ihr gefühlvolle Gedichte widmet, während ihn zugleich ein »wildes tierisches Verlangen« nach ihr umtreibt (*Briefe an Nora*, 2. Dezember

1909). Der intensive Austausch zwischen den Liebenden auf geistiger Ebene bietet die Möglichkeit, sich wechselseitig gedanklich zu umfangen und bei sich zu wissen, gemeinsam zu denken, für den Anderen mitzudenken, auch gegen ihn anzudenken und ihn auf jede Weise gedanklich zu berühren. »Alle geistige Berührung gleicht der Berührung eines Zauberstabs« (Novalis, *Über die Liebe*, Sammelband, 2001, 57).

Als wechselseitige Zuwendung und Zuneigung in Gedanken, die durch alle körperlichen und seelischen Veränderungen hindurch erhalten bleibt, kann die Liebe von weit größerer Beständigkeit sein als das momentane Aufflammen der Sinnlichkeit und die Wankelmütigkeit der Gefühle. Die *willentliche* Zuwendung zum Anderen ist eben etwas Anderes als das *willenlose* Überwältigtsein von einer Leidenschaft. Im Geistigen kann die Liebe dauerhaft sein, mit großen Gefühlen und auch ohne. Auch dann kann die Liebe noch fortdauern, wenn die Körper welk werden und die Gefühle nicht mehr überquellen vor Leidenschaft, solange zumindest einer noch über die geistige Kraft verfügt, an der Zuwendung und Zuneigung festzuhalten. Platon hatte gute Gründe dafür, dieser Ebene des Eros in seinem *Symposion* eine privilegierte Stellung zuzuweisen. Sie allein ermöglicht, was viel später auch Shakespeare der Liebe abverlangt: Kein »Narr der Zeit« zu sein (*Love's not Time's fool*, 116. Sonett).

Wird dieser Ebene Bedeutung zuerkannt, kann die Beziehung selbst reflektiert, interpretiert und immer wieder neu orientiert werden, vor allem dann, wenn Ratlosigkeit, Enttäuschung und Verzweiflung überhand nehmen. Die geistige Ebene wird zur *Metaebene der Liebe*, die mit der Distanz zur unmittelbaren Erfahrung im Körperlichen und Seelischen den Fragen Raum gibt: Was geschieht mit uns? Wollen wir wirklich dorthin, wohin äußere Notwendigkeit, innere Zwänge und gegensätzliche Bedürfnisse uns treiben? Gibt es noch etwas Anderes als die Forderungen des Körpers und seiner Sinnlichkeit, das Durcheinander der Seele und ihrer Gefühle? Anders als in nichtmodernen Kulturen, in denen die Verlaufsform einer Beziehung von Tradition, Konvention und Religion vorgezeichnet ist, stellen sich in moderner und andersmoderner Kultur stets von Neuem diese Fragen der Orientierung, denn in den Veränderungen, zu denen die Umwelt drängt, bleiben die Liebenden nicht dieselben, ihre Beziehung ebenso wenig: Zur Notwendigkeit wird das stete *Nachführen der Beziehung*, der immer neue Versuch, die Veränderungen des jeweils Anderen mitzuvollziehen, sie konstruktiv in die Beziehung einzubeziehen, bevor sie sich früher oder später eruptiv Bahn brechen, dann aber womöglich mit destruktiver Wucht.

Das Nachführen geschieht vor allem im Gespräch. Soll die Beziehung Bestand haben, muss sie, wie Nietzsche schon wusste, ein *langes Gespräch* sein, alles Andere erscheint im Vergleich dazu »transitorisch« (*Menschliches, Allzumenschliches*, I, 406). Das Gespräch lebt von Zeiten des Innehaltens und Nachdenkens, Zeiten der philosophischen Besinnung, die zum rituellen Element der gemeinsamen Existenz gemacht werden können. Sie lassen sich pflegen in *blauen Stunden* der Liebe, inspiriert vom Zauber des abendlichen Himmels am Rande der Nacht, der mit seinem Farbspiel von Pastellblau über Tintenblau bis zur Schwärze der Nacht zum Innehalten anregt; inspiriert vielleicht auch vom Glas zu viel, das zu fortgeschrittener Stunde gemeinsam geleert wird. Diese Stunden müssen keine absichtsvollen Veranstaltungen sein, am besten geraten sie mit einem Plaudern, einem Schwätzen, einem *Chatten* im ursprünglichen Sinne, dem Zeit, Ort und Gelegenheit gegeben wird, um nicht der medialen Kommunikation allein das Feld zu überlassen. Wechselseitig können die Liebenden sich von ihren Erfahrungen und Überlegungen erzählen und sich auf »aktuellen Stand« bringen (*update*). Gleichsam beiläufig heben sie damit ihre Beziehung, die vielleicht zu verflachen drohte, wieder auf eine andere Ebene (*upgrade*). Im geistigen Austausch werden neue Energien frei, die das gemeinsame Leben bestärken und dort, wo Verletzungen geschehen sind, heilsame Wirkung entfalten.

Honigwabe und Klagemauer können beide füreinander in diesen Stunden sein: *Honigwabe*, denn honigsüß ist der Genuss der Präsenz und ungeteilten Aufmerksamkeit des jeweils Anderen. *Klagemauer*, denn beklagt werden können jetzt sämtliche Ärgernisse, nicht nur die vom Anderen verursachten, sondern auch die, die nichts mit ihm zu tun haben und dennoch ausgiebig beklagt werden müssen, um den Ärger wieder vergessen zu können. Es sind die Stunden der *Paar-Parrhesiastik*, in denen es darum geht, sich alles, fast alles sagen zu können (*parrhesia* im Griechischen) und zugleich nicht alles beurteilen, schon gar nicht alle Probleme lösen zu müssen; alles miteinander, nicht nur für sich allein, zu denken und zu deuten, wie dies am Anfang der Liebe selbstverständlich ist, während später eine eigene Art von Arbeit daraus wird, überhaupt noch Zeit dafür zu finden. Das freimütige Sprechen hat *kathartische*, reinigende Kraft: Endlich einmal alles, fast alles loszuwerden und sich mit der Äußerung Erleichterung zu verschaffen; in der Folgezeit wird sich dann zeigen, welche Affekte sich mit der Aussprache schon verloren haben und welche noch nachhaltiger zu bearbeiten sind (Michael Lukas Moeller, *Die Wahrheit beginnt zu zweit. Das Paar im Gespräch*, 1988).

Mit der gemeinsamen Besinnung ist nun auch die dritte

Ebene der Kunst der Erotik zu erschließen, um *Sinn* nicht mehr nur aus der Fülle der Sinnlichkeit und der Gefühle, sondern auch aus gedachten und gedeuteten Zusammenhängen zu gewinnen. Zusammenhang vermittelt das Gespräch allein schon dadurch, *dass* es stattfindet; von solcher Bedeutung ist der »Gesprächsfaden«, dass es sinnvoll ist, nach therapeutischer Vermittlung zu suchen, sollte er für längere Zeit abreißen. Erst recht aber geht es um den Sinn, den die Liebenden mithilfe von Hermeneutik, der *Kunst des Deutens und Interpretierens*, gemeinsam finden. Die Deutungen gelten vor allem den Erfahrungen, nicht etwa nur traumatischen, sondern sämtlichen Erfahrungen, bedeutend oder unbedeutend, die wiederholt, durchgearbeitet, verarbeitet werden: Welche Zusammenhänge sind dabei erkennbar, welche Bedeutung hat welche Erfahrung für das eigene und gemeinsame Leben, welche Schlüsse sind daraus zu ziehen, welche künftigen Veränderungen wären wünschenswert? Mit dem Hin- und Herwenden in Gesprächen finden die bedeutsam erscheinenden Erfahrungen ihren Platz, denn sie werden in die Zusammenhänge der eigenen und gemeinsamen Geschichte eingegliedert; alles Andere kann vergessen werden. Die Erfahrungen aber, die nie bearbeitet werden, da die Individuen »immer nur nach vorn«, nie zurück schauen wollen, häufen sich an und türmen sich dermaßen auf, dass dem Einzelnen irgendwann »alles zu viel wird«.

Mit ihren Deutungen versuchen die Liebenden die Situation zu verstehen, in der sie sich befinden, und Möglichkeiten ausfindig zu machen, sofern eine Wirklichkeit oder die Beziehung selbst in eine Sackgasse geraten sein sollten. Steht kein Spielraum der Deutung mehr offen, verhärtet sich jede Wirklichkeit und die geistigen Quellen der Liebe versiegen.

Aber die verhärtete Wirklichkeit weicht wieder auf, wenn mit neuen Deutungen attraktive Möglichkeiten sichtbar werden. Unterschiede in den Deutungen sind oft geschlechtlich konnotiert und persönlich motiviert, grundsätzlich aber tendieren Paare in allen Fragen zu *gegensätzlichen Deutungen*, wohl um dem Gesetz der Polarität Genüge zu tun. Im Vorfeld gemeinsamer Entscheidungen prallen sie aufeinander und werden zum Anlass, darüber zu streiten und sich bestenfalls an Kompromissen zu versuchen. Kaum je sind die Deutungen zur Deckung zu bringen, aber es ist hilfreich, sie zu kennen, um wechselseitig darauf eingehen zu können. Auf drei verschiedene Bereiche beziehen sich die Deutungen.

Zunächst steht die *Deutung des individuellen Lebens* in Frage, die Arbeit am persönlichen Sinn, an den inneren Zusammenhängen des Einzelnen selbst, eine Arbeit, die eigentlich ihm selbst obliegt, aber wirksamer und umsichtiger im Gespräch mit dem Anderen zu leisten ist. Wechselseitig hören die Liebenden sich zu und werden auf der Couch zum *Coach* füreinander: Die Präsenz des Anderen drängt mich zur Konzentration, seine Fragen fordern mich dazu heraus, Antworten zu formulieren, die ich für mich allein nicht so ohne Weiteres gefunden hätte. Der Prozess des Austauschs und der Auseinandersetzung miteinander ist der *Selbstkenntnis* förderlich, um mehr Klarheit zu gewinnen über das eigene Selbst, körperlich, seelisch, geistig: Was sind meine Stärken und Schwächen, Gegensätze und Widersprüche, Gegebenheiten und Möglichkeiten, Veranlagungen und Prägungen, Meinungen und Vorstellungen, Ideen und Begriffe? Was kann ich und was nicht? Welches Nichtkönnen ist zu akzeptieren und welches will ich verändern, mit welchen Mitteln?

Über die Selbstkenntnis hinaus hilft der Andere mir, und

ich ihm, bei der *Selbstdefinition*, der individuellen Festlegung des je eigenen Kerns, mit den wichtigsten Beziehungen und Erfahrungen, Ideen und Träumen, Zielen und Werten, Charakterzügen und Gewohnheiten, Ängsten und Verletzungen, auch den schönen Dingen, die bejahenswert erscheinen. Entscheidend ist dies in Umbruchsituationen, wenn alles in Frage steht und mit den Irritationen auch Fragen der geistigen Orientierung neu aufbrechen: Was habe ich erreicht? Was habe ich noch vor? Was ist mir wirklich wichtig? Was brauche ich für mich? Was kann und will ich Anderen geben? Gründe für und gegen ein Tun und Lassen sind gemeinsam mit dem Anderen zu prüfen und sorgsam abzuwägen. Das Ich, das sich seiner selbst sicher fühlt und weiß, wer es ist, kann Anderen sehr weit entgegenkommen, ohne um sich fürchten zu müssen. Mit den Schwierigkeiten der Arbeit an der inneren Integrität ist es vertraut und kann auch Anderen dabei behilflich sein. »Schwierig« ist nur das Ich, dessen Beziehung zu sich selbst ungeklärt ist, »schwierig« sind dann auch seine Beziehungen zu Anderen.

Verflochten mit dem eigenen Selbst geht es sodann um die *Deutung des gemeinsamen Lebens*, die Arbeit am gemeinsamen Sinn, an den Zusammenhängen mit dem Anderen. Parallel zur Selbstkenntnis kommt es dabei auf eine *Kenntnis des Paarseins* an, körperlich, seelisch, geistig, um die gemeinsamen und unterschiedlichen Stärken und Schwächen, das Können und Nichtkönnen, die Gegensätze und Widersprüche, Gegebenheiten und Möglichkeiten, Vorlieben und Abneigungen, Wichtigkeiten und Nichtigkeiten, Meinungen und Vorstellungen, Ideen und Begriffe besser zu kennen, die beiden eigen sind, verbunden mit der Frage, was davon zu akzeptieren ist und wer sich an welcher Arbeit der Veränderung versuchen sollte: Wer hält was für nötig, was für unnötig? Wem erscheint was richtig, was falsch, was witzig, was peinlich? Was ist unter »Ordnung« zu verstehen, wer braucht wie viel davon und wer sorgt gegebenenfalls dafür? Was gilt individuell als Arbeit, was als Freizeit, was als Urlaub? Was bedeutet beiden Freiheit, was Bindung, was Liebe, wie lässt sich ein Zusammensein darauf gründen? Werde ich wirklich geliebt, auf welcher Ebene? Liebe ich selbst, oder ist mir der Andere gleichgültig? Welcher Nähe bedarf ich, bedarf der Andere, um mehr Intimität zu erfahren, oder welcher Distanz, um in der Umarmung nicht zu ersticken? Was ist Liebe »eigentlich«? Warum gibt es sie und wozu? Wäre sie auch verzichtbar? Warum verursacht sie, die so viel Lust in sich birgt, so viel Schmerz? Wäre der Schmerz nicht eliminierbar, um die Lust allein übrig zu behalten? Welche andere Idee von Liebe erscheint noch möglich, und wie wäre sie zu verwirklichen?

Wechselseitige Kenntnisse und Deutungen sind die Grundlage für die weitergehende *Definition des Paarseins*, mit der die Liebenden parallel zur jeweiligen Selbstdefinition den gemeinsamen Kern für das Leben zu zweit festlegen, ihr »Wir«, anhand dieser Fragen:

1. Was sind für uns beide die wichtigsten *Beziehungen*, etwa zu Kindern, Geschwistern, Eltern, Großeltern, Freunden und Anderen?

2. Was sind unsere gemeinsamen *Erfahrungen*, die fester Bestandteil der Beziehung sind und bleiben sollen?

3. Was sind unsere gemeinsamen *Ideen* und Träume, was ist unser Glaube, unser besonderer Weg und vielleicht unser Ziel, unsere Sehnsucht, aus der die Beziehung fast allein bestehen kann?

4. Was sind unsere gemeinsamen *Werte*, die wir besonders

hochschätzen, welche sollen im Zweifelsfall Vorrang haben und welche auch noch im Konfliktfall gelten?

5. Was sind bei allen Gegensätzen unsere gemeinsamen *Charakterzüge* und Gewohnheiten, die wir sorgsam pflegen wollen?

6. Was sind unsere gemeinsamen *Ängste*, Verletzungen und traumatischen Erfahrungen, mit denen wir irgendwie zurechtkommen müssen?

7. Was ist im Gegenzug das gemeinsame *Schöne*, an dem wir unser Zusammenleben orientieren können, das Bejahenswerte, das alles Trennende überstrahlt und aus dem immer neue Kräfte zu schöpfen sind, mit deren Hilfe sich auch alles Negative wieder ausbalancieren lässt?

Jeder dieser Punkte ist grundsätzlich veränderbar, aber der Verzicht auf ständige Veränderung sorgt erst für die Stabilität, die die Beziehung braucht. Der definierte *Kern* lässt sich ergänzen um eine weniger definierte, fluktuierende *Peripherie*, in der sehr viel Flexibilität möglich ist, vieles ausprobiert werden kann und Begegnungen, Erfahrungen, Gefühle und Gedanken ständig kommen und gehen können.

Deutungen und Definitionen des Selbstseins und Paarseins geschehen nicht abstrakt anhand des Abhakens von Punkten, sie sind vielmehr eingebettet in die Erzählung der Geschichte des eigenen und gemeinsamen Lebens. Die Erzählung stellt *narrativen Sinn* her, sie sorgt für den roten Faden der Kontinuität in der Zeit und reiht Erfahrungen und Überlegungen so aneinander, dass dies für das jeweilige Selbst und das Paar »stimmt«. Nur dort, wo nichts mehr erzählt wird, entsteht ein Vakuum an Sinnlosigkeit, in dem der Einzelne und seine Beziehung letztlich verschwinden. Die Erzählung soll *nachvollziehbar* sein: Daher die Reduktion der Komplexität des Erlebten, um die für wesentlich gehaltenen Punkte in eine überzeugende Abfolge zu bringen. Die Erzählung soll *spannend* sein: Daher der Hang zur Dramatisierung, um das Erlebte mit einem großen Spannungsbogen aufzuwerten. Die Erzählung soll *nie enden*: Daher wird sie stets etwas variiert, und schon morgen, wenn sie wieder erzählt wird, ist es nicht genau dieselbe Geschichte. Die Erzählung soll *festgehalten* werden können: Daher ihre Symbolisierung in Dingen, einem Ring, einem Song, einem Stück Stoff, einem Datum, die die Geschichte des Lebens und der Beziehung repräsentieren und auch in der Absenz des Anderen dessen Präsenz garantieren. Die Erzählung handelt vom *Warum und Woher* der Beziehung, dem kausalen Sinn, der die Liebenden im unentwirrbaren Spiel von Zufall und Notwendigkeit zusammengeführt hat. Und sie handelt vom *Wozu und Wohin* der Beziehung, ihrem teleologischen Sinn: Zu welchem Zweck sind wir zusammen, wohin wollen wir, oder soll der gemeinsame Weg auch schon das Ziel sein? Teleologischer Sinn ist darin zu finden, füreinander und für Andere da zu sein, gemeinsam eine Aufgabe zu übernehmen, eine Verantwortung wahrzunehmen, eine Pflicht zu erfüllen, sich in eine Notwendigkeit zu schicken, etwa den jeweils Anderen unmöglich allein lassen zu können, oder aus Freiheit das Leben miteinander zu teilen und sich durch die verschiedensten Phasen des Lebens und der Liebe hindurch gemeinsam weiterzuentwickeln.

Und nicht nur das eigene und gemeinsame, sondern auch das »sonstige Leben« beschäftigt die Liebenden: Im Austausch und in der Auseinandersetzung miteinander widmen sie sich der *gemeinsamen Deutung des Lebens und der Welt*. Gemeinsam fragen sie nach Zusammenhängen, nach *Sinn* im tagtäglich neu aufgehäuften Sammelsurium des Lebens aus Zufällen, Notwendigkeiten, Begegnungen, Erfahrungen, Freuden, Ärgernissen, Ideen, Phantasien. Erneut kommt es dabei zunächst auf eine *Kenntnis von Leben und Welt* an, auf ein möglichst umfangreiches Sammeln von Informationen und einen Gewinn von praktischem und theoretischem Wissen über alles Mögliche und Wirkliche. Aufgrund ihrer unterschiedlichen Perspektiven haben zwei Menschen weit mehr Zugang zu Informationen und Wissen als einer für sich allein. Wechselseitig können sie sich aus diesem Pool bedienen und eine umfassende Sicht gewinnen, sowohl was das alltägliche Leben als auch die Gesamtheit des Lebens angeht, vor Ort, in der Region, im Land, in aller Welt, sozial, kulturell, geschichtlich, wissenschaftlich, wirtschaftlich, politisch.

Bei der bloßen Kenntnis der Bedingungen und Möglichkeiten, in deren Rahmen beide sich bewegen, bleibt es dabei nicht, erforderlich ist auch eine *Definition von Leben und Welt*, in der sie sich längerfristig einrichten können, umgetrieben von Fragen wie: Was geschieht gegenwärtig? Was sind die Hintergründe dazu? Wohin steuert das alles? Was bedeutet das für unser Leben? Ist irgendwelcher Sinn erkennbar in all den kleinen und großen Geschichten? Eine beliebte Antwort darauf ist die Rede von einer irritierenden oder gar feindseligen Welt, gegen die sich die gemeinsame Existenz zu behaupten hat. So kommt es zum stummen Rückzug auf die Bewältigung des alltäglichen Lebens, was immer sich darum herum abspielt. Zum Ziel und Zweck des Lebens wird die eigene Liebe, die allein noch Sinn macht in einer Welt ohne Sinn. Aber auch andere Antworten sind möglich: Sehr viel Sinn können die Liebenden in den zahllosen Zusammenhängen des Lebens und der Welt finden, die sie mit ihren Erfahrungen, mit ihrem Denken und Deuten gemeinsam entdecken und von denen sie sich immer von Neuem beseelen und begeistern lassen, um in der Fülle des Sinns zu schwelgen und sich in einen Reichtum von Zusammenhängen eingebettet zu sehen, der in der gelegentlichen Armut des Alltags leicht außer Blick geraten kann.

Wie schon die körperliche und seelische, kennt allerdings auch die geistige Ebene ein Problem des *Wünschens*, denn das Denken kann zu einem bloßen Wunschdenken, das Deuten zu reinen Wunschdeutungen führen. Vage machen sich Wünsche des Selbst für sich, für das Zusammensein mit dem Anderen, für Leben und Welt allgemein in Gefühlen bemerkbar und reifen allmählich zu Wunschbildern heran, bevor sie in sprachlichen Formulierungen greifbare Gestalt gewinnen. Wünsche eröffnen Möglichkeiten, das ist ihre ontologische Funktion; aber selbst der bescheidenste Wunsch scheitert daran, dass es keinen zwingenden ontologischen Übergang vom Denken und Deuten zur Wirklichkeit und zu einem wirklichen Tun gibt. Alles Mögliche lässt sich denken und deuten, aber nicht alles Mögliche wird auch wirklich. Selbst der schöne Gedanke »Wir sind ein Paar« bringt vielleicht nur den Wunsch zum Ausdruck, es möge wirklich so sein: Die Syntax fügt zusammen, was nicht unbedingt zusammengehört. Mit der sprachlichen Formulierung hoffen die Liebenden ihre Ängste um die Beziehung zu bannen, während es wichtiger wäre, ein paar Fragen zu beantworten: Was heißt »Wir« in Wirklichkeit? Was verbirgt sich hinter dem Begriff »Paar« im alltäglichen Vollzug? Die Versuchung ist groß, das Positive, das erwünscht ist, herbeizudenken, die Dinge und Verhältnisse schönzureden, das wirkliche Negative hingegen auszublenden, für das die Liebe in Gedanken sich nicht interessiert, solange sie sich selbst genügt. Ärger, Verstimmung, Verletzung, Unglücklichsein gibt es dennoch, in der Liebe wie auch außerhalb; stets ist das Leben bedroht von Krankheit, Leid und Tod, unergründlich abgründig bleibt die Welt.

Gedanken und Deutungen ermöglichen zudem einige *Macht* über die Wirklichkeit: Mit ihrer Hilfe sind Zusammenhänge aufzudecken und zu entzaubern, auch neu zu denken und zu verzaubern. Bestehende Verhältnisse lassen sich durchdenken, vergangene überdenken, künftige vorausbedenken, Schlüsse sind zu ziehen und Veränderungen zu entwerfen. Selbst auf den eigenen Körper kann das Denken Einfluss nehmen und seinen Bedürfnissen entsprechen oder sie zurückhalten, sie auch gänzlich missachten, auf die Gefahr hin, dass sie sich rächen. Ebenso mächtig wie verhängnisvoll wirkt das Denken auf Gefühle ein: Mit der *bewussten* Energie des Geistes beeinflusst es die *unbewusste* Energie der Seele und versucht sie zu lenken. Mit Gedanken und Deutungen gelingt es, den Austausch von Energien und damit das Lebensgefühl zu intensivieren, Ängste zurückzudrängen und mehr Offenheit zu riskieren, aber es können auch Ängste geweckt werden, für die es keinen Anlass gibt. Und wenn die Gefühle mit der Kraft des Denkens verdrängt werden, kehren sie irgendwann mit einer Wucht zurück, die keinen klaren Gedanken mehr zu fassen erlaubt. Die Zuwendung und Zuneigung in Gedanken ist mächtig genug, eigene Gefühle und die des Anderen anzuregen, aber ebenso geht die gedankliche Abwendung und Abneigung der gefühlten voraus. Ein einziger Gedanke, eine Deutung, ausgesprochen oder nicht, kann das Energiefeld zwischen zweien dermaßen ionisieren, dass positive oder negative Gefühle mit innerem Körpersinn augenblicklich spürbar werden. So weit geht diese Macht, dass die gedanklich fabrizierte Sichtweise des Selbst auf sich, auf Andere, auf Beziehungen, auf Leben und Welt selbst schon als Wirklichkeit erscheint. Aber immer bleibt etwas offen, das sich nicht denken lässt und worauf das Selbst erst aufmerksam wird, wenn es auf Umwegen der Erfahrung doch noch auf das Andere stößt, das nicht denkbar war und sich dennoch als wirklich erweist.

Um die Wünsche und Machtansprüche des Denkens und Deutens in Grenzen zu halten, bedarf die geistige Ebene, wie schon die körperliche und seelische, einer eigenen *Asketik*. Sie ist gebunden an die Möglichkeit eines *Metadenkens*, mit dem das denkende Selbst sein eigenes Denken freigibt, es auch wieder zurückruft, um etwa der Sinnlichkeit des Körpers und den Gefühlen der Seele Raum zu geben, aus der Einsicht heraus, dass die Sinneseindrücke mehr Aspekte einer Wirklichkeit erfassen können als das Denken allein und dass die Gefühle zuverlässiger anzeigen können, wie es um die Energien des Selbst und Anderer steht, wo sie fließen oder stocken, wo sie einer Bestärkung oder Begrenzung durch das Denken bedürfen. Um die Gefahren von Wunschdenken und Wunschdeutungen einzudämmen, bedarf es außerdem eines Wissens um das allgegenwärtige Problem des *hermeneutischen Zirkels*, der entsteht, wenn in Andere, in Beziehungen und Dinge etwas hineininterpretiert wird, was dann scheinbar neutral aus ihnen herausgelesen wird, aber nicht notwendigerweise in ihnen enthalten ist. Sinnvoll wäre, das Spiel der Deutungen wenigstens sporadisch einer Prüfung der Plausibilität zu unterziehen und grundsätzlich von einem Prinzip der *hermeneutischen Fülle* auszugehen: Nie gelangen die möglichen Deutungen an ein Ende, immer sind weitere Fragen zu stellen und andere Aspekte der Wahrheit zu erschließen, neue Zusammenhänge zu sehen und auch herzustellen. Keiner kennt vollständig die Welt, erst recht nicht die des Anderen, auch er selbst nicht:

Von dieser Annahme auszugehen, lässt den Gesprächsfaden nie abreißen.

Es sollen »gute Gespräche« sein. Der Maßstab dafür ist das *Verständnis*, das einer beim Anderen findet. Eine unverzichtbare Voraussetzung dafür ist, sich wechselseitig *verständlich* zu machen: Die Gespräche leben von der Rhetorik, der *Kunst des Redens*, der beiderseitigen Einübung in den möglichst gekonnten Ausdruck von Gefühlen und Gedanken, verbal und nonverbal. Die Art und Weise, dem jeweils Anderen mit Worten und Begriffen, mit Mimik, Gestik und Stimmlage gegenüberzutreten, wirkt auf ihn, gefällt ihm oder stört ihn. Der Klang der Stimme kann die Distanz zu ihm überbrücken oder vertiefen, Zuwendung oder Abwendung erkennen lassen, Präsenz oder Absenz vermitteln, und es käme darauf an, im langen Prozess der Erfahrung die Variabilität der eigenen Stimme besser kennen zu lernen, sie als Instrument zu begreifen, das gestimmt und auf markante Weise gespielt werden kann. Und nicht nur die Stimme, sondern alles an einem Menschen spricht, sodass die Frage wichtig wird: Wie wirke ich insgesamt auf den Anderen? Was sagt mein Körper, meine Haltung, meine Kleidung? Was nehme ich umgekehrt am Anderen wahr, und wie wirkt er auf mich?

Die äußeren Eindrücke legen die Vorzeichen dafür fest, wie etwas verstanden werden kann, und erst dann, wenn das *Wie* für Öffnung sorgt, kann sich alle Aufmerksamkeit auf das *Was* richten, auf das also, was eigentlich vermittelt werden soll. Mit dem *Wie* die Aufmerksamkeit auf das *Was* steuern zu können, ist eine Möglichkeit, die nicht verschenkt werden sollte. Entscheidend dafür ist die Aufmerksamkeit auf den Anderen: Rhetorik ist nicht die Kunst der Überredung und auch nicht primär die der Überzeugung, sondern die *Kunst der*

Aufmerksamkeit auf den, der angesprochen werden soll, sowie die *Art des Sprechens*, die auf ihn eingeht und ihm die Möglichkeit zuspielt, zu verstehen und seinerseits das Wort zu ergreifen. Dann wird es leichter, Gefühle und Gedanken auszutauschen, sich miteinander auseinanderzusetzen und Probleme gemeinsam anzugehen. Nicht Übereinstimmung, sondern *Übereinkunft* ist dabei das Ziel, kein Konsens, sondern ein Kompromiss, der gegensätzliche Positionen anerkennt und dennoch ein gemeinsames Tun und Lassen ermöglicht.

Die Rhetorik als Kunst der Aufmerksamkeit und Art des Sprechens umfasst auch die *Zurückhaltung*, um nicht beliebig mit einem Anliegen herauszuplatzen, sondern aufgrund genauer Wahrnehmung des Anderen ein Gespür dafür zu entwickeln, was wann auf welche Weise angesprochen werden kann. »Miteinander reden« wird zwar als Lösung aller Probleme gefeiert, aber in Anlehnung an einen Satz Blaise Pascals, wonach alle Probleme der Welt daraus resultieren, dass die Menschen nicht in ihren Wohnungen bleiben, rühren viele Probleme auch daher, dass die Menschen nicht zur rechten Zeit ihren Mund halten können: Im Rausch des Sagens entschlüpfen Worte, die im nüchternen Zustand nie das Licht der Welt erblickt hätten. Daher ist auch das *Schweigen* ein Teil der Kunst des Redens. Welche Bedeutung ihm zuerkannt und welches Schweigen in welcher Situation eingesetzt wird, ist eine Frage der natürlichen Veranlagung und kulturellen Prägung, ebenso jedoch der individuellen Festlegung, um auf unterschiedliche Weisen zu schweigen: Entspannt und erfüllt, gespannt und geduldig, angespannt und erwartungsvoll, überspannt und feindselig.

Verschiedene Gründe sprechen für eine willentliche Begrenzung des Redens: Der Impuls, der spricht, verliert mit seiner Äußerung an Intensität. Mit wachsender Detailverliebtheit und Differenziertheit des Sprechens schwindet die Euphorie, die alle Differenzen hinter sich lässt. Die Hoffnung, alle Aspekte einer Angelegenheit, alle Argumente für und gegen eine Auffassung unmittelbar im Moment mitteilen zu können, erfüllt sich nicht: Nicht alle Implikationen des Denkens und Sagens sind augenblicklich überschaubar, vieles fällt den Beteiligten »hinterher erst ein«, vieles lässt sich im Laufe der Zeit erst denken und sagen, wenn das Gedachte und Gesagte Erfahrungen verändert und neue Erfahrungen wiederum das Denken und Sagen verändern. Schweigen ist daher ein Element des Austauschs und der Auseinandersetzung, um sich noch einmal in Ruhe zu besinnen, und zuletzt ermöglicht eine Zeit des Schweigens auch, sich endlich dem Tun zuzuwenden, das wortreich angekündigt worden ist, während das endlose Reden womöglich dazu führt, nur »leere Worte« zu machen.

Mit Blick auf die körperliche, seelische und geistige Ebene wird nun deutlicher, was Liebe ist, wenn sie diese Ebenen kennt: *Sex, Gefühle und Gespräche* – und deren zeitweiliges Aussetzen, willentlich und unwillentlich. Die Kunst besteht darin, selbst einzuschätzen und sich mit dem Anderen darüber zu verständigen, wann und in welchem Maße welche Ebene begehbar ist; erst im Laufe der Erfahrung und Besinnung wird es möglich, ein sicheres Gespür dafür zu entwickeln. *In der Liebe weise zu werden* heißt, immer besser zu erspüren, was an der Zeit ist, was wesentlich oder unwesentlich ist, wo ein Reden oder Schweigen, Tun oder Lassen am Platz ist, wo Nachsicht geübt werden kann und mit Widersprüchen gelebt werden muss. Die Weisheit wächst mit den unterschiedlichsten Erfahrungen, mit Höhen und Tiefen, Erfüllungen und Enttäuschungen, unspektakulärer Alltäglichkeit und spektakulären Herausforderungen, die bewältigt oder nicht bewältigt werden. Es fehlt an ihr in Zeiten der Verliebtheit, in der die überströmenden Energien irgendwelcher Weisheit nicht bedürfen. In Zeiten der reiferen Liebe aber, wenn die Liebenden in vielerlei Kämpfen energetische Überschüsse abgearbeitet haben, neigen sie ihr zu – und sind auf neue Weise in der Lage, bedingungslos zu lieben, ohne jede Unruhe darüber, wohin die Unbedingtheit sie tragen wird. Sowohl in der anfänglichen wie auch in der reiferen Liebe kann sich dabei die Erfahrung einer weiteren Ebene ergeben, die Menschen am tiefsten zu berühren vermag.

Göttliche Erfahrung: Die transzendente Kunst des Liebens

Schon auf der körperlichen, erst recht auf der seelischen und geistigen Ebene der Erfahrung zu zweit wird gelegentlich oder dauerhaft eine Dimension »darüber hinaus« spürbar: »Und wo zwei ineinander übergehen, da hebt sich die Grenze des Endlichen zwischen ihnen auf« (Bettine von Arnim, *Die Sehnsucht hat allemal Recht*, Sammelband, 2007, 61). Wie diese weitere Ebene genau beschrieben werden könnte, ist nicht klar, aber das Überschreiten (*transcendere* im Lateinischen) des Gewöhnlichen, das dabei geschieht, hat der ungewöhnlichen Erfahrung der *Transzendenz* den Namen gegeben. Alle begrenzte, endliche Wirklichkeit bleibt zurück bei diesem Schritt ins Unbegrenzte, Unendliche, und über Chemie und Physik hinaus kommt eine *Metaphysik der Liebe* in den Blick. Auf der transzendenten Ebene besteht die Liebe darin, nur noch *Liebe zu sein*, und sie geht mit dem Gedanken und dem Gefühl einher, Höhen und Tiefen des Menschseins jetzt erst wirklich auszuschöpfen. Diese Erfahrung ist unverfügbar, sie kann nicht »gemacht« werden, sondern ergibt sich von selbst oder bleibt aus; nur die Bedingungen ihrer Möglichkeit lassen sich wieder und wieder bereitstellen. Plötzlich überkommt sie die Liebenden, während sie Liebe machen, fühlen, denken und deuten. Es ist unerheblich, ob die Erfahrung der Transzendenz nur eine *Einbildung* ist, erheblich ist allein, welche *Auswirkung* sie auf die Liebenden hat: Sich nicht mehr in das individuelle *Dasein*, an das die Einzelseelen gebunden sind, eingeschlossen zu fühlen, vielmehr ein umfassendes *Sein* wahrzunehmen, in das sie eigentlich eingebettet sind. Jede Festigkeit, die begrifflich zu fassen wäre, zerfließt bei der Empfindung reinen Seins in einem Meer von Energie, in dem die Ichs sich aufzulösen scheinen. Das Denken und Fühlen einer ontologischen Geborgenheit entsteht auf diese Weise.

Jede Begegnung mit einem Anderen, bei der mit einer Äußerung die Grenzen des Selbst überschritten werden, hält eine minimale transzendente Erfahrung bereit. Zwischen den Liebenden aber sind alle Grade der Steigerung möglich, sodass sich sagen lässt, *Liebe ist Transzendenz*, in verschiedener Hinsicht: Gemeinsam mit dem Anderen verfüge ich über weit mehr Energie und Möglichkeiten als für mich allein, sodass geradezu alles möglich erscheint. Gemeinsam mit ihm lebe ich mehr als mein eigenes Leben und kann durch ihn hindurch die Dimension der Unendlichkeit erahnen: Die Endlichkeit, der er unterworfen ist, ist nicht dieselbe wie meine eigene. In den Armen des Anderen bin ich dem Tod entzogen, selbst dann, wenn ich sterbe; sie umfangen mich über den Tod hinaus, und wenn nicht mehr körperlich, dann noch seelisch und geistig. Diese *Potenzierung des Lebens ins Unendliche* verdanke ich dem Anderen, und um sie geht es in der »unendlichen Idee der Liebe«, die schon den Romantiker Novalis zu exaltierten Hymnen hinriss: Die Liebe sei das Eine, auf das alles zusteuert, das »Unum des Universums«; die Geliebte sei die fassbare Gestalt des Einen, die »Abbreviatur des Universums« (*Über die Liebe*, Sammelband, 2001, 61). Mit größerer Nüchternheit kann sich auch die pragmatische Romantik, die sich in der Endlichkeit einzurichten versteht, auf ihre Weise zur Unendlichkeit hin öffnen, indem sie Endlichkeit und Unendlichkeit, Wirklichkeit und Möglichkeit als Elemente der Polarität begreift, die sich in allem zeigt.

Handelt es sich um eine *Religiosität*, wenn davon die Rede ist? Hat die Liebe etwas mit Religion zu tun? Jedenfalls wurde selbst für die Verächter aller Religion die Liebe in moderner Zeit zur säkularen religiösen Erfahrung, zuweilen auch zur einzigen Sinngebung des Lebens, wenn die Vergötterung der Liebe an die Stelle des Gottes der Liebe trat. Dass die Liebe zur Religion werden kann, wirft die Frage auf, was denn unter Religion zu verstehen ist. Das lateinische *religo*, »ich binde zurück«, spricht vom Rückbezug auf etwas, von der Bindung eines Menschen an etwas, das nicht irgendetwas ist, sondern etwas, das als wesentlich erscheint. Was das sein könnte, ist eine Frage der *Deutung*, deren Resultate in einer institutionalisierten Religion in *Dogmen* festgehalten werden; immer aber geht es um das, was mutmaßlich über die Grenzen der menschlichen Existenz, über ihre Wirklichkeit und Endlichkeit hinausgeht. Dieses Hinausgehen über Grenzen, die für Menschen in räumlicher und zeitlicher Hinsicht gewöhnlich gelten, der Rückbezug auf eine mögliche Herkunft aus der Unbegrenztheit und Unendlichkeit, die Bindung der Haltung und des Verhaltens an das, was vor diesem Hintergrund als wesentlich erscheint, kann als Religion verstanden werden.

Sehnen Menschen sich nach einem solchen Horizont der Horizontlosigkeit, um im Denken und Fühlen nicht an der Mauer ihrer Endlichkeit abzuprallen, können sie in hohem Maße in der Liebe fündig werden: Das Antlitz des Anderen, sagt Emmanuel Lévinas (*Ethik und Unendliches*, 1986, 80), »*bedeutet* das Unendliche«. Wer will, kann das Unendliche mit einem traditionellen Begriff auch das Göttliche oder, kürzer, »Gott« nennen und eine Bezeichnung für die unerschöpfliche, schöpferische Energie darin sehen, die wohl der Grund von allem ist. Durch den Anderen hindurch das Unendliche, Göttliche und Gott zu erfahren und die Todtraurigkeit über die Endlichkeit aufzufangen: Das ist es, wonach Menschen in der Liebe suchen. Finden sie es zumindest zeitweilig, kann die Beziehung wirklich zum Gottesdienst werden und die Liebenden können ihre Liebe besingen, wie Johann Sebastian Bach 1744 in der Kantate 133 einst sein Gottesverhältnis besang: »Ich freue mich in dir!«

Diese Religion ist nicht an ein Glaubensbekenntnis im traditionellen Sinne gebunden. Um jede Verwechslung mit herkömmlichen Religionen auszuschließen, sprechen manche lieber von einer *Spiritualität*, die in der Begegnung zwischen zweien erfahrbar ist und ein Inspiriertsein und Beseeltsein von langer Dauer vermittelt. Ähnlich wie bei Religiosität ist der zentrale Aspekt der Spiritualität, jede Vereinzelung hinter sich zu lassen, sich in Beziehung zu fühlen und zu wissen zu allem, was ist, und auf diese Weise Einheit und Geborgenheit zu erfahren. Alle endlichen Dinge und Wesen gehen dieser Annahme zufolge aus einer unendlichen Dimension hervor, die von Energie und somit von *Möglichkeiten* erfüllt ist. Aus ihr heraus können sich einzelne Möglichkeiten in der Dimension der *Wirklichkeit* manifestieren und ausdifferenzieren, als »das

Eine in sich selber unterschiedne« (*hen diapheron heauto*), gemäß der Zauberformel des romantischen Idealismus, die Friedrich Hölderlin mit Berufung auf Heraklit gegen Ende des ersten Bands seines Briefromans *Hyperion* (1797/1799) als »Wesen der Schönheit« propagierte.

Sich inmitten aller Differenzen stets von Neuem auf das zugrundeliegende *Eine* zu besinnen, das vorzugsweise als »Geist« (lateinisch *spiritus*) bezeichnet wird, ist in besonderem Maße in der ungewöhnlich verdichteten Erfahrung der Energie der Liebe möglich, die das gewöhnlich gelebte Leben transzendiert; einer Energie nicht nur für Menschen, an der Menschen jedoch teilhaben, aus der heraus sie leben und zu der sie vermutlich zurückkehren. Da diese »göttliche Kraft« oder »kosmische Energie« alles mit allem verbindet, kann für die Liebenden alles voller Sinn sein: Alles wird durchzogen von Zusammenhängen, die wahrzunehmen und zu erkennen eine zutiefst befriedigende Erfahrung vermittelt, im eigenen Selbst wie auch in der Beziehung zu Anderen, zu allem Leben und zu aller Welt und zu einer möglichen Dimension darüber hinaus, die den denkbar umfassendsten Sinn repräsentiert. Die Fülle des Sinns erklärt, warum die Liebenden sich in ihrer Begeisterung zuweilen am Rande des Wahnsinns wähnen: Das Übermaß an Zusammenhängen bewirkt eine Explosion von Sinn, die jede geläufige Ordnung der Dinge sprengt.

Im Gewahrwerden dieses Potenzials kommt die Kunst der Erotik zu ihrer Vollendung. Für die Erfahrung der Energie des unendlichen Seins steht *Eros*, der schon bei der körperlichen Begegnung zur göttlichen Erfahrung werden kann, einmalig oder wohlvertraut; tantrische Techniken leiten dazu an (Margot Anand, *Tantra oder Die Kunst der sexuellen Ekstase*, 1995). In der Wahrnehmung der Liebenden zerschmilzt dabei die körperliche Wirklichkeit, strömt zurück ins Meer der Möglichkeiten, aus dem sie ursprünglich aufgetaucht ist, und löst sich darin wieder auf. Das Zucken, Beben und Schreien, das mit dem Liebesakt einhergeht, zeigt an, dass das Gehäuse des Körpers unter dem Ansturm der Energien, die in ihm toben, zu zerbrechen droht. Der »kleine Tod«, *petite mort*, wie im Französischen der Höhepunkt der Verschmelzung zwischen zweien genannt wird, lässt anklingen, dass der Tod mehr sein könnte als eine Begrenzung des physischen Lebens, nämlich eine Entgrenzung der metaphysischen Energien, die das Leben tragen. Erotik, Religiosität und Spiritualität gehen dabei ineinander über, sodass der Akt etwa in kabbalistischer Tradition als heilige Handlung verstanden werden kann, mit einem »Gott im Kommen«, dem Frivolität nicht fremd ist. Auch im *Hohelied* lassen sich erotische und religiöse Bildersprache nicht auseinander halten, wenn es heißt: »Dein Schoß gleicht einer gewölbten Schale, / nie soll es ihr an Mischwein fehlen« (Übersetzung Stefan Schreiner, 1981). Und moderne Poeten wollen auf religiöse Attribute nicht verzichten, wenn sie ihrer erotischen Sehnsucht Ausdruck verleihen: James Joyce, der die Beziehung zu seiner Geliebten »eine Art Anbetung« nennt, denkt dabei just am Heiligen Abend an das »dunkle Heiligtum« ihres Schoßes (*Briefe an Nora*, 24. Dezember 1909).

Die mystische Erfahrung des Einswerdens, die *unio mystica*, die bei aller Unterschiedlichkeit der Liebenden bereits den körperlichen Akt prägen kann, ist erst recht in Gefühlen und Gedanken möglich: Die unendliche Weite und schier unerschöpfliche Energie des Fühlens und Denkens rufen das Göttliche in Menschen wach und machen ihre Seele, ihren Geist wirklich zum »Spiegel Gottes«. Und für den Einzelnen, dem die eigene, innere Unendlichkeit schon als ein Kosmos für sich erscheint, wird die intime Begegnung mit dem Anderen zur potenzierten kosmischen Erfahrung: Die unwahrscheinliche Begegnung zweier einsamer Punkte in der unendlichen Weite des Alls bezeugt in seinen Augen den schicksalhaften Zusammenhang des Einzelnen mit allem. Dass sich im sinnlichen Moment der Begegnung und in manchen Zeiten des Fühlens, Denkens und Gesprächs jedes Gefühl für Vergänglichkeit verliert, ist nicht weiter verwunderlich: In diesen *purpurnen Stunden* der Beziehung, von denen Oscar Wilde in einem Brief einmal sprach (Richard Ellmann, 1991, 752), steht nicht etwa nur die Zeit still; sie existiert schlicht nicht mehr. Im Raum der Unendlichkeit ist sie völlig unbekannt, und so haben die Liebenden, die sich ineinander vergessen, mit ihr nichts mehr zu schaffen. Die Wirklichkeit, in der allein die Zeit zu herrschen vermag, fällt der Vergessenheit anheim, an ihre Stelle tritt die göttliche Erfahrung grenzenloser, schwereloser Ewigkeit. Göttlich ist die Liebe, die in der Wahrnehmung der Liebenden nicht in Endlichkeit und Sterblichkeit aufgeht, sondern Unendlichkeit und Unsterblichkeit erfahrbar macht.

So hinreißend ist diese Dimension der Liebe, dass sich unendliche und doch unerfüllbare *Wünsche* auf sie richten. Nichts wünschen die Liebenden sich sehnlicher, als dieses Paradies auf Erden für immer zu bewahren. Aber diejenigen, die wenigstens zeitweilig die große Erfüllung erfahren, können nicht verhindern, von Neuem mit der gesamten Spannweite der Erfahrungen konfrontiert zu sein: Nicht nur mit Unendlichkeit, sondern auch wieder mit Endlichkeit, nicht nur mit Freude, sondern auch wieder mit Ärger, nicht nur mit Fröhlichkeit, sondern auch wieder mit Traurigkeit, nicht nur mit Heilung, sondern auch wieder mit neuer Verletzung. Dass die Schwierigkeiten des Lebens nicht im Paradies enden, sondern eher dort anfangen, ist seit Adam und Eva so; niemand ist dafür verantwortlich. Die Hoffnung auf Erlösung vom »Negativen«, von allen Misslichkeiten, denen der Einzelne sich in seinem Dasein ausgesetzt sieht, auch vom Selbstsein, das ihm kerkerhaft erscheint, erfüllt sich nicht, so lange das Leben währt. Der Begeisterung über das Eintauchen in die Unendlichkeit folgt daher oft das Erschrecken über die Rückkehr zur Endlichkeit. »Alle Welt kennt das recht gut«, meint Shakespeare im 129. seiner *Sonette*, »doch niemand weiß / Wie man den Himmel flieht, der zu dieser Hölle zieht.«

Die zeitweilige Erlösung in der Liebe auf das ganze Leben ausdehnen zu wollen, steigert allenfalls die Bitterkeit der Enttäuschung, und nicht selten werden die misslichen Erfahrungen dem Anderen angelastet: Problem vieler romantischer Beziehungen. Unverdrossen werden dennoch weiterhin romantische Träume einer nie endenden, unendlichen Liebe geträumt, und selbst die Sterne werden vom Himmel geholt, um einen dauerhaften »Einklang des Menschen mit dem Kosmos« zu beschwören, angesichts dessen jedes Einverständnis mit den Wonnen des Gewöhnlichen verwerflich erscheint (Umberto Galimberti, *Die Sache mit der Liebe*, 2006, 29). Jede Zusatzbeziehung, die zur Zerreißprobe für die bestehende Beziehung wird, lässt sich damit rechtfertigen, dass dem Verlangen nach der grenzenlosen »wahren Liebe« unbedingt Folge geleistet werden muss, wenn auch mit einem aufrichtigen Bedauern über die Zerstörungen, die die damit einhergehenden Entgrenzungen anrichten können.

Die Erfahrung der transzendenten Dimension der Liebe übt eine magische *Macht* über die Liebenden aus, schon bei der Sehnsucht danach, erst recht bei ihrer Erfüllung. Die Kräfte, die ihnen aus dem Raum des »Darüberhinaus« zufließen, übersteigen die gewöhnlichen, alltäglichen so sehr, dass sie bereit sind, für die Erfahrung dieser Intensität alles zu tun. Die unbändige Stärke, die sie gewinnen, das Gefühl, sämtlichen Herausforderungen gewachsen zu sein, macht die Unendlichkeitserfahrung unverzichtbar. Angemessen wäre eine *Haltung der Demut* angesichts der Unverfügbarkeit der Erfahrung, diesem »Gnadenakt« von welcher Instanz auch immer, aber das genaue Gegenteil ist oft der Fall: Sich im Besitz der äußersten Fülle des Sinns zu wähnen, verleitet Menschen zu einer *auftrumpfenden Haltung*, aus der heraus Andere, die die Erfahrung nicht kennen, als bemitleidenswert »ahnungslos« erscheinen. Bei allen Arten religiöser und spiritueller Erfahrung scheint diese Konsequenz nahezuliegen, die davon zeugt, wie wenig das Religiöse und Spirituelle ausgerechnet diejenigen durchdringt, die »die Anderen« für Ungläubige und Unwissende halten; das gilt für einzelne Individuen ebenso wie für ganze Kulturen. Im Umgang mit Anderen, auch mit dem einen Anderen, der doch zur überwältigenden Erfahrung entscheidend viel beiträgt, kann es in der Folge dazu kommen, alle Formen der Wertschätzung zu vergessen. Die Transzendenz, die so viel größer ist als der einzelne Mensch, hebt ihn und sein Leben auch mühelos aus den Angeln. Er habe »stets zwei Dinge in besonders engem Zusammenspiel gesehen«, meinte Michel de Montaigne am Schluss seiner *Essais* im religiös überhitzten 16. Jahrhundert: Nämlich »überhimmlisches Denken und unterweltliches Tun«, eine Polarität eigener Art.

Angesichts der Exzesse, die die Ekstase der Transzendenz mit sich bringen kann, besteht die *Askese* darin, mit den zeitlichen Grenzen der grenzenlosen Erfahrung einverstanden zu sein und sich eine postekstatische Entgrenzung des Verhaltens zu versagen. Im mystischen Moment des *Einsseins* hört die Zeit auf zu existieren, im ernüchterten Moment des *Entzweitseins* beginnt sie hörbar wieder zu ticken. Je mehr zwischen zweien möglich war, desto mehr fühlen sie sich auf die simple Wirklichkeit zurückgeworfen. Was eben noch Indifferenz war, Ununterschiedenheit, wird wieder zur Differenz zwischen ihnen, zur schmerzlichen Empfindung von Unterschieden, kenntlich an der neuerlichen Polarisierung, die sich ganz von selbst einstellt und nach der Einheit wieder Zweiheit erzwingt. Es liegt nahe, Zustände einer *atmenden Liebe* darin zu sehen und mit dem Hin und Her dazwischen leben zu lernen: Aufgabe einer transzendenten Kunst des Liebens, um das äußerste Glück der Fülle zu realisieren, die Erfüllung der *Eudaimonía*, die darauf beruht, einen guten Dämon, einen wohlwollenden Boten in sich zu haben, der wie Eros in Platons *Symposion* zwischen den Dimensionen von Endlichkeit und Unendlichkeit vermitteln kann. Nach der romantischen Unendlichkeitserfahrung fällt es dann leichter, die sehr gewöhnlichen Zeiten zu akzeptieren, aus denen auch die ungewöhnlichste Liebe besteht. Mit dem neuen Vertrauen in ihre Gemeinsamkeit, das die Liebenden gewonnen haben, sind sie bestens gerüstet für den Weg zurück in die Einsamkeit der je eigenen Lebensbewältigung. Die Kräfte, die sie aus der transzendenten Erfahrung schöpfen konnten, helfen ihnen wieder bei der Bewältigung dessen, was für jede Liebe die größte Schwierigkeit darstellt: Das Leben im Alltag.

Pragmatische Romantik: Die Kunst des Liebens im Alltag

Gerne würden die Liebenden auf eine Insel übersetzen, auf der sie den Hochgefühlen ihrer Liebe frönen könnten, eine Insel wie Kythira im unendlichen Blau des Mittelmeers, südlich der Halbinsel Peloponnes; die schaumgeborene Aphrodite soll hier dem Meer entstiegen sein. Antoine Watteau, der nie dort war, hat die Einschiffung dorthin gemalt (*L'embarquement pour l'île de Cythère*, 1717, Paris, Louvre; Varianten in Berlin, Schloss Charlottenburg, und Frankfurt am Main, Städel), eine von Melancholie überlagerte Szene, als hätte der Maler geahnt, dass das Paradies anders, als er es darstellt, nicht nur nach Thymian und Rosmarin duftet, sondern auch ein karges Leben auf windumtosten Felsen abverlangt. Ausgerechnet das intime Zusammensein, nach dem die Liebenden sich von Anfang an sehnen, bringt diese Herausforderung mit sich: Der Wechsel der Seinsebenen muss vollzogen werden, um von den unbestimmten, unendlichen Möglichkeiten, die die Verliebtheit verzaubern, zu einer Wirklichkeit zu kommen, die in ihrer Bestimmtheit und Endlichkeit deutlich weniger zauberhaft ausfällt: *Ontologie der Liebe*. Wirklichkeit ist das, was wehtut: Jeder Prozess der Verwirklichung ist mühsam, anstelle von Schwerelosigkeit wird Schwere fühlbar, nach allen Seiten hin werden Grenzen erfahrbar, Enttäuschungen sind unvermeidlich, Träume erweisen sich als unrealistisch, immer neuen Notwendigkeiten ist Rechnung zu tragen, und an die Stelle des Idealbilds des Anderen tritt die reale Erfahrung, »wie er wirklich ist«. Das Ewigweibliche (Ewigmännliche) zieht uns hinan, das Ewigalltägliche wieder hinab.

Jeder ontologische Übergang fällt schwer, dieser aber besonders, da die Liebenden, vor allem die romantisch Liebenden, sich weigern, sich darauf vorzubereiten. Alltag ist die Normalität, die das Enorme der Leidenschaft konterkariert, der Übergang »von der verliebten zur gelebten Liebe« (Wolfgang Hantel-Quitmann, *Die Liebe, der Alltag und ich*, 2006), in dem der wahre Romantiker einen Verrat an der Liebe wittert: Die »schöne Höhe des Gefühls« steht in krassem Gegensatz zur »Kerkerhaft des Alltags« (Hermann Hesse, *Der Steppenwolf*, 1955, 105). Alltag, das ist aufstehen, sich waschen, frühstücken, zur Arbeit gehen, Kinder versorgen, Besorgungen machen, heimkehren, kochen, essen, saubermachen, fernsehen, etwas trinken, zu Bett gehen: Nicht sehr aufregend. Die Liebe kann nicht ohne Spannung sein, daher liebt sie den Alltag nicht, der eintönig ist, von Romanen, Filmen, Dramen kaum eines Blickes gewürdigt. Alle Aufmerksamkeit gilt dem zauberhaften Anfang, dem glücklichen oder schrecklichen Ende, den dramatischen Höhe- und Tiefpunkten zwischendurch, aber in der wirklich gelebten Liebe wird nicht unentwegt orgasmisch gejubelt oder blind vor Zorn geschrien. In Frage steht sie nicht so sehr an Anfangs-, Höhe-, Tief- und Endpunkten, sondern in den Zeiten, die dramaturgisch nichts hergeben, die sich aber dadurch, dass sie abgelehnt werden, nicht etwa auflösen. Liebend gerne wollen die Liebenden ihnen entgehen, aber jede Aufwallung, die sie ihnen entgegensetzen, ist energetisch aufwändig, und so ziehen sie sich früher oder später auf ein sparsameres Energieniveau zurück. Selbst in der schönsten Leidenschaft stellt der Alltag sich ein, sobald sie zu dauern beginnt. Wird er nicht von vornherein ins Kalkül der Liebe einbezogen, bringt er sie zum Erliegen.

Überlegungen zum *Sinn des Alltags* können helfen, eine andere Haltung im Umgang mit ihm zu gewinnen. In einer Welt der permanenten Veränderung kommt ihm die immer wichtiger werdende Rolle der *Beharrung* zu. Im alltäglichen Tanz um die unvermeidlichen Dinge kann ein Ritual gesehen werden, dessen verlässliche Wiederkehr *Vertrautheit* vermittelt und dem gemeinsamen Leben Halt verleiht. Der Alltag mindert das Vollmaß der Liebe, aber alltagstauglicher sind ohnehin kleinere, *handlichere Portionen*, und eine gelegentliche Lieblosigkeit sorgt für den notwendigen Kontrast. Die Liebe gelingt nicht jeden Tag, der Alltag aber stellt den *Rahmen* dafür bereit, dass das gemeinsame Leben auch dann weitergeht, wenn sie für eine Weile pausiert. Mit seiner Hilfe wird die *Atmung* zwischen ihrer An- und Abwesenheit möglich, wenn die Liebenden sich etwa von einer Verausgabung erholen müssen oder andere Dinge sich vordrängen, die zu erledigen sind, oder wenn sonst wie eine zeitweilige Entzweiung durchzustehen ist. Der Alltag ist die *ewige Wiederkehr des Gleichen*, mit den gleichen sattsam bekannten Aufgaben, der gleichen zermürbenden Regelmäßigkeit, den gleichen wiederkehrenden Problemen, aber auch dafür gibt es gute Gründe: Der Alltag ist eine Maschine zur *Herstellung von Wirklichkeit*, deren Produktion so schwierig ist, dass sie nicht jedes Mal von Neuem erfunden werden kann; daher werden die einmal gebahnten Wege wieder und wieder genutzt. Entgegen dem äußeren Anschein ist die Wirklichkeit eine zerbrechliche Angelegenheit: Umstellt von Möglichkeiten, die nur auf ihre Chance lauern, kann sie von einem Moment zum anderen schon eine andere sein. Vor allem die Begegnung mit anderen Wirklichkeiten führt zur Erkenntnis, dass die vertraute Wirklichkeit nur eine unter vielen ist: Ein »Wirklichkeitsverlust« kann die Folge sein. Der Alltag hingegen bürgt für verlässliche Wirklichkeit, wenigstens bis auf Weiteres.

Tückisch an der automatisierten Herstellung von Wirklichkeit ist allerdings, dass vieles geschieht, indem scheinbar nichts geschieht: Zentrales *Problem des Alltags*. Es ist gerade diese trügerische Selbstverständlichkeit der alltäglichen Wirklichkeit, die die Beziehung zwischen zweien gefährdet: Unmerklich schwindet die Leidenschaft, still wächst das Bedürfnis nach ihr und kommt irgendwann unvermutet zum Vorschein oder wandert stumm anderswohin. Und in Zeiten, in denen das Schweigen den Alltag zwischen zweien beherrscht, sprechen die Stimmen in ihrem Inneren nur umso lauter: Viele Auseinandersetzungen werden auf diese Weise geführt und brechen plötzlich hervor; der jeweils Andere weiß von nichts und hat keine Chance, sich rechtzeitig darauf vorzubereiten. Wahrscheinlich aus diesem Grund wird der Alltag auch *grau* genannt: Weil er einen Graubereich verborgener Entwicklungen, unsichtbarer Veränderungen, geheimnisvoller Vorgänge in sich birgt. Was auch immer aus ihm hervorgeht: Keiner fühlt sich dafür verantwortlich, niemand hat etwas gemacht, und doch hat jeder seine Arbeit daran geleistet, indem er den Prozess gewähren ließ. Wichtig wäre daher, den jeweiligen Alltag nicht immer nur fraglos hinzunehmen, sondern auch mal in Frage zu stellen und sich an seiner Veränderung zu versuchen. Kann sein, dass das *Setting* alltäglicher Erfordernisse immer das gleiche bleibt, aber Abläufe und Aufgabenverteilungen sind sehr wohl veränderbar – bevor neue Fragen oder erneut die alten auftauchen: Welche Regeln sollen gelten, welche Ausnahmen sind möglich? Wer legt fest, wie dies und jenes gehandhabt werden soll? Wer macht welche Arbeit, wer ist wofür zuständig? Wie kann gestritten werden, wenn die Interessen kollidieren? Wie sind »leere Zeiten« durchzustehen?

Nicht das Sein, sondern das alltägliche Dasein bestimmt das Bewusstsein. Für die Liebe sind daher das *Leben mit dem Alltag* und die Gestaltung des alltäglichen Lebens bedeutsamer als die Empfindung reinen Seins, die bedeutungslos wird, wenn sie den Alltag nicht übersteht. Mit dem Alltag zu leben, bewahrt die Liebe davor, in ihm unterzugehen. Wird auf die pragmatische Einrichtung des Alltags verzichtet, zuckt hier und da noch eine Sternschnuppe des Gefühls auf, in immer längeren Abständen; dann regiert, mit wachsenden alltäglichen Konflikten, der Ärger, über kurz oder lang der Hass, bis alles endet: Tragik der Romantik. *Die Liebe wird lebbarer, wenn es in ihr nicht immer nur um Liebe geht*, sondern auch um die alltäglichen Erfordernisse, vor denen es kein Entrinnen gibt: Ausgerechnet in der Beziehung, in der die Kräfte im aussichtslosen Kampf gegen den Alltag vergeudet werden, stehen sie der immer neuen Aufmerksamkeit füreinander und neuen Erfahrungen miteinander nicht zur Verfügung. Gerade dann aber, wenn Alltagsfragen die erforderliche Beachtung geschenkt wird, öffnet sich der Freiraum, in dem sich wiederum Zuwendung und Zuneigung entfalten können. Vor allem die Romantiker unter den Liebenden können ihre Beziehung am ehesten dann bewahren, wenn sie sich auf die Pragmatik des Alltags einlassen, mit gebührender Aufmerksamkeit auf das »Kleinste und Alltäglichste«, das sie gerne als banal abtun, das für das Gelingen der Beziehung jedoch entscheidend ist.

Aber es bedarf einer eigenen Art von Liebe, dem Alltag nicht gram, sondern zugetan zu sein. Entscheidend ist die Haltung, mit der er gelebt wird, die Bedeutung, die ihm gegeben wird: Wer sich *defensiv* zu ihm verhält, muss viel Energie aufwenden, um gegen ihn anzukommen, letzten Endes ohne Erfolg. Wer *offensiv* mit dem Alltag umgeht, sich willentlich in ihn fügt, wird sich von seinem Einerlei wenig beeinträchtigt fühlen. Gerade die Haltung, sich ihm zu ergeben, ist die Voraussetzung dafür, sich auch wieder von ihm lösen zu können, um sich dem Nichtalltäglichen zu widmen. Die offensive Haltung macht die Versöhnung mit dem Alltag möglich, getragen von der Einsicht, dass es ihn zwar lange und womöglich sehr lange geben wird, nicht jedoch für immer, denn das Leben und Zusammenleben wird in jedem Fall zeitlich begrenzt sein. Dann kann das weitere Vorgehen so ähnlich ausfallen wie im Film *Hautnah* (USA 2004, Regie Mike Nichols, nach dem Theaterstück *Closer* von Patrick Marber), in dem die Fotografin Anna (Julia Roberts), die einer außerehelichen Versuchung erlag, sich schließlich wieder ihrem Ehemann zuwendet, der seinerseits auf Tour war. Die Eheleute legen sich wie gewöhnlich schlafen, er schnarcht, und sie deckt ihn liebevoll zu, keiner scheint etwas zu vermissen: Versöhnliches, typischerweise wenig aufregendes Ende einer leidenschaftlichen Vierecksgeschichte mit den üblichen Verführungen, Ekstasen, Enttäuschungen, Geständnissen; eine Neuauflage (die musikalische Untermalung erinnert daran) von Mozarts *Così fan tutte*, 1790 uraufgeführt.

Um den ontologischen Übergang aus dem weiten Reich der Möglichkeiten in die engere Wirklichkeit des Alltags zu bewerkstelligen, bedarf die Liebe einer Einrichtung des gemeinsamen Lebens in Raum und Zeit. Erforderlich ist zunächst die *Organisation des Ortes*, der zum räumlichen Bezugspunkt der Liebe wird und an dem die Liebenden in gleicher Weise zu Hause sein können. Den Ort organisieren und die räumlichen Bedingungen der Gemeinsamkeit selbst definieren zu müssen, ist eine Konsequenz der modernen Befreiung von Traditionen und Konventionen des Wohnens: Auch auf diese Weise ist der erlangten Freiheit Form zu geben, um sie nicht der Beliebigkeit zu überlassen. Die Beharrungsfähigkeit des Ortes verschafft der Beziehung einen *Ruhepunkt*, der bei einer räumlichen Getrenntheit (»Dystopie«) der Liebenden allenfalls durch die zeitliche *Regelmäßigkeit* ihrer Begegnung, auch durch ihr virtuelles Zusammensein per *Skype* zu ersetzen ist.

Ist aber ein wirklicher Ort gefunden, sind die Einzelheiten der Einrichtung und Ausstattung festzulegen. Ein Maßstab hierfür kann das Schöne, Bejahenswerte sein, das aus dem gemeinsamen Ort eine Residenz der Liebe, ein *Gehäuse für das Glück zu zweit* macht, und zwar für alle Aspekte des Glücks: Eine schützende Höhle gegen die zufälligen Unwägbarkeiten des Lebens »da draußen«, Nischen für Momente des Wohlgefühls und der Geborgenheit, ein Ambiente für die Fülle des Lebens, in dem nicht nur das Wohlgefühl, sondern auch das Unwohlsein, nicht nur die Liebe, auch der Streit, nicht nur das Zusammensein, auch der Rückzug voneinander, nicht nur das Spektakel, auch der graue Alltag, nicht nur das kraftvolle Leben, auch das Kranksein, letztlich auch das Älterwerden mit all seinen Gebrechen, die es mit sich bringen kann, Platz haben.

Wollen die Liebenden wohnen und nicht nur »hausen«, wird die Wohnung zum *Ort der Sinngebung*, um an den Zusammenhängen zu arbeiten, die tragend fürs Leben sind: *Sinnliche Erfahrungen* in den Räumen befördern die Liebe zum Leben an diesem Ort wie kaum irgendwo sonst und sorgen für vitale Zusammenhänge zwischen Selbst und Welt, mit schönen Anblicken, vertrauten Geräuschen, unverkennbaren Gerüchen, unvergleichlichen Möglichkeiten, Schmackhaftes zuzubereiten, und angenehmen Berührungen. Seelischen Sinn verbürgen die *gefühlten Beziehungen* zum geliebten Anderen und zur Familie, auch zu Freunden, Nachbarn und Bekannten, für die dieser Ort Räume bereithält, in denen sie sich willkommen fühlen können. Zur Sinngebung tragen ebenso die gefühlten Beziehungen zu *Dingen* bei, zu Möbelstücken, Geräten, Tassen, Kissen, mit denen das Umfeld zu gestalten ist, das wiederum auf die wohnenden Liebenden zurückwirkt; daher sollten sie möglichst keine gleichgültigen Dinge um sich haben, zu denen keinerlei Beziehung besteht. Und selbst an diesem Ort der Rückzugsmöglichkeit ist die gefühlte Beziehung zur *Natur* von Bedeutung, denn die Wohnung ist in ökologische Zusammenhänge eingegliedert, in die umgebende Landschaft wie auch in die weniger gut sichtbaren regionalen und globalen Kreisläufe von Energie, Wasser und allerlei Stoffen, die durch diesen Ort hindurchgehen.

Sinn ist schließlich auch in den *geistigen Beziehungen* zu erfahren, die in der Wohnung gepflegt werden, in Gesprächen oder beim Alleinsein mit den eigenen Gedanken, etwa bei einer Lektüre, womöglich in einem eigens dafür eingerichteten Raum, in dem der Einzelne ausreichend für sich da sein kann, denn das ist die Grundlage dafür, immer wieder auf Andere zugehen zu können. Und nicht zuletzt kann die Wohnung auch der Pflege einer *transzendenten Beziehung* Raum geben, die Sinn im Zusammenhang zwischen der wirklichen, endlichen und einer möglichen, unendlichen Dimension findet: Eine Nische kann der Meditation und dem Gebet gewidmet sein; etwas All und Universum kann so in den Alltag hineinragen, und mit der gefühlten Gewissheit, in umfassende Zusammenhänge eingebettet zu sein, entsteht vielleicht eine Wohnung in einer ganz anderen Dimension.

Parallel dazu erfordert die Einrichtung des Lebens im Alltag eine *Organisation der Zeit*. Vor allem in Zeiten der »Dyschronie« (Byung-Chul Han, *Duft der Zeit*, 2009), in denen die Zeitwelten auseinander driften, wird die *Synchronisierung* zwischen zweien zur ständigen Aufgabe: Verabredung, Kompromissbildung und Ausgleiche zwischen den Zeitwelten kommen dafür in Betracht. Gemeinsame Zeiten sind zu definieren, in denen beide füreinander da sind, um miteinander etwas zu machen und sich auseinanderzusetzen, sowie Zeiten des Getrenntseins, in denen sie sich voneinander erholen können. Beim knappen Zeitbudget moderner Menschen kann das eine »Terminplanung« erfordern, um die je eigenen Arbeiten so einzuteilen, dass ausreichend Zeit für die Realisierung dessen bleibt, was das gemeinsame Schöne ist. Hilfreich ist dabei ein *widersprüchlicher* Gebrauch der Zeit, um bei manchen Tätigkeiten mit Viertelstunden zu geizen und die gewonnene Zeit beim Zusammensein zu verschleudern; ebenso die Nutzung *goldener Stunden*, in denen eine Arbeit besonders leicht von der Hand geht, um die gesparte Zeit bei anderer Gelegenheit zu verschwenden. Zweifellos dominieren quantitativ die *grauen Stunden* den Alltag, an Qualität aber gewinnt die Zeit auf allen Ebenen des gemeinsamen Lebens durch die *rosaroten Stunden* der erotischen Begegnung, die *roten Stunden* der starken Gefühle, die *blauen Stunden* der intensiven Gespräche, die *purpurnen Stunden* der völligen Selbstvergessenheit und auch durch möglichst viele *lindgrüne Stunden* der einfachen Zufriedenheit. Mit dieser Farbpalette gelingt es am ehesten, die hoffentlich seltenen *gelben Stunden* der Eifersucht und *schwarzen Stunden* aller Art durchzustehen, die die Farbenlehre der Zeit erst komplettieren.

In einer Kultur der *linearen Zeit*, die das Verstreichen der Zeit fortlaufend misst, wird die Wiederkehr erwünschter Stunden erleichtert durch die Installation von Inseln einer *zyklischen Zeit*, mithilfe von Ritualen des Lebens im Alltag. Rituale ermöglichen die Einrichtung des Alltags in den *Farben der Zeit* und erleichtern die Übergänge zwischen der nächtlichen Welt des Traums und der täglichen Ernüchterung, zwischen den erträumten Möglichkeiten und der momentanen Wirklichkeit, zwischen den Welten des Selbst und des Anderen, zwischen

Alleinsein und Zusammensein, Erwerbsarbeit und Familienarbeit, Arbeitszeit und Freizeit, mithilfe von Morgen- und Abendritualen, Begrüßungs- und Abschiedsritualen, Ess-, Arbeits-, Urlaubs- und Streitritualen. Wiederkehrende Tages- und Jahreszeiten, Frühlingsfeste, Sommernächte, Herbstspaziergänge, Winterabende, Jahreswechsel sind mit Ritualen zu feiern, die dem Leben und Zusammenleben auch in problematischer Zeit Halt und Struktur geben, im ewigen Hin und Her der guten und schlechten Launen, der Freuden und des Ärgers, der Aufwallung angenehmer Gefühle, die es den Liebenden leicht machen, sich nahe zu sein, und dem zeitweiligen Verebben der Gefühle, bei dem sie auf Distanz zueinander gehen und Gereiztheit zwischen ihnen herrscht. Ohne diesen Halt behielte Oscar Wilde Recht, der den Unterschied zwischen einer Laune und einer lebenslangen Leidenschaft darin sah, »dass die Laune etwas länger dauert« (*Das Bildnis des Dorian Gray*, 2. Kapitel, 1891).

Gestärkt wird die zyklische Zeit durch die *Einrichtung von Gewohnheiten*, die Leben und Liebe keineswegs nur belasten, sondern auch entlasten können, da in ihnen vieles von selbst geschieht, sodass Kräfte für das Ungewohnte und Ungewöhnliche frei werden. Wenn die Kunst des Liebens schon nicht auf die Fortdauer der Leidenschaft zielen kann, so doch darauf, leidenschaftliche Elemente und Momente in die alltägliche Landschaft der Gewohnheiten einzufügen. Die Liebe, die nicht nur auf Gefühlen, sondern auch auf Gewohnheiten beruht, steht die Herausforderungen des Lebens besser durch, denn Gewohnheiten sind wohnlicher und halten länger vor; sie sorgen für Zusammenhänge der Kontinuität und machen in diesem Sinne Sinn. Wer mit ihnen einverstanden ist, kann sich in ihrer Vertrautheit geborgen fühlen und muss nicht pausenlos nach Neuem jagen. Schönheit mag der Anfang der Liebe sein, aber zuverlässig durch die Zeit getragen wird sie von der Gewohnheit. Sogar ungeliebte Gewohnheiten des Anderen, die gewöhnlich nur duldsam ertragen werden, können noch lieb gewonnen werden, sodass das Selbst sich wie unter Entzug fühlt, wenn der Andere abwesend ist. Die gewohnte Bekundung »Ich liebe dich« wäre dann eher zu übersetzen mit: »Ich habe mich so an dich gewöhnt, dass ich dich nicht entbehren kann.« Zweifellos birgt dies das Risiko, irgendwann in der Gewohnheit zu erstarren, wenn der geliebte Andere zu einer Art von Inventar wird, mit dem das Selbst im alltäglichen Umgang vollkommen verschmilzt, eine mystische Einheit von eigenem Reiz, wie Picasso sie malte: *Nackte Frau in einem roten Sessel* (*Femme nue dans un fauteuil rouge*, 1932), wobei nicht klar ist, ob hier ein Sessel die Vertrautheit eines Menschen oder ein Mensch die Vertrautheit eines Sessels gewonnen hat.

Neben der Organisation von Raum und Zeit fallen im Alltag Arbeiten an, auf deren Erledigung nur um den Preis verzichtet werden kann, dass sie sich stapeln. Die erforderliche *Organisation der Arbeit* umfasst die Arbeit an sich selbst wie auch an Freundschaften, die Familienarbeit und Bürgerarbeit, die Muße als Arbeit und die Arbeit am Sinn, nicht zuletzt die Erwerbsarbeit. Als besonders problematisch erweist sich regelmäßig das Verhältnis von *Familienarbeit und Erwerbsarbeit*, von Reproduktion und Produktion. Einerseits bedarf die gemeinsame Lebensführung einer Herstellung und Beschaffung materieller Ressourcen (*Produktion*), andererseits ist gerade diese Arbeit auf die körperliche, seelische und geistige Regeneration der Kräfte angewiesen, die vor allem im vertrauten Zuhause möglich ist (*Reproduktion*). Wer aber mit Familienarbeit befasst ist, hat mit dem *Haushalt* zu tun, mit all den Praktiken und automatisierten Gesten zur Besorgung von Nahrung und Kleidung, mit der Pflege der Dinge und der Beziehungen, mit lästigen, endlos wiederkehrenden Wäschebergen und Geschirrstapeln, die ein- und auszuräumen, aufzuhäufen und stets von Neuem abzutragen sind: Die Arbeit eines *Sisyphus*, den man sich hier nicht immer als einen glücklichen Menschen vorstellen darf. Der Haushalt ist kein Reich der Autonomie, eher eines der Heteronomie, dominiert von der jeweiligen Konstellation der Dinge, die den Menschen bedrängen. »Den Haushalt machen« ist der alltägliche Kampf gegen das Chaos der tausend Dinge, der nur mit *Multitasking, Timing* und ausgeklügelter *Logistik* zu gewinnen ist, bis zum nächsten Tag. Dazu zählt auch die ungeliebte, unproduktive *Verwaltung des Lebens*, die Kommunikation mit Institutionen und Behörden, die Regelung von Finanzen, Miet- und Steuerzahlungen, Versicherungen und Versorgungen. Aber es ist die Familienarbeit, die die im modernen Leben auseinander driftenden Einzelnen zum »Wir« zusammenfügt und im Durcheinander der Dinge Inseln der Muße zu schaffen versteht, um sich wieder an der *Gestaltung des Lebens* zu versuchen, das nicht nur der fremdbestimmten Arbeit, sondern auch selbstbestimmten Tätigkeiten und gemeinsamen Unternehmungen gewidmet ist.

Und wer sorgt nun für die nötigen materiellen Ressourcen? Wer besorgt Lebensmittel und Alltagsdinge und entsorgt die Reste? Wer macht das Essen? Wer deckt den Tisch? Wer wäscht das Geschirr ab? Wer wäscht, wer bügelt? Wer macht die Betten, wer die Steuererklärung? Die *Aufteilung der Arbeiten* ist immer wieder umstritten; sie fällt leichter, wenn beide Geschlechter sich für mehrere Arbeiten qualifizieren, denn jede einzelne beansprucht ein eigenes Können, das mit Übung und praktischer Erfahrung, mit Ratschlägen Anderer und mit Handbüchern (Anna Knon, *Haushaltungsbuch*, 2002) zu erwerben ist. Wie die Regelung des Zusammenlebens überhaupt, so ist die Aufteilung der Arbeiten in moderner und andersmoderner Zeit keine Frage der Tradition, Konvention und Religion mehr; an ihre Stelle tritt die *individuelle Definition*, und die Beteiligten tun gut daran, sie nicht ständig neu vorzunehmen, denn der dafür nötige Aufwand an Zeit und Kraft ist erheblich größer als der, den die Arbeiten selbst erfordern. Persönliche Vorlieben sind hilfreich, der Rest ist Gegenstand von Verhandlungen, Auseinandersetzungen, Kompromissen, Vereinbarungen, neuer Unzufriedenheit, und dann wieder von vorne. Grundsätzlich ist jede Art der Aufteilung möglich, auch die überkommene, bei der einer sich um die Erwerbsarbeit, der Andere um die Familienarbeit kümmert, oder die überzogene, bei der keiner sich für irgendetwas zuständig fühlt. Sollte beides nicht gut lebbar sein, geht es um die Aufteilung im Detail.

Die Probleme kulminieren bei bestimmten Fragen, die keine Besonderheit dieser oder jener Beziehung sind, sondern in vielen Beziehungen auftreten und sie früher oder später auf die Probe stellen. Keine Kleinigkeit ist zwischen zweien häufig die *Geldfrage*, die sich bereits vordrängt, wenn es noch gar keinen gemeinsamen Haushalt gibt: Wer bezahlt den Kinobesuch, wer die Rechnung im Restaurant, wer trägt welchen Teil der Urlaubskosten? Erst recht stellt sich die Geldfrage, wenn der Haushalt begründet wird, und oft sogar dann, wenn beide aufgrund eigenen Einkommens über Geld verfügen (Christine Wimbauer, *Geld und Liebe. Zur symbolischen Bedeutung von Geld in Paarbeziehungen*, 2003; Erich Kirchler, Christa Rodler, Erik Hölzl, *Liebe, Geld und Alltag*, 2000): Wer sorgt für die materiellen Mittel? Wie werden sie aufgeteilt? Wofür werden sie ausgegeben? Wie viel stellt der, der die Erwerbsarbeit leistet, dem zur Verfügung, der die Familienarbeit in die Hand nimmt? Eine grundsätzliche gemeinsame Festlegung, wer für welche Teile des Haushaltsbudgets Verantwortung trägt, ist sinnvoll, um nicht in jedem Einzelfall von Neuem Verhandlungen führen und Auseinandersetzungen durchstehen zu müssen. Und selbst dann, wenn einer die alleinige Verantwortung übernimmt, ist der Andere gut beraten, einen Teil des Budgets für sich zu beanspruchen. Denn die anfängliche Großzügigkeit desjenigen, der über materielle Mittel verfügt, den Anderen *immer und überall* daran zu beteiligen, weicht allzu leicht der Kleinlichkeit, genau wissen zu wollen wofür, um die Freigabe »seiner« Mittel an die Durchsetzung eigener Interessen zu koppeln. Ganze Systeme der Belohnung und Bestrafung werden erfunden, um den Einsatz von Geld an die Befriedigung von Bedürfnissen zu koppeln: »Wenn ich dafür bekomme, was ich will.«

Zum Problem werden Kleinigkeiten, die im Alltag eine große Rolle spielen; stellvertretend für andere Dinge wie Schuhe, Bücher, Zeitschriften, Seifenstücke, Zahnpastareste stellt sich beispielsweise die *Sockenfrage*. Am Umgang mit solchen Dingen, die eine Atmosphäre verderben können, entscheidet sich, was der Umgang miteinander noch bedeutet, denn sie sind »Träger vielfältigster symbolischer Bedeutungen« (Jean-Claude Kaufmann, *Schmutzige Wäsche*, 1992, 9). Nur anfänglich können diese Dinge beliebig in der Wohnung herumliegen, *immer und überall*, dann versucht einer, ihnen eine gewisse Ordnung zu geben, und sei es nur so viel, dass die Beziehung in den überhand nehmenden Anforderungen nicht erstickt; er trifft aber auf die Überzeugung des Anderen, dass es sich um

Nichtigkeiten handelt, die nicht der Rede wert sind. Derjenige, der sich für die Ordnung zuständig fühlt, weist den Dingen eine Bedeutung zu, die sich dem Anderen in keiner Weise erschließt; mit stupender Regelmäßigkeit kehrt die Kollision wieder, zermürbt die Liebenden und kann zu ihrem Zerwürfnis führen. Zu schlichten ist die Auseinandersetzung nicht mit einer Berufung auf die »richtige« Ordnung der Dinge, denn die kann auch eine chaotische sein und erleichtert gerade dann manch einem, sich gut in ihr zurechtzufinden, da sie organisch gewachsen ist. Wenn aber der wiederkehrende Grund für Ärger, der aus der unterschiedlichen Ordnung der Dinge resultiert, vermieden werden soll, ist es hilfreich, eigene Räume für die je eigene Ordnung festzulegen, für gemeinsame Räume eine gemeinsame Ordnung, im Zweifelsfall die Ordnung desjenigen, der die Arbeit des Aufräumens nicht scheut. Von Bedeutung könnte die Einsicht sein, dass die erotische Wirkung herumliegender Dinge, zumal mit Duftnote, um die sich irgendwann ja doch einer kümmern muss, sich in Grenzen hält – falls die erotische Wirkung in der Beziehung noch eine Rolle spielen soll. Der Erotik förderlich ist hingegen, wenn jeder sich an der Bewältigung der alltäglichen Dinge beteiligt und keiner den Anderen damit allein lässt; mehr Raum steht dann auch für andere Dinge zur Verfügung.

Nur auf sehr verschwiegene Weise sind Geldfrage und Sockenfrage mit einer dritten verquickt, auf die in mancher Beziehung mit fortschreitender Dauer die Antwort immer weniger befriedigend ausfällt: Die *Sexfrage*. Heiß und innig ist die Liebe nicht an jedem Tag, auch nicht in jeder Nacht. Alltäglichkeit heißt grundsätzlich auch *Allnächtlichkeit*, in der sich die Zärtlichkeiten darin erschöpfen, wenigstens noch den Rücken des Anderen in der Verlorenheit der Nacht zu spüren, während die Gleichzeitigkeit des Begehrens und seiner Befriedigung, die sich anfänglich wie von selbst ergab, immer häufiger verfehlt wird: »Ich bin müde.« »Immer bist Du müde!« Die großzügige Regelung des *Immer und überall*, die den Liebenden im Zustand des Verliebtseins so selbstverständlich erschien, beansprucht nun allenfalls noch einer, der Andere verweigert sie. Einer hält die Frage noch für wichtig, der Andere nicht; beide folgen ihrer inneren Notwendigkeit, dem Drängen des Begehrens oder dem Umstand, keines mehr in sich zu verspüren. Ausgerechnet das Schlafzimmer wird zum Schlachtfeld der Beziehung; umkämpft ist die sexuelle Verfügbarkeit des jeweils Anderen, und ein unheilvoller *circulus vitiosus* nimmt seinen Lauf: Weil es keine sexuelle Intimität mehr gibt und zumindest einer das nicht gut findet, entsteht schlechte Stimmung zwischen beiden; weil es schlechte Stimmung gibt, entsteht keine Situation für sexuelle Intimität mehr. War Sex anfänglich eine Freisetzung von Zärtlichkeit und eine Vernichtung von Zorn, so führt sein Fehlen nun zu einer Vernichtung von Zärtlichkeit und Freisetzung von Zorn.

Regelmäßigkeit und Ritualisierung können hilfreich sein, um nicht Nacht für Nacht mühsam von Neuem die Frage beantworten zu müssen: *Wann, wo, wie, wie lange und wie oft?* Die Berufung darauf, was »normal« ist, hilft hier nicht weiter, denn das Spektrum der Normalität ist denkbar weit offen, auch bei der eigentümlich spannenden Frage der *Frequenz*, auf die in der Antike schon eine medizinische Autorität wie Hippokrates, viel später eine religiöse Autorität wie Luther die gleiche Antwort gegeben haben sollen, Luther mit dem einprägsamen Reim, der jedoch in seinem Werk nicht auffindbar ist: »In der Woche zwier, schadet weder ihm noch ihr.« In merkwürdiger Übereinstimmung damit ergibt sich dieser

Mittelwert, wenn moderne Meinungsforschungsinstitute Tausende von Menschen etwa in Deutschland nach der Häufigkeit ihrer intimen Kontakte befragen: »Achtmal Sex im Monat.« Sollte das besonders bekömmlich sein, folgt aus dem Wissen dennoch nicht zwingend ein Handeln, denn auch zweimal am Tag oder zweimal im Jahr können der Rhythmus eines Paares sein, je nach Konstitution der Beteiligten: Die Ethik der Liebe besteht nicht in der Erfüllung einer Norm, sondern in der Einigung auf eine befriedigende Lösung für beide.

Der Umgang mit dem Alltag wirft noch einmal *Probleme des Wünschens und der Macht* auf: Die offensive Haltung, ihn zu akzeptieren und gar zu lieben, kann so weit gehen, sich nur noch Alltag zu wünschen und wollüstig in seiner überschaubaren Enge und Endlichkeit zu schwelgen, wie dies der Maler des Denkens, René Magritte, mit seiner Frau Georgette über viele Jahre hinweg im Brüsseler Vorort Jette, Rue Esseghem 135, praktizierte. Auch *Daily Soaps* offerieren diese Variante und bedienen die Sehnsucht vieler Menschen nach der Normalität einer Nische in einer Welt, die in ihren Augen aus den Fugen gerät. Dann aber kann die alltägliche Vertrautheit des Umgangs miteinander zur Herrschaft distanzloser Verhältnisse führen, zu einer *Tyrannei der Intimität*. Der Soziologe Richard Sennett, der diesen Begriff 1977 prägte, meinte damit die Selbstbeschränkung von Menschen auf ihre nächste Umgebung, die Verengung ihrer Perspektive auf die intime Beziehung, der allein noch Bedeutung zukommt, sodass über der Fixierung auf die kleine Gemeinschaft die größere Gesellschaft außer Blick gerät. Die Tyrannei beginnt mit der gelebten Intimität im Alltag, in dem keine Lebensregung des Einen mehr dem Anderen entgeht. Paare neigen dazu, die Tyrannei aus freien Stücken noch zu steigern, wenn alles zwischen ihnen gemeinsam sein muss und es nicht das kleinste Geheimnis voreinander geben darf, in der Hoffnung, die Intimität bürge für die Intensität des Gefühls, so viel Nähe erzeuge also auch Wärme. Die Tyrannei setzt sich damit fort, dass jede Geste, jedes Verhalten in den sexuellen Vollzug von Intimität münden muss, dass jedenfalls die Möglichkeit dazu in der Vorstellung der Beteiligten zu einem entscheidenden Maßstab für das Vorhandensein von Liebe wird.

Aber bei so viel Intimität kann der Einzelne keine Intimsphäre mehr für sich beanspruchen, wie dies die Bewahrung füreinander erfordern würde, um für den jeweils Anderen eben *nicht* völlig durchschaubar zu sein, denn was durchschaubar ist, wird langweilig. Je größer die Nähe, desto bedrohter die Aura des Geheimnisvollen, und so folgt dem Interesse für einen Augenblick bald Desinteresse für die verbleibende Zeit. Nachhaltig von Interesse ist nur, was in seiner verborgenen Fülle nicht zu erschöpfen ist: Es erscheint voller Möglichkeiten und bleibt hermeneutisch ergiebig, bedarf ständig neuer Deutung und Interpretation und gewinnt somit an Bedeutung. Ansonsten besteht die Gefahr, dass sich die Wertschätzung füreinander im selben Maße auflöst, in dem beide sich ihre intimsten Geheimnisse anvertrauen, ohne auch nur eines für sich zu behalten: »Wer dem Andern sein Geheimniß mittheilt, macht sich zu dessen Sklaven« (Gracián, *Handorakel*, Aphorismus 237). Dass die Attraktivität mit der Entblößung schwindet, ist das Problem aller Paare, die die größtmögliche Entblößung voreinander für Liebe halten. Sie verstehen nicht, wie ihnen geschieht, wenn ausgerechnet die große Nähe sie voneinander entfernt: »Die Liebe führt die Vertraulichkeit ein, und mit jedem Schritt, den diese vorwärts macht, macht die Hochachtung einen zurück« (Gracián, Aphorismus 290).

Nicht selten zerbricht in der ausweglosen Intimität die glänzende Oberfläche der Höflichkeit und Rücksichtnahme; es erweist sich, was für ein dünner Firnis die Kultur ist, diese immer noch sehr junge Errungenschaft in der Geschichte der Menschheit. Darunter verbirgt sich ein Mensch, der von Reiz-Reaktionsmustern regiert wird: Floskeln verlassen seinen Mund, die er passieren lässt, weil eine Überlegung jetzt zu anstrengend wäre. Zivilisiertheit aber braucht ein Mindestmaß an Distanz zueinander. Und einen Verzicht auf nackte Machtausübung. Unter den neuralgischen Punkten des alltäglichen Umgangs miteinander schwelt allzu oft die *Machtfrage* und flammt zuweilen lichterloh auf.

Warum die Liebe so schwierig ist: Fragen der Macht

»Dir könnte ich nie wehtun.« Das ist die aufrichtige Überzeugung der Liebenden in Zeiten der Freude aneinander – um in anderen Zeiten das Gegenteil zu tun. Erzwingt die Freude den Schmerz als Gegenpol? Die Frage stellt sich in vielen Liebesbiographien, filmisch zugespitzt in der *Schule des Begehrens* (*L'École de la chair*, nach einem Roman von Yukio Mishima, Regie Benoît Jacquot, Frankreich 1998). Die Hauptdarstellerin Dominique (Isabelle Huppert) wähnt sich mit Überschreiten des 40. Lebensjahres schon jenseits des Begehrens, als sie einem sehr schönen, sehr jungen und arroganten Mann begegnet, der Männern ebenso wie Frauen gefällt. Er verkauft seine Dienste, sie kauft. Es ist nur ein Spiel, eine Abwechslung im grauen Alltag. In einem Hotelzimmer holt sie sich ihre Lust und verabschiedet sich nüchtern: »Ich weiß nicht, ob wir uns wiedersehen.« Aber ihr Begehren ist entflammt und entzieht sich jeder Kontrolle, seines auch, aus dem Spiel wird Ernst, und nun müssen beide lernen, damit zurechtzukommen. Erste Lektion in der Schule des Begehrens: »Wir müssen uns mäßigen.« Aber sie können es nicht, mit absehbaren Folgen: Ihre Welten kollidieren. *Er* kennt nur sich und seine Ansprüche, begegnet ihr mit brutaler Direktheit, besteht auf schrankenloser Freiheit und fordert ultimativ, *megacool*, ihr Einverständnis, »sonst leidest du«. *Sie* kennt das Leben und seine Widersprüche, begegnet ihm mit übergroßer Zärtlichkeit und ebenso großer Kälte, die nicht weniger brutal ist als seine Direktheit. Ein Ausflug in die arabische Welt, der er entstammt und die ihm doch so fremd ist, endet in Irritation. Beide zittern vor Liebe – und vor Enttäuschung. Grundlos geht er weg und rät ihr: »Weine nicht, du bist ein großes Mädchen.«

Mit traumwandlerischer Sicherheit finden die Liebenden Wege, sich wechselseitig wehzutun, und entwickeln nicht nur ein Gespür dafür, wo ihre ergiebigste Energiequelle sprudelt, der *Hot Spot*, der sie himmlisch beflügelt, sondern auch, wo der wunde Punkt des jeweils Anderen zu finden ist, der *Soft Spot*, an dem die Möglichkeiten der Verletzung am größten sind. Gerne machen sie dabei Gebrauch von der ganzen Skala des *Liebesentzugs*, von der leisen Andeutung der Möglichkeit dazu, dann von der lauteren Ankündigung des Vollzugs, um den Anderen schließlich wirklich am empfindlichsten Punkt zu treffen, ihm großzügig gewährte Privilegien wieder zu entziehen, seine Wünsche, Bedürfnisse und vor allem sein Begehren zu ignorieren, ihm Wertschätzung und Würde streitig zu machen und schließlich mit ihm »Schluss zu machen«. In der Schule des Begehrens vermitteln Lektionen des Leidens ein Wissen davon, dass dort, wo Liebe ist, die *Macht* nicht weit ist, Macht verstanden als *Möglichkeit zur Einflussnahme auf etwas oder jemanden*, ein Aspekt von Energie. Bereits die *Möglichkeit* dazu ist wirksam, nicht erst die Wirklichkeit, und nicht nur absichtsvoll, sondern auch absichtslos wird Macht ausgeübt: Was der Betroffene als Liebesentzug wahrnimmt, kann auch ein Nicht-mehr-lieben-Können sein, das dem vormals Liebenden selbst nur widerfährt. Interessant aber ist Macht, um eigene Interessen, Wünsche und Bedürfnisse geltend machen zu können, Stärke zu empfinden, mit der Reichweite des Einflusses das eigene Selbst zu erweitern und *Sinn* zu gewinnen, denn Macht stellt einen starken Zusammenhang her zwischen dem Ausübenden und demjenigen, über den sie ausgeübt wird: Daher auch die große Versuchung, mit Macht noch Zusammenhänge zu erzwingen, die anderweitig nicht mehr zustande kommen. Von der Machtausübung, die sich grundsätzlich durch *Wechselseitigkeit* auszeichnet, sind jedoch Herrschaftsverhältnisse zu unterscheiden, für die *Einseitigkeit* typisch ist: Der Herrschende kann ständig durchsetzen, was er will; er macht sein Gegenüber zum Opfer, dessen Ohnmacht selbst den Skeptikern der Macht vor Augen führen sollte, wie wenig ratsam es ist, ohne jede Macht, ohne eigene Möglichkeit der Einflussnahme zu sein.

Bei vielen Liebenden herrscht die Überzeugung vor, in ihrer Beziehung habe Macht nichts zu suchen. Das ist erfreulich, kann sich aber rasch ändern, wenn ihre Interessen, Wünsche und Bedürfnisse nicht mehr übereinstimmen und beide darüber nachsinnen, wie der je Andere zur »Einsicht« gebracht werden kann. Das Umschlagen in Macht wird davon begünstigt, dass der Liebe selbst von Grund auf Macht nicht fremd ist: Die *Macht der Liebe* zeigt sich im Einfluss, den sie auf einen Menschen ausübt, sobald sein Begehren nach dem Anderen Besitz von ihm ergreift; die ungewöhnlichen Energien, die dabei frei werden, fördern Eigenschaften zutage, die er oder sie an sich selbst gar nicht kannte. Als »Himmelsmacht« wird die Liebe erfahren, wenn sie eine *Ermächtigung* für die Liebenden darstellt, sodass sie sich gemeinsam stärker fühlen können als einer für sich allein: Weit über die bloße Addition zweier Kräfte hinaus sehen sie sich in der Lage, alles in Frage zu stellen, alles in Kauf zu nehmen. Als »höllische Macht« tritt die Liebe hingegen auf den Plan, wenn sie zur *Entmächtigung* der Liebenden führt, da sie einer unheilvollen, diktatorischen Herrschaft ihrer Gefühle erliegen.

In vielen Fällen folgen aus Unterschieden in der Intensität, mit der die Liebenden lieben, auch Unterschiede in den Machtverhältnissen zwischen ihnen: Im selben Maße, in dem ich Gefühle im Anderen wecken kann, die sich auf mich beziehen, gewinne ich *Macht über den Anderen*, für den die Erwiderung seiner Liebe, die Befriedigung seines Begehrens und anderer Wünsche und Bedürfnisse nun ganz in meiner Hand liegen. Dasselbe gilt grundsätzlich für die *Macht des Anderen* in Bezug auf mich, sodass ein eigenartiges Überkreuzverhältnis entsteht: Mehr Macht hat der, der *weniger* der Macht der Liebe unterliegt, also weniger auf den jeweils Anderen angewiesen und weniger verletzlich ist, weniger zu verlieren hat und meist auch weniger wahrnimmt, ob er dem Anderen wehtut. Weniger Macht hat der, der *mehr* liebt und somit verletzlicher ist, auch den Verlust der Liebe fürchten muss und dem Anderen nicht wehtun will, es aus Verzweiflung aber womöglich doch tut: Nicht selten resultieren Versuchungen der Macht aus Erfahrungen der Angst, etwa der Angst desjenigen, der zu sehr liebt, vor dem Verlassenwerden; er besiegt sie äußerstenfalls mit dem Verlassen des Anderen, zumindest mit der Drohung, es zu tun.

In vielerlei Formen und auf allen Ebenen finden *Spiele der Macht* zwischen zweien statt, ein Hin und Her der versuchten Einflussnahme, nicht immer in offen erkennbarer Form, denn auch mit Umwerbung, Versprechungen und subtilen Formen der Verführung wird dabei gearbeitet; deutlicher erkennbar sind Verstimmung, Androhungen von Liebesentzug und heftigere Formen der Erpressung. Auf der *körperlichen Ebene*, der Ebene der Sinnlichkeit, beginnt das Spektrum der *Verführung* damit, dem Anderen den Anblick zu bieten, den er sich wünscht, ihn zu locken mit den Schmeicheleien, die er gerne hört, ihn mit Düften zu betören, die er gerne riecht, ihm das Essen zuzubereiten, mit dem die Liebe durch seinen Magen geht, und ihn so zärtlich zu berühren, dass er nicht widerstehen kann, um ihm schließlich die gesteigerte Berührung zu gestatten, nach der er sich sehnt, und ihm wirklich Sex zu gewähren. Die *Erpressung* aber setzt damit ein, ihm jeden schönen Anblick zu verweigern, die Stimme zu erheben und gewaltsam in seine Ohrgänge vorzudringen, ihm jedes Duftarrangement zu verweigern, ihn nach Essen und Liebe hungern zu lassen, jeden Berührungsversuch unsanft zurückzuweisen, erst recht den einen (»mach's dir doch selber«). Besonders perfide ist es, ihm alle Lust der Welt in Aussicht zu stellen, um sie ihm dann zu entziehen und nur noch dosiert zu gönnen, verbunden mit einem subtilen System von Belohnung und Bestrafung, ihm schließlich keinerlei körperliche Präsenz mehr zuzugestehen oder ihn umgekehrt mit hemmungsloser körperlicher Gewaltanwendung zu traktieren.

Auf der *seelischen Ebene* werden wirkliche oder gespielte Gefühle, die positive Gefühle des Anderen hervorrufen sollen, zu Machtinstrumenten der *Verführung*. Die betonte Zuwendung von Energie in Form von Aufmerksamkeit, Freude und

Zärtlichkeit wirkt auf den Energiehaushalt des Anderen ein und stellt ihm »Wärme« zur Verfügung. Das höhere Energieniveau macht es ihm leichter, seinerseits dem Selbst entgegenzukommen, dessen Wünsche zu erfüllen und Bedürfnisse zu befriedigen, körperlich, seelisch, geistig oder auch nur materiell. Die *Erpressung* aber setzt mit negativ aufgeladenen, wiederum wirklichen oder gespielten Gefühlen ein, um positive Gefühle des Anderen unmöglich zu machen. Die betonte Abwendung von Aufmerksamkeit, die Äußerung von Ärger und Zorn soll den Anderen energetisch auf Entzug setzen und eine plötzliche »Kälte« über ihn hereinbrechen lassen. Im Dschungel der Gefühle zeigt sich dabei jeder und jede fähig zu Niedrigkeiten, die er oder sie selbst nie zuvor an sich kannte. Diverse Varianten psychischer Gewalt dienen dazu, dem Anderen auch Schmerz zuzufügen, ihn »leiden zu lassen«, um den eigenen Interessen Nachdruck zu verleihen und sie durchzusetzen, und sei es hormonelle Interessen, die sich dem bewussten Zugriff entziehen. Sogar Krankheit kann als Mittel der Macht eingesetzt werden, um den Anderen zu einem Entgegenkommen zu nötigen – und zuletzt erfüllt die Drohung mit Selbsttötung diesen Zweck.

Auf der *geistigen Ebene* fungieren der Austausch von Gedanken und der Einsatz von Argumenten als Formen der wechselseitigen Einflussnahme, vorausgesetzt, dass beide sich darauf einlassen. Ein unverdächtiges, äußerst wirksames Mittel der *Verführung* ist das Verständnis, das einer dem Anderen entgegenbringt, ein rabiates Mittel der *Erpressung* hingegen, ihm jedes Bemühen um Verständnis zu verweigern, ihm gar jede geistige Kompetenz abzusprechen, garniert mit spitzen Bemerkungen (»so blöd kannst nur du sein«) und anderen gezielten »Nadelstichen« bis hin zum Gesprächsentzug, um jeden »Kontakt« auf unbestimmte Zeit abzubrechen. An die Stelle des Kontakts tritt die verschärfte Kontrolle des Anderen, um ihm vorhalten zu können, was er alles »falsch macht«, und die boshafte Spiegelung seines Verhaltens, die ihm vorführen soll, wie unzumutbar es ist: Wenn schon nicht Gedanken und Argumente, so sollen Kontrolle und Spiegelung ihn zur Umkehr bewegen. – Selbst die *Ebene der Transzendenz* ist vom Machtspiel nicht ausgenommen und kennt die *Verführung*, die darauf hinausläuft, bestmögliche Voraussetzungen für ekstatische Unendlichkeitserfahrungen zu schaffen, die den Anderen überwältigen sollen, sodass sich im Gegenzug eigene Wünsche besser platzieren lassen, denn wenn alle Dämme brechen, wird alles möglich. Die *Erpressung* hingegen besteht darin, den Anderen auf seine Endlichkeit zurückzuwerfen, jegliche Voraussetzung für das mögliche Entstehen von Ekstase und Transzendenz zu torpedieren, sei es die körperliche Berührung, das Aufwallen von Gefühlen oder der Austausch von Gedanken; ihn geradezu metaphysisch leiden zu lassen und einer kosmischen Einsamkeit auszusetzen, selbst auf die Gefahr hin, dass er sich in ihr verliert.

Statt die Spiele der Macht zwischen zweien zu ignorieren, die zur erwünschten harmonischen Einheit nicht passen wollen, erscheint es sinnvoller, die nötige Aufmerksamkeit auf sie zu wenden. Das *Grundproblem der Macht*, das sich auch in der Liebe bemerkbar macht, benennt Montesquieu schon im 18. Jahrhundert einfach und klar: Die »ewige Erfahrung« besage, »dass jeder Mensch, der Macht hat, getrieben wird, sie zu missbrauchen« (*Vom Geist der Gesetze*, 1748, 11, 4). Der große Theoretiker der Macht hielt sich nicht lange damit auf, das Problem durch eine Abschaffung der Macht lösen zu wollen, denn unter diesem Vorwand wird sie ja doch nur umso ungenierter eingesetzt; seine Antwort ist ungleich pragmatischer: »Damit die Macht nicht missbraucht werden kann, muss die Anordnung der Dinge so sein, dass die Macht die Macht zügelt.« Ist die Macht unvermeidlich, soll wenigstens ihre einseitige Zuspitzung vermieden werden: Das kann auch der Ansatzpunkt für eine Ethik der Liebe sein, die auf eine *Mäßigung der Macht* zielt und nach gemeinsam lebbaren Lösungen sucht. Das ist nicht nur eine Angelegenheit des *aktiven*, sondern auch des *passiven Teilhabers* am Machtspiel, der etwas mit sich machen lässt oder eben nicht, durch sein Lassen das Machen des Anderen ermuntert oder ihm mit einer Begrenzung seines Lassens Grenzen setzt. Es hilft nichts, eine Gleichberechtigung in Machtfragen nur zu proklamieren, sie muss auch realisiert werden.

Der Einzelne erreicht eine Mäßigung der Macht zuallererst mit seiner Selbstgesetzgebung, seiner Autonomie im Wortsinne, um mit *Selbstmächtigkeit* eine eigene Macht über sich zu gewinnen, mit ihrer Hilfe übertriebene Machtansprüche gegen Andere zu zügeln und umgekehrt zu weit gehende Machtansprüche Anderer abzuwehren. Schwäche provoziert den Stärkeren, der nicht stark genug ist, sich selbst zurückzuhalten; eine eigene Macht aber ist dazu angetan, sich die Wertschätzung des Anderen zu verschaffen, statt »Almosen« von ihm erbitten zu müssen. So kann das Selbst souveräner mit sich, sodann mit dem Anderen umgehen und ausbalancierte Verhältnisse mit ihm finden, auch wenn sie jeden Tag neu austariert werden müssen. Eigene Macht entsteht durch die Klärung des inneren Machtspiels im Selbst, durch den Ausgleich eigener Gegensätze mithilfe von Kompromissen und Absprachen, um sich mit sich selbst zu befreunden. Eine Herausforderung stellt dabei die Macht des Begehrens dar, die das Selbst eigenwillig für sich in Besitz zu nehmen trachtet. Mit der *Schulung des Begehrens* kann das Selbst diesem Machtanspruch Raum geben, ihn aber auch, falls er zu weit geht, zurückhalten. Dazu dienen *Lektionen der Erfahrung*, bei denen auf Umwegen, Abwegen, Irrwegen ein Lernprozess zu durchlaufen ist, verbunden mit enttäuschten Hoffnungen, schmerzlichen Abweisungen, reumütigen Neuorientierungen. Der Lernprozess wird unterstützt von *Lektionen der Besinnung*, die das Selbst mit der Einsicht in Zusammenhänge und mit der Einübung veränderter Verhaltensweisen dazu befähigen, seinem Begehren Grenzen zu setzen, sofern es vom Anderen nicht beantwortet wird, und dem Begehren des Anderen Grenzen zu setzen, sofern es beim Selbst keine Resonanz findet.

Der Selbstgesetzgebung des Einzelnen entspricht eine des Paares, um eine *eigene Definition der Machtverhältnisse* vorzunehmen und vorherrschenden traditionellen, konventionellen und religiösen Machtverteilungen zu entgehen. Mit wachsender Befreiung von überkommenen Vorgaben liegt es an den Beteiligten selbst, ihre Verhältnisse zu klären und sich an einer Mäßigung der Macht zu versuchen, um auch in dieser Hinsicht der Freiheit lebbare Formen zu geben, vorzugsweise anhand kleinstmöglicher Fragen des Alltags, denn der Macht erscheint nichts als zu gering; die Mühsal der Auseinandersetzung hierüber ist der Preis der Befreiung. Nicht auszuschalten ist dabei der Faktor der *natürlichen Macht*, die aus der Veranlagung der Beteiligten hervorgeht, die machtbewusst und durchsetzungsfähig oder desinteressiert an Machtfragen und gerne mit allem einverstanden sind. Ein Faktor ist weiterhin die *kulturelle Macht*, mit einer Machtverteilung zwischen den Geschlechtern, die auch in befreiten Zeiten so selbstverständlich praktiziert wird, dass kaum jemand darüber nachdenkt

(Günter Dux, *Die Spur der Macht im Verhältnis der Geschlechter*, 1992). Und doch ist ein entscheidender Faktor die *individuelle Macht*, die Individuen sich erarbeiten und selbst begrenzen lernen, um bewussten Gebrauch davon zu machen und auf die natürlichen und kulturellen Vorgaben der Machtverteilung zurückzuwirken, sie zu bestätigen und zu bestärken, sie aber auch anders zu interpretieren und zu korrigieren.

Das Paar selbst nimmt eine *Aufteilung der Machtbereiche* vor, um die es nicht nur in der »großen Politik« geht, in der Montesquieu mit einer »Aufteilung der drei Befugnisse« eine wechselseitige Kontrolle gesetzgebender, ausführender und Recht sprechender Teilmächte erreichen wollte: Nur geteilte Macht ist kontrollierte Macht, war er überzeugt. In der »kleinen Politik« zwischen zweien ist die Aufteilung schwieriger, aber auch hier stellen sich die Fragen:

1. Wer bestimmt über die Grundlinien des gemeinsamen Lebens, die Regeln des Verhaltens, den Rahmen der verfügbaren Mittel für die Haushaltsführung (vergleichbar der *Legislative*)?

2. Wer übernimmt welche Aufgaben, wer trifft die Entscheidungen im Einzelfall, etwa welche Dinge zu beschaffen sind (vergleichbar der *Exekutive*)?

3. Wer urteilt über strittige Sachverhalte, wer legt Sanktionen fest, wenn Grundlinien nicht beachtet, Regeln verletzt und die falschen Dinge beschafft worden sind (vergleichbar der *Judikative*)?

4. Wem kommt die Rolle der Kritik in all diesen Belangen zu (vergleichbar der »vierten Gewalt«, der modernen *kritischen Öffentlichkeit*, an die Montesquieu noch nicht dachte)?

Die Legislative, die einer gerne an sich reißt, erfordert jedoch die Übereinstimmung beider; die Judikative behält der jeweils Andere sich vor; von Kritik wiederum lässt sich ohnehin keiner abhalten, sodass sie kaum ein Maß findet, das sie davor bewahren könnte, zermürbend zu wirken. Die Aufteilung der Macht muss sich also auf die umfangreiche *Exekutive* konzentrieren, die keiner allein bewältigen kann und bei der eine ständige Rücksprache nicht möglich ist, da im Alltag viele Fragen *ad hoc* zu entscheiden sind und nicht jede Antwort bei jeder Gelegenheit neu verhandelt werden kann. Praktischerweise geht die Aufteilung der Macht in der Exekutive mit der Aufteilung der Arbeiten im Alltag einher, die sich von klassischen Mustern (Haushalt und familieninterne Belange als weibliche, Finanzhaushalt und externe Belange als männliche Domäne) lösen können. Moderne und andersmoderne Verhältnisse erlauben Aufteilungen, die anders und feiner auszudifferenzieren sind, bis Ausgewogenheit erreicht ist, nach Auffassung beider und stets bis auf Weiteres, denn endgültige Lösungen stehen nicht zur Verfügung.

Die immer neue *Ausbalancierung der Macht* in allen Teilbereichen und im Ganzen ist für das Gelingen der Beziehung von Bedeutung, und sie gelingt in strittigen Fragen am besten mit einer *Balance der Abfolge*, sodass mal der Eine, mal der Andere »das Sagen hat«. Auf die Abfolge zu achten und dem jeweils Anderen die Gelegenheit zur eigenen Machtausübung nicht etwa zu rauben, sondern sie ihm eher zuzuspielen, macht eine »generalisierte Reziprozität« möglich: Das Vertrauen darauf, dass immer dann, wenn einer in Vorleistung geht und etwa in einer Streitfrage nachgibt, der Andere ihm irgendwann in vergleichbarer Weise entgegenkommen wird. Geschieht das über längere Zeit hinweg dennoch nicht, kann ein Entgegenkommen sanft, dann weniger sanft angemahnt werden, um schließlich eine einseitige Veränderung oder gar Beendigung der Beziehung anzukündigen und womöglich auch zu vollziehen. Die Ausbalancierung fällt am leichtesten bei der *Gelegenheitsmacht*, der momentanen Einflussnahme, mit der mal der Eine, mal der Andere seine Interessen zur Geltung bringt, während im nächsten Moment schon wieder alles ganz anders sein kann. Stabiler, aber problematischer ist die *Gewohnheitsmacht*, die sich auf die Macht der Gewohnheit stützt, mit der einer seine Macht dauerhaft mit größter Selbstverständlichkeit exerziert, weil »es sich so ergeben hat« oder durch Auseinandersetzungen hindurch »ein für alle Mal« so befestigt worden ist: Es kann sich dabei um eine Herrschaft handeln, die nicht mehr so ohne Weiteres veränderbar ist, ein Manko für das Spiel der Liebe, wenn die Verfestigung nicht auf einer offenen oder stillen Übereinkunft beruht.

Zur Idee der atmenden Liebe gehört die *Wechselseitigkeit der Machtausübung*, die die Macht zwischen den Beteiligten in Fluss hält. Die grundsätzliche Umkehrbarkeit der Macht und die Gleichberechtigung in Machtfragen ist ein Kennzeichen *demokratischer Macht* auch in einer Beziehung, in der das »Volk« (griechisch *demos*) nur aus zweien besteht, die sich selbst regieren (*kratein*). Um der Polarität willen fällt einem dabei häufig die Rolle zu, den Interessen des Anderen Widerstand zu leisten und zu jeder Position die Gegenposition zu vertreten. Gerade nach Zeiten der Entspannung sorgt dies für neuerliche Spannung. Was als das Ärgerlichste empfunden wird, ist jedoch das Lebendigste am Zusammenleben: Das Einverständnis muss mutwillig wieder durchbrochen werden, denn das Leben besteht nun mal im »Fluktuieren zwischen zwei Polen«, wie einer sagte, der damit selbst die größten Schwierigkeiten hatte (Hermann Hesse, *Kurgast*, 1924, Ausgabe 1977, 107). Wie in der großen Politik fällt es auch in der kleinen schwer, die Gegensätze als notwendig zu akzeptieren oder gar als bereichernd zu affirmieren; das ewige Hin und Her kann lähmend wirken und die Beteiligten verwirren, da sie nicht mehr wissen, woran sie sind. Menschen sind komplizierte Tiere, ihre Beziehungen sind »komplex«, es kostet einige Mühe, sie so überschaubar zu gestalten, dass sie gut lebbar werden. Aber spätestens dann, wenn die Harmonie anhaltend gestört ist, führt kein Weg daran vorbei, die Verhältnisse neu zu klären, auszudiskutieren, auszuhandeln und auch auszufechten. Die Alternative dazu wäre zu resignieren, sich irgendwann zu trennen und darauf zu hoffen, dass beim nächsten Mal »alles ganz anders wird«, um sich dann doch wieder mit Machtfragen konfrontiert zu sehen, die sich eben nicht von selbst beantworten (Michael Fries, *Macht in partnerschaftlichen Beziehungen*, 1986; Hans Jellouschek, *Wie Partnerschaft gelingt*, 1998).

Der gelegentliche Streit ist unverzichtbar. Damit er die Beziehung jedoch stärkt und nicht zerstört, gehört zur Ethik der Liebe eine *Streitkultur*. Kultur daran kann nicht sein, immer nur zu schweigen, aber auch nicht, sich bei jeder Gelegenheit ultimativ aufzuregen; nicht jeder Streit muss gemieden, aber auch nicht jeder gesucht werden. Und nicht bei jeder Sache, um die es geht, muss gleich die gesamte Beziehung in Frage stehen, aber es wird nicht immer möglich sein, »Sachebene« und »Beziehungsebene« im Streit auseinander zu halten, denn die Beziehung wird nun mal gerne in Sachen verhandelt, und was könnte Sachen spannender machen, wenn nicht die Beziehung, die in ihnen geeignete Gegenstände für das Schauspiel der Auseinandersetzung findet? Die Streitkultur beruht darauf, gegensätzliche Interessen und Meinungen für gewöhnliche Bestandteile der Polarität zu halten: So wird es leichter, nicht nur den eigenen Standpunkt zu vertreten, sondern sich auch für den des Anderen zu interessieren; beizeiten dann sich selbst wieder von außen zu sehen, um die Situation neu zu bewerten, und nicht um jeden Preis »siegen« zu wollen, sondern nach Kompromissen zu suchen, die das »Gesicht« beider wahren können. Schließlich darauf zu vertrauen, dass durch den Streit hindurch eine neue Einigkeit möglich sein wird, und damit einverstanden zu sein, dass auch die wieder nicht von ewiger Dauer sein kann: Streit endet im Grunde nie, er schläft nur vor Erschöpfung ein, und schläft dann hoffentlich für längere Zeit.

Der Streit ist weniger problematisch, wenn jeder der Beteiligten die *Grundfrage* für sich selbst klar beantwortet: Bejahe ich den Anderen und die Beziehung zu ihm von Grund auf, »andere Seiten« mit eingerechnet? Ausgehend von einem Ja wird die Bindung an Werte im Umgang mit ihm auch im Eifer der Machtfragen möglich, und die Auseinandersetzung kann in das Bemühen eingebunden sein, nach einem neuen Einvernehmen zu suchen. Die klare Festlegung auf den Anderen ist eine Aufgabe der *Selbstdefinition* und setzt die Kräfte dafür frei, alle Schwierigkeiten in der Beziehung durchzustehen, dem Anderen eine ganze Anzahl von Schwächen und Differenzen zuzugestehen und gerade dadurch den Dauerstreit zu vermeiden, der zersetzend wirkt. Immense Kräfte verzehrt hingegen das ewig unbestimmte Schwanken zwischen Ja, Nein, Jein zum Anderen, und vor allem das heimliche Nein führt nur dazu, mit immer neuen Vorwürfen und Attacken gegen ihn jede Verständigung mit ihm zu unterlaufen (Michael Cöllen, *Lieben, Streiten und Versöhnen*, 2003).

Wechselseitiges Einverständnis vorausgesetzt, können Machtbeziehungen zwischen zweien gleichwohl nicht nur demokratisch organisiert sein, auch die einseitige Herrschaft ist möglich, in zweierlei Ausformungen: Die *aristokratische Herrschaft* ist der Idee nach die Machtausübung des Besten (griechisch *aristos*), der jedenfalls vom jeweils Anderen als solcher gesehen und mit der Rolle des »Bestimmers« betraut wird, da er Entscheidungen am besten treffen, mit Geld am besten umgehen, Interessen am besten nach außen vertreten kann, sich als klug, rücksichtsvoll, umsichtig, vorsichtig und vorausschauend erweist. Aristoteles sah darin das optimale Verhältnis zwischen Mann und Frau, wobei er, ganz Kind seiner Zeit, der Frau die führende Rolle allenfalls im Falle reicher Mitgift zusprechen konnte (*Nikomachische Ethik*, 1160 b 33).

Ebenfalls einseitig, aber ganz anders geartet ist die *despotische Herrschaft*, die gewaltsame Machtausübung eines alleinigen Herrn und Gebieters (griechisch *despotes*), auch einer Herrin und Gebieterin, dem oder der zugestanden, womöglich sogar abverlangt wird, willkürlich eigene Interessen und Leidenschaften auszuleben, denen der Andere sklavisch zu folgen hat, als freiwillige Veranstaltung nur in sadomasochistischen Beziehungen denkbar. Das Machtspiel zwischen zweien kann diese Form annehmen, und auch das kann Liebe sein: Beziehungen der Liebe sind nicht auf symmetrische Verhältnisse verpflichtet, auch frei gewählte asymmetrische Verhältnisse sind lebbar; auch in gewöhnlichen Liebesbeziehungen können freiwillige Sklavendienste »Liebesdienste« sein.

In beiden einseitigen Machtverhältnissen wird es aufgrund eigener Wahl, die die Möglichkeit der Abwahl prinzipiell offen lässt, mit einer *souveränen Unterwerfung* möglich, sich dem Mächtigeren vollständig anzuvertrauen und sich geradezu von ihm »besitzen» zu lassen. Wünschenswert wäre im Gegenzug auf der Seite des Mächtigeren eine *selbstreflexive Domination*, mit der er seine Macht kontrollieren kann, um sie im Zaum zu halten und den ihm zugestandenen großen Spielraum nicht über alle Grenzen hinaus zu missbrauchen. Dafür allerdings gibt es keine Garantie: In ihrem Roman *Liebesleben* (1997) lässt Zeruya Shalev ihre Protagonistin Ja'ara einem Mann begegnen, von dem sie leidenschaftlich geliebt werden will, nicht romantisch und gefühlvoll, sondern egoistisch und besitzergreifend. Erst als seine nichtreflexive Domination jedes Maß sprengt, findet sie spät, vielleicht zu spät und zutiefst gekränkt wieder aus dem Verhältnis heraus. Die gewollte Unterwerfung kann eben nicht nur beglückend sein, etwa weil sie die Erotik der Gewalt zu leben erlaubt und die Mühsal eigener Entscheidungen erspart; sie kann auch demütigend und ausweglos sein.

Zuletzt kann die einseitige despotische Herrschaft mit Gewalt auch *gegen den Willen des Anderen* erzwungen werden, sei es, weil dies in der jeweiligen Kultur »so üblich ist« oder weil es in dieser besonderen Beziehung durchgesetzt werden kann. Die Gewalt kann *körperlich* ausgeübt werden, mit nachweisbaren Spuren, grundsätzlich anklagbar; ebenso problematisch ist jedoch die *seelische* Gewalt, die weit weniger bezeugbar ist, sowie die *strukturelle* Gewalt bestehender Verhältnisse, von denen Menschen zu Verhaltensweisen genötigt werden, die sie nicht wählen würden, wenn sie es könnten. Das ist das zentrale Problem der Ethik der Liebe: Was soll geschehen, wenn einer in der Beziehung Gewalt anwendet, der der Betroffene nicht zustimmt? Wo genau ist dafür die Grenze zu ziehen? Und was ist, wenn sie überschritten wird? Das Problem besteht darin, dass jeder und jede jederzeit auch ohne Erlaubnis und ohne Grund über Gewaltmittel verfügen kann, etwa über die Hand, die »ausrutscht«, und das böse Wort, das verletzt. Der, der Gewalt ausübt, versucht vielleicht selbst nur verzweifelt, nach dem Scheitern anderer Möglichkeiten zur Einflussnahme auf den Anderen noch eine Machtwirkung um jeden Preis zu erzielen, ihn förmlich dazu zu zwingen, die Existenz des Selbst und seiner Bedürfnisse zumindest zur Kenntnis zu nehmen, vor allem dann, wenn dieses Selbst seiner Existenz von Grund auf unsicher ist, unfähig zur Selbstmächtigkeit und zum eigenständigen, freundschaftlichen Umgang mit sich.

Die Ethik der Liebe ist *ohnmächtig*, wie jede andere Ethik, wenn es darum geht, die Anwendung von Gewalt zuverlässig unmöglich zu machen: Es gibt kein Leben, keine Beziehung ohne gelegentliche Verletzung zumindest der Seelen, die Gefahr wächst mit der Nähe zueinander. Ausgerechnet beim Versuch, jede Verletzung auszuschließen, gerät die kleinste Wunde schon zur großen Katastrophe. Auch nicht jedes Leiden in einer Beziehung ist vermeidbar, manche sprechen sogar von einem »Bedürfnis zu leiden« und nennen es »eines der tiefsten Bedürfnisse des Menschen« (Denis de Rougemont, *Die Liebe und das Abendland*, 1939). Ein sinnvolles Ziel der Ethik kann jedoch sein, Gewalt und somit Verletzung und Leid zu *begrenzen* und schon ihre Entstehung weniger wahrscheinlich zu machen: Nicht jede Verletzung muss hingenommen, nicht jedes Leid ertragen werden, schon gar nicht, wenn kein »Sinn«, kein Eingebundensein in die Zusammenhänge des Selbst und seiner Beziehung zum Anderen, erkennbar ist. Zur Begrenzung trägt bei, auf dem alten lateinischen Prinzip *non vis, sed verbo* zu beharren: Nicht mit Gewalt, nur durch das Wort, um die Auseinandersetzung verbal zu führen. Der eigene Verzicht auf den Einsatz von Gewalt kann Vertrauen bilden wie kaum etwas sonst (Jan Philipp Reemtsma, *Vertrauen und Gewalt*, 2008). Sollte aber die Polarität von Gewalt und Gewaltlosigkeit tatsächlich nicht aufzulösen sein, muss sich alle Sorge darauf richten, für die Androhung von Gegengewalt und deren tatsächlichen Einsatz Formen zu finden, die so maßvoll wie nur möglich ausfallen.

Wenn trotz allem Verletzungen geschehen sind, Leid zugefügt worden ist, fordert die Ethik der Liebe gemäß *Goldener Regel*, was Verursacher und Betroffener voneinander erwarten würden, müssten sie die Rollen tauschen: Vom *Verursacher* eine Übernahme von Verantwortung, eine Anerkennung von Schuld, eine Entschuldigung und Wiedergutmachung; vom *Betroffenen* eine Bereitschaft zur Vergebung und Verzeihung, die die »Mitte der Ethik« darstellt (Klaus-Michael Kodalle, *Annäherungen an eine Theorie des Verzeihens*, 2006) – sofern das Vergehen auch nur annähernd verzeihlich erscheint. Dem Betroffenen liegt es vielleicht näher, auf Rache zu sinnen, die aber bestenfalls seiner Genugtuung dient, weniger der Befriedung des Verhältnisses. Die wird eher von der Großzügigkeit der Nachsicht bewirkt, die leichter fällt, wenn der Andere »tätige Reue« zeigt und dem Selbst klar wird, wie sehr es selbst der Nachsicht für Schwächen und Verfehlungen bedarf. Dann lösen Ärger, Wut und Hass sich am ehesten auf und vergiften nicht auf Dauer das Selbst und seine Beziehung.

Sollte aber die Ethik der Liebe nicht greifen und die Liebe definitiv in Gewalt umschlagen, aus der die Betroffenen sich nicht mehr selbst retten können, bleibt nur, auf die Ethik der Gesamtheit der Individuen in der Gesellschaft zu setzen. Mit dem Engagement Einzelner und den politischen Wahlakten vieler führt sie dazu, Institutionen wie *Frauenhäuser* und *Männerhäuser* bereitzustellen, die den von körperlicher und seelischer Gewalt Betroffenen behilflich sind, sich aus ihrer Notlage zu befreien. Wenigstens auf diese Weise werden Rechte verwirklicht, die eigentlich auch in der Liebe Geltung haben, denn sie ist keineswegs der rechtsfreie Raum, den viele in ihr sehen, die doch zugleich gerne ein ganz bestimmtes Recht in Anspruch nehmen wollen: Das Recht, geliebt zu werden.

Gibt es ein Recht, geliebt zu werden?
Recht und Gerechtigkeit zwischen zweien

Die Erfahrung zeigt: Wo Macht im Spiel ist, bedarf es einer *Gegenmacht*, um die Machtverhältnisse auszutarieren, auch zwischen zweien. In *vormoderner* Zeit konnte, was zwischen zweien geschieht, noch ständiger sozialer Kontrolle in der Großfamilie unterliegen, in der sie sich kaum je allein bewegen konnten; aber selbst das bot keinen Schutz vor Machtmissbrauch, der kulturell legitimiert oder zumindest geduldet wurde. In *moderner* Zeit besteht das Problem der Beziehung zwischen zweien eher darin, dass sie sich gänzlich in ihre Intimität zurückziehen können, in der der Umgang miteinander geradezu beliebig werden kann, eine Konsequenz der »freien Liebe«, die mit der Befreiung von religiösen und säkularen Normen nicht schon Formen der Freiheit gefunden hat. Zwar obliegt es zuallererst dem Einzelnen, seine Machtausübung mithilfe von *Selbstmächtigkeit* zu kontrollieren; wo es aber daran fehlt, bedarf es der Gegenmacht des staatlich garantierten *Rechts*, das der Willkür der Macht entgegensteht und damit in der Moderne die Hauptlast einer Formgebung der Freiheit trägt: Es befreit nicht nur von alten Zumutungen der Religion, des Staates, der Gemeinschaft, sondern begrenzt auch neue Zumutungen, die sich aus den Möglichkeiten der Freiheit zwischen Menschen ergeben, auch in einer Liebesbeziehung.

Es ist nicht überflüssig zu erwähnen, dass *Menschen- und*

Bürgerrechte grundsätzlich auch zwischen zweien und zwischen vier Wänden gelten: Die Unantastbarkeit der Menschenwürde untersagt jede unwürdige Umgangsweise miteinander; das Recht auf freie Entfaltung der Persönlichkeit gilt auch in einer Beziehung und findet seine Grenze nur dort, wo die Rechte des Anderen verletzt werden; das Recht auf Leben und körperliche Unversehrtheit der Person steht jeder Gewaltanwendung entgegen; das Recht auf Gleichberechtigung von Mann und Frau geht nicht nur Staat und Wirtschaft etwas an; das Recht auf Versammlungsfreiheit kann auch als Recht verstanden werden, sich mit Anderen als dem einen Anderen zu treffen; die Rechte auf persönliche Handlungsfreiheit, Berufsfreiheit, Freizügigkeit, Freiheit der Meinung, des Gewissens, des Glaubens betreffen auch die Verhältnisse zwischen zweien, ebenso das Recht auf Unverletzlichkeit der Wohnung (oder des eigenen Zimmers in der Wohnung); das Recht auf Brief-, Post- und Fernmeldegeheimnis umfasst auch elektronische Post, SMS-Verkehr und Handyspeicher; das Recht auf Eigentum ist nicht etwa zwischen Liebenden außer Kraft gesetzt. Allerdings kann nur der Einzelne selbst entscheiden, ein Recht geltend zu machen – oder aber von seinem Recht Gebrauch zu machen, auf die Inanspruchnahme eines Rechts zu verzichten, wenngleich dies im Einzelfall die Frage aufwirft, ob der Verzicht aus freien Stücken oder auf Druck des Anderen geleistet wird.

In einer demokratischen Gesellschaft entstammt das *Recht*, also das, was »richtig« für alle sein soll, einer Gesetzgebung durch alle; es handelt sich um eine *Selbstgesetzgebung* all derer, die in allgemeinen Wahlen die Zusammensetzung der gesetzgebenden Institutionen bestimmen. »In einem freien Staat soll jeder Mensch, dem man eine freie Seele zugesteht, durch sich selbst regiert werden«, meinte bereits Montesquieu (*Vom Geist der Gesetze*, 11, 6), und er sah dafür Repräsentanten vor, zu deren Wahl die Wähler »erstaunlich geeignet« seien (2, 2), da sie die fraglichen Personen und ihr Tun und Lassen zuverlässig beurteilen könnten. Repräsentanten waren es jedenfalls, die, inspiriert von Philosophen wie Samuel Pufendorf und John Locke, zuallererst Menschen- und Bürgerrechte postulierten, 1689 in der *Bill of Rights* mit Signalwirkung über England hinaus, 1776 in der Unabhängigkeitserklärung der Vereinigten Staaten von Amerika mit größter Signalwirkung weit darüber hinaus, 1789 in der Allgemeinen Erklärung der Menschenrechte durch die französische Nationalversammlung mit sehr weit reichender politischer Wirkung, 1948 durch die Generalversammlung der Vereinten Nationen mit planetarem Anspruch. In Form von *Grundrechten* werden Menschen- und Bürgerrechte jedem Einzelnen im Geltungsbereich der Verfassung eines Staates garantiert, um sowohl die staatliche wie auch jede andere Machtausübung über ihn zu begrenzen. Mit der Wahrung der Grundrechte werden gesetzgebende, ausführende und Recht sprechende Institutionen der staatlichen Macht betraut.

Die eigentliche Grundlage des demokratischen Rechts ist jedoch die *Ethik des Einzelnen*, die dem Recht vorausgeht und seine Umsetzung begleitet: Die Idee zur Festschreibung von Menschenwürde und Menschenrechten beruht auf dem Anspruch von Individuen auf ein schönes, bejahenswertes Leben ohne Abwertung und Demütigung, und Individuen setzen auch ihr Leben dafür ein, diese Idee zu realisieren. Das Recht wiederum ist kein Selbstzweck, es dient dem Wert der *Gerechtigkeit*, und auch diese Wertsetzung geht auf die Ethik des Einzelnen zurück: Damit sein Leben schön und bejahenswert sein kann, muss eine Bejahung überhaupt erst möglich werden. Sie ist nicht gut möglich bei offenkundig bestehenden *Ungleichheiten* im Verhältnis zu Anderen, die nicht nur graduelle, sondern gravierende Benachteiligungen zur Folge haben und irgendwann nicht mehr hinzunehmen sind. Für den Kampf um *mehr Gleichheit* werden Rechte geltend gemacht, bei denen es sich zunächst um individuell beanspruchte, *natürliche Rechte* handelt, wobei »Natürlichkeit« Unantastbarkeit und Selbstverständlichkeit suggerieren soll. Aus ihnen sollen, so der Wunsch, allgemein verbürgte, *kodifizierte Rechte* hervorgehen, die mit einer »Garantie« für ihre Geltung ausgestattet sind. Auch wenn niemand zweifelsfrei ein für alle Mal bestimmen kann, worin genau die *ideale Gerechtigkeit* besteht, ist Gerechtigkeit dennoch unverzichtbar als *Leitidee* und immer wieder neu zu bestimmender *Begriff*, anhand dessen eine Realität beurteilt werden kann. Das subjektive *Gespür für Gerechtigkeit* kommt auch ohne objektiven Maßstab aus und wird zum Gerechtigkeitssinn dafür, was hinnehmbar ist und was nicht, was unzureichend ist und was »zu weit geht«. Das Gespür kann Plausibilität für sich in Anspruch nehmen, wenn Ungerechtigkeiten geschehen, die schwerlich zu leugnen sind.

Aber darüber, was ungerecht »ist« und nicht nur so erscheint, was davon veränderbar ist und mit welchen Mitteln, gibt es immer neuen Streit, von dessen Ausgang viel abhängt: *Gerechtigkeit ist der Kitt, der Gemeinschaften zusammenhält*, auch kleine; auf ihr beruht letzten Endes der Zusammenhalt der Vielen in einer Gesellschaft. Eine Gemeinschaft und Gesellschaft, die auf grober Ungerechtigkeit beruht, ist von Auflösung bedroht. Aufgrund dieser Bedeutung gehört die Frage der Gerechtigkeit seit jeher zu den großen Themen der Ethik, in der abendländischen Kultur seit den Reflexionen des Sokrates und der

Nikomachischen Ethik des Aristoteles. Von Bedeutung ist die Frage allerdings schon für das Leben des Einzelnen mit sich selbst, dieser kleinsten Form menschlicher Gemeinschaft, in der etliche *Detail-Ichs,* etwa körperliche, seelische und geistige Bedürfnisse gleichermaßen Berücksichtigung beanspruchen. Sodann geht es in der Gemeinschaft zwischen zweien darum, sich voneinander gerecht behandelt zu fühlen (Helm Stierlin, *Gerechtigkeit in nahen Beziehungen,* 2005), und auf jeder Ebene liegt es im klugen *Eigeninteresse des Einzelnen,* sich selbst an Regeln und Maßstäbe zu binden, die zu gerechteren Verhältnissen im eigenen Selbst, im Umfeld und darüber hinaus beitragen können. Denn ungerechte Verhältnisse wirken früher oder später in irgendeiner Weise auf das Selbst zurück, auch wenn sie sein Leben nicht direkt beeinflussen: Menschen, die sich ungerecht behandelt fühlen, finden irgendwann ihr Leben nicht mehr bejahenswert, und wenn ihnen das eigene Leben gleichgültig wird, sind sie in der Lage, auch das Leben Anderer als gleichgültig zu behandeln. Darin liegt die individuelle und soziale Sprengkraft der Frage der Gerechtigkeit.

Lange vor der Inanspruchnahme staatlicher Institutionen ist die *Sorge um Gerechtigkeit* daher eine Aufgabe für die Ethik des Einzelnen. Bereits mit seiner Meinungsbildung darüber, was unter Gerechtigkeit verstanden werden soll, hat er an der Meinungsbildung aller teil, und mit seinem tätigen Bemühen um Gerechtigkeit treibt er den Gerechtigkeitsdiskurs der gesamten Gesellschaft an. Dabei steht immer neu in Frage, welche *Prinzipien* bei der Sorge um Gerechtigkeit leitend sein sollen, ferner, welche *allgemeinen Regelungen* daraus abgeleitet werden können, und wie die *konkrete Realisierung* von Gerechtigkeit im individuellen und gesellschaftlichen Leben aussehen kann. Welche Bedeutung die individuelle Sorge um Gerechtigkeit hat, wird leicht übersehen, wenn nur von »politischer Gerechtigkeit« die Rede ist, um die Staat und Gesellschaft sich zu kümmern haben. Gerechtigkeit ist ein Anspruch, der nicht nur an »die Gesellschaft«, »das System«, »die Verhältnisse« zu adressieren ist, sondern auch an das eigene Selbst und sein Verhältnis zu Anderen. Die Gewichtigkeit der Tugend von Individuen verschwindet nicht in einer »Tugend sozialer Institutionen«. Vor jeder Anklage Anderer, sie würden ihrer Verantwortung nicht gerecht, steht die hohe Hürde der Frage an sich selbst, wie es denn um die eigene bestellt ist, um sich erst einmal selbst um das zu bemühen, was von Anderen erwartet wird. Wie sollen Andere zu einem gerechteren Verhalten angeregt werden, wenn das Selbst keinen Impuls dafür gibt? Wie soll eine ganze Gesellschaft sich um Gerechtigkeit kümmern, wenn ihre einzelnen Mitglieder diesen Wert nicht zum Anliegen ihrer eigenen Lebensführung machen? Es gibt dieses Verbot in der Lebenskunst, wenngleich es nur ein selbstauferlegtes sein kann: Forderungen an Andere zu erheben, ohne selbst an ihrer Erfüllung zu arbeiten. Nur die Gerechtigkeit, die Anderen gewährt wird, bereitet den Boden dafür, auch eigene Vorstellungen geltend machen zu können.

Bei der Sorge um Gerechtigkeit *zwischen zweien* ist überdies eine »Einzelfallgerechtigkeit« möglich, wie sie auf gesellschaftlicher Ebene kaum je zu erreichen ist. Wichtig dafür ist, die *individuellen Vorstellungen* von Gerechtigkeit wechselseitig zur Sprache bringen, um darauf eingehen zu können; zum Teil handelt es sich dabei um *kulturelle Vorstellungen*, die in der Herkunftskultur, der Herkunftsfamilie und allgemein im Raum der Gesellschaft vorgefunden werden (Elke Rohmann, *Gerechtigkeitserleben und Erwartungserfüllung in Partnerschaften*, 2000). Um empfundene Ungleichheiten mit »korrektiver Gerechtigkeit« ausgleichen zu können, sind Antworten auf Fragen wie diese erforderlich: Gibt es eine ungefähre Ausgeglichenheit von Geben und Nehmen in der Beziehung, eine gleiche Aufteilung von Gütern und Lasten, eine gleiche Machtverteilung? Können beide gleiche Rechte wahrnehmen, werden die Rechte auf gleiche Weise verwirklicht? Haben beide gleiche Chancen, sich zu entfalten, oder was steht dem entgegen? Wer wird begünstigt, wer vernachlässigt, gelegentlich oder ständig? Wer verfügt über mehr Güter, von denen er dem Anderen abgeben könnte; wer ist belastbarer und könnte mehr Lasten tragen? Werden die Interessen beider in gleicher Weise berücksichtigt, die Aufgaben zwischen beiden auf gleiche Weise aufgeteilt? Sind beide am Zustandekommen von Entscheidungen beteiligt, wird jede Meinung vom jeweils Anderen berücksichtigt? Werden Ideen aufgenommen und vorgebrachte Bedenken geprüft? Findet eine symmetrische Kommunikation statt, bei der es gleiche Voraussetzungen und Chancen zur Äußerung gibt? Gibt es ein gleiches Recht auf eventuelle Zusatzbeziehungen, einen ungefähren Ausgleich auch in der Erfüllung und Enttäuschung von Erwartungen? Wo hat einer dem Anderen Unrecht getan, und wie kann das wieder gutgemacht werden? Und bei welcher Gelegenheit können solche Fragen besprochen und beantwortet werden? Und was ist, wenn es keine gemeinsame Antwort gibt?

Ein mögliches Prinzip für die individuelle und gemeinsame Sorge um Gerechtigkeit ist das *Prinzip der Fairness*, das die Beteiligten für ihre Ethik der Liebe in Kraft setzen können. Die Festlegung des Prinzips beruht auf einer Selbstverpflichtung, nicht wie in normativistischen Gerechtigkeitstheorien auf einer »natürlichen Pflicht«, der jeder Folge zu leisten hätte. Jeder Einzelne trifft selbst seine Wahl, sich um Verhaltensweisen und Verhältnisse zu bemühen, die er für *schön* (englisch *fair*) halten kann, sei es aus *altruistischen Gründen* der Sorge um den Anderen und des Daseins für ihn oder aus dem eher *egoistischen Interesse*, das in die Goldene Regel Eingang findet, den Anderen so zu behandeln, wie das Selbst von ihm behandelt werden will. Die Fairness hält dazu an, auf Gleichheit bei den beanspruchten natürlichen Rechten und bei der Wahrnehmung kodifizierter Rechte zu achten. Als fair kann gelten, Ressourcen des Anderen wie etwa Zuwendung, Aufmerksamkeit, Zeit, Geld nur in dem Maße für sich zu beanspruchen, in dem das Selbst ihm seinerseits Ressourcen zur Verfügung stellt. Fair erscheint, dem Anderen nicht Leistungen abzuverlangen, die er nicht erbringen kann, und auf eigene Vorteile zu verzichten, durch die er benachteiligt werden würde; ferner sich bei jeder Beanspruchung von Privilegien selbst immer wieder von Neuem um den Ausgleich zu bemühen, der angemessen erscheint. Und fair erscheint allgemein, im Umgang miteinander den Rahmen der Regeln zu respektieren, die als gerecht anerkannt werden können, auch in Fragen der Treue und im Falle des Streits.

Das Prinzip der Fairness gebietet, sich immer wieder darum zu bemühen, *mit den Augen des Anderen zu blicken*, um sich in ihn einzufühlen und hineinzudenken und eine Situation aus seiner Perspektive zu sehen, denn das Selbst wünscht sich nichts Anderes auch vom Anderen für sich selbst: »Wie würdest du fühlen, denken, handeln, wenn du an meiner Stelle wärst?« Mitgefühl und Verständnis entstehen auf diese Weise und mildern jede Machtausübung ab, ein zentraler Aspekt der Gerechtigkeit für die Verhältnisse zwischen zweien wie auch für die Gesamtheit der Gesellschaft. Der entscheidende Kunstgriff zur Realisierung von Gerechtigkeit ist dieser *Wechsel der Perspektive*, der das Selbst für einen Moment in den jeweils Anderen hineinversetzt: Der Kluge »stelle sich auch einmal auf die andre Seite und untersuche von da die Gründe des Andern: dann wird er nicht mit so starker Verblendung jenen verurteilen und sich rechtfertigen« (Gracián, *Handorakel*, Aphorismus 294). Zur Gerechtigkeit, stellte Nietzsche sich vor, ist am ehesten derjenige in der Lage, der das Für und Wider von vielem in sich fühlt und »gleichsam Tastorgane für alle Arten Mensch hat« (Nachlass vom Sommer-Herbst 1884, *Kritische Studienausgabe*, 11, 182). Es ist das Überheblichkeitsverbot der Klugheit, das dazu anhält, die eigene Sichtweise nicht als allein gültige zu betrachten und die Sichtweisen Anderer ebenso ernst zu nehmen wie die eigene. Wenn aber im realen Alltag zwischen zweien der sanfte Appell, mit den Augen des jeweils Anderen zu blicken, erfolglos ist, bedarf es gelegentlich einer machtvolleren Anregung dazu: Jede Gelegenheit zu einer Erfahrung, die einer dem Anderen verschafft, erschließt diesem sehr bald die andere Perspektive, da sie zu seiner eigenen wird, wenn etwa auf die eigene Untreue eine des Anderen antwortet.

In der Metapher der Waage sind Ausgleich und Ausgewogenheit zum Symbol der Gerechtigkeit schlechthin geworden, aber die Waage steht nie still, sondern neigt sich mal zur einen, dann zur anderen Seite hin: *Atmendes Maß der Gerechtigkeit*. Dass ein vollkommener Ausgleich nie zu erreichen ist, ist nicht nur der üblichen Unvollkommenheit menschlicher Verhältnisse geschuldet, sondern auch den notorischen *Widersprüchen der Gleichheit* selbst, in mehrfacher Hinsicht: Unterschiedlich und widersprüchlich sind schon die *Maßstäbe*, die die Beteiligten anlegen, um Gleichheit und Ungleichheit zu messen. Widersprüchlich ist zudem die Gleichheit *in sich selbst*, denn jeder Ausgleich erzeugt mit verlässlicher Regelmäßigkeit neue Ungleichheit: Die Bevorzugung des Anderen, die ich ihm schenke, die besondere Aufmerksamkeit, die ich auf ihn richte, die Macht, die ich ihm zuspiele und dafür eigene Interessen zurückstelle, um ihn stärker zum Zug kommen zu lassen (»affirmatives Handeln«), kann eine Benachteiligung meiner selbst zur Folge haben. Widersprüchlich ist auch das Verhältnis von *Gleichheit und Freiheit*, denn jede Wahrung von Gleichheit macht eine Eingrenzung von Freiheit nötig, mehr Freiheit zieht mehr Ungleichheit nach sich: Kann ich mich freier bewegen als der Andere, so verfüge ich über ungleich mehr Möglichkeiten zu »sozialen Kontakten«, somit zu anderen Beziehungen, in denen mir Wertschätzung zuteil werden kann; aber ist das auch gerecht? Widersprüchlich ist die Gleichheit ferner, weil zuweilen nur die *Anerkennung von Ungleichheit* für mehr Gerechtigkeit sorgen kann, wenn etwa die ungleich größere Last, die einer trägt, am ehesten durch seine ungleich größere Belohnung auszugleichen ist. Und wie kann der Ungleichheit beider als Individuen, auch als Mann und Frau mit ihren *Eigenarten* Rechnung getragen werden? Wie viel Ungleichheit braucht schließlich eine Beziehung, um eben *nicht* völlig ausgeglichen zu sein und durch zu viel Ausgeglichenheit langweilig zu werden?

Die Schwierigkeiten, die es bereitet, für gerechte Verhältnisse zwischen zweien zu sorgen, lassen erahnen, wie mühselig es ist, an einer gerechten Gesellschaft zu arbeiten. Die individuelle, gemeinsame und gesellschaftliche Sorge um Gerechtigkeit kann nur darauf zielen, immer aufs Neue den *Modus vivendi* zu finden, die Art und Weise des Lebens, die einem schönen, bejahenswerten Leben und Zusammenleben nicht gänzlich im Wege steht. Eine noch größere Schwierigkeit besteht darin, diesen Modus *wieder zu finden* und neu auszutarieren, wenn er durch Ungerechtigkeit, die zumindest einer als solche empfindet, verletzt oder gar ruiniert worden ist. Nur begrenzt tauglich zur Neukonstituierung des *Modus vivendi* ist es, *Recht haben und Recht bekommen zu wollen*, sei es im juridischen oder nichtjuridischen Sinne, zumal dann, wenn beide Seiten auf ihrem Recht beharren. Auf der Ebene der alltäglichen Lebensführung, auf der die meisten Konflikte zwischen Individuen Fragen des kodifizierten Rechts kaum berühren und dennoch Fragen der Gerechtigkeit sich stellen, ist viel eher die *Klugheit und Kompromissbereitschaft* der Beteiligten gefragt, um zu einem tragfähigen Ausgleich zu gelangen, oder die Klugheit eines Mentors, eines Therapeuten oder Mediators, um jene wechselseitigen Zugeständnisse zu vermitteln, die für einen Ausgleich sorgen und das Leben und Zusammenleben neu strukturieren können.

Die größten Schwierigkeiten aber bereitet das *Recht, geliebt zu werden*, das Menschen so gerne beanspruchen und das sie in Gedanken und Worten auch so benennen; »Recht« als Ausdruck für einen mit Nachdruck erhobenen Anspruch, keinen bloßen Wunsch, in der Hoffnung auf Erfüllung durch den Anderen, der sich angesprochen fühlen soll, aber nicht dazu gezwungen werden kann. Aus subjektiver Sicht ist das große Problem der Liebe nicht so sehr das *Lieben*, das vom Ich abhängig ist, sondern das *Geliebtwerden*, für das der Andere zuständig ist: Die Liebe braucht Gegenliebe, *Eros* braucht *Ant-Eros*, wie Sokrates in Platons *Phaidros* feststellt, aber nicht allen wird dieses Glück zuteil. Eine einfache Lösung des Problems suggerierte einst Seneca: »Wenn Du geliebt werden willst, liebe« (*Si vis amari, ama*; *Briefe an Lucilius über Ethik*, 9, 6). Die eigene Liebe soll den Anderen dazu animieren, seinerseits zu lieben, sodass das Selbst endlich geliebt wird. So mancher kann wohl überhaupt nur noch aus diesem unverkennbar narzisstischen Grund lieben: Weil es die unabdingbare Voraussetzung dafür ist, geliebt zu werden. Alle wollen geliebt werden, und je bedingungsloser, desto besser, aber das größere Problem besteht darin, dass nicht alle selbst lieben wollen, und bedingungslos schon gleich gar nicht. Vielleicht sind auch zu viele Versuche zur bedingungslosen Liebe schon missglückt, denn gerade der, der bedingungslos liebt, läuft Gefahr, nicht in gleicher Weise geliebt werden zu können, und verliert sich selbst in seiner Liebe.

Und doch kann am ehesten die *Anregung* in Gang bringen, was nicht zu erzwingen ist: Das kann bedeuten, dem Anderen in einer ihm bedeutsamen Sache weit, sehr weit entgegenzukommen, ihm Schönes in Aussicht zu stellen, um seine Liebe zu wecken oder sie in der bestehenden Beziehung zu reanimieren, soweit das möglich ist, wenn das Geliebtwerden nachgelassen hat oder versiegt ist. Nur dort, wo die Anregung nichts mehr vermag, wird gerne ein *Anrecht* formuliert, das jedenfalls nach subjektiver Überzeugung existiert, meist aufgrund einer Vorleistung, auf die der Andere unbedingt antworten soll: Der, der liebt, fühlt ein natürliches Recht auf eine angemessene Antwort des Anderen in sich; auch Shakespeare spricht im 117. seiner *Sonette* vom »teuer erkauften Recht« (*dear-purchas'd right*), das derjenige beanspruchen kann, der sich »Verdienste« in der Liebe erwirbt. Aber dieses Recht wird nicht durch seine *Beanspruchung* schon wirksam, sondern erst dann, wenn es vom Anderen zugestanden wird. Für dieses *Zugeständnis* spricht von Seiten des Anderen, dem beanspruchenden Selbst fortan die Bittposition zu ersparen, denn wer Rechte hat, ist kein Bittsteller mehr. So können sich zwei in einer Beziehung mit großem Wohlwollen wechselseitig Rechte zugestehen, die beispielsweise die Form von Privilegien annehmen können, und beide empfinden das als schön, denn auf diese Weise wird es erfahrbar, geliebt zu werden.

Ein Mangel an solchem Wohlwollen lässt jedoch im Gegenzug den Schluss zu: Es gibt kein Geliebtwerden mehr. Bleibt jedes Zugeständnis aus, wird dies zunächst als *Unverschämtheit*, dann als *Unrecht* empfunden, um das vermeintliche Recht schließlich mit allen Machtmitteln noch einzufordern, die zu Gebote stehen, einschließlich einer Verweigerung all dessen, was der Andere sich wünscht. Aber das Selbst wird sein Recht nicht einklagen können, denn Menschen können beliebig viele natürliche Rechte beanspruchen, immer mit gutem Recht, ohne dass daraus in jedem Fall ein *Anspruchsrecht* werden könnte. Viele kodifizierte Rechte waren ursprünglich natürliche Rechte, aber das Recht auf Liebe kann, wie das Recht auf Glück (anders als das Recht auf *Streben* nach Glück), nie ein Anspruchsrecht sein, denn wo und wie sollte ein solcher Anspruch eingeklagt werden? Kein Mensch kann per Richterspruch und mit Exekutivgewalt dazu gezwungen werden, jemanden zu lieben. Antwortet der geliebte Andere nicht auf die Anregung zur Liebe und gesteht dem Liebenden kein Anrecht darauf zu, geliebt zu werden, entwickelt sich keine Beziehung, und falls schon eine besteht, endet sie, auch wenn der Liebende auf seinem Recht beharrt.

Glücklich ist die Liebe, in der Lieben und Geliebtwerden sich die Waage halten. In selteneren Fällen kann auch die *unerwiderte Liebe* als glücklich empfunden werden, die das Lieben, nicht das Geliebtwerden kennt: Sie erspart dem singulär Engagierten die Schwierigkeiten und Misslichkeiten einer beiderseitigen Liebe. Manche Menschen scheinen sogar ein *Bedürfnis nach Nichterfüllung* zu haben, denn die Liebe kann nur dann groß und erhaben erscheinen, wenn ihr das Kleine und wenig Erhabene des alltäglichen Lebens erspart bleibt. Bedarf die wahre Liebe etwa der Gegenliebe gar nicht? In vielen Fällen ist dennoch die unerwiderte auch die unglückliche Liebe und der Stoff zahlloser realer Dramen, die nicht immer eine so katastrophale Wendung nehmen müssen wie Goethes *Leiden des jungen Werthers* (1774), dessen Protagonist das Weiterleben verweigert, nachdem Lotte ihm das Recht, geliebt zu werden, versagt. Unerwidert und bis zum bitteren Ende unglücklich blieb auch die wirkliche Beziehung zwischen Gustav Mahler und Alma Schindler, in der der Komponist seiner Ehefrau ein Recht, geliebt zu werden, lange nicht zugestehen wollte: Er verlangte ihr vielmehr ab, sich ihm »bedingungslos zu eigen« zu geben, und untersagte ihr sogar das eigene Komponieren, um ihre Energien ganz und gar für sich beanspruchen zu können. Sie erhoffte sich von ihm, dass er sie zu einem »besseren Menschen« mache, und als sie dafür dann einen Anderen fand, überhäufte Mahler sie mit Geschenken und bewunderte aufrichtig ihre Kompositionen, nur um ihr seinen Anspruch, geliebt zu werden, noch nahezubringen, vergeblich (Françoise Giroud, *Alma Mahler oder die Kunst, geliebt zu werden*, 1988).

Anders als das Recht, geliebt zu werden, das ein natürliches Recht bleiben muss, kann die Absage an das Geliebtwerden tatsächlich ein Anspruchsrecht mit Kodifizierung werden: Das *Recht, nicht geliebt zu werden*, schützt den Betroffenen vor einer Liebe, die er nicht erwidert, jedenfalls vor Übergriffen auf Menschenwürde und Menschenrechte durch den unglücklich Liebenden. Es zieht dem »Nachstellen« (*stalking*) eine *äußere* Grenze, sanktionsbewehrt, auch wenn es unmöglich ist, dem unglücklich Liebenden eine *innere* Grenze aufzuerlegen. Die Zuwendung und Zuneigung des Stalkers ist eine Liebe mit unverhohlenem Machtanspruch, oft ohne jede vorausgehende Beziehung, aber auch nach einer einseitig aufgelösten: Der unfreiwillig Geliebte soll sich fügen, aus diesem Grund wird er mit allen nur denkbaren Mitteln belagert, mit Liebesschwüren und Gewaltandrohungen, Telefonanrufen und elektronischen Zusendungen, die zum Psychoterror werden; darauf freundlich zu reagieren, kann schlimme Missverständnisse zur Folge haben, denn der Stalker sieht darin einen Liebesbeweis. Dass er womöglich an einer inneren Konstellation leidet, die mit dem äußeren Objekt wenig zu tun hat und zu deren Klärung und Veränderung er sich besser einer Therapie unterziehen sollte, interessiert ihn wenig; wirksamer ist eine drohende Geld- oder Freiheitsstrafe, wie etwa der Paragraph 238 des deutschen Strafgesetzbuchs (StGB) sie demjenigen in Aussicht stellt, der »einen Menschen unbefugt belästigt, indem er beharrlich 1. seine räumliche Nähe aufsucht, 2. unter Verwendung von Telekommunikationsmitteln oder sonstigen Mitteln der Kommunikation oder über Dritte Kontakt zu ihm herzustellen versucht [...] und seine Lebensgestaltung schwerwiegend beeinträchtigt«.

Innerhalb einer Beziehung gibt es wiederum ein natürliches *Recht, nicht auf diese Weise geliebt zu werden*, das zuweilen im Laufe des Zusammenseins geltend gemacht wird, etwa *nicht so lasch*, sondern fühlbarer, damit sich nicht die Frage aufdrängt: Wozu überhaupt? Aber auch *nicht so absolut*, dass dies Befürchtungen wachrufen könnte, irgendwann werde die Liebe noch in ihr Gegenteil umschlagen. Auch *nicht so einseitig*, also nicht nur körperlich oder seelisch oder geistig, und auf der jeweiligen Ebene *nicht so fordernd*, beispielsweise mit körperlichen Zudringlichkeiten, seelischen Zumutungen, geistigen Ansprüchen. Kodifiziert und mit Sanktionen bewehrt werden kann jedoch das Recht, *nicht so gewaltsam* geliebt zu werden, das Schutz vor Vergewaltigung bietet, auch innerhalb einer Beziehung, in der einer der beiden sich nach zärtlichen Anfängen womöglich völlig verändert zeigt und für den Anderen zum Fremden wird, der jede Ethik, jedes Recht mit Füßen tritt. Wenn aber alle Bemühungen, auf schöne, bejahenswerte Weise geliebt zu werden, nichts fruchten, wenn umgekehrt dem Anderen nicht nur vorübergehend, sondern anhaltend keine Liebe und keine Wertschätzung mehr entgegengebracht werden kann, dann ist das Ende absehbar.

Und wenn die Liebe endet?

Dass alles, was wirklich wird, enden wird, gilt auch für die Liebe. Sie endet, wenn auf keiner Ebene mehr irgendwelche Zuwendung und Zuneigung möglich ist: Keine körperliche Nähe, keine Gefühle füreinander, kein geistiger Austausch mehr, von einer transzendenten Erfahrung ganz zu schweigen. Ganz so, wie die *entstehende Sorge* um den Anderen und die Fürsorge für ihn den Anfang der Liebe charakterisieren, kündigt die *nachlassende Sorge*, die Vernachlässigung des Anderen durch das Selbst, des Selbst durch den Anderen, nun das Ende an. Wenn die Liebe endet, ist das noch kein Trennungsgrund. Das Ende der Liebe muss nicht das Ende der Sinngebung für die Beziehung zwischen zweien sein. Nicht nur das *Wohlwollen* füreinander kann die Beziehung weiter bewahren, vielleicht aus Dankbarkeit dafür, so vieles miteinander erlebt zu haben und in den Herausforderungen des gemeinsamen Lebens gewachsen und gereift zu sein. Auch auf der Basis von *Gewohnheiten*, die ohne intime Körperlichkeit, Gefühle, Gespräche und Transzendenz auskommen, kann die Beziehung bestehen bleiben. Im Gestrüpp der Gewohnheiten fällt das Ende der Liebe gar nicht weiter auf, und der Faden der Kontinuität kann weiterhin an der gemeinsamen Geschichte stricken. Was bleibt, ist nicht zuletzt die gemeinsam übernommene *Verantwortung*, etwa für die Erziehung der Kinder, die Arbeit an einem gemeinsamen Projekt, das Engagement im Hinblick auf ein Ziel, vielleicht mit der Bereitschaft desjenigen, der für die materiellen Rahmenbedingungen sorgen kann, dem Anderen auch ohne große Liebe wenigstens in dieser Hinsicht ein sorgenfreies Leben zu ermöglichen.

Wenn zumindest einer es anders will, endet mit der Liebe jedoch auch die Beziehung. Aus seiner Sicht überwiegen die *Gründe für das Ende*, von denen es viele geben kann: Eine Enttäuschung ist nicht mehr wieder gutzumachen, über Jahre hinweg ist die Liebe nicht mehr erwidert worden, es hat zu wenig Schönes, Bejahenswertes in dieser Beziehung gegeben, die körperliche Nähe fehlte, die Gefühle sind eingefroren, die Unmöglichkeit, miteinander zu reden, hält schon zu lange an. »Negative« Erfahrungen wie Ärger, Streit, Desinteresse, kühle Reaktionen, Abweisungen und Vorwürfe häufen sich und finden keinen Gegenpol des »Positiven« mehr, das sie ausbalancieren könnte. Die Unausgewogenheit des Gebens und Nehmens verfestigt sich dermaßen, dass keine Hoffnung auf künftige Zeiten des üppigen Ausgleichs mehr besteht. Unterschiede in den Interessen und Neigungen, in den Bedürfnissen nach Nähe und Distanz, die es vielleicht von Anfang an schon gab oder die sich im Laufe der Zeit einstellten, erscheinen jetzt völlig unüberwindlich. Die anziehenden Seiten des Anderen werden von den abweisenden bis zur Unkenntlichkeit entstellt; die Attraktivität, die er doch mal ausstrahlte, hat sich auf rätselhafte Weise verflüchtigt, und auch wenn es schmerzlich ist, sich das einzugestehen, kann sich jetzt erst herausstellen, dass die Liebe zu ihm »ungerechtfertigt« war (Gabriele Taylor, in: Dieter Thomä, *Analytische Philosophie der Liebe*, 2000, 139). Nicht selten verfestigen sich solche Gründe parallel zur Begegnung mit einem *anderen Anderen*, mit dem genau die Körperlichkeit, die Gefühle und Gespräche möglich sind, die ein erfülltes Leben versprechen, auch wenn die Nagelprobe des Lebens im Alltag einstweilen noch aussteht. Warum nicht etwas Neues versuchen? Warum sich über Gebühr schädigen in der überkommenen Beziehung, die das Selbst nur noch verletzt, nicht mehr heilt? Das bisherige Leben kann doch noch nicht alles gewesen sein! Die moderne Freiheit, nicht mehr alles akzeptieren zu müssen, nicht ein Leben lang in sein Schicksal sich fügen zu müssen, erscheint demjenigen, der der Beziehung überdrüssig ist, als Verheißung; ein Ende mit Schrecken zieht er dem Schrecken ohne Ende vor.

Der Andere sieht stattdessen *Gründe für das Festhalten*, die für ihn auf der Hand liegen: Die Beziehung vermittelt Vertrautheit, wo doch überall sonst nur Fremdheit droht; sie gewährt die Nähe eines anderen Menschen, während nach der Loslösung von ihm nur noch das Alleinsein übrig bleibt; sie ermöglicht, sich mit ihm wohnlich im Leben einzurichten, selbst im Ärger und im Schmerz, die zuverlässig wiederkehren, während mit der Trennung unkalkulierbar Neues ins Leben hereinbrechen wird, in jeder Hinsicht. Die gemeinsamen Gewohnheiten vermitteln Geborgenheit, ihre Abstimmung aufeinander macht einen guten Teil des Lebens aus und stellt einen haltenden Rahmen bereit, aber mit der Auflösung des gewohnten Lebens wird die Zeit keinerlei Struktur mehr haben, die alltäglichsten Dinge werden an Bedeutung verlieren.

Darum tut die Trennung so weh, und darum halten viele noch so lange äußerlich an einer Beziehung fest, die innerlich schon längst keine mehr ist: Weil der Andere in all den Zeiten des energetischen und stofflichen Austauschs wirklich zu einem Teil des Selbst geworden ist, das sich bei der Trennung mittendurch zerschnitten fühlt, ganz wie die Kugelwesen im Mythos des Aristophanes nach ihrer Spaltung durch Zeus. Warum nicht alles versuchen, um die Bindung trotz allem zu bewahren? Schließlich ist niemand gezwungen, den impliziten Normen zu folgen, die sich in populären Redeweisen verbergen und ein einzig richtiges Vorgehen suggerieren: »Loslassen« ist eine solche Standardvokabel, aber will ich wirklich loslassen? Will der Andere losgelassen werden? Wenn ja, dann ist das zu akzeptieren, ansonsten aber bleibt die Möglichkeit festzuhalten. Nicht nur das Loslassen erscheint sinnvoll, auch das Festhalten. Nur wer loslässt, hat die Hände frei? Aber wer immer nur loslässt, verliert auch den Halt. In der bestehenden Beziehung weiterhin einen integralen Bestandteil des eigenen Selbst zu sehen, ist eine Frage der Selbstbesinnung und Selbstdefinition, äußerstenfalls auch über eine Trennung hinaus. Aus dieser Sicht kann die moderne Freiheit nur als Verhängnis erscheinen, denn die Möglichkeit, sich jederzeit aus einer Bindung lösen zu können, hält niemanden dazu an, sich an ihrer Rettung zu versuchen.

Beide haben eine *grundlegende Wahl* zu treffen: Kann die Beziehung trotz allem weiter bestehen oder ist sie endgültig am Ende? Kann der je Andere noch bejaht und wertgeschätzt werden, wenn auch nicht in jedem Moment und nicht in jeder Hinsicht? Aber den Ausschlag gibt derjenige, der sich *gegen* die Beziehung entscheidet, mit Gründen, die sich auf einen einzigen reduzieren lassen: Er oder sie will nicht mehr. Das führt zur »inneren Kündigung«, noch bevor es zur äußeren kommt, und blitzt bei Kleinigkeiten auf, die »nicht mehr stimmen«, sodass der Andere sich zu fragen beginnt, mit wem er eigentlich zusammenlebt, bevor er etwas so Unliebsames hört wie: »Ich finde, wir sollten uns mal eine Zeit lang nicht sehen.« Die Liebe hält alles zusammen? Sie zerbricht auch alles, wenn sie schwindet. Zum Gegensteuern ist es jetzt meist schon zu spät. Lange Zeit konnte vielleicht noch die gemeinsame Konzentration auf eine Aufgabe, ein fernes Ziel, ein Zusammenstehen gegen einen Gegner, einen Feind kaschieren, dass da von Grund auf etwas nicht zusammenstimmt. In dem Moment jedoch, in dem das Ziel erreicht oder allzu lange schon verfehlt worden ist, der Gegner keiner mehr ist oder der Feind »besiegt« von dannen zieht, wird deutlich, dass das, was zusammengezwungen wurde, nie zusammenfand. Verglichen mit den Gegensätzen und Widersprüchen, die plötzlich im grellen Licht stehen, erscheinen die Gemeinsamkeiten nun verschwindend klein, und derjenige, der an ihnen kein Interesse mehr hat, kann überhaupt keine mehr erkennen. Derjenige, der die Beziehung beenden will, hält das, was geschieht, für geradezu »zwingend«, der Andere keineswegs. Deutlicher als je zuvor wird, dass zwei Menschen tatsächlich in zwei Welten leben können, mag es sich dem Anschein nach auch um ein und dieselbe Welt handeln. Radikaler als je zuvor richten beide sich in ihrer eigenen Logik ein, fühlen sich »im Recht« und gerechtfertigt, sehen sich vom jeweils Anderen enttäuscht und betrogen. Jeder wurde aus seiner Sicht übel behandelt vom Anderen und zum »Opfer« gemacht. Gerne wird vergessen, dass in einer Beziehung alles mit allem zusammenhängt, dass es also wohl auch eigene Anteile an der verhängnisvollen Entwicklung geben muss.

Nur in Zeiten des Krieges und in Momenten der Panik lösen sich ethische Grundsätze ähnlich zügig und vollständig auf wie am Ende der Liebe, bei dem es in gewisser Weise ebenfalls ums nackte Überleben geht. Nur dann, wenn beide sich auch in dieser Situation noch an ihre *Ethik der Liebe* gebunden fühlen, kann ein Prinzip wie Fairness ein letztes Mal als Maßstab für Gerechtigkeit dienen: *Fairness beim Entlieben* wäre, den Anderen frühzeitig mit den eigenen Überlegungen vertraut zu machen, sodass er sich darauf einstellen und dagegen womöglich noch intervenieren kann. Erscheint das Ende unumgänglich, ist es fair, ihn um eine *gemeinsame* Auflösung der Beziehung zu bitten, um ihn nicht mit der einseitigen Trennung einer Demütigung des Verlassenwerdens auszusetzen, die zum Trauma seines Lebens werden kann. Insbesondere könnte die Fairness den kürzesten Weg der Trennung verbieten, die Kurzbotschaft »Das war's!« auf dem *Handy-Display*, die in ihrer Bequemlichkeit die Geringschätzung des Anderen offen zur Schau stellt und aus dem Medium großer Nähe, an dem viele sich festklammern, um sich nie einsam fühlen zu müssen, ein Medium der raschen Entfernung macht, das den Anderen mit achtloser Geste binnen eines Augenblicks in die Einsamkeit wirft. Fair wäre schließlich, den Anderen nicht auch *danach* noch mit virtuellen Mitteln zu martern: Von niederen Motiven zeugt die Praxis, Videos intimer Handlungen mit dem oder der »Verflossenen« ins Netz zu stellen. Auch die Fotos mit dem oder der »Neuen« müssen nicht in kürzester Zeit schon auf der persönlichen Facebook-Seite im Internet zu sehen sein. Und die *ultimative* Fairness wäre, sich nach der Trennung nicht wechselseitig aus dem Leben auszuschließen, sondern mit dem nötigen zeitlichen Abstand einen kooperativen oder freundschaftlichen Umgang miteinander zu gewinnen, um auf diese Weise die lange Vertrautheit nicht zu verraten.

Allenfalls Fairness kann die *Härten der Phasen* mildern, die der Verlassene jetzt durchlebt, Stunde um Stunde, Tag für Tag, Wochen und Monate lang. Analog zu den Phasen des Verliebens und Liebens, vom anfänglichen Ausnahmezustand der Verzauberung und dem ozeanischen Gefühl der Verschmelzung, über die Verfestigung von Alltag und Gewohnheit und die konfliktreiche Auflehnung dagegen bis zur ruhigeren, reifen Liebe, entfalten sich nun die *Phasen des Entliebens*, von der Entzauberung des Anderen und dem Gefühl der eigenen kosmischen Verlorenheit, über die Auflösung von Alltag und Gewohnheit und die Auflehnung gegen das Geschehen bis zur ruhigeren Rückkehr zu sich selbst. Die Phasen wechseln sich nicht einfach nur ab, sondern überlagern und überschneiden sich; immer von Neuem, aber immer seltener kehrt mit irgendeiner Erinnerung an den Anderen eine überwunden geglaubte Phase zurück und stürzt das Selbst in Wut, Trauer und Verzweiflung (Sandra Hoffmann, *Liebesgut*, Roman, 2008; Alan Pauls, *Die Vergangenheit*, 2003). Auf verblüffende Weise ähneln die Phasen des Entliebens denjenigen der Konfrontation mit Sterben und Tod, wie Elisabeth Kübler-Ross sie in ihren Publikationen seit 1969 beschrieb. Dass das Weggehen immer ein wenig ein Sterben sei, sagt nicht von ungefähr eine sprichwörtlich gewordene französische Gedichtzeile: *Partir c'est mourir un peu* (Edmond Haraucourt, »Rondel de l'Adieu«, 1891), und das gilt erst recht für das Weggehen vom geliebten Anderen, der das so will. Demjenigen, der es erleidet, scheint das seelische Sterben sogar noch weit schrecklicher zu sein als das körperliche, zu dem ihm freilich die Erfahrung fehlt. Da aber im Vergleich zum Tod der Liebe der reale Tod nichtig erscheint, liegt in der schwärzesten Nacht des Liebeskummers der Gedanke an Selbsttötung nahe, und manche, zu viele, machen Ernst damit. Liebe ist wie ein neues Leben, wenn sie beginnt, aber wie ein Tod, wenn sie zu Ende geht, und auch hier stellt sich die Frage: Gibt es ein Leben danach? Nur das Durchlaufen der Phasen bringt das Leben von Neuem zurück.

1. *Das Unabänderliche nicht wahrhaben wollen.* Von einem Moment zum anderen fühlt der Betroffene sich wie versteinert und glaubt einen Albtraum zu erleben: Diese Beziehung soll am Ende sein? Das kann nicht wahr sein! Was soll nun werden? Wie kann jemals die Einsamkeit bewältigt werden, aus der die Liebe einst befreite? Der lebbare Raum verengt sich dermaßen, dass selbst das Atmen schwerfällt und jede Kraft versiegt; mit dem energetischen Notstand gehen drastische hormonelle Veränderungen einher: Mangels körperlicher und seelischer Berührung stagniert die Ausschüttung des »Bindungshormons« Oxytocin, stattdessen wird das »Stresshormon« Cortisol produziert, das Essen schmeckt nicht mehr, die Immunabwehr lässt nach, Schlaf ist kaum noch zu finden, Ähnlichkeiten mit einem Drogenentzug liegen auf der Hand. Der Andere erscheint mit einem Mal so fremd, als habe es irgendwelche Vertrautheit nie gegeben, als wäre sie gar nicht denkbar gewesen. Im Gegensatz zur *zauberhaften Synchronie* am Anfang der Liebe, dieser Gleichzeitigkeit der ersten Blicke, der ersten Gesten, der ersten Gefühle füreinander, ist das Ende durch *absolute Dyschronie* charakterisiert: Für den Einen endet die Liebe, für den Betroffenen nicht, selbst wenn die Beziehung schon beendet ist. Der, der mit dem Beenden anfängt, ist gefasst auf die Situation, er konnte sich vorbereiten, der Verlassene ist vor den Kopf gestoßen und weiß nicht

mehr weiter. Eine *krasse Asymmetrie* greift Platz, denn der, der keine Veränderungen will, ist zu einschneidenden Veränderungen gezwungen und muss alle Konsequenzen mittragen. Im Grunde ist die Asymmetrie eine *ontologische*, denn einer stößt das Tor zu neuen Möglichkeiten für sich weit auf und erschließt sich das Sein neu, der Andere wird in eine einzige, schreckliche Wirklichkeit zurückgestoßen, in der er keine Perspektive mehr für sich sieht, sich allein dem Seienden ausgesetzt fühlt, das ihm nicht mehr lebenswert erscheint.

2. *Das Chaos der Gefühle bricht aus.* Ohnehin bleibt nichts Anderes übrig, als den ständig wechselnden Empfindungen Lauf zu lassen, auch wenn sie vorübergehend ruinös sein sollten. Eine lange nicht gekannte Heftigkeit der Leidenschaft ergreift ausgerechnet jetzt vom Selbst Besitz; »jetzt, wo Du mich verlässt, liebe ich Dich mehr denn je«, schreibt die Malerin Frida Kahlo am 27. Dezember 1925 an Alejandro, ihre Jugendliebe (*Briefe und andere Schriften*, 2004). Jede Faser des Fleisches, jede Regung der Seele, jeder Gedanke schreit nach dem, der innerlich, vielleicht schon äußerlich geht; gerade jetzt erscheint er wieder ganz so wie am Anfang: Ohne Makel. Alles klingt nach seinem Namen, selbst wider besseres Wissen, alles an ihm ist schön, auch die weniger schönen Seiten sind eigentlich schön, das gesamte Zusammensein war schön. All das Schöne nicht mehr gemeinsam feiern zu können, raubt dem Leben jeden Sinn. Abgrundtiefe Trauer stellt sich ein, quälender Schmerz über den Verlust, Enttäuschung darüber, dass nicht länger wirklich werden kann, was doch möglich war. Auch die Enttäuschung ist eine *ontologische*, denn nicht nur vom Anderen ist der Verlassene enttäuscht, nicht nur von der Liebe, sondern vom Leben, von der Welt überhaupt, deren Wirklichkeit doch immer den schönsten Möglichkeiten entgegensteht.

In die nachklingende Liebe mischen sich nachgeworfene Vorwürfe: Die Wahl, die einst getroffen wurde, war falsch, jede Alternative zu dieser Beziehung wäre besser gewesen. Eine andere Wahl hätte andere Möglichkeiten eröffnet als die bescheidenen mit diesem Menschen, der für alle verpassten Möglichkeiten und für die nichtige Wirklichkeit allein verantwortlich ist und alle Schuld daran trägt, dass es so gekommen ist! Zorn, Wut und Hass ergießen sich über den nichtswürdigen »Verräter«, auch über Freunde und Bekannte, die das alles »nicht wirklich kennen«, aber forsch behaupten, es gehe wieder vorbei und die Schuldfrage sei unwichtig, die Wirklichkeit der Beziehung sei, wie jede Wirklichkeit, ein Labyrinth: Wer draußen ist, findet nicht nach drinnen; wer drinnen ist, findet nicht nach draußen. Oder lastet die Schuld etwa doch auf den eigenen Schultern? Nirgendwo ist Wahrheit und Verlässlichkeit, überall nur Lug und Trug. Dem Anderen ein letztes Mal ausgeliefert zu sein, ist demütigend, gesteigert noch von der Gewissheit, alle Hingabe und Hinnahme in all den gemeinsamen Zeiten sei für nichts gewesen. Und schließlich gewinnen Rachegefühle die Oberhand, dieser »Urgrund, aus dem alle Bosheit, Bösartigkeit, Heimtücke, Falschheit, Lüge, Arglist und Niedertracht erwachsen, zu denen der Mensch in unerschöpflichem Erfindungsreichtum fähig ist« (Horst Petri, *Verlassen und verlassen werden*, Stuttgart 2005, 63).

3. *Die Entschlossenheit zum Kampf beseelt neu.* Gerade eben noch erschien dem Betroffenen die Beziehung als nicht bewahrenswert, aber die Perspektive verkehrt sich in ihr Gegenteil; nach dem ersten Schock und dem darauf folgenden Gefühlschaos löst entschiedene Aktivität die lähmende Passivität ab: Musste es wirklich so kommen? Wäre es nicht zu verhindern gewesen? Was haben wir falsch gemacht? Lässt

sich noch etwas retten? Kann alles etwa nur ein Missverständnis gewesen sein? Alles steht zur Disposition, um das Unabwendbare doch noch abzuwenden, alles eine Frage der Verhandlung! Auch dem verlassenen Selbst fehlte schließlich seit Längerem schon so manches in der Beziehung, ohne daraus Konsequenzen gezogen zu haben; jetzt aber, da alles offen ist, ließe sich auch alles ändern, was einer Erneuerung im Wege stünde! Freunde und Bekannte werden mobilisiert, die aus der Sicht des Selbst zur Rettung der Beziehung beitragen können, indem sie neue Brücken zum Anderen bauen und irgendwie ihren Einfluss auf ihn geltend machen: »Sag' ihr, ich lass' sie grüßen, / Sag' ihr, es geht mir gut. / Sprich nicht von den Tränen …« (Udo Jürgens, Popsong, 1965). Schwüre sollen das eigene Verhalten für alle künftigen Zeiten unzweifelhaft festlegen, um den Anderen von einem wirklichen Neuanfang zu überzeugen: Erhielte ich noch einmal eine echte Chance, würde ich dafür sorgen, dass es dem Anderen nie mehr an irgendetwas fehlte! In äußerster Entschlossenheit liegt auch die Anrufung spiritueller und religiöser Instanzen nicht fern, um sie um Hilfe anzuflehen und gegebenenfalls einen Pakt mit ihnen zu schließen: Weitere Verehrung für alle Zeiten gegen konkrete Hilfe jetzt! Nicht auszuschließen, dass der Kampf erfolgreich ist, ansonsten aber erlahmen irgendwann die Kräfte, hier und da flammt noch Hoffnung auf, bevor nur noch Verzweiflung herrscht.

4. *Die letzte Hoffnung und Verzweiflung muss durchgestanden werden.* Noch einmal durchlebt der Betroffene das gesamte gemeinsame Leben, noch einmal vertraut er darauf, dass der Andere sich eines Besseren besinnt und irgendwann doch wieder »alles gut wird«, bevor die letzte Hoffnung von finaler Verzweiflung abgelöst wird: Völlig sinnlos ist das Leben ohne

den Anderen, unmöglich zu leben ohne ihn! So sehr können Leben und Liebe an einen einzigen Menschen gebunden sein, so innig mit ihm verschmelzen, dass dessen Abwesenheit nun alle Liebe, alles Leben in Frage stellt. Unweigerlich konfrontiert das Ende der Liebe mit der Endlichkeit des Lebens, der der Verlassene sich schutzlos ausgesetzt sieht, der Einsamkeit preisgegeben in dieser Welt des Todes: Die schaurige Aussicht, dass über die Liebe hinaus nichts mehr zu sehen ist, treibt Tränen in die Augen, die nicht mehr versiegen wollen, bis das Selbst sich buchstäblich »die Seele aus dem Leib geweint hat«. Es hilft nichts zu sagen, die Zeit heile alle Wunden, denn gewiss erscheint in dieser Situation nur, dass die Zeit die Wunden noch vertieft, auch wenn an der Oberfläche des gelebten Lebens von Wunden nichts zu sehen ist. Gerade die Liebe, die so viele Verletzungen mit umfassendem Sinn zu heilen vermag, verletzt auch und zwingt zur Erfahrung vollkommener Sinnlosigkeit, wenn der existenzielle Zusammenhang zerbricht: Darin besteht die tiefe Verwundbarkeit dessen, der liebt. Dass das Geschehen aus künftiger Perspektive, beim Blick zurück einen Sinn gehabt haben wird, sobald klar ist, dass es ein neues Leben herbeigeführt hat, lässt sich jetzt noch nicht für möglich halten. Und doch bringt die finale Verzweiflung auch die große Entlastung mit sich, denn auf wundersame Weise spülen die Tränen die zentnerschwere Last des alten Lebens aus dem Leib. Daher kommt so viel darauf an, dem abgrundtiefen Traurigsein Raum zu geben: Die Trauer ist so heilsam wie vordem die Liebe; durch sie hindurch entsteht ein neues Versöhntsein mit dem Leben. Und jetzt ist auch die Zeit, sich die Bedeutung der Liebe einmal kleinzureden: »Liebe ist nicht so wichtig, wie man denkt, / Liebe ist nur ein Teilaspekt des Lebens, / und die anderen Teile sind auch nicht schlecht« (Lassie Singers, *Liebe wird oft überbewertet*, Popsong, 1996). Wenn es denn hilft.

5. *Das Selbst findet neu zu sich selbst.* Sich den Verlust der Attraktivität, die den Anderen noch hätte binden können, und das Scheitern der Beziehung einzugestehen, ist die Voraussetzung dafür, Abschied nehmen zu können von den Träumen, was noch alles möglich gewesen wäre, um zur Wirklichkeit zu gelangen, wie sie jetzt ist, und zu sich selbst zurückzufinden. Wichtig ist allein, der Seele die Zeit zu lassen, die sie braucht, um sich wieder zu beruhigen und zu heilen, nicht nur Wochen und Monate, sondern nach einer langjährigen Beziehung auch Jahre. Gespräche mit dem besten Freund, der besten Freundin sind wertvoll wie nie, auch wenn aller Beistand nichts daran ändert, dass das Selbst allein mit seiner Situation zurechtkommen muss. Körperliche Bewegung bringt die Energien wieder in Fluss, Ausgehen lenkt ab, Gewohnheiten, sofern eigene bewahrt worden sind, halten das Leben, das für eine Weile haltlos geworden ist. Auch Arbeit hilft, denn sie stellt die Planken der Pragmatik zur Verfügung, auf die die Schiffbrüchigen der Liebe und des Lebens sich retten können: Nicht nur die Liebe besiegt alles, *Amor omnia vincit* (*Bucolica*, X, 69), auch die Arbeit ist siegreich in allem, *Labor omnia vicit*, wie es an anderer Stelle bei Vergil heißt (*Georgica*, I, 145).

In der Weite des Geistes, in der Beschäftigung mit Werken der Literatur, der Philosophie, der Religion und aller Wissenschaften löst sich die Enge wieder auf, in die das Leben geraten ist. Hilfreich ist die Selbstverständigung mit sich in schriftlicher Form, die Niederschrift des Erlebten und der inneren Bewegung, um das bedrückte Innere nach außen zu bringen, sich über sich selbst klarer zu werden und sich wieder mit sich zu befreunden. Die neuerliche Besinnung auf sich führt dazu, das eigene »Gesicht« wieder zu gewinnen und sich selbst neu zu entdecken, vor allem diejenigen Seiten an sich, die an der Seite des Anderen brachliegen mussten. Es hat Sinn, sich zu fragen, was falsch gemacht worden ist, um sich am Richtigen neu zu versuchen, aber nicht sich zu martern, sondern beizeiten nach Schönem zu suchen, das nun nicht mehr an den Anderen gebunden ist. Womöglich dankbar zu sein für die gemachte Erfahrung, die bei allem Schmerz der eigenen Entwicklung dient und das Gespür für das Wesentliche in einer Beziehung stärkt. Ist es nicht besser, Gewissheit über die Situation zu haben, als mit vager Ungewissheit und dunklen Vorahnungen zu leben? Auf dieser Grundlage wird es möglich, mit der Trennung einverstanden zu sein, sich nicht mehr vom Schmerz über den Verlust beherrschen zu lassen und auch wieder auf Andere zugehen zu können.

Die Kunst des Liebens bliebe unvollständig, bestünde sie nicht auch darin, mit der Endlichkeit und Begrenztheit der Liebe in ihrer konkreten Gestalt leben zu können. Dass die Liebe, die für die Ewigkeit sein soll, die Endlichkeit umso erfahrbarer macht; dass sie, die das Heil zu bringen vermag, auch abgrundtiefe Verletzungen verursachen kann, davon singen die Lieder vieler Kulturen, etwa der Samba-Kultur, dargestellt im Film *Moro no Brasil – ich lebe in Brasilien* (Deutschland/Brasilien/Finnland 2002) des finnischen Regisseurs Mika Kaurismäki: »Wer lieben lernt, lernt auch zu weinen.« Eine solche Lektion hält die »Schule der Liebe« bereit, und einzig die gleichmäßigen, gleichmütigen Rhythmen der Musik trösten darüber hinweg: Sie sind der sinnliche Ausdruck der Energie, die nie stirbt, und der möglichen Dimension, in der die Erfahrung von Verletzlichkeit und Sterblichkeit letztlich aufgehoben ist. Das tragende Kontinuum wieder zu fühlen und zu spüren, stärkt das Vertrauen darauf, dass mit dieser bestimmten Liebe nicht schon alle Liebe am Ende ist und dass trotz aller Endlichkeit in der Begegnung mit einem Anderen die unendliche Liebe selbst nicht endet, die unzerstörbar mächtig, lustvoll und schmerzlich ist wie das Leben selbst. Die Energie, die in der Liebe erfahrbar wird, löst sich nicht in Nichts auf, sie strömt zurück zum Gesamtpotenzial, aus dem wieder eine andere Liebe hervorgehen wird: Auch so atmet die Liebe. Das Gefühl, vom größeren Ganzen abgeschnitten zu sein, ist schmerzlich, aber es geht vorbei. Mit jedem Ende beginnt etwas Anderes, auch mit dem Ende einer Liebe.

Auf vielfache Weise und in den unterschiedlichsten Formen kann das unerschöpfliche Potenzial der Liebe jetzt erst recht aktualisiert werden: Nicht nur in der leidenschaftlichen Begegnung mit einem bestimmten Anderen, auch in den verschiedensten familiären Beziehungen und in der Liebe zu Freunden, in der »gewöhnlichen« Liebe zu Kollegen und anderen Mitmenschen, selbst in der zu Feinden; in der Liebe zu allen Wesen und Dingen, zur Natur und Kultur, zum Leben, zur Welt überhaupt und zu einer möglichen Dimension darüber hinaus. Es liegt am Einzelnen selbst, frühzeitig dafür Sorge zu tragen, dass er *vielfach* lieben kann, und die Voraussetzungen dafür zu schaffen, dass ihm Liebe in reichem Maße zuteil wird.

Die Vielzahl der möglichen *Lieben*, ihre Gemeinsamkeiten und Besonderheiten besser in den Blick zu bekommen, ist das Anliegen eines weiteren Buches über die Neuerfindung der Liebe und die Lebenskunst im Umgang mit Anderen.

Zum Autor

Wilhelm Schmid, geboren 1953 in Billenhausen (Bayerisch-Schwaben), lebt als freier Philosoph in Berlin. Er studierte Philosophie und Geschichte in Berlin, Paris und Tübingen, und lehrt Philosophie als außerplanmäßiger Professor an der Universität Erfurt. Viele Jahre war er regelmäßig tätig als Gastdozent des Deutschen Akademischen Austausch-Dienstes (DAAD) in Riga/Lettland und Tiflis/Georgien sowie als »philosophischer Seelsorger« an einem Krankenhaus in der Nähe von Zürich/Schweiz. Homepage: www.lebenskunstphilosophie.de

Buchpublikationen:

Ökologische Lebenskunst. Was jeder Einzelne für das Leben auf dem Planeten tun kann, 2008, Suhrkamp Taschenbuch 4034.

Glück. Alles, was Sie darüber wissen müssen, und warum es nicht das Wichtigste im Leben ist, 2007, Insel Verlag.

Die Fülle des Lebens. 100 Fragmente des Glücks, 2006, Insel Taschenbuch 3199.

Die Kunst der Balance. 100 Facetten der Lebenskunst, 2005, Insel Taschenbuch 3120.

Mit sich selbst befreundet sein. Von der Lebenskunst im Umgang mit sich selbst, 2004, Suhrkamp Taschenbuch 3882.

Schönes Leben? Einführung in die Lebenskunst, 2000, Suhrkamp Taschenbuch 3664.

Philosophie der Lebenskunst – Eine Grundlegung, 1998, Suhrkamp Taschenbuch Wissenschaft 1385.

Was geht uns Deutschland an? Ein Essay, 1993, Edition Suhrkamp 1882.

Auf der Suche nach einer neuen Lebenskunst, 1991, Suhrkamp Taschenbuch Wissenschaft 1487.

Die Geburt der Philosophie im Garten der Lüste, 1987, Suhrkamp Taschenbuch 3215.